MISSEL DES DIMANCHES

2017

Les auteurs :

ERIC BEAUMER, Prémontré, diplômé de l'Institut supérieur de liturgie (Paris), curé de paroisse et professeur de liturgie en séminaires.

FABRICE BRAVARD, marié et père de famille, éditeur. Il est responsable de l'aumônerie du lycée public Pierre Beghin à Moirans (Isère).

HENRI DELHOUGNE, bénédictin, docteur d'État en théologie, coordinateur de la Traduction Liturgique de la Bible.

SOPHIE GALL-ALEXEEFF, mariée et mère de famille, membre du SNPLS et rédactrice en chef de la revue Célébrer, enseignante en liturgie à l'Institut Catholique de Paris.

ÉLISABETH GUENELEY, professeur honoraire de philosophie.

JEAN-LOUIS HERBINIÈRE, prêtre du diocèse de Bayeux, curé de paroisse.

CHRISTELLE JAVARY, enseignante laïque en théologie à l'Institut Catholique de Paris.

SERGE KERRIEN, diacre permanent du diocèse de Saint-Brieuc et Tréguier, marié et père de famille, délégué épiscopal.

ISABELLE RENAUD-CHAMSKA, mariée et mère de deux enfants. Agrégée de lettres, docteur ès-lettres, elle enseigne dans un collège du Val d'Oise. Elle est aussi diplômée de liturgie et présidente de « Art, culture et foi / Paris ».

Les lectures bibliques

Les lectures bibliques de ce Missel 2017 sont extraites de la nouvelle traduction de la Bible, approuvée par les autorités de l'Église catholique pour la liturgie et intégrée dans les Lectionnaires de la messe. Le découpage des lectures ne relève pas des auteurs de ce missel, mais de l'autorité centrale de l'Église romaine. Pour situer ces lectures dans leur contexte, on pourra se reporter à l'édition complète de cette Bible, parue chez Mame, et y prendre connaissance des notes et des introductions aux livres bibliques qui y figurent.

Illustration de la couverture

Cette image est doublement précieuse. Par son sujet d'abord – le Christ Sauveur nous présente l'eucharistie – mais aussi par ses matériaux : elle est peinte sur une feuille d'or. Jésus est vivant, ressuscité, son doux visage se détache entre deux cercles. Celui, immaculé, de l'hostie qu'il nous tend, porte une image de la crucifixion, et celui de l'auréole de gloire creusée dans l'or est, lui aussi, crucifère par les trois jaillissements de rayons rouge sang.
Avec des moyens simples, Juan de Juanes, contemporain de la Contre-Réforme, affirme la présence réelle du Christ dans le pain eucharistique. Le Christ, en nous donnant ce pain, se donne à nous. C'est une image d'intimité entre lui et nous, une image de bonheur et de paix à partager : « Faites cela en mémoire de moi » (1 Co 11,24). SBG

MISSEL
DES DIMANCHES

2017

Année liturgique
du 27 novembre 2016
au 2 décembre 2017

Lectures de l'année A

Édition collective des Éditeurs de liturgie

Nihil obstat
Caen, le 22 février 2016.
Jean-Louis Angué

Imprimatur
le 15 mai 2016, solennité de la Pentecôte
† Mgr Bernard-Nicolas Aubertin
archevêque de Tours
Président de la Commission épiscopale de Liturgie et de Pastorale sacramentelle

Couverture : Le Sauveur à l'hostie, Juan de Juanes, v. 1560-1570, Valence, musée des Beaux-Arts © Aisa / Leemage

Conception iconographique et maquette : Annette Maurice, Visuel 14 (Paris)

Responsable de la fabrication : Agathe Châtel (Éditions du Cerf)

Pour correspondre avec les Auteurs ou les Éditeurs de ce Missel, écrire à :
Missel des dimanches
Éditions du Cerf
24 rue des Tanneries
75013 Paris
contact@misseldesdimanches.fr

Imprimé en France

Dépôt légal : 4e trimestre 2016
ISBN 978-2-204-11114-0

LE DIMANCHE

LORSQUE nous regardons comment différentes langues européennes désignent la réalité de l'Église, nous voyons que deux racines grecques sont sous-jacentes aux termes que nous employons. En espagnol, en italien ou en français, c'est la racine EKKLESIA qui est présente dans les mots Iglesia, Chiesa ou Église : *l'Ekklesia, c'est le peuple de ceux qui ont été appelés, convoqués*. En allemand, en anglais, en néerlandais, Kirche, Church, Kerk, c'est la racine *Kyrios*, Seigneur, qui désigne la réalité de ce que nous appelons Église. Ainsi l'Église est à la fois, le Seigneur qui convoque, qui rassemble, et la réalité de ce corps rassemblé par ce même Seigneur.

En faisant ce rappel, je ne cherche pas tant à faire une quelconque œuvre de recherche étymologique qu'à faire comprendre la réalité de ce que nous cherchons à vivre chaque dimanche : faire Église, ensemble faire corps avec le Christ qui est notre chef, notre tête. Célébrer le dimanche en se rassemblant, en répondant à l'appel qui nous est fait n'est pas, pour l'Église, pour chacun des membres qui la composent, une activité parmi d'autres. C'est un choix qui est un marqueur fort de l'identité chrétienne. *Le dimanche est le jour du Seigneur* par excellence, le jour où les chrétiens se réunissent pour célébrer la résurrection du Christ.

Dès ses origines, le dimanche est lié au mystère pascal.

« La résurrection du Christ d'entre les morts, sa manifestation dans l'assemblée des siens, le repas messianique pris par le Ressuscité avec ses disciples, le don de l'Esprit et l'envoi missionnaire de l'Église, telle est la Pâque chrétienne dans sa plénitude. Tel est l'événement central de l'histoire du salut, qui a marqué pour toujours le premier jour de la semaine. Tout le mystère que célébrera le dimanche est déjà présent au jour de Pâques ; le dimanche ne sera rien d'autre que la célébration hebdomadaire du mystère pascal[1] »

Pour un chrétien le dimanche ne sera donc jamais un jour comme les autres et rien ne peut le remplacer. Le dimanche est en effet un mémorial, c'est-à-dire un jour spécifique qui nous rend présent le mystère de la résurrection du Christ, ce mystère dont nous vivons parce que, par notre baptême, nous sommes un avec le Christ et ressuscités avec lui.

« Ouvrons notre temps au Christ, pour qu'il puisse l'éclairer et l'orienter. C'est lui qui connaît le secret du temps comme celui de l'éternité, et il nous confie "son jour" comme un don toujours nouveau de son amour[2]. »

† Bernard-Nicolas Aubertin o.cist
Archevêque de Tours

---

1. A.G. MARTIMORT, *L'Église en prière*, IV *La liturgie et le temps*, Paris, Desclée, 1983, p. 24.
2. JEAN-PAUL II, *Dies Domini*, 1998, n° 7.

CALENDRIER LITURGIQUE 2017
A

2016		
Temps de l'Avent		***Violet***
1er dim. Avent	27/11	p. 68
2e dim. Avent	04/12	p. 75
Imm. Conception	08/12	p. 82
3e dim. Avent	11/12	p. 84
4e dim. Avent	28/12	p. 90

Temps de Noël		***Blanc***
Noël Veille	24/12	p. 100
Noël Nuit	25/12	p. 104
Noël Aurore	25/12	p. 107
Noël Jour	25/12	p. 109
Ste Famille	30/12	p. 114

2017		
Mère de Dieu	1er/01	p. 117
Épiphanie	08/01	p. 123
Baptême du Sgr	09/01	p. 130

Temps ordinaire		***Vert***
2e dim. Temps ord.	15/01	p. 133
3e dim. Temps ord.	22/01	p. 139
4e dim. Temps ord.	29/01	p. 146
Présentation du Sgr	02/02	p. 152
5e dim. Temps ord.	05/02	p. 153
6e dim. Temps ord.	12/02	p. 159
7e dim. Temps ord.	19/02	p. 166
8e dim. Temps ord.	26/02	p. 173

Temps du Carême		***Violet***
Mercredi des Cendres	1er/03	p. 180
1er dim. Carême	05/03	p. 187
2e dim. Carême	12/03	p. 195
3e dim. Carême	19/03	p. 201
Annonciation	25/03	p. 209
4e dim. Carême	26/03	p. 210
5e dim. Carême	02/04	p. 218
Célébration pénitentielle		p. 226

Semaine sainte		
Rameaux	09/04	p. 229
Jeudi saint	13/04	p. 247
Vendredi saint	14/04	p. 254
Samedi saint	15/04	p. 271

Temps pascal		***Blanc***
Vigile pascale	15/04	p. 274
Dim. de Pâques	16/04	p. 306
2e dim. de Pâques	23/04	p. 316
3e dim. de Pâques	30/04	p. 324
4e dim. de Pâques	07/05	p. 332
5e dim. de Pâques	14/05	p. 339
6e dim. de Pâques	21/05	p. 346
Ascension	25/05	p. 352
7e dim. de Pâques	28/05	p. 358
Pentecôte : veille	03/06	p. 364
et jour	04/06	p. 373

Temps ordinaire (suite)		*Vert*
[Lundi de la 9e sem. Temps ord. 05/06]		
Sainte Trinité	11/06	p. 379
[Lundi de la 10e sem. Temps ord. 12/06]		
Saint-Sacrement	18/06	p. 385
[Lundi de la 11e sem. Temps ord. 19/06]		
Sacré Cœur	23/06	p. 394
12e dim. Temps ord.	25/06	p. 396
13e dim. Temps ord.	02/07	p. 402
14e dim. Temps ord.	09/07	p. 409
15e dim. Temps ord.	16/07	p. 415
16e dim. Temps ord.	23/07	p. 423
17e dim. Temps ord.	30/07	p. 430
Transfiguration	06/08	p. 437
19e dim. Temps ord.	13/08	p. 444
Assomption	15/08	p. 450
20e dim. Temps ord.	20/08	p. 459

Temps ordinaire (suite)		*Vert*
21e dim. Temps ord.	27/08	p. 465
22e dim. Temps ord.	03/09	p. 471
23e dim. Temps ord.	10/09	p. 477
24e dim. Temps ord.	17/09	p. 484
25e dim. Temps ord.	24/09	p. 491
26e dim. Temps ord.	1er/10	p. 497
27e dim. Temps ord.	08/10	p. 503
28e dim. Temps ord.	15/10	p. 509
29e dim. Temps ord.	22/10	p. 516
30e dim. Temps ord.	29/10	p. 524
Tous les Saints	01/11	p. 530
Défunts	02/11	p. 536
31e dim. Temps ord.	05/11	p. 541
32e dim. Temps ord.	12/11	p. 548
33e dim. Temps ord.	19/11	p. 555
Christ Roi de l'univers	26/11	p. 561

LE DIMANCHE
THÈME D'ANNÉE 2017

FAIRE VIVRE l'année liturgique est le but principal du *Missel des dimanches*. Pour colorer de façon plus particulière les années qui reviennent selon le cycle trisannuel A B C, ce *Missel* présente aussi un « thème d'année ». En 2017, c'est : *Le dimanche*. On trouvera donc quelques pleines pages sur ce thème. Leur liste se trouve p. 605.

INDICATIONS PRATIQUES

La liturgie de la messe, c'est-à-dire les textes qui reviennent à chaque messe, figure dans les soixante premières pages :
Les textes propres à chaque dimanche ou fête sont placés à leur date.

Chaque formulaire de messe comprend :
– une ***introduction générale*** à chaque dimanche, préparant à l'accueil des lectures bibliques ;
– des ***propositions*** pour les animateurs liturgiques et pour les responsables des chants ; elles sont placées dans un encadré comportant trois titres : Chanter, Prier, Célébrer ; deux recueils sont indiqués par leurs initiales : ***CNA*** = *Chants notés de l'assemblée*, recueil officiel, éd. Bayard ; ***MNA*** = *Missel noté de l'assemblée*, éd. Brepols ;
– les ***textes officiels*** des prières et des lectures bibliques, en plus gros caractères ;
– souvent, une ***citation***, ayant normalement un rapport avec les lectures bibliques du jour ;
– le ***calendrier liturgique*** de la semaine, les ***fêtes à souhaiter***, et diverses ***informations ;***
– en finale, un court texte non officiel ***pour prier avec l'Évangile***[1].

Calendrier liturgique : Il s'agit du calendrier *liturgique* au sens strict, proposé à l'ensemble de l'Église. Il ne mentionne que les saints figurant dans ce calendrier liturgique officiel, universel ou national. *On ne s'étonnera pas de ne pas y trouver un certain nombre de saints connus par ailleurs, ou canonisés récemment par le pape.* Simplement, ceux-là ne figurent pas au calendrier liturgique. Cela n'empêche pas de les invoquer ou même de faire une célébration liturgique en leur honneur, avec les textes des « communs des saints » du *Missel romain*.

Bonne fête ! Sous ce titre, on trouve pour chaque jour de la semaine plusieurs prénoms chrétiens, qui correspondent à des saints, ou ont été rattachés à des saints par *Le Livre des prénoms selon le nouveau calendrier* (A. Vinel, 1972). On trouve la liste complète des saints du jour dans le *Martyrologe romain*, livre officiel dont la traduction française est en préparation.

Pour mémoire : Ces informations sont très diverses et n'ont pas nécessairement une portée liturgique : mention de telle journée mondiale ou nationale ; anniversaire (millénaire, centenaire, cinquantenaire, etc.) d'un événement important pour l'histoire de l'Église ou du monde ; mention d'une fête juive ou musulmane (dans le cadre du dialogue interreligieux). C'est une sorte de petit almanach.

---

1. *Oraisons nouvelles pour les dimanches, année A,* pro manuscripto.

Liturgie de la messe

QUE VENONS-NOUS FAIRE À LA MESSE ?

Ce qu'il faut savoir pour y trouver son chemin :

Après une OUVERTURE DE LA CÉLÉBRATION, deux grandes parties :

1. Nous écoutons la Parole de Dieu

– La Parole de Dieu, exprimée dans l'*Ancienne Alliance*
– et dans les *Écrits des Apôtres,*
– culmine dans la *Bonne Nouvelle* de Jésus.
– C'est *aujourd'hui* que Dieu nous parle.
– Nous lui répondons par l'affirmation de notre *foi*
– et par notre *prière* pour tous les hommes.

2. Nous partageons le repas du Seigneur

Peu avant de mourir par amour et de revivre en Dieu, Jésus a pris avec les siens son dernier repas sur la terre. Pour participer à cette mort et à cette résurrection qui nous sauvent, nous faisons aujourd'hui les gestes que fit Jésus. Car il nous a dit de le faire en mémoire de lui, jusqu'à ce qu'il vienne.

– JÉSUS PRIT DU PAIN.

– JÉSUS RENDIT GRÂCE.

– JÉSUS ROMPIT LE PAIN ET LE DONNA AUX SIENS.

DÉROULEMENT DE LA MESSE

■ = se reporter aux pages du jour que l'on célèbre.

➤ = se reporter aux pages qui suivent (Liturgie de la messe)

↗ = voir

OUVERTURE DE LA CÉLÉBRATION
(↗ p. suivante)

1. Liturgie de la Parole

■ PREMIÈRE LECTURE (Ancien Testament, sauf au Temps pascal où on lit les Actes des Apôtres)

■ le psaume, en réponse à la 1re lecture

■ DEUXIÈME LECTURE (Lettres des Apôtres ou Apocalypse)

■ ACCLAMATION

■ ÉVANGILE

HOMÉLIE

➤ PROFESSION DE FOI (↗ p. 17)

■ PRIÈRE UNIVERSELLE

2. Liturgie eucharistique

➤ ■ PRÉPARATION DE L'AUTEL ET PRÉSENTATION DES DONS (↗ p. 22)

➤ GRANDE PRIÈRE D'ACTION DE GRÂCE (↗ p. 30)

➤ ■ FRACTION DU PAIN ET COMMUNION (↗ p. 64)

➤ CONCLUSION ET ENVOI (↗ p. 66)

OUVERTURE DE LA CÉLÉBRATION

Le chant d'entrée achevé, tous, debout, se signent tandis que le prêtre dit :

Au nom du Père, et du Fils et du Saint-Esprit.
Amen.

Salutation du prêtre

- La grâce de Jésus notre Seigneur, l'amour de Dieu le Père et la communion de l'Esprit Saint soient toujours avec vous.
  Et avec votre esprit.
- Le Seigneur soit avec vous.
  Et avec votre esprit.
- Que Dieu notre Père et Jésus Christ notre Seigneur vous donnent la grâce et la paix.
  Béni soit Dieu, maintenant et toujours !

Le prêtre (ou un autre membre de l'assemblée) peut exprimer par une brève monition un aspect propre à la célébration du jour : la communauté rassemblée, les lectures, la tonalité du dimanche ou de la fête.

Préparation pénitentielle

Il y a plusieurs manières d'exprimer cette démarche collective, où le peuple rencontre le Dieu saint qui le sauve :

- **Je confesse à Dieu tout-puissant,**
  je reconnais devant mes frères,
  que j'ai péché en pensée, en parole,
  par action et par omission ;
  oui, j'ai vraiment péché.
  C'est pourquoi je supplie la Vierge Marie,
  les anges et tous les saints,
  et vous aussi, mes frères,
  de prier pour moi le Seigneur notre Dieu.
- Seigneur, accorde-nous ton pardon.
  Nous avons péché contre toi.

Montre-nous ta miséricorde.
Et nous serons sauvés.

- Seigneur Jésus, envoyé par le Père
pour guérir et sauver les hommes,
prends pitié de nous. **Prends pitié de nous.**
Ô Christ, venu dans le monde
appeler tous les pécheurs,
prends pitié de nous. **Prends pitié de nous.**
Seigneur, élevé dans la gloire du Père, où tu intercèdes pour nous,
prends pitié de nous. **Prends pitié de nous.**

Le prêtre conclut ainsi la préparation pénitentielle :

Que Dieu tout-puissant nous fasse miséricorde, qu'il nous pardonne nos péchés et nous conduise à la vie éternelle. **Amen.**

- *ou bien le rite de l'eau bénite :*

Demandons au Seigneur de bénir cette eau ; nous allons en être aspergés en souvenir de notre baptême : que Dieu nous garde fidèles à l'Esprit que nous avons reçu.

Le prêtre dit une des prières suivantes :

Dieu éternel et tout-puissant, tu as donné aux hommes l'eau qui les fait vivre et les purifie ; tu veux aussi qu'elle puisse laver nos âmes et nous apporter le don de la vie éternelle ; daigne bénir + cette eau, pour que nous en recevions des forces en ce jour qui t'est consacré. Par cette eau, renouvelle en nous la source vive de ta grâce, défends-nous contre tout mal de l'âme et du corps ; nous pourrons alors nous approcher de toi avec un cœur pur, et profiter pleinement du salut que tu nous donnes.
Par Jésus, le Christ, notre Seigneur. **Amen.**

ou bien, au temps pascal :

Seigneur, Dieu tout-puissant, écoute les prières de ton peuple : alors que nous venons célébrer la merveille de notre création et la merveille plus grande encore de notre rédemption, daigne bénir + cette eau.

(ou à Pâques : nous te rendons grâce pour cette eau.)

Tu l'as créée pour féconder la terre et donner à nos corps fraîcheur et pureté. Tu en as fait aussi l'instrument de ta miséricorde : par elle tu as libéré ton peuple de la servitude et tu as étanché sa soif dans le désert ; par elle les prophètes ont annoncé la nouvelle Alliance que tu voulais sceller avec les hommes ; par elle enfin, eau sanctifiée quand Jésus fut baptisé au Jourdain, tu as renouvelé notre nature pécheresse dans le bain de la nouvelle naissance. Que cette eau, maintenant, nous rappelle notre baptême et nous fasse participer à la joie de nos frères les baptisés de Pâques.
Par Jésus, le Christ, notre Seigneur. **Amen.**

Pendant l'aspersion, on chante un psaume ou un chant approprié.

Que Dieu tout-puissant nous purifie de nos péchés, et, par la célébration de cette eucharistie, nous rende dignes de participer un jour au festin de son Royaume. **Amen.**

Kyrie

Le Kyrie, litanie traditionnelle adressée au Christ, vient à la suite de la préparation pénitentielle, sauf si celle-ci a déjà employé cette formule.

Seigneur, prends pitié
Seigneur, prends pitié

Ô Christ, prends pitié
Ô Christ, prends pitié

Seigneur, prends pitié
Seigneur, prends pitié

Kyrie eleison.
Kyrie eleison.

Christe eleison.
Christe eleison.

Kyrie eleison.
Kyrie eleison.

Gloria

Le Gloria est omis pendant l'Avent et le Carême.

• **Gloire à Dieu au plus haut des cieux,**
et paix sur la terre aux hommes qu'il aime.
Nous te louons, nous te bénissons, nous t'adorons,
nous te glorifions, nous te rendons grâce,
pour ton immense gloire,
Seigneur Dieu, Roi du ciel,
Dieu le Père tout-puissant.

Seigneur, Fils unique, Jésus Christ,
Seigneur Dieu, Agneau de Dieu,
le Fils du Père ;
Toi qui enlèves le péché du monde,
prends pitié de nous ;
Toi qui enlèves le péché du monde,
reçois notre prière ;
Toi qui es assis à la droite du Père,
prends pitié de nous.
Car toi seul es saint,
Toi seul es Seigneur,
Toi seul es le Très-Haut : Jésus Christ,
avec le Saint-Esprit
Dans la gloire de Dieu le Père. Amen.

• Gloria in excelsis Deo,
Et in terra pax hominibus bonae voluntatis.
Laudamus te, benedicimus te, adoramus te,
Glorificamus te, gratias agimus tibi
propter magnam gloriam tuam.
Domine Deus, rex cœlestis, Deus Pater omnipotens.
Domine Fili unigenite, Jesu Christe.
Domine Deus, Agnus Dei, Filius Patris.
Qui tollis peccata mundi, miserere nobis.
Qui tollis peccata mundi, suscipe deprecationem nostram.
Qui sedes ad dexteram Patris, miserere nobis.
Quoniam tu solus sanctus, tu solus Dominus,
Tu solus Altissimus, Jesu Christe.
Cum Sancto Spiritu in gloria Dei Patris. **Amen.**

Prière d'ouverture

Voir à la messe du jour. Elle se termine le plus souvent par :

... Par Jésus Christ, ton Fils, notre Seigneur et notre Dieu, qui règne avec toi et le Saint-Esprit, maintenant et pour les siècles des siècles. **Amen.**

LITURGIE DE LA PAROLE

Après avoir mis notre cœur en état d'accueil, nous écoutons et méditons la parole de Dieu.

■ **PREMIÈRE LECTURE** (↗ messe du jour)
On proclame *un passage de l'Ancien Testament* : pendant le Temps ordinaire, ce passage est en relation avec l'évangile du jour. Pendant le Temps pascal, on lit les Actes des Apôtres, qui racontent ce qui s'est passé après Pâques. Il est bon de faire un temps de silence après la lecture.

■ **PSAUME** (↗ messe du jour)
En réponse à cette lecture, un psaume ou un cantique biblique est proclamé ou chanté. Cette prière en forme de poésie biblique permet de méditer ce qui est dit dans la lecture.

■ **DEUXIÈME LECTURE** (↗ messe du jour)
On proclame *un passage d'une lettre des Apôtres* (souvent Paul, mais aussi Pierre, Jacques et Jean). Au Temps pascal de l'année A, on lit la première lettre de saint Pierre. Pendant le Temps ordinaire, la lettre apostolique est lue, de manière semi-continue, d'un dimanche à l'autre.

■ **ÉVANGILE** (↗ messe du jour)
• *Acclamation de l'évangile* : Alléluia, qui signifie « Louez Dieu » (durant le Carême, on prend une autre acclamation).
• *Proclamation d'un passage de l'évangile.* En cette année A, on lit saint Matthieu. Dans ce passage évangélique se trouvent la clé et le sommet de la liturgie de la Parole.

HOMÉLIE
Le mot grec signifie « conversation ». C'est un commentaire en style familier, portant surtout sur l'évangile.

■ **PROFESSION DE FOI** (↗ p. 17-19)
En réponse à la parole de Dieu, l'assemblée proclame sa foi par le « Je crois en Dieu » (le Credo).

■ **PRIÈRE UNIVERSELLE** (↗ messe du jour)
Comme le demande saint Paul (1 Tm 2, 1-8), l'assemblée fait monter vers Dieu des supplications pour tous les hommes.

Profession de foi

• *Symbole de Nicée-Constantinople :*

Je crois en un seul Dieu, le Père tout-puissant,
créateur du ciel et de la terre,
de l'univers visible et invisible.

Je crois en un seul Seigneur, Jésus Christ,
le Fils unique de Dieu,
né du Père avant tous les siècles :

Il est Dieu, né de Dieu, lumière, née de la lumière,
vrai Dieu, né du vrai Dieu,

Engendré, non pas créé, de même nature que le Père ;
et par lui tout a été fait.

Pour nous les hommes, et pour notre salut,
il descendit du ciel ;

Par l'Esprit Saint, il a pris chair de la Vierge Marie,
et s'est fait homme.

Crucifié pour nous sous Ponce Pilate,
il souffrit sa passion et fut mis au tombeau.

Il ressuscita le troisième jour,
conformément aux Écritures,
et il monta au ciel ; il est assis à la droite du Père.

Il reviendra dans la gloire,
pour juger les vivants et les morts ;
et son règne n'aura pas de fin.

Je crois en l'Esprit Saint,
qui est Seigneur et qui donne la vie ;
il procède du Père et du Fils ;

Avec le Père et le Fils,
il reçoit même adoration et même gloire ;
il a parlé par les prophètes.

Je crois en l'Église,
une, sainte, catholique et apostolique.

Je reconnais un seul baptême
pour le pardon des péchés.
J'attends la résurrection des morts,
et la vie du monde à venir. Amen.

• Credo in unum Deum, Patrem omnipotentem,
factorem cœli et terrae, visibilium omnium et invisibilium.

Et in unum Dominum Iesum Christum,
Filium Dei unigenitum,

Et ex Patre natum ante omnia sæcula :
Deum de Deo, lumen de lumine,
Deum verum de Deo vero.

Genitum, non factum, consubstantialem Patri ;
per quem omnia facta sunt.

Qui propter nos homines, et propter nostram salutem,
descendit de cœlis ;

Et incarnatus est de Spiritu Sancto ex Maria Virgine,
et homo factus est,

Crucifixus etiam pro nobis sub Pontio Pilato,
passus et sepultus est.

Et resurrexit tertia die, secundum Scripturas,
Et ascendit in cœlum ; sedet ad dexteram Patris.
Et iterum venturus est cum gloria judicare vivos et mortuos ;
cuius regni non erit finis.

Et in Spiritum Sanctum, Dominum et vivificantem ;
qui ex Patre Filioque procedit ;

Qui cum Patre et Filio simul adoratur et conglorificatur :
qui locutus est per prophetas.

Et unam, sanctam, catholicam et apostolicam Ecclesiam.
Confiteor unum baptisma in remissionem peccatorum.
Et exspecto resurrectionem mortuorum,
Et vitam venturi sæculi. Amen.

• *Symbole des Apôtres :*

**Je crois en Dieu, le Père tout-puissant,
créateur du ciel et de la terre.
Et en Jésus Christ, son Fils unique,
notre Seigneur,
qui a été conçu du Saint-Esprit,
est né de la Vierge Marie,
a souffert sous Ponce Pilate,
a été crucifié, est mort et a été enseveli,
est descendu aux enfers,
le troisième jour est ressuscité des morts,
est monté aux cieux,
est assis à la droite de Dieu
le Père tout-puissant,
d'où il viendra juger les vivants et les morts.**

**Je crois en l'Esprit Saint,
à la sainte Église catholique,
à la communion des saints,
à la rémission des péchés,
à la résurrection de la chair,
à la vie éternelle.
Amen.**

• *Dans certains cas, un autre formulaire est prévu, par exemple pour la confirmation, ou la profession de foi du baptême au cours de la nuit de Pâques, p. 302.*

Prière universelle

Nous exprimons devant Dieu, par de courtes intentions et un refrain, la prière des hommes et des femmes de ce temps à travers l'univers.

Il est bon que les formulations tiennent compte des besoins de l'Église et de ses responsables, des peuples et de leurs dirigeants, de ceux qui souffrent ou sont dans l'épreuve, et de la communauté réunie en ce lieu.

Quelques intentions sont suggérées dans les formulaires de ce missel. Plusieurs recueils existent, pour nous aider à formuler les nôtres.

LITURGIE EUCHARISTIQUE

L'eucharistie est l'action de grâce rendue à Dieu pour Jésus Christ : par son sacrifice, rendu présent en chaque messe, il s'est offert par amour pour nous, afin de rétablir la communion entre Dieu et les hommes. Le sacrifice de sa mort, acceptée et vécue dans l'amour du Père et des hommes, est devenu passage vers la vraie vie.
Jésus Christ nous appelle désormais à partager cette vie nouvelle. Le baptême nous y donne accès ; l'eucharistie nous procure l'aliment qui la nourrit. Cet aliment est Jésus lui-même qui nous présente son corps mort et ressuscité.
Ce corps transformé par le Saint-Esprit est rendu présent lorsque l'Église refait les gestes que fit Jésus la veille de sa mort :
1. Il prit du pain.
2. Il dit la prière d'action de grâce.
3. Il rompit le pain et le donna aux siens.
De là proviennent les grandes parties de la liturgie eucharistique.

1. PRÉPARATION DE L'AUTEL ET PRÉSENTATION DES DONS

Comme Jésus prit du pain et une coupe de vin lors de son dernier repas,
➤ on apporte du pain et du vin sur l'autel, et on les présente à Dieu (↗ p. 22) ;

■ **PRIÈRE SUR LES OFFRANDES** (↗ messe du jour)

2. GRANDE PRIÈRE D'ACTION DE GRÂCE

Comme Jésus, le prêtre dit au nom de tous une grande prière d'action de grâce à Dieu le Père.

➤ **DIALOGUE D'INTRODUCTION** (↗ p. 23)

➤ ■ **PRÉFACE :** le prêtre chante la louange de Dieu en évoquant le mystère célébré.

➤ **SANCTUS** (↗ p. 29)

L'assemblée acclame le Dieu très saint.

➤ ■ **PRIÈRE EUCHARISTIQUE** (↗ p. 30)
Déjà commencée par la Préface et le Sanctus, cette grande prière se déploie selon une certaine variété, mais comporte normalement les éléments suivants :

- Une invocation à Dieu pour qu'il envoie l'Esprit Saint *(épiclèse)* sur le pain et sur le vin.
- Le récit du dernier repas de Jésus où il a institué l'eucharistie *(récit de l'institution)*. Le pain et le vin deviennent le corps et le sang, c'est-à-dire la personne, du Christ mort et ressuscité qui nous sauve *(consécration)*.
- Une acclamation de l'assemblée qui chante ce salut.
- Une prière du prêtre qui en fait mémoire *(anamnèse)*.
- Une invocation à l'Esprit Saint pour qu'il unisse l'assemblée *(seconde épiclèse)*.
- Des intercessions pour l'Église et pour le monde, pour les vivants et les défunts, en union avec les responsables de l'Église, dans la communion des saints.
- Une conclusion en forme d'action de grâce à la Sainte Trinité *(doxologie)*.

3. FRACTION DU PAIN ET COMMUNION

Comme Jésus, le prêtre partage le pain. Avant de recevoir celui-ci, l'assemblée dit la prière des enfants de Dieu et accueille la paix que Dieu lui offre.

➤ **NOTRE PÈRE** (↗ p. 64)

➤ **PRIÈRE ET RITE DE LA PAIX** (↗ p. 65)

➤ **FRACTION DU PAIN**, pendant qu'on chante « Agneau de Dieu »

➤ **COMMUNION**

■ **CHANT DE COMMUNION** (↗ messe du jour)

■ **PRIÈRE** (↗ messe du jour)

CONCLUSION ET ENVOI

Le dernier repas de Jésus ne s'est pas clos sur lui-même : il a été suivi par le don total de Jésus sur la croix, qui a entraîné sa résurrection, le don de l'Esprit, et, finalement, l'envoi en mission.

➤ **RITE DE CONCLUSION** (↗ p. 66)

PRÉSENTATION DES DONS

Préparation de l'autel

Les ministres préparent l'autel. Le pain et le vin peuvent être portés en procession par des membres de l'assemblée.

Quête

Elle permet aux fidèles de s'associer à la présentation des dons, en mettant en commun leurs offrandes, destinées à la vie de la communauté, aux activités d'Église et au partage avec les plus démunis.

Présentation des dons

Pour présenter les dons, le prêtre dit à voix basse (il peut le dire à haute voix s'il n'y a pas de chant ou de musique d'orgue) :

Tu es béni, Dieu de l'univers, toi qui nous donnes ce pain, fruit de la terre et du travail des hommes ; nous te le présentons : il deviendra le pain de la vie.
(Béni soit Dieu, maintenant et toujours !)

En mettant l'eau dans le calice, le prêtre dit à voix basse :

Comme cette eau se mêle au vin pour le sacrement de l'Alliance, puissions-nous être unis à la divinité de Celui qui a pris notre humanité.

Tu es béni, Dieu de l'univers, toi qui nous donnes ce vin, fruit de la vigne et du travail des hommes ; nous te le présentons : il deviendra le vin du Royaume éternel.
(Béni soit Dieu, maintenant et toujours !)

En s'inclinant au milieu de l'autel, le prêtre dit à voix basse :

Humbles et pauvres, nous te supplions, Seigneur, accueille-nous : que notre sacrifice, en ce jour, trouve grâce devant toi.

En se lavant les mains :

Lave-moi de mes fautes, Seigneur, purifie-moi de mon péché.

Invitation à la prière

Prions ensemble,
au moment d'offrir le sacrifice de toute l'Église.
Pour la gloire de Dieu et le salut du monde.

Prière sur les offrandes *(Voir à la messe du jour)*

PRIÈRE EUCHARISTIQUE

Le Seigneur soit avec vous.
Et avec votre esprit.
Élevons notre cœur.
Nous le tournons vers le Seigneur.
Rendons grâce au Seigneur notre Dieu.
Cela est juste et bon.

Préface

Certaines préfaces se trouvent dans les formulaires des messes.

Noël 1

Vraiment, il est juste et bon de te rendre gloire, de t'offrir notre action de grâce, toujours et en tout lieu, à toi, Père très saint, Dieu éternel et tout-puissant.
Car la révélation de ta gloire s'est éclairée pour nous d'une lumière nouvelle dans le mystère du Verbe incarné ; maintenant, nous connaissons en lui Dieu qui s'est rendu visible à nos yeux, et nous sommes entraînés par lui à aimer ce qui demeure invisible.

• C'est pourquoi, avec les anges et les archanges, avec les puissances d'en haut et tous les esprits bienheureux, nous chantons l'hymne de ta gloire et sans fin nous proclamons : **Saint !...**
(➚ p. 29)

• C'est pourquoi, avec les anges et tous les saints, nous proclamons ta gloire, en chantant (disant) d'une seule voix : **Saint !...**
(➚ p. 29)

Noël 2

Vraiment, il est juste et bon de te rendre gloire, de t'offrir notre action de grâce, toujours et en tout lieu, à toi, Père très saint, Dieu éternel et tout-puissant.
Dans le mystère de la Nativité, celui qui par nature est invisible se rend visible à nos yeux ; engendré avant le temps, il entre dans le cours du temps.

Faisant renaître en lui la création déchue, il RESTAURE TOUTE CHOSE et remet l'homme égaré sur le chemin de ton Royaume.
C'est pourquoi, avec les anges qui proclamaient ta gloire dans le ciel, nous voulons te bénir en chantant (disant) : **Saint !...**
(↗ p. 29)

Noël 3

Vraiment, il est juste et bon de te rendre gloire, de t'offrir notre action de grâce, toujours et en tout lieu, à toi, Père très saint, Dieu éternel et tout-puissant, par le Christ, notre Seigneur.
Par lui s'accomplit en ce jour l'échange merveilleux où nous sommes régénérés : lorsque ton Fils prend la condition de l'homme, la nature humaine en reçoit une incomparable noblesse ; il devient tellement l'un de nous que NOUS DEVENONS ÉTERNELS.
C'est pourquoi, avec les anges qui proclamaient ta gloire dans les cieux, pleins de joie, nous chantons (disons) : **Saint !...**
(↗ p. 29)

Carême 1

Vraiment, il est juste et bon de te rendre gloire, de t'offrir notre action de grâce, toujours et en tout lieu, à toi, Père très saint, Dieu éternel et tout-puissant, par le Christ, notre Seigneur.
Car chaque année, tu accordes aux chrétiens de se préparer aux fêtes pascales dans la joie d'un CŒUR PURIFIÉ ; de sorte qu'en se donnant davantage à la prière, en témoignant plus d'amour pour le prochain, fidèles aux sacrements qui les ont fait renaître, ils soient comblés de la grâce que tu réserves à tes fils.

• C'est pourquoi, avec les anges et les archanges, avec les puissances d'en haut et tous les esprits bienheureux, nous chantons l'hymne de ta gloire et sans fin nous proclamons : **Saint !...**
(↗ p. 29)

• C'est pourquoi, avec les anges et tous les saints, nous proclamons ta gloire, en chantant (disant) d'une seule voix : **Saint !...**
(↗ p. 29)

Carême 2

Vraiment, il est juste et bon de te rendre gloire, de t'offrir notre action de grâce, toujours et en tout lieu, à toi, Père très saint, Dieu éternel et tout-puissant.
Tu offres à tes enfants ce TEMPS DE GRÂCE pour qu'ils retrouvent la pureté du cœur. Tu veux qu'ils se libèrent de leurs égoïsmes, afin qu'en travaillant à ce monde qui passe, ils s'attachent surtout aux choses qui ne passent pas.
C'est pourquoi, avec les anges et tous les saints, nous chantons et proclamons : **Saint !...** (↗ p. 29)

Carême 3

Vraiment, il est juste et bon de te rendre gloire, de t'offrir notre action de grâce, toujours et en tout lieu, à toi, Père très saint, Dieu éternel et tout-puissant.
Tu accueilles nos pénitences comme une offrande à ta gloire ; car nos privations, tout en abaissant notre orgueil, nous invitent à IMITER TA MISÉRICORDE et à partager avec ceux qui ont faim.
C'est pourquoi (↗ *Carême 1, p. 24).*

Temps pascal 1 *(semaine pascale)*

Vraiment, il est juste et il est bon de te glorifier, Seigneur, en tout temps, mais plus encore en cette nuit (aujourd'hui) (en ces jours) où le Christ, notre Pâque, a été immolé : car il est l'Agneau véritable qui a enlevé le péché du monde ; en mourant, il a détruit notre mort ; en ressuscitant, il nous a RENDU LA VIE.
C'est pourquoi le peuple des baptisés, rayonnant de la joie pascale, exulte par toute la terre, tandis que les anges, dans le ciel, chantent sans fin l'hymne de ta gloire : **Saint !...**

Temps pascal 2

Vraiment, il est juste et il est bon de te glorifier, Seigneur, en tout temps, mais plus encore en ces jours où le Christ, notre Pâque, a été immolé. Grâce à lui, se lèvent des enfants de lumière pour une vie éternelle, et les portes du Royaume des cieux s'ouvrent pour

accueillir les croyants. Oui, nous te rendons gloire, car sa mort nous AFFRANCHIT DE LA MORT, et dans le mystère de la résurrection chacun de nous est déjà ressuscité.
C'est pourquoi le peuple des baptisés... (↗ Temps pascal 1, p. 25)

Temps pascal 3

Vraiment, il est juste et il est bon de te glorifier, Seigneur, en tout temps, mais plus encore en ces jours où le Christ, notre Pâque, a été immolé, lui qui ne cesse pas de s'offrir pour nous, et qui reste éternellement notre défenseur auprès de toi ; immolé, il a vaincu la mort ; mis à mort, il est TOUJOURS VIVANT.
C'est pourquoi le peuple des baptisés... (↗ Temps pascal 1, p. 25)

Temps pascal 4

Vraiment, il est juste et il est bon de te glorifier, Seigneur, en tout temps, mais plus encore en ces jours où le Christ, notre Pâque, a été immolé. En détruisant un monde déchu, il fait une CRÉATION NOUVELLE ; et c'est de lui que nous tenons désormais la vie qu'il possède en plénitude.
C'est pourquoi le peuple des baptisés... (↗ Temps pascal 1, p. 25)

Temps pascal 5

Vraiment, il est juste et il est bon de te glorifier, Seigneur, en tout temps, mais plus encore en ces jours où le Christ, notre Pâque, a été immolé. Quand il livre son corps sur la croix, tous les sacrifices de l'Ancienne Alliance parviennent à leur achèvement ; et quand il s'offre pour notre salut, il est à lui seul L'AUTEL, LE PRÊTRE ET LA VICTIME.
C'est pourquoi le peuple des baptisés... (↗ Temps pascal 1, p. 25)

Dimanches du temps ordinaire 1

Vraiment, il est juste et bon de te rendre gloire, de t'offrir notre action de grâce, toujours et en tout lieu, à toi, Père très saint, Dieu éternel et tout-puissant, par le Christ, notre Seigneur.
Dans le mystère de sa Pâque, il a fait une œuvre merveilleuse : car nous étions esclaves de la mort et du péché, et nous sommes

appelés à partager sa gloire ; nous portons désormais ces noms glorieux : nation sainte, peuple racheté, race choisie, sacerdoce royal ; nous pouvons ANNONCER AU MONDE LES MERVEILLES que tu as accomplies, toi qui nous fais passer des ténèbres à ton admirable lumière.

• C'est pourquoi, avec les anges et les archanges, avec les puissances d'en haut et tous les esprits bienheureux, nous chantons l'hymne de ta gloire et sans fin nous proclamons : **Saint !...**
(↗ p. 29)

• C'est pourquoi, avec les anges et tous les saints, nous proclamons ta gloire, en chantant (disant) d'une seule voix : **Saint !...**
(↗ p. 29)

Dimanches du temps ordinaire 2

Vraiment, il est juste et bon de te rendre gloire, de t'offrir notre action de grâce, toujours et en tout lieu, à toi, Père très saint, Dieu éternel et tout-puissant, par le Christ, notre Seigneur.
Dans sa pitié pour notre misère, il a voulu naître d'une femme, la Vierge Marie. Par sa passion et sa croix, il nous a délivrés de la mort éternelle ; par sa résurrection d'entre les morts, il nous a DONNÉ LA VIE qui n'aura pas de fin.

• C'est pourquoi *(↗ préface précédente)*.

Dimanches du temps ordinaire 3

Vraiment, il est juste et bon de te rendre gloire, de t'offrir notre action de grâce, toujours et en tout lieu, à toi, Père très saint, Dieu éternel et tout-puissant.
Oui, nous le reconnaissons : afin de secourir tous les hommes, tu mets en œuvre ta puissance ; et tu te sers de notre condition mortelle pour nous AFFRANCHIR DE LA MORT : ainsi notre existence périssable devient un passage vers le salut, par le Christ, notre Seigneur.
C'est par lui que les anges, assemblés devant toi, adorent ta gloire ; à leur hymne de louange, laisse-nous joindre nos voix pour chanter et proclamer : **Saint !...** (↗ p. 29)

Dimanches du temps ordinaire 4

Vraiment, il est juste et bon de te rendre gloire, de t'offrir notre action de grâce, toujours et en tout lieu, à toi, Père très saint, Dieu éternel et tout-puissant, par le Christ notre Seigneur.
En naissant parmi les hommes, il les APPELLE À RENAÎTRE ; en souffrant sa passion, il a supprimé nos fautes ; par sa résurrection d'entre les morts, il donne accès à la vie éternelle, et par son ascension auprès de toi, notre Père, il nous ouvre le ciel.
C'est pourquoi, avec tous les anges et tous les saints, nous chantons l'hymne de ta gloire et sans fin nous proclamons : **Saint !...**
(↗ p. 29)

Dimanches du temps ordinaire 5

Vraiment, il est juste et bon de te rendre gloire, de t'offrir notre action de grâce, toujours et en tout lieu, à toi, Père très saint, Dieu éternel et tout-puissant, à toi, Créateur de tous les éléments du monde, Maître des temps et de l'histoire.
C'est toi qui as formé l'homme à ton image et lui as soumis l'univers et ses merveilles ; tu lui as confié ta création pour qu'en ADMIRANT TON ŒUVRE il ne cesse de te rendre grâce par le Christ, notre Seigneur.
C'est toi que la terre et le ciel, avec les anges et les archanges, ne cessent d'acclamer en chantant : **Saint !...** (↗ p. 29)

Dimanches du temps ordinaire 6

Vraiment, il est juste et bon de te rendre gloire, Père très saint, Dieu éternel et tout-puissant de qui nous tenons la vie, la croissance et l'être.
Dans cette existence de chaque jour que nous recevons de ta grâce, la vie éternelle est déjà commencée : nous avons reçu les premiers dons de l'Esprit par qui tu as ressuscité Jésus d'entre les morts, et NOUS VIVONS DANS L'ESPÉRANCE que s'accomplisse en nous le mystère de Pâques.
C'est pourquoi avec tous les anges du ciel, nous voulons te bénir et t'acclamer en chantant (disant) d'une seule voix : **Saint !...**
(↗ p. 29)

Dimanches du temps ordinaire 7

Vraiment, il est juste et bon de te rendre gloire, de t'offrir notre action de grâce, toujours et en tout lieu, à toi, Père très saint, Dieu éternel et tout-puissant.
Ton amour pour le monde est si grand que tu nous as envoyé un Sauveur ; tu l'as voulu semblable aux hommes en toute chose à l'exception du péché, afin d'aimer en nous ce que tu aimais en lui : nous avions rompu TON ALLIANCE, NOUS LA RETROUVONS dans l'obéissance de ton Fils.
Voilà pourquoi, Seigneur, avec les anges et tous les saints, nous proclamons ta gloire en chantant (disant) : **Saint !...** (↗ p. 29)

Dimanches du temps ordinaire 8

Vraiment, il est juste et bon de te rendre gloire, de t'offrir notre action de grâce, toujours et en tout lieu, à toi, Père très saint, Dieu éternel et tout-puissant.
Par le sang que ton Fils a versé, par le souffle de ton Esprit créateur, tu as ramené vers toi tes enfants que le péché avait éloignés ; et ce peuple, unifié par la Trinité sainte, c'est l'ÉGLISE, gloire de ta Sagesse, Corps du Christ et Temple de l'Esprit.
Et nous qui sommes rassemblés pour te rendre grâce, avec les anges du ciel nous te chantons : **Saint !...** (↗ p. 29)

Sanctus

• **Saint ! Saint ! Saint, le Seigneur, Dieu de l'univers !**
Le ciel et la terre sont remplis de ta gloire.
  Hosanna au plus haut des cieux.
Béni soit celui qui vient au nom du Seigneur.
  Hosanna au plus haut des cieux.

• Sanctus, Sanctus, Sanctus,
Dominus Deus Sabaoth !
Pleni sunt cœli et terra gloria tua.
Hosanna in excelsis !
Benedictus qui venit in nomine Domini.
Hosanna in excelsis !

Suite de la prière eucharistique

Père infiniment bon...
Prière eucharistique 1, ↗ p. 31
Toi qui es vraiment saint...
Prière eucharistique 2, ↗ p. 36
Tu es vraiment saint, Dieu de l'univers...
Prière eucharistique 3, ↗ p. 40
Père très saint, nous proclamons...
Prière eucharistique 4, ↗ p. 45
Toi qui fais depuis les origines ce qui est bon...
Pour la réconciliation 1, ↗ p. 48
Dieu de l'univers, nous te rendons grâce...
Pour la réconciliation 2, ↗ p. 50
Dieu notre Père, tu nous as réunis...
Pour assemblées avec enfants 1, ↗ p. 52
Oui, béni soit Jésus, ton envoyé...
Pour assemblées avec enfants 2, ↗ p. 54
Oui, Dieu, tu es saint, tu es bon pour nous...
Pour assemblées avec enfants 3, ↗ p. 57
Vraiment, tu es saint et digne de louange...
Pour des circonstances particulières, ↗ p. 61

PRIÈRE EUCHARISTIQUE 1

Dialogue d'introduction et préface, p. 23. Sanctus, p. 29.

Père infiniment bon, toi vers qui montent nos louanges, nous te supplions par Jésus Christ, ton Fils, notre Seigneur, d'accepter et de bénir ces offrandes saintes.
Nous te les présentons avant tout pour ta sainte Église catholique : accorde-lui la paix et protège-la, daigne la rassembler dans l'unité et la gouverner par toute la terre ; nous les présentons en même temps pour ton serviteur le Pape N., pour notre évêque N. et tous ceux qui veillent fidèlement sur la foi catholique reçue des Apôtres.

Souviens-toi, Seigneur, de tes serviteurs (N. et N.), et de tous ceux qui sont ici réunis, dont tu connais la foi et l'attachement. Nous t'offrons pour eux, ou ils t'offrent pour eux-mêmes et tous les leurs ce sacrifice de louange, pour leur propre rédemption, pour le salut qu'ils espèrent ; et ils te rendent cet hommage, à toi Dieu éternel, vivant et vrai.

Dans la communion de toute l'Église, en ce premier jour de la semaine, nous célébrons le jour où le Christ est ressuscité d'entre les morts ; et nous voulons nommer en premier lieu la bienheureuse Marie toujours Vierge, Mère de notre Dieu et Seigneur, Jésus Christ ; saint Joseph, son époux, les saints Apôtres et Martyrs Pierre et Paul, André, (Jacques et Jean, Thomas, Jacques et Philippe, Barthélemy et Matthieu, Simon et Jude, Lin, Clet, Clément, Sixte, Corneille et Cyprien, Laurent, Chrysogone, Jean et Paul, Côme et Damien,)
et tous les saints.
Accorde-nous, par leur prière et leurs mérites, d'être, toujours et partout, forts de ton secours et de ta protection. (Par le Christ, notre Seigneur. Amen.)

N.B. *Le texte entre parenthèses est facultatif.*

Aux grandes fêtes :

Dans la communion de toute l'Église, nous célébrons le jour (très saint) (la nuit très sainte)

Noël ... où Marie, dans la gloire de sa virginité, enfanta le Sauveur du monde ; et nous voulons nommer...

Épiphanie .. où ton Fils unique qui partage éternellement ta propre gloire s'est manifesté à nos yeux dans un vrai corps pris de notre chair ; et nous voulons nommer...

Jeudi saint ... où notre Seigneur Jésus Christ fut livré pour nous ; et nous voulons nommer...

Pâques ... où ressuscita selon la chair notre Seigneur Jésus Christ ; et nous voulons nommer...

Ascension ... où notre Seigneur, ton Fils unique, ayant pris notre nature avec sa faiblesse, la fit entrer dans ta gloire, à ta droite ; et nous voulons nommer...

Pentecôte ... de la Pentecôte, où l'Esprit Saint s'est manifesté aux Apôtres par d'innombrables langues de feu ; et nous voulons nommer...

Assomption ... où la Vierge Marie a été élevée dans la gloire du ciel, et nous voulons nommer en premier lieu cette Vierge bienheureuse...

Toussaint ... consacré à la mémoire de tous les saints : ils ont imité le Christ pendant leur vie et, à leur mort, ils ont reçu de lui la couronne de gloire : et nous voulons nommer...

Voici l'offrande que nous présentons devant toi, nous, tes serviteurs, et ta famille entière : dans ta bienveillance, accepte-la. Assure toi-même la paix de notre vie, arrache-nous à la damnation et reçois-nous parmi tes élus. (Par le Christ, notre Seigneur. Amen.)

Aux grandes fêtes :

Voici l'offrande que nous présentons devant toi, nous, tes serviteurs,

Jeudi saint ... et ta famille entière, le jour même où notre Seigneur Jésus Christ a livré à ses disciples, pour qu'ils les célèbrent, les mystères de son corps et de son sang. Nous t'en prions, Seigneur, accepte cette offrande. Assure toi-même...

De Pâques au dimanche suivant	... et ta famille entière, spécialement pour ceux que tu as fait renaître de l'eau et de l'Esprit Saint en pardonnant tous leurs péchés. Nous t'en prions, Seigneur, accepte cette offrande. Assure toi-même...

Sanctifie pleinement cette offrande par la puissance de ta bénédiction, rends-la parfaite et digne de toi : qu'elle devienne pour nous le corps et le sang de ton Fils bien-aimé, Jésus Christ, notre Seigneur.

La veille de sa passion,

Jeudi saint	... La veille du jour où il devait souffrir pour notre salut et celui de tous les hommes, c'est-à-dire aujourd'hui...

il prit le pain dans ses mains très saintes et, les yeux levés au ciel, vers toi, Dieu, son Père tout-puissant, en te rendant grâce il le bénit, le rompit, et le donna à ses disciples, en disant :

> « Prenez, et mangez-en tous :
> ceci est mon corps livré pour vous. »

De même, à la fin du repas, il prit dans ses mains cette coupe incomparable ; et te rendant grâce à nouveau, il la bénit, et la donna à ses disciples, en disant :

> « Prenez, et buvez-en tous,
> car ceci est la coupe de mon sang,
> le sang de l'Alliance nouvelle et éternelle,
> qui sera versé pour vous et pour la multitude,
> en rémission des péchés.
> Vous ferez cela, en mémoire de moi. »

• Il est grand, le mystère de la foi :
Nous proclamons ta mort, Seigneur Jésus,
nous célébrons ta résurrection,
nous attendons ta venue dans la gloire.

• Quand nous mangeons ce pain et buvons à cette coupe,
nous célébrons le mystère de la foi :
Nous rappelons ta mort,
Seigneur ressuscité,
et nous attendons que tu viennes.

• Proclamons le mystère de la foi :
Gloire à toi qui étais mort,
gloire à toi qui es vivant,
notre Sauveur et notre Dieu :
Viens, Seigneur Jésus !

C'est pourquoi nous aussi, tes serviteurs, et ton peuple saint avec nous, faisant mémoire de la passion bienheureuse de ton Fils, Jésus Christ, notre Seigneur, de sa résurrection du séjour des morts et de sa glorieuse ascension dans le ciel, nous te présentons, Dieu de gloire et de majesté, cette offrande prélevée sur les biens que tu nous donnes, le sacrifice pur et saint, le sacrifice parfait, pain de la vie éternelle et coupe du salut.
Et comme il t'a plu d'accueillir les présents d'Abel le Juste, le sacrifice de notre père Abraham, et celui que t'offrit Melkisédek, ton grand prêtre, en signe du sacrifice parfait, regarde cette offrande avec amour et, dans ta bienveillance, accepte-la.
Nous t'en supplions, Dieu tout-puissant : qu'elle soit portée par ton ange en présence de ta gloire, sur ton autel céleste, afin qu'en recevant ici, par notre communion à l'autel, le corps et le sang de ton Fils, nous soyons comblés de ta grâce et de tes bénédictions. (Par le Christ, notre Seigneur. Amen.)

Souviens-toi de tes serviteurs (N. et N.), qui nous ont précédés, marqués du signe de la foi, et qui dorment dans la paix...

Pour eux et pour tous ceux qui reposent dans le Christ, nous implorons ta bonté : qu'ils entrent dans la joie, la paix et la lumière. (Par le Christ, notre Seigneur. Amen.)
Et nous, pécheurs, qui mettons notre espérance en ta miséricorde inépuisable, admets-nous dans la communauté des bienheureux Apôtres et Martyrs, de Jean Baptiste, Étienne, Matthias et Barnabé (Ignace, Alexandre, Marcellin et Pierre, Félicité et Perpétue, Agathe, Lucie, Agnès, Cécile, Anastasie) et de tous les saints. Accueille-nous dans leur compagnie, sans nous juger sur le mérite mais en accordant ton pardon, par Jésus Christ, notre Seigneur.
C'est par lui que tu ne cesses de créer tous ces biens, que tu les bénis, leur donnes la vie, les sanctifies et nous en fais le don.

Par lui, avec lui et en lui,
à toi, Dieu le Père tout-puissant,
dans l'unité du Saint-Esprit,
tout honneur et toute gloire,
pour les siècles des siècles.
Amen.

Suite de la célébration : Notre Père, p. 64.

PRIÈRE EUCHARISTIQUE 2

Dialogue d'introduction, p. 23.

Vraiment, Père très saint, il est juste et bon de te rendre grâce, toujours et en tout lieu, par ton Fils bien-aimé, Jésus Christ : car il est ta Parole vivante, par qui tu as créé toutes choses.
C'est lui que tu nous as envoyé comme Rédempteur et Sauveur, Dieu fait homme, conçu de l'Esprit Saint, né de la Vierge Marie ; pour accomplir jusqu'au bout ta volonté et rassembler du milieu des hommes un peuple saint qui t'appartienne, il étendit les mains à l'heure de sa passion, afin que soit brisée la mort, et que la résurrection soit manifestée. C'est pourquoi, avec les anges et tous les saints, nous proclamons ta gloire, en chantant (disant) d'une seule voix :

Saint ! Saint ! Saint, le Seigneur, Dieu de l'univers !
Le ciel et la terre sont remplis de ta gloire.
Hosanna au plus haut des cieux.
Béni soit celui qui vient au nom du Seigneur.
Hosanna au plus haut des cieux.

Toi qui es vraiment saint, toi qui es la source de toute sainteté, nous voici rassemblés devant toi, et, dans la communion de toute l'Église, en ce premier jour de la semaine nous célébrons le jour où le Christ est ressuscité d'entre les morts. Par lui que tu as élevé à ta droite, Dieu notre Père, nous te prions :

Toi qui es vraiment saint, toi qui es la source de toute sainteté,

En semaine :
Seigneur, nous te prions : **S**anctifie...

Aux jours de fête :
nous voici rassemblés devant toi, et, dans la communion de toute l'Église...

Noël ... nous célébrons (la nuit très sainte) le jour très saint où Marie, dans la gloire de sa virginité, enfanta le Sauveur du monde. Par lui, notre Rédempteur et notre Seigneur, Dieu notre Père, nous te prions : **S**anctifie...

Épiphanie ... nous célébrons le jour très saint où ton Fils unique qui partage éternellement ta propre gloire s'est manifesté à nos yeux dans un vrai corps pris de notre chair. Par lui, notre Rédempteur et notre Sauveur, Dieu notre Père, nous te prions : **S**anctifie...

Jeudi saint ... nous célébrons le jour très saint où notre Seigneur Jésus Christ fut livré pour nous. Par lui, notre Rédempteur et Sauveur, que tu as glorifié, Dieu notre Père, nous te prions : **S**anctifie...

Pâques ... nous célébrons (la nuit très sainte) le jour très saint où ressuscita selon la chair notre Seigneur Jésus Christ. Par lui, que tu as élevé à ta droite, Dieu notre Père, nous te prions : **S**anctifie...

Ascension ... nous célébrons le jour très saint où notre Seigneur, ton Fils unique, ayant pris notre nature avec sa faiblesse, la fit entrer dans la gloire, près de toi. Par lui, qui siège désormais à ta droite, Dieu notre Père, nous te prions : **S**anctifie...

Pentecôte ... nous célébrons le jour très saint de la Pentecôte, où l'Esprit Saint s'est manifesté aux Apôtres par d'innombrables langues de feu, et nous te prions, Seigneur : **S**anctifie...

Assomption ... nous célébrons le jour où la Vierge, Mère de Dieu, a été élevée au ciel, dans la gloire de son Fils, Jésus Christ, notre Seigneur. Par lui, qui est à l'origine de notre foi et qui la mène à sa perfection, Dieu notre Père, nous te prions : **S**anctifie...

Toussaint ... nous célébrons le jour consacré à la mémoire de tous les saints : ils ont suivi le Christ pendant leur vie et, à leur mort, ils ont reçu de lui la couronne de gloire : par lui, qui est à l'origine de notre foi et qui la mène à sa perfection, Dieu notre Père, nous te prions : **S**anctifie...

Sanctifie ces offrandes en répandant sur elles ton Esprit ; qu'elles deviennent pour nous le corps et le sang de Jésus, le Christ, notre Seigneur.

Au moment d'être livré et d'entrer librement dans sa passion (*le Jeudi saint* : c'est-à-dire aujourd'hui), il prit le pain, il rendit grâce, il le rompit et le donna à ses disciples, en disant :

« Prenez, et mangez-en tous :
ceci est mon corps livré pour vous. »

De même, à la fin du repas, il prit la coupe ; de nouveau il rendit grâce et la donna à ses disciples, en disant :

« Prenez, et buvez-en tous,
car ceci est la coupe de mon sang,
le sang de l'Alliance nouvelle et éternelle,
qui sera versé pour vous et pour la multitude,
en rémission des péchés.
Vous ferez cela, en mémoire de moi. »

• Il est grand, le mystère de la foi :
Nous proclamons ta mort, Seigneur Jésus,
nous célébrons ta résurrection,
nous attendons ta venue dans la gloire.

• Quand nous mangeons ce pain et buvons à cette coupe,
nous célébrons le mystère de la foi :
Nous rappelons ta mort,
Seigneur ressuscité,
et nous attendons que tu viennes.

• Proclamons le mystère de la foi :
Gloire à toi qui étais mort,
gloire à toi qui es vivant,
notre Sauveur et notre Dieu :
Viens, Seigneur Jésus !

Faisant ici mémoire de la mort et de la résurrection de ton Fils, nous t'offrons, Seigneur, le pain de la vie et la coupe du salut, et nous te rendons grâce, car tu nous as choisis pour servir en ta présence.

Humblement, nous te demandons qu'en ayant part au corps et au sang du Christ, nous soyons rassemblés par l'Esprit Saint en un seul corps.

Souviens-toi, Seigneur, de ton Église répandue à travers le monde : fais-la grandir dans ta charité avec le Pape N., notre évêque N., et tous ceux qui ont la charge de ton peuple.

Souviens-toi aussi de nos frères qui se sont endormis dans l'espérance de la résurrection, *(On peut nommer ici les défunts de la communauté)* et de tous les hommes qui ont quitté cette vie : reçois-les dans ta lumière, auprès de toi.

Sur nous tous enfin, nous implorons ta bonté : permets qu'avec la Vierge Marie, la bienheureuse Mère de Dieu, avec saint Joseph, son époux, les Apôtres et les saints de tous les temps qui ont vécu dans ton amitié, nous ayons part à la vie éternelle, et que nous chantions ta louange, par Jésus Christ, ton Fils bien-aimé.

Par lui, avec lui et en lui,
à toi, Dieu le Père tout-puissant,
dans l'unité du Saint-Esprit,
tout honneur et toute gloire,
pour les siècles des siècles.
Amen.

Suite de la célébration : Notre Père, p. 64.

PRIÈRE EUCHARISTIQUE 3

Dialogue d'introduction et préface, p. 23. Sanctus, p. 29.

Tu es vraiment saint, Dieu de l'univers, et toute la création proclame ta louange, car c'est toi qui donnes la vie, c'est toi qui sanctifies toutes choses, par ton Fils, Jésus Christ, notre Seigneur, avec la puissance de l'Esprit Saint ; et tu ne cesses de rassembler ton peuple, afin qu'il te présente partout dans le monde une offrande pure.

C'est pourquoi nous voici rassemblés devant toi et, dans la communion de toute l'Église, en ce premier jour de la semaine nous célébrons le jour où le Christ est ressuscité d'entre les morts. Par lui, que tu as élevé à ta droite, Dieu tout-puissant, nous te supplions* de consacrer toi-même les offrandes que nous apportons. Sanctifie-les par ton Esprit pour qu'elles deviennent le corps et le sang de ton Fils, Jésus Christ, notre Seigneur, qui nous a dit de célébrer ce mystère.

Aux grandes fêtes :

C'est pourquoi nous voici rassemblés devant toi et, dans la communion de toute l'Église...

Noël ... nous célébrons (la nuit très sainte) le jour très saint où Marie, dans la gloire de sa virginité, enfanta le Sauveur du monde. Par lui, notre Rédempteur et notre Seigneur, Dieu tout-puissant, nous te supplions*...

Épiphanie ... nous célébrons le jour très saint où ton Fils unique qui partage éternellement ta propre gloire s'est manifesté à nos yeux dans un vrai corps pris de notre chair. Par lui, notre Rédempteur et notre Sauveur, Dieu tout-puissant, nous te supplions*...

Jeudi saint ... nous célébrons le jour très saint où notre Seigneur Jésus Christ fut livré pour nous. Par lui, notre Rédempteur et Sauveur, que tu as glorifié, Dieu notre Père, nous te supplions*...

Pâques ... nous célébrons (la nuit très sainte) le jour très saint où ressuscita selon la chair notre Seigneur Jésus Christ. Par lui, que tu as élevé à ta droite, Dieu tout-puissant, nous te supplions*...

Ascension ... nous célébrons le jour très saint où notre Seigneur, ton Fils unique, ayant pris notre nature avec sa faiblesse, la fit entrer dans la gloire, près de toi. Par lui, qui siège désormais à ta droite, Dieu notre Père, nous te supplions*...

Pentecôte ...... nous célébrons le jour très saint de la Pentecôte, où l'Esprit Saint s'est manifesté aux Apôtres par d'innombrables langues de feu. Dieu tout-puissant, nous te supplions*...

Assomption ... nous célébrons le jour où la Vierge, Mère de Dieu, a été élevée au ciel, dans la gloire de son fils, Jésus Christ, notre Seigneur. Par lui, qui est à l'origine de notre foi et qui la mène à sa perfection, Dieu notre Père, nous te supplions*...

Toussaint ... nous célébrons le jour consacré à la mémoire de tous les saints : ils ont suivi le Christ pendant leur vie et, à leur mort, ils ont reçu de lui la couronne de gloire. Par lui, qui est à l'origine de notre foi et qui la mène à sa perfection, Dieu notre Père, nous te supplions*...

La nuit même où il fut livré, (*le Jeudi saint*: c'est-à-dire aujourd'hui) il prit le pain, en te rendant grâce il le bénit, il le rompit et le donna à ses disciples, en disant :

« Prenez, et mangez-en tous :
ceci est mon corps livré pour vous. »

De même, à la fin du repas, il prit la coupe, en te rendant grâce il la bénit, et la donna à ses disciples, en disant :

« Prenez, et buvez-en tous,
car ceci est la coupe de mon sang,
le sang de l'Alliance nouvelle et éternelle,
qui sera versé pour vous et pour la multitude
en rémission des péchés.
Vous ferez cela, en mémoire de moi. »

• Il est grand, le mystère de la foi :
Nous proclamons ta mort, Seigneur Jésus,
nous célébrons ta résurrection,
nous attendons ta venue dans la gloire.

• Quand nous mangeons ce pain
et buvons à cette coupe,
nous célébrons le mystère de la foi :
Nous rappelons ta mort, Seigneur ressuscité,
et nous attendons que tu viennes.

• Proclamons le mystère de la foi :
Gloire à toi qui étais mort,
gloire à toi qui es vivant,
notre Sauveur et notre Dieu :
Viens, Seigneur Jésus.

En faisant mémoire de ton Fils, de sa passion qui nous sauve, de sa glorieuse résurrection et de son ascension dans le ciel, alors que nous attendons son dernier avènement, nous présentons cette offrande vivante et sainte pour te rendre grâce.

Regarde, Seigneur, le sacrifice de ton Église, et daigne y reconnaître celui de ton Fils qui nous a rétablis dans ton Alliance ; quand nous serons nourris de son corps et de son sang et remplis de l'Esprit Saint, accorde-nous d'être un seul corps et un seul esprit dans le Christ.

Que l'Esprit Saint fasse de nous une éternelle offrande à ta gloire, pour que nous obtenions un jour les biens du monde à venir, auprès de la Vierge Marie, la bienheureuse Mère de Dieu, avec saint Joseph, son époux, les Apôtres, les martyrs (saint N.) et tous les saints, qui ne cessent d'intercéder pour nous.

Et maintenant, nous te supplions, Seigneur : par le sacrifice qui nous réconcilie avec toi, étends au monde entier le salut et la paix. Affermis la foi et la charité de ton Église au long de son chemin sur la terre : veille sur ton serviteur le Pape N. et notre évêque N., l'ensemble des évêques, les prêtres, les diacres, et tout le peuple des rachetés.

Pâques	Souviens-toi de ceux que tu as fait renaître, en cette fête de Pâques, de l'eau et de l'Esprit Saint, pour une vie nouvelle dans le Christ.
Baptême	Souviens-toi, Seigneur, de N. et N. qui sont entrés aujourd'hui dans ta famille par le baptême.

Écoute les prières de ta famille assemblée devant toi, et ramène à toi, Père très aimant, tous tes enfants dispersés.

Aux messes des défunts	Souviens-toi de N., celui (celle) que tu as appelé(e) auprès de toi (aujourd'hui). Puisqu'il(elle) a été baptisé(e) dans la mort de ton Fils, accorde-lui de participer à sa résurrection, le jour où le Christ, ressuscitant les morts, rendra nos pauvres corps pareils à son corps glorieux. Souviens-toi aussi de nos frères défunts, souviens-toi des hommes qui ont quitté ce monde...

Pour nos frères défunts, pour les hommes qui ont quitté ce monde et dont tu connais la droiture, nous te prions :

On peut nommer ici les défunts de la communauté.

Reçois-les dans ton Royaume, où nous espérons être comblés de ta gloire, tous ensemble et pour l'éternité,

Aux messes des défunts	quand tu essuieras toute larme de nos yeux ; en te voyant, toi notre Dieu, tel que tu es, nous te serons semblables éternellement, et sans fin, nous chanterons ta louange.

par le Christ, notre Seigneur, par qui tu donnes au monde toute grâce et tout bien.

Par lui, avec lui et en lui,
à toi, Dieu le Père tout-puissant,
dans l'unité du Saint-Esprit,
tout honneur et toute gloire,
pour les siècles des siècles.
Amen.

Suite de la célébration : Notre Père, p. 64.

PRIÈRE EUCHARISTIQUE 4

Dialogue d'introduction, p. 23.

Vraiment, il est bon de te rendre grâce, il est juste et bon de te glorifier, Père très saint, car tu es le seul Dieu, le Dieu vivant et vrai : tu étais avant tous les siècles, tu demeures éternellement, lumière au-delà de toute lumière.
Toi, le Dieu de bonté, la source de la vie, tu as fait le monde pour que toute créature soit comblée de tes bénédictions, et que beaucoup se réjouissent de ta lumière.
Ainsi, les anges innombrables qui te servent jour et nuit se tiennent devant toi et, contemplant la splendeur de ta face, n'interrompent jamais leur louange. Unis à leur hymne d'allégresse, avec la création tout entière qui t'acclame par nos voix, Dieu, nous te chantons :

Saint ! Saint ! Saint !... *(p. 29)*

Père très saint, nous proclamons que tu es grand et que tu as créé toutes choses avec sagesse et par amour : tu as fait l'homme à ton image, et tu lui as confié l'univers, afin qu'en te servant, toi son Créateur, il règne sur la création.
Comme il avait perdu ton amitié en se détournant de toi, tu ne l'as pas abandonné au pouvoir de la mort. Dans ta miséricorde, tu es venu en aide à tous les hommes pour qu'ils te cherchent et puissent te trouver. Tu as multiplié les alliances avec eux, et tu les as formés, par les prophètes, dans l'espérance du salut.
Tu as tellement aimé le monde, Père très saint, que tu nous as envoyé ton propre Fils, lorsque les temps furent accomplis, pour qu'il soit notre Sauveur. Conçu de l'Esprit Saint, né de la Vierge Marie, il a vécu notre condition d'homme en toute chose, excepté le péché, annonçant aux pauvres la bonne nouvelle du salut ; aux captifs, la délivrance ; aux affligés, la joie.
Pour accomplir le dessein de ton amour, il s'est livré lui-même à la mort, et, par sa résurrection, il a détruit la mort et renouvelé la vie.

Afin que notre vie ne soit plus à nous-mêmes, mais à lui qui est mort et ressuscité pour nous, il a envoyé d'auprès de toi, comme premier don fait aux croyants, l'Esprit qui poursuit son œuvre dans le monde et achève toute sanctification.

Que ce même Esprit Saint, nous t'en prions, Seigneur, sanctifie ces offrandes : qu'elles deviennent ainsi le corps et le sang de ton Fils dans la célébration de ce grand mystère, que lui-même nous a laissé en signe de l'Alliance éternelle.

Quand l'heure fut venue où tu allais le glorifier, comme il avait aimé les siens qui étaient dans le monde, il les aima jusqu'au bout : pendant le repas qu'il partageait avec eux, il prit le pain, il le bénit, le rompit et le donna à ses disciples, en disant :

> « Prenez, et mangez-en tous :
> ceci est mon corps livré pour vous. »

De même, il prit la coupe remplie de vin, il rendit grâce, et la donna à ses disciples, en disant :

> « Prenez, et buvez-en tous,
> car ceci est la coupe de mon sang,
> le sang de l'Alliance nouvelle et éternelle,
> qui sera versé pour vous et pour la multitude
> en rémission des péchés.
> Vous ferez cela, en mémoire de moi. »

Acclamations, p. 42.

Voilà pourquoi, Seigneur, nous célébrons aujourd'hui le mémorial de notre rédemption : en rappelant la mort de Jésus Christ et sa descente au séjour des morts, en proclamant sa résurrection et son ascension à ta droite dans le ciel, en attendant aussi qu'il vienne dans la gloire, nous t'offrons son corps et son sang, le sacrifice qui est digne de toi et qui sauve le monde.

Regarde, Seigneur, cette offrande que tu as donnée toi-même à ton Église ; accorde à tous ceux qui vont partager ce pain et boire à cette coupe d'être rassemblés par l'Esprit Saint en un seul corps, pour qu'ils soient eux-mêmes dans le Christ une vivante offrande à la louange de ta gloire.

Et maintenant, Seigneur, rappelle-toi tous ceux pour qui nous offrons le sacrifice : le Pape N., notre évêque N. et tous les évêques, les prêtres et ceux qui les assistent, les fidèles qui présentent cette offrande, les membres de notre assemblée,

---

Baptême N. et N. (ceux) que tu as fait renaître (aujourd'hui) de l'eau et de l'Esprit Saint,

---

le peuple qui t'appartient et tous les hommes qui te cherchent avec droiture.

Souviens-toi aussi de nos frères qui sont morts dans la paix du Christ, et de tous les morts dont toi seul connais la foi.

On peut rappeler ici les défunts de la communauté.

À nous qui sommes tes enfants, accorde, Père très bon, l'héritage de la vie éternelle auprès de la Vierge Marie, la bienheureuse Mère de Dieu, auprès de saint Joseph, son époux, des Apôtres et de tous les saints, dans ton Royaume, où nous pourrons, avec la création tout entière enfin libérée du péché et de la mort, te glorifier par le Christ, notre Seigneur, par qui tu donnes au monde toute grâce et tout bien.

Par lui, avec lui et en lui,
à toi, Dieu le Père tout-puissant,
dans l'unité du Saint-Esprit,
tout honneur et toute gloire,
pour les siècles des siècles.
Amen.

Suite de la célébration : Notre Père, p. 64.

PREMIÈRE PRIÈRE EUCHARISTIQUE POUR LA RÉCONCILIATION

Vraiment, il est juste et bon de te rendre grâce, Dieu très saint, car tu ne cesses de nous appeler à une vie plus belle : Toi, Dieu de tendresse et de pitié, sans te lasser tu offres ton pardon et tu invites l'homme pécheur à s'en remettre à ta seule bonté.
Bien loin de te résigner à nos ruptures d'Alliance, tu as noué entre l'humanité et toi, par ton Fils, Jésus, notre Seigneur, un lien nouveau, si fort que rien ne pourra le défaire. Et maintenant que ton peuple connaît un temps de grâce et de réconciliation, tu lui donnes dans le Christ de reprendre souffle en se tournant vers toi, et d'être au service de tout homme en se livrant davantage à l'Esprit Saint.
Pleins d'admiration et de reconnaissance, nous voulons joindre nos voix aux voix innombrables du ciel, pour clamer la puissance de ton amour et la joie de ton salut dans le Christ : **Saint !...** *(p. 29)*

Toi qui fais depuis les origines ce qui est bon pour l'homme afin de le rendre saint, comme toi-même es saint, regarde ton peuple ici rassemblé, et mets à l'œuvre la puissance de ton Esprit : que ces offrandes deviennent pour nous le corps et le sang de ton Fils bien-aimé, Jésus, le Christ, en qui nous sommes tes fils.
Nous, qui étions perdus, incapables de nous rapprocher de toi, tu nous as aimés du plus grand amour : ton Fils, le seul Juste, s'est livré entre nos mains, et fut cloué sur une croix. Mais avant que ses bras étendus dessinent entre ciel et terre le signe indélébile de ton Alliance, il voulut célébrer la Pâque au milieu de ses disciples.

Comme il était à table, il prit le pain, il prononça la bénédiction pour te rendre grâce, puis il le rompit et le donna aux siens en leur disant :

> « Prenez, et mangez-en tous :
> ceci est mon corps livré pour vous. »

À la fin de ce dernier repas, sachant qu'il allait tout réconcilier en lui par le sang de sa croix, il prit la coupe remplie de vin, il te rendit grâce encore, et la fit passer à ses amis, en leur disant :

> « Prenez, et buvez-en tous,
> car ceci est la coupe de mon sang,
> le sang de l'Alliance nouvelle et éternelle,
> qui sera versé pour vous et pour la multitude
> en rémission des péchés.
> Vous ferez cela, en mémoire de moi. »

Acclamations, p. 34.

En faisant mémoire du Christ, notre Pâque et notre paix définitive, en célébrant sa mort et sa résurrection, en appelant le jour béni de sa venue et de notre joie, nous te présentons, Dieu fidèle et sûr, l'offrande qui remet l'humanité dans ta grâce.
Regarde avec amour, Père très bon, ceux que tu attires vers toi, leur donnant de communier à l'unique sacrifice du Christ : qu'ils deviennent ensemble, par la force de l'Esprit, le corps de ton Fils ressuscité en qui sont abolies toutes les divisions.

Viens-nous les uns et les autres en communion d'esprit et de cœur avec le Pape N. et notre évêque N. Aide-nous tous à préparer la venue de ton règne jusqu'à l'heure où nous serons devant toi, saints parmi les saints du ciel, aux côtés de la Vierge Marie et des Apôtres, avec nos frères qui sont morts, et que nous confions à ta miséricorde. Alors, au cœur de la création nouvelle enfin libérée de la corruption, nous pourrons chanter vraiment l'action de grâce du Christ à jamais vivant.

Par lui, avec lui et en lui, à toi, Dieu le Père tout-puissant, dans l'unité du Saint-Esprit, tout honneur et toute gloire, pour les siècles des siècles. **Amen.**

Suite de la célébration : Notre Père, p. 64.

DEUXIÈME PRIÈRE EUCHARISTIQUE POUR LA RÉCONCILIATION

Dieu, notre Père, nous te rendons grâce et nous te bénissons par Jésus, Christ et Seigneur, pour ton œuvre d'amour en ce monde. Au sein de notre humanité encore désunie et déchirée, nous savons et nous proclamons que tu ne cesses d'agir et que tu es à l'origine de tout effort vers la paix. Ton Esprit travaille au cœur des hommes : et les ennemis enfin se parlent, les adversaires se tendent la main, des peuples qui s'opposaient acceptent de faire ensemble une partie du chemin.

Oui, c'est à toi, Seigneur, que nous le devons, si le désir de s'entendre l'emporte sur la guerre, si la soif de vengeance fait place au pardon, et si l'amour triomphe de la haine. C'est pourquoi nous devons toujours te rendre grâce et te bénir, en unissant nos voix à celles qui te chantent, unanimes, dans les cieux : **Saint !...** *(p. 29)*

Dieu de l'univers, nous te rendons grâce, pour Jésus, ton Fils, venu dans notre monde en ton nom. Il est la parole qui sauve les hommes. Il est la main que tu tends aux pécheurs. Il est le chemin par où nous arrive la véritable paix. Alors que nous étions loin de toi, Dieu, notre Père, c'est par lui que tu nous as fait revenir. C'est lui, ton propre Fils, qui a été livré au pouvoir des hommes afin que nous soyons, par sa mort, en paix avec toi et entre nous. Aussi pouvons-nous maintenant célébrer en reconnaissance le mystère de cette réconciliation qu'il nous a lui-même obtenue.

Nous t'en prions, Père, sanctifie ces offrandes par la puissance de ton Esprit, alors que nous accomplissons ce que Jésus nous a dit de faire.

Au cours du repas qu'il partageait avec ses disciples, avant de s'offrir à toi pour notre libération, il prit le pain en te rendant grâce ; il le rompit de ses propres mains, et le donna aux disciples, en leur disant :

> « Prenez, et mangez-en tous :
> ceci est mon corps livré pour vous. »

De la même façon, ce soir-là, tenant entre ses mains la coupe de bénédiction, il te rendit grâce pour ta miséricorde ; puis il donna la coupe à ses disciples, en leur disant :

« Prenez, et buvez-en tous,
car ceci est la coupe de mon sang,
le sang de l'Alliance nouvelle et éternelle,
qui sera versé pour vous et pour la multitude
en rémission des péchés.
Vous ferez cela, en mémoire de moi. »

Acclamations, p. 34.

Père très bon, ton Fils a laissé à ton Église ce mémorial de son amour ; en rappelant ici sa mort et sa résurrection, nous te présentons cette offrande qui vient de toi, le sacrifice qui nous rétablit dans ta grâce ; accepte-nous aussi, avec ton Fils bien-aimé.
Donne-nous dans ce repas ton Esprit Saint : qu'il fasse disparaître les causes de nos divisions ; qu'il nous établisse dans une charité plus grande, en communion avec le Pape N., notre évêque N., le collège épiscopal, et ton peuple tout entier. Fais de ton Église en ce monde le signe visible de l'unité, et la servante de la paix.
Et comme tu nous rassembles ici, dans la communion de la bienheureuse Mère de Dieu, la Vierge Marie, et de tous les saints du ciel, autour de la table de ton Christ, daigne rassembler un jour les hommes de tout pays et de toute langue, de toute race et de toute culture, au banquet de ton Royaume ; alors nous pourrons célébrer l'unité enfin accomplie et la paix définitivement acquise, par Jésus, le Christ, notre Seigneur.

Par lui, avec lui et en lui, à toi, Dieu le Père tout-puissant, dans l'unité du Saint-Esprit, tout honneur et toute gloire, pour les siècles des siècles. **Amen.**

Suite de la célébration : Notre Père, p. 64.

PREMIÈRE PRIÈRE EUCHARISTIQUE POUR LES ASSEMBLÉES AVEC ENFANTS

Dieu notre Père, tu nous as réunis, et nous sommes devant toi pour te fêter, pour t'acclamer et te dire l'émerveillement de nos cœurs. Sois loué pour ce qui est beau dans le monde et pour la joie que tu mets en nous. Sois loué pour la lumière du jour et pour ta parole qui nous éclaire. Sois loué pour la terre et les hommes qui l'habitent, sois loué pour la vie qui nous vient de toi. Oui, tu es très bon, tu nous aimes et tu fais pour nous des merveilles. Alors, tous ensemble, nous chantons :

Le ciel et la terre sont remplis de ta gloire.
Hosanna au plus haut des cieux. CL 5-3

Toi, tu penses toujours aux hommes. Tu ne veux pas être loin d'eux, tu as envoyé parmi nous Jésus, ton Fils bien-aimé. Il est venu nous sauver : il a guéri les malades, il a pardonné aux pécheurs. À tous, il a montré ton amour ; il a accueilli et béni les enfants. Pleins de reconnaissance, nous acclamons :

Béni soit celui qui vient au nom du Seigneur.
Hosanna au plus haut des cieux.

Nous ne sommes pas seuls pour te fêter, Seigneur. Partout sur la terre, ton peuple te rend gloire. Nous te prions avec l'Église entière, avec le Pape N. et notre évêque N. Dans le ciel, la Vierge Marie, les Apôtres et tous les saints te bénissent. Avec eux, avec les anges, nous t'adorons en chantant :

Saint ! Saint ! Saint,
le Seigneur, Dieu de l'univers !
Hosanna au plus haut des cieux.

Père très saint, nous voudrions te montrer notre reconnaissance. Nous avons apporté ce pain et ce vin : qu'ils deviennent pour nous le corps et le sang de Jésus ressuscité. Alors nous pourrons t'offrir ce qui vient de toi.

Un soir, en effet, juste avant sa mort, Jésus mangeait avec ses apôtres. Il a pris du pain sur la table. Dans sa prière, il t'a béni. Puis il a partagé le pain, en disant à ses amis :

« Prenez, et mangez-en tous :
ceci est mon corps livré pour vous. »

À la fin du repas, il a pris une coupe de vin. Il dit encore une action de grâce. Puis il donna la coupe à ses amis en leur disant :

« Prenez, et buvez-en tous,
car ceci est la coupe de mon sang,
le sang de l'Alliance nouvelle et éternelle,
qui sera versé pour vous et pour la multitude
en rémission des péchés. »

Il leur dit aussi :

« Vous ferez cela, en mémoire de moi. »

Ce que Jésus nous a dit de faire, nous le faisons dans cette eucharistie : en proclamant sa mort et sa résurrection, nous te présentons le pain de la vie et la coupe du salut. Il nous conduit vers toi, notre Père : nous t'en prions, accueille-nous avec lui :

Christ est mort pour nous !
Christ est ressuscité !
Nous t'attendons, Seigneur Jésus !

Père, toi qui nous aimes tant, laisse-nous venir à cette table, unis dans la joie de l'Esprit Saint, pour recevoir le corps et le sang de ton Fils. Toi qui n'oublies jamais personne, nous te prions pour ceux que nous aimons, N. et N., et pour ceux qui sont partis vers toi. Souviens-toi de ceux qui souffrent et qui ont de la peine, de la grande famille des chrétiens et de tous les hommes dans le monde entier. Nous te prions aussi pour nous, et nous prions les uns pour les autres. Devant ce que tu fais par ton Fils, Dieu notre Père, nous sommes émerveillés, et nous chantons encore :

Par lui, avec lui et en lui, à toi, Dieu le Père tout-puissant, dans l'unité du Saint-Esprit, tout honneur et toute gloire, pour les siècles des siècles. **Amen.**

Suite de la célébration : Notre Père, p. 64.

DEUXIÈME PRIÈRE EUCHARISTIQUE POUR LES ASSEMBLÉES AVEC ENFANTS

On peut choisir d'autres acclamations que celles qui sont proposées.

Oui, Père très bon, c'est une fête pour nous ; notre cœur est plein de reconnaissance : avec Jésus, nous te chantons notre joie.

Gloire à toi : tu nous aimes ! CL 6

Tu nous aimes tellement que tu inventes pour nous ce monde immense et beau.

[Gloire à toi : tu nous aimes !]

[Tu nous aimes tellement que] tu nous donnes ton Fils, Jésus, pour nous conduire à toi.

[Gloire à toi : tu nous aimes !]

[Tu nous aimes tellement que] tu nous rassembles en lui, comme les enfants d'une même famille.

Gloire à toi : tu nous aimes !

Pour tant d'amour, nous voulons te rendre grâce et chanter notre merci avec les anges et les saints qui t'adorent dans les cieux :

- **Saint ! Saint ! Saint, le Seigneur...** *(p. 29)*
- **Louange et gloire à notre Dieu !**
  Saint est le Seigneur, le Dieu de l'univers.
  Louange et gloire à notre Dieu !
  Le ciel et la terre nous disent ta splendeur.
  Louange et gloire à notre Dieu !
  Qu'il soit béni, celui qui vient d'auprès de toi.
  Louange et gloire à notre Dieu ! CL 6

Oui, béni soit Jésus, ton envoyé, l'ami des petits et des pauvres. Il est venu nous montrer comment nous pouvons t'aimer et nous aimer les uns les autres. Il est venu arracher du cœur des hommes le mal qui empêche l'amitié, la haine qui empêche d'être heureux.

Il a promis que l'Esprit Saint serait avec nous chaque jour, pour que nous vivions de ta vie.

- **Béni soit celui qui vient au nom du Seigneur.
  Hosanna au plus haut des cieux.**
- **Qu'il soit béni, celui qui vient d'auprès de toi.
  Louange et gloire à notre Dieu !**

Dieu, notre Père, nous te prions d'envoyer ton Esprit, pour que ce pain et ce vin deviennent le corps et le sang de Jésus, notre Seigneur.

La veille de sa mort, il nous a prouvé ton amour : il était à table avec ses disciples ; il prit un morceau de pain, il dit une prière pour te bénir et te rendre grâce ; il partagea le pain et le donna aux disciples, en leur disant :

« Prenez, et mangez-en tous :
ceci est mon corps livré pour vous. »
Jésus Christ, livré pour nous !

Il prit ensuite une coupe remplie de vin ; il dit encore une prière pour te rendre grâce ; il fit passer la coupe à chacun en leur disant :

« Prenez, et buvez-en tous,
car ceci est la coupe de mon sang,
le sang de l'Alliance nouvelle et éternelle,
qui sera versé pour vous et pour la multitude
en rémission des péchés. »
Jésus Christ, livré pour nous !

Et puis il leur dit : « Vous ferez cela, en mémoire de moi. »
Nous rappelons ici, Père très bon, la mort et la résurrection de Jésus, le Sauveur du monde. Il s'est donné lui-même entre nos mains pour être maintenant notre offrande et nous attirer vers toi.

- **Louange et gloire à notre Dieu !**
- **À toi nos cœurs, à toi nos chants,
  nos actions de grâce !**

Exauce-nous, Seigneur notre Dieu : donne ton Esprit d'amour à ceux qui partagent ce repas ; qu'ils soient de plus en plus unis dans ton Église, avec le Pape N., l'évêque N., les autres évêques, et tous ceux qui travaillent pour ton peuple.

Un seul corps pour ta gloire !

N'oublie pas ceux que nous aimons (...), et ceux que nous n'aimons pas assez. Souviens-toi de ceux qui sont morts (...) ; accueille-les avec amour dans ta maison.

Un seul corps pour ta gloire !

Rassemble-nous un jour près de toi, avec la Vierge Marie, la Mère du Christ et notre mère, pour la grande fête du ciel dans ton Royaume. Alors, tous les amis de Jésus, le Christ, notre Seigneur, pourront te chanter sans fin.

Un seul corps pour ta gloire !

• Par lui, avec lui et en lui,
à toi, Dieu le Père tout-puissant,
dans l'unité du Saint-Esprit,
tout honneur et toute gloire,
pour les siècles des siècles.
Amen.

• **Avec lui nous te chantons,**
Avec lui nous te bénissons,
Gloire à toi, ô notre Père,
Maintenant et pour toujours !
Amen, Amen, Amen, Amen ! CL 6-1

Suite de la célébration : Notre Père, p. 64.

TROISIÈME PRIÈRE EUCHARISTIQUE POUR LES ASSEMBLÉES AVEC ENFANTS

Père, nous te disons merci, nous te rendons grâce. C'est toi qui nous as créés ; et tu nous appelles à vivre pour toi, à nous aimer les uns les autres. Nous pouvons nous rencontrer, parler ensemble. Grâce à toi, nous pouvons partager nos difficultés et nos joies.

Pour le temps pascal

Père, nous te disons merci, nous te rendons grâce avec Jésus ton Fils : car tu aimes la vie, tu nous as appelés à la vie, tu veux notre bonheur pour toujours. Jésus est le premier que tu as ressuscité des morts. Tu lui as donné la vie nouvelle. Cette vie est en nous aussi depuis notre baptême ; et nous savons que nous ressusciterons comme lui près de toi. Alors, il n'y aura plus de mort : nous n'aurons plus à souffrir.

À cause de tout cela, Dieu, notre Père, nous sommes heureux de te rendre grâce tous ensemble. Avec ceux qui croient en toi, avec les saints et les anges, nous te louons en chantant : **Saint ! Saint ! Saint !...** *(p. 29)*

Oui, Dieu, tu es saint, tu es bon pour nous, tu es bon pour tous les hommes. Nous te disons merci, et nous voulons surtout te rendre grâce à cause de Jésus, ton Fils.
Il est venu chez les hommes qui se détournent de toi et n'arrivent pas à s'entendre. Par l'Esprit Saint, il ouvre nos yeux et nos oreilles, il change notre cœur : alors nous arrivons à nous aimer, et nous reconnaissons que tu es notre Père et que nous sommes tes enfants.

Pour le temps pascal

Il est venu nous apporter la bonne nouvelle : nous sommes faits pour vivre, pour être dans la gloire du ciel avec toi. Il nous a montré le chemin qui mène à cette vie : c'est l'amour des autres. Il a pris ce chemin avant nous.

C'est lui, Jésus, le Christ, qui nous rassemble maintenant autour de cette table où nous apportons notre offrande.

Sanctifie, Père très bon, ce pain et ce vin : ils deviendront pour nous le corps et le sang de Jésus, ton Fils, qui nous dit de faire à notre tour ce qu'il a fait lui-même la veille de sa passion.

Au cours du dernier repas qu'il partageait avec ses disciples, Jésus prit le pain. Il te rendit grâce. Il partagea le pain et le donna à ses amis, en leur disant :

> « Prenez, et mangez-en tous :
> ceci est mon corps, livré pour vous. »

Il prit aussi la coupe de vin. Il te rendit grâce. Il donna la coupe à ses amis en leur disant :

> « Prenez, et buvez-en tous,
> car ceci est la coupe de mon sang,
> le sang de l'Alliance nouvelle et éternelle,
> qui sera versé pour vous et pour la multitude
> en rémission des péchés. »

Il leur dit aussi :

> « Vous ferez cela, en mémoire de moi. »

Voilà pourquoi nous sommes ici, rassemblés devant toi, Père. Et tout remplis de joie, nous rappelons ce que Jésus a fait pour nous sauver : dans cette offrande qu'il a confiée à l'Église, nous célébrons sa mort et sa résurrection ; Père du ciel, accueille-nous avec ton Fils bien-aimé.
Pour nous, Jésus a voulu donner sa vie. Toi, tu l'as ressuscité. Nous t'acclamons : MNA 26.35

Dieu, tu es bon ! Loué sois-tu ! Gloire à toi !

Il vit maintenant près de toi. Il est avec nous toujours et partout.

Dieu, tu es bon ! Loué sois-tu ! Gloire à toi !

Un jour, il viendra dans la gloire du Royaume. Il n'y aura plus de gens tristes, malades ou malheureux.

Dieu, tu es bon ! Loué sois-tu ! Gloire à toi !

Père, nous allons recevoir à cette table, dans la joie de l'Esprit Saint, le corps et le sang du Christ : que cette communion nous rende capables de vivre comme Jésus, entièrement donnés à toi et aux autres. Viens en aide, Seigneur, à notre Pape N., à notre évêque N., et à tous les évêques.
Accorde-nous, et à tous les disciples de Jésus Christ, d'être de ceux qui font la paix et le bonheur autour d'eux.

Pour le temps pascal	Mets au cœur des chrétiens la vraie joie de Pâques ; et qu'ils pensent à communiquer cette joie à ceux qui ne savent pas encore que Jésus est ressuscité.

Et puis, donne-nous un jour d'être près de toi, avec la Vierge Marie, la Mère de Dieu, et avec les saints du ciel, tous ensemble, dans le Christ.

Par lui, avec lui et en lui,
à toi, Dieu le Père tout-puissant,
dans l'unité du Saint-Esprit,
tout honneur et toute gloire,
pour les siècles des siècles.
Amen.

Suite de la célébration : Notre Père, p. 64.

PRIÈRE EUCHARISTIQUE POUR DES CIRCONSTANCES PARTICULIÈRES

Dialogue d'introduction, p. 23.

On choisit l'une des quatre préfaces suivantes :

I. L'Église en marche vers l'unité

• Vraiment, il est juste et bon de te chanter louange et gloire, à toi, Seigneur, Père d'infinie bonté.

Oui, il nous est bon de te rendre grâce et de te bénir, car, à la parole de ton Fils annonçant l'Évangile du salut, tu as rassemblé ton Église de tous pays, de toutes langues et de toutes cultures, et tu ne cesses de la vivifier par ton Esprit pour faire grandir jour après jour l'unité du genre humain. En témoignant de ton amour, elle ouvre à chacun les portes de l'espérance, elle devient pour le monde un signe de la fidélité que tu as promise à tous les âges dans le Christ.

C'est pourquoi, nous te glorifions sur la terre comme tu es glorifié dans les cieux et nous proclamons d'une seule voix avec toute l'Église : **Saint !...** *(p. 30)*

II. Dieu guide son Église sur la voie du salut

• Vraiment, il est juste et bon de te rendre gloire, de t'offrir notre action de grâce toujours et en tout lieu, à toi, Père très saint, Créateur de l'univers et source de toute vie.

Car tu n'abandonnes jamais ce que tu crées dans ta sagesse, mais tu te montres bienveillant, toujours à l'œuvre parmi nous. Dans les temps anciens, en déployant la force de ton bras, tu as guidé ton peuple Israël à travers le désert. Aujourd'hui encore, tu accompagnes ton Église dans sa marche au milieu du monde, tu la soutiens de ton Esprit et tu la conduis sur les routes de ce temps vers la joie éternelle de ton Royaume, par notre Seigneur, Jésus, le Christ.

C'est pourquoi, avec les anges et tous les saints, nous chantons l'hymne de ta gloire et sans fin nous proclamons : **Saint !...** *(p. 29)*

III. Jésus, chemin vers le Père

• Vraiment, il est juste et bon de te rendre gloire, de t'offrir notre action de grâce toujours et en tout lieu, à toi, Père très saint, maître du ciel et de la terre, par notre Seigneur, Jésus, le Christ.
Nous te rendons grâce, Dieu saint et fort : par ton Verbe, tu as créé le monde et par lui tu gouvernes toute chose avec justice.
C'est lui, Verbe fait chair, que tu nous as donné pour médiateur, lui qui nous a dit tes propres paroles et nous appelle à le suivre. Il est le chemin qui mène vers toi, il est la vérité qui rend libre, il est la vie qui comble de joie. Et c'est par lui, ton Fils bien-aimé, que tu rassembles en une seule famille des hommes si divers, créés pour la gloire de ton Nom, rachetés par le sang de la croix et marqués du sceau de ton Esprit.
C'est pourquoi, dès maintenant et pour l'éternité, nous célébrons ta gloire avec tous les anges du ciel et dans la joie nous (chantons et) proclamons : **Saint !...** *(p. 29)*

IV. Jésus, modèle de charité

• Vraiment, il est juste et bon de te rendre gloire, de t'offrir notre action de grâce toujours et en tout lieu, à toi, Dieu fidèle, Père des miséricordes.
Car tu nous as donné ton Fils, Jésus, le Christ, notre Seigneur et notre frère. Il a manifesté son amour pour les petits et les pauvres, les malades et les pécheurs ; il s'est fait le prochain des opprimés et des affligés. Sa parole et ses actes ont annoncé au monde que tu es vraiment un Père et que tu prends soin de tous tes enfants.
C'est pourquoi, avec les anges et tous les saints, nous te louons, nous te bénissons, nous chantons l'hymne de ta gloire et sans fin nous proclamons : **Saint !...** *(p. 29)*

Vraiment, tu es saint et digne de louange, Dieu qui aimes tes enfants, toi qui es toujours avec eux sur les chemins de cette vie. Vraiment, ton Fils, Jésus, est béni, lui qui se tient au milieu de nous, quand nous sommes réunis en son nom : comme autrefois pour ses disciples, il nous ouvre les Écritures et nous partage le pain.
Maintenant donc, Père de toute grâce, nous t'en prions, envoie ton Esprit Saint afin qu'il sanctifie nos offrandes : que ce pain et ce vin deviennent pour nous le corps (+) et le sang du Christ, notre Seigneur.

La veille de sa passion, la nuit de la dernière Cène, il prit le pain, il rendit grâce, il le rompit et le donna à ses disciples, en disant :

> « Prenez, et mangez-en tous :
> ceci est mon corps livré pour vous. »

De même, à la fin du repas, il prit la coupe ; de nouveau il rendit grâce, et la donna à ses disciples, en disant :

> « Prenez, et buvez-en tous,
> car ceci est la coupe de mon sang,
> le sang de l'Alliance nouvelle et éternelle,
> qui sera versé pour vous et pour la multitude
> en rémission des péchés.
> Vous ferez cela en mémoire de moi. »

Acclamations, p. 34.

Voilà pourquoi, Père très saint, faisant ici mémoire de ton Fils, le Christ, notre Sauveur, que tu as conduit, par la passion et la mort sur la croix, à la gloire de la résurrection pour qu'il siège à ta droite, nous annonçons ton œuvre de grâce jusqu'au jour où il viendra, et nous t'offrons le pain de la vie et la coupe de bénédiction.
Regarde avec bonté, Seigneur, l'offrande de ton Église qui te présente par nos mains ce qu'elle a reçu de toi, le sacrifice de louange, la Pâque du Christ. Que la force de ton Esprit fasse de nous, dès maintenant et pour toujours, les membres de ton Fils ressuscité, par notre communion à son corps et à son sang.

On choisit l'intercession correspondant à la préface :

I. Renouvelle, Seigneur, par la lumière de l'Évangile, ton Église (qui est à N.). Resserre les liens de charité qui unissent les fidèles et les pasteurs ; garde-les en communion avec le pape N., avec notre évêque N. et l'ensemble des évêques, pour que le peuple qui t'appartient brille comme un signe prophétique de l'unité et de la paix, au milieu d'une humanité qui se divise et se déchire.

II. Toi qui nous invites à cette table, Seigneur, nous te prions de nous fortifier dans l'unité : alors, en suivant tes chemins, avançant dans la foi et l'espérance, avec le pape N., et notre évêque N., avec l'ensemble des évêques, les prêtres, les diacres et ton peuple répandu par tout l'univers, nous pourrons apporter au monde la confiance et la joie.

III. Père tout-puissant, fais-nous vivre de ton Esprit dans notre participation à ce mystère : renouvelle-nous à l'image de ton Fils, et resserre les liens de notre unité avec le pape N. et notre évêque N., avec l'ensemble des évêques, les prêtres, les diacres et ton peuple répandu par tout l'univers. Donne à tous les membres de l'Église de savoir lire les signes des temps à la lumière de la foi, et de se dépenser sans relâche au service de l'Évangile. Rends-nous attentifs aux besoins de tous, afin que partageant leurs tristesses et leurs angoisses, leurs espérances et leurs joies, nous leur annoncions fidèlement la Bonne Nouvelle du salut et progressions avec eux sur le chemin de ton Royaume.

IV. Seigneur, fais grandir ton Église dans la foi et la charité, en union avec le pape N., et notre évêque N., avec l'ensemble des évêques, les prêtres, les diacres et tout le peuple qui t'appartient.

Ouvre nos yeux à toute détresse, inspire-nous la parole et le geste qui conviennent pour soutenir notre prochain dans la peine ou dans l'épreuve ; donne-nous de le servir avec un cœur sincère selon l'exemple et la parole du Christ lui-même. Fais de ton Église un lieu de vérité et de liberté, de justice et de paix, pour que l'humanité tout entière renaisse à l'espérance.

Souviens-toi de nos frères et de nos sœurs qui se sont endormis dans la paix du Christ, et de tous les morts dont toi seul connais la foi : donne-leur de contempler la clarté de ton visage et conduis-les, par la résurrection, à la plénitude de la vie. Et lorsque prendra fin notre pèlerinage sur la terre, accueille-nous dans la demeure où nous vivrons près de toi pour toujours.
En union avec la Vierge Marie, la bienheureuse Mère de Dieu, avec les Apôtres, les martyrs et tous les saints du ciel, nous pourrons alors te louer sans fin et magnifier ton nom par Jésus, le Christ, ton Fils bien-aimé.

Par lui, avec lui et en lui,
à toi, Dieu le Père tout-puissant, dans l'unité du Saint-Esprit,
tout honneur et toute gloire, pour les siècles des siècles.
Amen.

COMMUNION

Prière du Seigneur

• Comme nous l'avons appris du Sauveur, et selon son commandement, nous osons dire :

• Unis dans le même Esprit, nous pouvons dire avec confiance la prière que nous avons reçue du Sauveur :

• ou une autre introduction.

Notre Père qui es aux cieux,
que ton nom soit sanctifié,
que ton règne vienne,
que ta volonté soit faite
sur la terre comme au ciel.
Donne-nous aujourd'hui notre pain de ce jour.
Pardonne-nous nos offenses,
comme nous pardonnons aussi
à ceux qui nous ont offensés.
Et ne nous soumets pas à la tentation,
mais délivre-nous du Mal.

Pater noster, qui es in cœlis : sanctificetur nomen tuum ; adveniat regnum tuum ; fiat voluntas tua, sicut in cœlo, et in terra. Panem nostrum cotidianum da nobis hodie ; et dimitte nobis debita nostra, sicut et nos dimittimus debitoribus nostris ; et ne nos inducas in tentationem ; sed libera nos a malo.

Délivre-nous de tout mal, Seigneur, et donne la paix à notre temps ; par ta miséricorde, libère-nous du péché, rassure-nous devant les épreuves, en cette vie où nous espérons le bonheur que tu promets et l'avènement de Jésus Christ, notre Sauveur.

• **Car c'est à toi qu'appartiennent**
le règne, la puissance et la gloire,
pour les siècles des siècles !

• **À toi, le règne,**
à toi, la puissance et la gloire,
pour les siècles des siècles !

Rite de la paix

Seigneur Jésus Christ, tu as dit à tes Apôtres : « Je vous laisse la paix, je vous donne ma paix » ; ne regarde pas nos péchés mais la foi de ton Église ; pour que ta volonté s'accomplisse, donne-lui toujours cette paix, et conduis-la vers l'unité parfaite, toi qui règnes pour les siècles des siècles. **Amen.**
Que la paix du Seigneur soit toujours avec vous.
Et avec votre esprit.
Dans la charité du Christ, donnez-vous la paix.

Partage du pain consacré

Pendant que le prêtre partage le pain consacré pour la communion, l'assemblée chante :

Agneau de Dieu, qui enlèves le péché du monde,
prends pitié de nous.

On peut chanter ce refrain plusieurs fois. On termine par :

Agneau de Dieu, qui enlèves le péché du monde,
donne-nous la paix.

Agnus Dei qui tollis peccata mundi,
miserere nobis (dona nobis pacem).

En mettant un fragment de l'hostie dans le calice, le prêtre dit à voix basse :

Que le corps et le sang de Jésus Christ, réunis dans cette coupe, nourrissent en nous la vie éternelle.

Les fidèles qui vont donner la communion et ceux qui vont porter la communion aux malades s'approchent de l'autel pour communier.

Communion

Avant de communier, le prêtre dit à voix basse :

• Seigneur Jésus Christ, Fils du Dieu vivant, selon la volonté du Père et avec la puissance du Saint-Esprit, tu as donné, par ta mort, la vie au monde ; que ton corps et ton sang me délivrent de mes péchés et de tout mal ; fais que je demeure fidèle à tes commandements et que jamais je ne sois séparé de toi.

• Seigneur Jésus Christ, que cette communion à ton corps et à ton sang n'entraîne pour moi ni jugement ni condamnation, mais qu'elle soutienne mon esprit et mon corps et me donne la guérison.

Que le corps du Christ me garde pour la vie éternelle. Que le sang du Christ me garde pour la vie éternelle.

Heureux les invités au repas du Seigneur !
Voici l'Agneau de Dieu
qui enlève le péché du monde.

Seigneur, je ne suis pas digne de te recevoir ;
mais dis seulement une parole et je serai guéri.

Le corps du Christ. **Amen.**
Le sang du Christ. **Amen.**

Prière après la communion *(Voir à la messe du jour)*

CONCLUSION ET ENVOI

Les avis pour la semaine sont donnés ici.

Le Seigneur soit avec vous. Et avec votre esprit.

La bénédiction peut être précédée d'une prière sur le peuple ou être développée sous une forme solennelle.

Que Dieu tout-puissant vous bénisse,
le Père, le Fils et le Saint-Esprit.
Amen.

Allez, dans la paix du Christ.
Nous rendons grâce à Dieu.

UN CRI D'ESPÉRANCE : LE SEIGNEUR VIENT !

Le mot Avent vient du latin *adventus,* qui signifie « avènement » et renvoie à l'arrivée solennelle de l'empereur romain dans une ville. C'est le temps liturgique de la préparation à Noël, il commence au premier des quatre dimanches qui précèdent le 25 décembre. C'est aussi l'inauguration de la nouvelle année liturgique. Comme le Carême, mais avec une tonalité plus joyeuse, l'Avent est un temps de conversion, signifié par l'usage des ornements violets. Il invite à la purification du cœur, à l'attente active et fervente de l'avènement du Sauveur, « qui est, qui était et qui vient ». C'est pourquoi l'Avent conjugue et déploie trois dimensions du temps : hier, aujourd'hui et demain. Hier, c'est la naissance de Jésus à Bethléem, historiquement située il y a plus de deux mille ans. Aujourd'hui, c'est le Christ présent et agissant dans le cœur des fidèles. Demain, c'est la venue du Seigneur dans la gloire à la fin des temps (ou parousie) pour inaugurer le Royaume. L'Avent célèbre donc l'espérance chrétienne et présente à Dieu un monde en devenir, aspirant à la justice et à la paix.

La liturgie de la Parole donne une large place aux prophéties de l'Ancien Testament relatives au Messie et aux temps messianiques, tirées exclusivement du livre d'Isaïe pour cette année A où nous entrons. En effet, l'espérance des fidèles du Christ se nourrit de l'expérience du peuple d'Israël, de son attente persévérante de l'Envoyé promis par Dieu. L'évangile évoque d'abord la fin des temps et l'enfantement d'un monde nouveau (1er dimanche), puis donne la parole à Jean le Baptiste (2e et 3e dimanches) ; le 4e dimanche rapporte les événements qui ont immédiatement précédé la naissance de Jésus.

1er dimanche de l'Avent 27 novembre 2016

EN MARCHE VERS LE SALUT

En ce premier dimanche de l'Avent, la liturgie nous invite à partir « à la rencontre du Seigneur » *(oraison d'ouverture)*. La *première lecture* et le *psaume* sont animés d'un mouvement irrésistible : « Venez ! montons à la montagne du Seigneur », « Quelle joie quand on m'a dit : ''Nous irons à la maison du Seigneur !'' » Notons qu'il s'agit d'une démarche collective qui dépasse même, d'après Isaïe, les frontières du peuple élu. Tel un phare, Jérusalem (dont le nom signifie en hébreu « ville de la paix ») attire « des peuples nombreux ». Alors qu'Israël a souvent été en guerre avec ses voisins, petit pays menacé par de puissants empires, c'est ici la paix qui est promise, sous la conduite de Dieu qui « sera juge entre les nations et l'arbitre de peuples nombreux ». Si les hommes se mettent à écouter quand Dieu parle, alors il ne sera plus nécessaire de faire parler la poudre !

Saint Paul invite aussi les chrétiens à l'action et sonne le réveil : « C'est le moment, l'heure est déjà venue de sortir de votre sommeil » *(deuxième lecture)*. Le conseil est paradoxal, alors que sous nos latitudes, les journées en cette saison sont les plus courtes de l'année ! Mais il s'agit bien sûr d'une attitude spirituelle, celle du veilleur qui guette l'aurore et se réjouit de voir poindre la lumière. Dans l'*évangile*, Jésus oppose également ceux qui vivent une vie purement terrestre et ceux qui se montrent attentifs à des signes annonciateurs du salut. Alors que Noé a entendu l'appel de Dieu et y a répondu en bâtissant l'arche, ses contemporains vivent comme si de rien n'était. Pourtant, dans la banalité du quotidien – travailler aux champs, moudre la farine –, il est possible de garder le cœur ouvert afin d'être « pris » par le Seigneur. Ne nous laissons pas surprendre, soyons prêts car le salut est déjà là, c'est ce que nous célébrons dans l'eucharistie.

Suggestions pour la célébration

• CHANTER • Un répertoire commun au temps de l'Avent soulignera son unité. Les chants suivants pourront être retenus et utilisés à l'un ou l'autre des quatre dimanches : ***Préparez les chemins du Seigneur*** **E 13-95 CNA 371,** ***Aube nouvelle*** **E 130 CNA 363,** ***Entrons dans l'espérance*** **E 26-30,** ***Le Seigneur vient*** **Ex 10-63 CNA 361,** ***Vienne la rosée*** **ELH 103,** ***Choral de l'Avent*** **E 37-75,** ***Réveille ta puissance*** **EA 2 CNA 231-13,** dont une partie du refrain servira pour la prière universelle.

Il serait souhaitable de retenir un même ordinaire de la messe pour les quatre dimanches, éventuellement repris des années précédentes. Cela donnera ainsi à l'Avent une couleur particulière, qu'on ne retrouvera pas le reste de l'année.

Pour l'anamnèse, on retiendra la formule qui fait chanter à l'assemblée : « Viens, Seigneur Jésus ».

Ce premier dimanche de l'Avent nous invite à veiller. Voici quelques chants qui mettent l'accent sur cet aspect : ***Encore un peu de temps*** **EP 168,** ***Heureux celui*** **E 220,** ***Toi qui viens pour tout sauver*** **EP 68-2 CNA 374** pour la procession d'ouverture. Après la communion : ***Viens pour notre attente*** **E 34 CNA 377,** ***Vienne la paix*** **T 150-1 CNA 771** ou des chants communs ci-dessus.

À la fin de la célébration, on pourra chanter : ***Venez, divin Messie*** **E 9 CNA 375,** ***Viens, Seigneur, ne tarde plus*** **E 57-31.**

• PRIER • **POUR LA PRÉPARATION PÉNITENTIELLE**

Seigneur Jésus, tu viens à la rencontre de ton peuple,
béni sois-tu et prends pitié de nous.
Ô Christ, tu nous éveilles à la vie même de Dieu,
béni sois-tu et prends pitié de nous.
Seigneur, tu nous rassembles pour nous conduire auprès du Père,
béni sois-tu et prends pitié de nous.

POUR LA PRIÈRE UNIVERSELLE

Nous pouvons prier :
– pour les parents et les éducateurs qui ont le désir de transmettre aux enfants le vrai sens de Noël ;

– pour les peuples en guerre, qui ont tant besoin du Prince de la paix ;
– pour les habitants de la terre où le Christ a vécu et pour Jérusalem, « ville de la paix » ;
– pour les personnes et les mouvements d'Église qui cherchent à promouvoir une manière de fêter Noël plus sobre et plus fraternelle.

• **CÉLÉBRER** • Le président pourra faire remarquer la couleur violette des ornements liturgiques et en expliquer brièvement le sens. C'est le symbole de la conversion, pour faire davantage place à la venue de Dieu. Pendant l'Avent, on omet le *Gloria.*

La traditionnelle couronne de l'Avent pourra prendre place devant l'autel (et non posée dessus), avec la première bougie allumée, de même que la crèche.

Une nouvelle année liturgique commence. C'est l'évangéliste Matthieu qui nous accompagnera. On pourra apporter en procession l'évangéliaire, ou à défaut le lectionnaire, et l'honorer par l'encens, pour marquer la place prééminente de la Parole dans nos célébrations.

PRIÈRE D'OUVERTURE

Donne à tes fidèles, Dieu tout-puissant, d'aller avec courage sur les chemins de la justice à la rencontre du Seigneur, pour qu'ils soient appelés, lors du jugement, à entrer en possession du Royaume des cieux. Par Jésus Christ, ton Fils, notre Seigneur et notre Dieu, qui règne avec toi et le Saint-Esprit, maintenant et pour les siècles des siècles. **Amen.**

1re LECTURE

Le Seigneur rassemble toutes les nations dans la paix éternelle

Lecture du livre du prophète Isaïe 2, 1-5

Parole d'Isaïe, – ce qu'il a vu au sujet de Juda et de Jérusalem. Il arrivera dans les derniers jours que la montagne de la maison du Seigneur se tiendra plus haut que les monts, s'élèvera au-dessus des collines. Vers elle afflueront toutes les nations et viendront des peuples nombreux.

Ils diront : « Venez ! montons à la montagne du Seigneur, à la maison du Dieu de Jacob ! Qu'il nous enseigne ses chemins, et nous irons par ses sentiers. » Oui, la loi sortira de Sion, et de Jérusalem, la parole du Seigneur. Il sera juge entre les nations et l'arbitre de peuples nombreux. De leurs épées, ils forgeront des socs, et de leurs lances, des faucilles. Jamais nation contre nation ne lèvera l'épée ; ils n'apprendront plus la guerre.

Venez, maison de Jacob ! Marchons à la lumière du Seigneur.

Psaume 121

R/ **Dans la joie, nous irons**
à la maison du Seigneur.

Quelle joie quand on m'a dit :
« Nous irons à la maison du Seigneur ! »
Maintenant notre marche prend fin
devant tes portes, Jérusalem !

Jérusalem, te voici dans tes murs :
ville où tout ensemble ne fait qu'un.
C'est là que montent les tribus,
les tribus du Seigneur,

C'est là qu'Israël doit rendre grâce
au nom du Seigneur.
C'est là le siège du droit,
le siège de la maison de David.

Appelez le bonheur sur Jérusalem :
« Paix à ceux qui t'aiment !
Que la paix règne dans tes murs,
le bonheur dans tes palais ! »

À cause de mes frères et de mes proches,
je dirai : « Paix sur toi ! »
À cause de la maison du Seigneur notre Dieu,
je désire ton bien.

2e LECTURE *« Le salut est plus près de nous »*

Lecture de la lettre de saint Paul apôtre aux Romains 13, 11-14a

Frères, vous le savez : c'est le moment, l'heure est déjà venue de sortir de votre sommeil. Car le salut est plus près de nous maintenant qu'à l'époque où nous sommes devenus croyants. La nuit est bientôt finie, le jour est tout proche. Rejetons les œuvres des ténèbres, revêtons-nous des armes de la lumière. Conduisons-nous honnêtement, comme on le fait en plein jour, sans orgies ni beuveries, sans luxure ni débauches, sans rivalité ni jalousie, mais revêtez-vous du Seigneur Jésus Christ.

Alléluia. Alléluia. Fais-nous voir, Seigneur, ton amour, et donne-nous ton salut. **Alléluia.**

ÉVANGILE *Veillez pour être prêts*

Évangile de Jésus Christ selon saint Matthieu 24, 37-44

En ce temps-là, Jésus disait à ses disciples : « Comme il en fut aux jours de Noé, ainsi en sera-t-il lors de la venue du Fils de l'homme. En ces jours-là, avant le déluge, on mangeait et on buvait, on prenait femme et on prenait mari, jusqu'au jour où Noé entra dans l'arche ; les gens ne se sont doutés de rien, jusqu'à ce que survienne le déluge qui les a tous engloutis : telle sera aussi la venue du Fils de l'homme. Alors deux hommes seront aux champs : l'un sera pris, l'autre laissé. Deux femmes seront au moulin en train de moudre : l'une sera prise, l'autre laissée. Veillez donc, car vous ne savez pas quel jour votre Seigneur vient. Comprenez-le bien : si le maître de maison avait su à quelle heure de la nuit le voleur viendrait, il aurait veillé et n'aurait pas laissé percer le mur de sa maison. Tenez-vous donc prêts, vous aussi : c'est à l'heure où vous n'y penserez pas que le Fils de l'homme viendra. »

PRIÈRE SUR LES OFFRANDES

Seigneur, nous ne pourrons jamais t'offrir que les biens venus de toi : accepte ceux que nous t'apportons ; et puisque c'est toi qui nous donnes maintenant de célébrer l'eucharistie, fais qu'elle soit pour nous le gage du salut éternel. Par Jésus, le Christ, notre Seigneur. **Amen**.

Préface

Vraiment, il est juste et bon de te rendre gloire, de t'offrir notre action de grâce, toujours et en tout lieu, à toi, Père très saint, Dieu éternel et tout-puissant, par le Christ, notre Seigneur.

Car il est déjà venu, en prenant la condition des hommes, pour accomplir l'éternel dessein de ton amour et nous ouvrir le chemin du salut ; il viendra de nouveau, revêtu de sa gloire, afin que nous possédions dans la pleine lumière les biens que tu nous as promis, et que nous attendons en veillant dans la foi.

C'est pourquoi, avec les anges et tous les saints, nous proclamons ta gloire en chantant (disant) d'une seule voix : **Saint !...**

Prière après la communion

Fais fructifier en nous, Seigneur, l'eucharistie qui nous a rassemblés : c'est par elle que tu formes, dès maintenant, à travers la vie de ce monde, l'amour dont nous t'aimerons éternellement. Par Jésus, le Christ, notre Seigneur. **Amen.**

Dérange-nous, Seigneur !

« Dérange-nous, Seigneur, lorsque nous sommes trop satisfaits de nous-mêmes, lorsque nos rêves se réalisent car nous avons rêvé trop peu, lorsque nous sommes arrivés en toute sécurité car nous avons navigué trop près de la rive.

Dérange-nous, Seigneur, lorsque, avec l'abondance des choses dont nous disposons, nous avons perdu notre soif d'eau vive ; après être tombés amoureux de la vie, nous avons cessé de rêver de l'éternité, et dans nos efforts de construire une nouvelle terre, nous avons laissé baisser notre vision du nouveau Ciel.

Dérange-nous, Seigneur, afin d'oser plus hardiment, de nous aventurer en mer plus large, là où les tempêtes nous révéleront ta majesté ; quand, perdant de vue la terre, nous trouverons les étoiles.

Nous te demandons de repousser les horizons de nos espoirs, et de nous propulser vers l'avenir avec force, courage, espérance et amour. »

Prière attribuée à Sir Francis Drake, explorateur anglais (1540-1596).

Calendrier liturgique

Di 27	**1er dimanche de l'Avent A.** *Liturgie des Heures : Psautier semaine I.*
Me 30	S. ANDRÉ, Apôtre. Lectures propres : Rm 10, 9-18 ; Mt 4, 18-22.
Sa 3	S. François Xavier, prêtre, jésuite missionnaire, † 1552 dans l'île de San-Choan (Chine).

Bonne fête ! 27 : Astrid, Séverin, Séverine. 28 : Jacques. 29 : Saturnin. 30 : André, Andrée. 1er : Florence, Éloi, Loïc. 2 : Viviane. 3 : Xavier.

Pour mémoire : IL Y A 100 ANS, le 1er décembre 1916, le Père Charles de Foucauld était assassiné dans son ermitage de Tamanrasset, dans le Sahara algérien. C'est là qu'il s'était retiré pour évangéliser les Touaregs, « non par la parole, mais par la présence du très Saint Sacrement, l'offrande du divin sacrifice, la prière, la pénitence, la pratique des vertus évangéliques, la charité, une charité fraternelle et universelle, partageant jusqu'à la dernière bouchée de pain avec tout pauvre, tout hôte, tout inconnu, et recevant tout humain comme un frère bien-aimé ». Plusieurs congrégations religieuses, dont les Petits Frères et les Petites Sœurs de Jésus, vivent de son esprit. Charles de Foucauld a été proclamé bienheureux par Benoît XVI en 2005.

Pour prier avec l'Évangile : Seigneur notre Dieu, ne laisse pas le sommeil nous gagner au milieu des injustices de ce monde, mais dirige nos regards vers Celui qui vient nous apporter la paix : ainsi, dans la fidélité, nous veillerons à préparer les chemins du monde nouveau.

2e dimanche de l'Avent

4 décembre 2016

VIENS SEIGNEUR, NOUS T'ATTENDONS

Qui est-il, cet envoyé du Seigneur annoncé par Isaïe *(première lecture)* dont la venue est synonyme de paix et de justice ? Qu'il vienne sans tarder ! Qui est-il, cet homme mystérieux dont Jean le Baptiste se proclame l'humble devancier face aux foules qui se pressent pour recevoir son baptême ? Qu'il vienne sans tarder ! La liturgie de ce dimanche nous fait expérimenter une absence paradoxale qui doit susciter en nous le désir et l'appel. La réalisation de la promesse de Dieu est certaine, et pourtant notre attente n'a rien de passif. « Convertissez-vous, car le royaume des Cieux est tout proche. » La vigoureuse parole du Baptiste résume l'enjeu de l'Avent. Puisque le Seigneur vient, il faut que nous soyons prêts à le recevoir dans un cœur purifié : cela s'appelle la conversion. Il ne suffit pas d'un rite extérieur comme le baptême dans les eaux du Jourdain, il faut le ferme désir d'un réel changement de vie. « Produisez donc un fruit digne de la conversion », admoneste le Baptiste, en donnant des indications très concrètes.

Qu'attend Dieu de son peuple ? Qu'il collabore à son œuvre de justice et de paix. Les images idylliques qu'emploie Isaïe pour décrire la concorde et l'harmonie retrouvées au sein de la création ne doivent pas nous faire rêver mais nous stimuler. Ce monde nouveau où chaque créature pourra vivre sans en dévorer une autre naît dans les cœurs à l'écoute de la parole de Dieu. « Il n'y aura plus de mal ni de corruption sur toute ma montagne sainte ; car la connaissance du Seigneur remplira le pays comme les eaux recouvrent le fond de la mer. » C'est le moment d'invoquer, comme saint Paul, « le Dieu de la persévérance et du réconfort » *(deuxième lecture)* pour qu'il nous donne le courage de poser des actes de justice, en particulier en faveur des plus petits. Ce sont d'authentiques semences de paix pour notre monde déchiré, et pour cela nous rendons grâce.

Suggestions pour la célébration

• CHANTER • Au répertoire commun de l'Avent, on pourra ajouter, pour la procession d'ouverture : ***La voix qui crie dans le désert*** **SYL G 320,** ***Vienne la paix*** **T 150-1 CNA 771,** ***Dieu est à l'œuvre en cet âge*** **EP 50 CNA 541** (strophes 1 et 5).

Pour la communion, ***Voici le pain que donne Dieu D 50-07.***

Après la communion, ***Quand s'éveilleront nos cœurs X 924.***

• PRIER • **POUR LA PRÉPARATION PÉNITENTIELLE**

Seigneur Jésus, tu réconcilies l'humanité avec ton Père,
béni sois-tu et prends pitié de nous.
Ô Christ, tu nous rends justes devant Dieu,
béni sois-tu et prends pitié de nous.
Seigneur, tu combles l'espérance des petits et des pauvres,
béni sois-tu et prends pitié de nous.

POUR LA PRIÈRE UNIVERSELLE

Nous pouvons prier :

– pour les prophètes de notre temps, qui appellent à davantage de justice et de fraternité : que leur parole suscite un écho dans les consciences ;

– pour les personnes en conflit : qu'elles cherchent d'un cœur sincère une voie de dialogue et de conciliation ;

– pour les personnes qui n'attendent plus rien de la vie : qu'elles rencontrent des témoins d'une espérance nouvelle.

• CÉLÉBRER • La sobriété propre au temps de l'Avent invite à veiller à la qualité du silence dans la célébration. Il crée un espace favorable au recueillement et à l'écoute d'une Parole qui ne s'impose pas.

Si on a installé une couronne de l'Avent, on allume la deuxième bougie. Ce peut être l'occasion de faire participer les enfants, sensibles aux signes concrets de notre progression vers Noël.

Prière d'ouverture

Seigneur tout-puissant et miséricordieux, ne laisse pas le souci de nos tâches présentes entraver notre marche à la rencontre de ton Fils ; mais éveille en nous cette intelligence du cœur qui nous prépare à l'accueillir et nous fait entrer dans sa propre vie. Lui qui règne avec toi et le Saint-Esprit, maintenant et pour les siècles des siècles. **Amen.**

1re lecture — *« Il jugera les petits avec justice »*

Lecture du livre du prophète Isaïe 11, 1-10

En ce jour-là, un rameau sortira de la souche de Jessé, père de David, un rejeton jaillira de ses racines. Sur lui reposera l'esprit du Seigneur : esprit de sagesse et de discernement, esprit de conseil et de force, esprit de connaissance et de crainte du Seigneur – qui lui inspirera la crainte du Seigneur. Il ne jugera pas sur l'apparence ; il ne se prononcera pas sur des rumeurs. Il jugera les petits avec justice ; avec droiture, il se prononcera en faveur des humbles du pays. Du bâton de sa parole, il frappera le pays ; du souffle de ses lèvres, il fera mourir le méchant. La justice est la ceinture de ses hanches ; la fidélité est la ceinture de ses reins. Le loup habitera avec l'agneau, le léopard se couchera près du chevreau, le veau et le lionceau seront nourris ensemble, un petit garçon les conduira. La vache et l'ourse auront même pâture, leurs petits auront même gîte. Le lion, comme le bœuf, mangera du fourrage. Le nourrisson s'amusera sur le nid du cobra ; sur le trou de la vipère, l'enfant étendra la main. Il n'y aura plus de mal ni de corruption sur toute ma montagne sainte ; car la connaissance du Seigneur remplira le pays comme les eaux recouvrent le fond de la mer.

Ce jour-là, la racine de Jessé sera dressée comme un étendard pour les peuples, les nations la chercheront, et la gloire sera sa demeure.

Psaume 71

**R/ En ces jours-là, fleurira la justice,
grande paix jusqu'à la fin des temps.**

Dieu, donne au roi tes pouvoirs,
à ce fils de roi ta justice.
Qu'il gouverne ton peuple avec justice,
qu'il fasse droit aux malheureux !

En ces jours-là, fleurira la justice,
grande paix jusqu'à la fin des lunes !
Qu'il domine de la mer à la mer,
et du Fleuve jusqu'au bout de la terre !

Il délivrera le pauvre qui appelle
et le malheureux sans recours.
Il aura souci du faible et du pauvre,
du pauvre dont il sauve la vie.

Que son nom dure toujours ;
sous le soleil, que subsiste son nom !
En lui, que soient bénies toutes les familles de la terre ;
que tous les pays le disent bienheureux !

2e lecture — *Le Christ sauve tous les hommes*

Lecture de la lettre de saint Paul apôtre aux Romains 15, 4-9

Frères, tout ce qui a été écrit à l'avance dans les livres saints l'a été pour nous instruire, afin que, grâce à la persévérance et au réconfort des Écritures, nous ayons l'espérance. Que le Dieu de la persévérance et du réconfort vous donne d'être d'accord les uns avec les autres selon le Christ Jésus. Ainsi, d'un même cœur, d'une seule voix, vous rendrez gloire à Dieu, le Père de notre Seigneur Jésus Christ.

Accueillez-vous donc les uns les autres, comme le Christ vous a accueillis pour la gloire de Dieu. Car je vous le déclare : le Christ s'est fait le serviteur des Juifs, en raison de la fidélité de Dieu, pour réaliser les promesses faites à nos pères ; quant aux nations, c'est en raison de sa miséricorde qu'elles rendent gloire à Dieu, comme le dit l'Écriture : *C'est pourquoi je proclamerai ta louange parmi les nations, je chanterai ton nom.*

Alléluia. Alléluia. Préparez le chemin du Seigneur, rendez droits ses sentiers : tout être vivant verra le salut de Dieu. **Alléluia.**

ÉVANGILE

« Convertissez-vous, car le royaume des Cieux est tout proche »

Évangile de Jésus Christ selon saint Matthieu 3, 1-12

En ces jours-là, paraît Jean le Baptiste, qui proclame dans le désert de Judée : « Convertissez-vous, car le royaume des Cieux est tout proche. » Jean est celui que désignait la parole prononcée par le prophète Isaïe : *Voix de celui qui crie dans le désert : Préparez le chemin du Seigneur, rendez droits ses sentiers.*

Lui, Jean, portait un vêtement de poils de chameau, et une ceinture de cuir autour des reins ; il avait pour nourriture des sauterelles et du miel sauvage. Alors Jérusalem, toute la Judée et toute la région du Jourdain se rendaient auprès de lui, et ils étaient baptisés par lui dans le Jourdain en reconnaissant leurs péchés. Voyant beaucoup de pharisiens et de sadducéens se présenter à son baptême, il leur dit : « Engeance de vipères ! Qui vous a appris à fuir la colère qui vient ? Produisez donc un fruit digne de la conversion. N'allez pas dire en vous-mêmes : 'Nous avons Abraham pour père' ; car, je vous le dis : des pierres que voici, Dieu peut faire surgir des enfants à Abraham. Déjà la cognée se trouve à la racine des arbres : tout arbre qui ne produit pas de bons fruits va être coupé et jeté au feu.

Moi, je vous baptise dans l'eau, en vue de la conversion. Mais celui qui vient derrière moi est plus fort que moi, et je ne suis pas digne de lui retirer ses sandales. Lui vous baptisera dans l'Esprit Saint et le feu. Il tient dans sa main la pelle à vanner, il va nettoyer son aire à battre le blé, et il amassera son grain dans le grenier ; quant à la paille, il la brûlera au feu qui ne s'éteint pas. »

Prière sur les offrandes

Laisse-toi fléchir, Seigneur, par nos prières et nos pauvres offrandes ; nous ne pouvons pas invoquer nos mérites, viens par ta grâce à notre secours. Par Jésus.

Préface de l'Avent, p. 73.

Prière après la communion

Pleins de reconnaissance pour cette eucharistie, nous te prions encore, Seigneur : apprends-nous, dans la communion à ce mystère, le vrai sens des choses de ce monde et l'amour des biens éternels. Par Jésus.

Apprends-nous à attendre

« Dieu, tu as choisi de te faire attendre tout le temps d'un Avent.
Moi je n'aime pas attendre dans les files d'attente.
Je n'aime pas attendre mon tour.
Je n'aime pas attendre le train.
Je n'aime pas attendre pour juger.
Je n'aime pas attendre le moment.
Je n'aime pas attendre un autre jour.
Je n'aime pas attendre parce que je n'ai pas le temps et que je ne vis que dans l'instant.
Mais toi, Dieu, tu as choisi de te faire attendre le temps de tout un Avent, parce que tu as fait de l'attente l'espace de la conversion, le face à face avec ce qui est caché, l'usure qui ne s'use pas.
L'attente, seulement l'attente, l'attente de l'attente, l'intimité avec l'attente qui est en nous parce que seule l'attente et que seule l'attention est capable d'aimer.
Tout est déjà donné dans l'attente, et pour toi, Dieu, attendre se conjugue Prier. »

Jean Debruyne (1925-2006),
Écoute Seigneur ma prière.

Calendrier liturgique

Di 4	**2e dimanche de l'Avent A.** *Liturgie des Heures : Psautier semaine II.* *[S. Jean de Damas, prêtre, docteur de l'Église, † vers 749 près de Jérusalem].*
Ma 6	*S. Nicolas, évêque de Myre, (Asie Mineure), † vers 350.*
Me 7	S. Ambroise, évêque de Milan, docteur de l'Église, † vers 397.
Je 8	**IMMACULÉE CONCEPTION DE LA VIERGE MARIE, p. 82.**
Ve 9	*S. Juan Diego Cuauhtlatoatzin, † 1548, près de Mexico.*

Bonne fête ! 4 : Barbara, Barbe. 5 : Gérard, Géraldine. 6 : Nicolas, Colas, Nils. 7 : Ambroise. 8 : Conception, Sabine, Édith. 9 : Valérie. 10 : Romaric, Eulalie.

Pour prier avec l'Évangile : Ton amour et ta grâce, Seigneur notre Dieu, devancent toujours notre prière, car tu nous promets un monde nouveau et tu veux instaurer un temps de paix. Convertis-nous par ton Esprit pour que nous préparions l'avènement de notre Sauveur, Jésus Christ.

Immaculée Conception de la Vierge Marie

8 décembre 2016

Nous célébrons aujourd'hui la manière dont Dieu a d'avance « comblé de grâce » celle qui devait mettre au monde le Sauveur. En Marie, libre de tout péché, nous contemplons avec émerveillement l'humanité nouvelle telle que le Créateur la désire depuis l'origine. Alors que le premier couple, trompé par le tentateur, se cache et fait l'expérience de la honte *(première lecture)*, Marie tressaille d'allégresse d'être « la servante du Seigneur » *(évangile)* et de lui consacrer librement toute sa vie. En elle, rien ne fait obstacle à l'accomplissement du projet d'amour de Dieu. Grâce à elle, l'humanité est associée à l'œuvre de son salut. « Mère des vivants », elle continue de veiller sur les disciples de son Fils. Par son exemple et son intercession maternelle, nous sommes encouragés à répondre toujours davantage à la vocation à la sainteté que chacun de nous a reçue le jour de son baptême.

CHANTER Le répertoire marial est abondant. Pour cette fête, on pourra retenir particulièrement : ***Réjouis-toi comblée de grâce,* IEV 16-14, *Prie pour nous, toi l'Immaculée* V 22-48, *Vierge Marie, Immaculée* V 22-57, *Couronnée d'étoiles* V 44-58.**

PRIÈRE D'OUVERTURE Seigneur, tu as préparé à ton Fils une demeure digne de lui par la conception immaculée de la Vierge ; puisque tu l'as préservée de tout péché par une grâce venant déjà de la mort de ton Fils, accorde-nous, à l'intercession de cette Mère très pure, de parvenir jusqu'à toi, purifiés, nous aussi, de tout mal. Par Jésus Christ.

LECTURES

Gn 3, 9-15.20 :	*Ève, mère des vivants*
Ps 97 :	*Chantez au Seigneur un chant nouveau, car il a fait des merveilles*
Ep 1, 3-6.11-12 :	*Choisis avant la création du monde*
Lc 1, 26-38 :	*« Voici la servante du Seigneur »*

LE RASSEMBLEMENT DOMINICAL

La première caractéristique du culte chrétien est son assemblée parce qu'elle forme alors le Corps du Christ qui est en prière. La sonnerie des cloches, avant tout, appelle les chrétiens à être ce qu'ils sont ensemble : l'Église, dont le mot vient du grec : « ceux qui sont appelés ». Alors que nos intentions sont souvent très individualistes quand il s'agit d'aller à la messe, l'enjeu est d'abord communautaire puisque nous allons prendre part à l'action de grâce du Christ dans l'eucharistie.

Déjà au 2e siècle, Pline le Jeune, préfet romain puis proconsul, remarque que les chrétiens « ont coutume de se réunir à un jour déterminé, avant l'aurore, et de dire une prière au Christ comme à Dieu ». Voilà qui rythme la vie des disciples de Jésus. Mais progressivement la cité étant devenue chrétienne au Moyen Âge, l'Église semblait être toujours réunie et le rassemblement hebdomadaire n'apparaissait plus comme primordial.

Le concile Vatican II a rappelé la nécessité du rassemblement chrétien comme une exigence, non pas morale, mais théologique et spirituelle : le Christ « est là présent lorsque l'Église prie et chante les psaumes (...). Pour l'accomplissement de cette grande œuvre par laquelle Dieu est parfaitement glorifié et les hommes sanctifiés, le Christ s'associe toujours l'Église » (Constitution sur la liturgie n° 7).

La perfection dont il est question découle de l'action même du Christ qui est à l'œuvre dans la liturgie. Le Christ agit par son Église et pas seulement par le ministère sacerdotal du prêtre qui serait isolé du reste des chrétiens. Ceci est particulièrement vrai dans la célébration de l'eucharistie. Mais c'est là aussi que se fonde et se nourrit l'Église. La communion fraternelle est le fruit de l'eucharistie célébrée ensemble. Selon la formule célèbre du Cardinal Henri de Lubac : « L'Eucharistie fait l'Église et l'Église fait l'Eucharistie ».

Bien sûr, la liturgie n'est pas le tout de la vie spirituelle, mais l'eucharistie est le sommet et la source de la vie de l'Église. Le caractère fraternel de nos rassemblements, issu de la connaissance mutuelle et de temps de convivialité, n'est donc pas un élément accessoire du rendez-vous hebdomadaire où nous célébrons la mort et la résurrection du Christ.

É.B.

3e dimanche de l'Avent 11 décembre 2016

GESTES DE SALUT, SIGNATURE DU MESSIE

Il est des questions trop essentielles pour rester sans réponse. « Es-tu celui qui doit venir, ou devons-nous en attendre un autre ? » *(évangile)*. Dans l'obscurité de sa prison, pressentant peut-être sa fin prochaine, Jean est saisi d'un doute poignant. Après tout, qui est ce Jésus dont il a annoncé la venue ? Est-il, oui ou non, l'envoyé promis par Dieu, celui qui doit baptiser « dans l'Esprit Saint et le feu » ? L'attente d'Israël est-elle enfin comblée, ou faut-il encore et encore attendre ? « Fortifiez les mains défaillantes, affermissez les genoux qui fléchissent… » *(première lecture)*. Jésus ne dit presque rien, il laisse parler les actes, les signes qu'il a déjà accomplis. Cela suffit. Car ouvrir les yeux des aveugles et les oreilles des sourds, guérir le boiteux et le muet, c'est véritablement la signature du Messie annoncé par les prophètes, en particulier Isaïe.

Jean n'était pas « un roseau agité par le vent ». Il ne s'est pas trompé et n'a trompé personne en désignant Jésus comme l'Oint du Seigneur. Il a été prophète, « et bien plus qu'un prophète ». Nous aussi, nous pouvons avoir pleinement confiance et être à notre tour réconfortés. Ce n'est pas en vain que nous sommes en route, notre attente va prendre fin et, pour le chemin qu'il nous reste à parcourir, le conseil de l'apôtre Jacques est précieux : « Prenez patience, vous aussi, et tenez ferme car la venue du Seigneur est proche » *(deuxième lecture)*. C'est comme Sauveur que Jésus vient à nous. Les signes qui l'ont authentifié il y a deux mille ans sont toujours d'actualité. Déjà nos yeux d'aveugles voient « la gloire du Seigneur, la splendeur de notre Dieu ». Nos oreilles ne sont plus sourdes à la Parole de vie. La Bonne Nouvelle est promise aux pauvres que nous sommes. Pour ces merveilles, nous rendons grâce.

Suggestions pour la célébration

• CHANTER • Si l'on souhaite mettre l'accent sur les lectures de ce dimanche, on pourra retenir pour la procession d'ouverture : ***Es-tu celui qui doit venir ?*** **EP 47-41-8,** ***Ouvriers de la paix*** **XW 13-92-1 CNA 522,** ***Joie sur terre*** **E 32.**

Après la Parole : ***Les mots que tu nous dis*** **EP 164,** ***Dis-nous les signes de l'Esprit*** **E 216.**

Pour la communion : ***Pour que nos cœurs deviennent de chair*** **D 308 CNA 344,** ***Mendiant du jour*** **D 150-5** ou **DP 574.**

• PRIER • **POUR LA PRÉPARATION PÉNITENTIELLE**

Seigneur Jésus, Messie annoncé par les prophètes,
béni sois-tu et prends pitié de nous.
Ô Christ, Sauveur de l'humanité blessée par le péché,
béni sois-tu et prends pitié de nous.
Seigneur, ambassadeur de l'amour du Père,
béni sois-tu et prends pitié de nous.

POUR LA PRIÈRE UNIVERSELLE

Nous pouvons prier :
- pour les personnes plongées dans les ténèbres de la dépression ou du désespoir ;
- pour les prisonniers et ceux qui leur rendent visite ;
- pour les personnes en recherche d'une parole de réconfort et de salut ;
- pour les artisans de paix et les mouvements d'Église comme Pax Christi qui travaillent à promouvoir la paix et la justice.

• CÉLÉBRER • Ce 3e dimanche de l'Avent est traditionnellement dit du *Gaudete*, à cause des premiers mots de l'antienne d'ouverture, « Soyez dans la joie du Seigneur ! » Cette tonalité joyeuse de la célébration s'exprimera par les chants et la musique, des bouquets de fleurs... On peut employer des ornements liturgiques roses, signe que la lumière est toute proche.

En ce dimanche aussi, le mouvement Pax Christi est à l'honneur. C'est l'occasion d'apporter un soin particulier au geste de paix, qui fait de nous des frères et des sœurs sous le regard de Dieu. Le président de l'assemblée pourra l'introduire par une monition.

Prière d'ouverture

Tu le vois, Seigneur, ton peuple se prépare à célébrer la naissance de ton Fils ; dirige notre joie vers la joie d'un si grand mystère : pour que nous fêtions notre salut avec un cœur vraiment nouveau. Par Jésus Christ.

1re lecture *« Dieu vient lui-même et va vous sauver »*

Lecture du livre du prophète Isaïe 35, 1-6a.10

Le désert et la terre de la soif, qu'ils se réjouissent ! Le pays aride, qu'il exulte et fleurisse comme la rose, qu'il se couvre de fleurs des champs, qu'il exulte et crie de joie ! La gloire du Liban lui est donnée, la splendeur du Carmel et du Sarone. On verra la gloire du Seigneur, la splendeur de notre Dieu. Fortifiez les mains défaillantes, affermissez les genoux qui fléchissent, dites aux gens qui s'affolent : « Soyez forts, ne craignez pas. Voici votre Dieu : c'est la vengeance qui vient, la revanche de Dieu. Il vient lui-même et va vous sauver. » Alors se dessilleront les yeux des aveugles, et s'ouvriront les oreilles des sourds. Alors le boiteux bondira comme un cerf, et la bouche du muet criera de joie. Ceux qu'a libérés le Seigneur reviennent, ils entrent dans Sion avec des cris de fête, couronnés de l'éternelle joie. Allégresse et joie les rejoindront, douleur et plainte s'enfuient.

Psaume 145

R/ **Viens, Seigneur, et sauve-nous !**
ou : **Alléluia.**

Le Seigneur fait justice aux opprimés,
aux affamés, il donne le pain,
le Seigneur délie les enchaînés.

Le Seigneur ouvre les yeux des aveugles,
le Seigneur redresse les accablés,
le Seigneur aime les justes.

Le Seigneur protège l'étranger,
il soutient la veuve et l'orphelin.
D'âge en âge, le Seigneur régnera.

2e LECTURE

« Tenez ferme car la venue du Seigneur est proche »

Lecture de la lettre de saint Jacques 5, 7-10

Frères, en attendant la venue du Seigneur, prenez patience. Voyez le cultivateur : il attend les fruits précieux de la terre avec patience, jusqu'à ce qu'il ait fait la récolte précoce et la récolte tardive. Prenez patience, vous aussi, et tenez ferme car la venue du Seigneur est proche. Frères, ne gémissez pas les uns contre les autres, ainsi vous ne serez pas jugés. Voyez : le Juge est à notre porte. Frères, prenez pour modèles d'endurance et de patience les prophètes qui ont parlé au nom du Seigneur.

Alléluia. Alléluia. L'Esprit du Seigneur est sur moi : il m'a envoyé porter la Bonne Nouvelle aux pauvres. **Alléluia.**

ÉVANGILE

« Es-tu celui qui doit venir, ou devons-nous en attendre un autre ? »

Évangile de Jésus Christ selon saint Matthieu 11, 2-11

En ce temps-là, Jean le Baptiste entendit parler, dans sa prison, des œuvres réalisées par le Christ. Il lui envoya ses disciples et, par eux, lui demanda : « Es-tu celui qui doit venir, ou devons-nous en attendre un autre ? » Jésus leur répondit : « Allez annoncer à Jean ce que vous entendez et voyez : *Les aveugles retrouvent la vue,* et les boiteux marchent, les lépreux sont purifiés, et *les sourds entendent, les morts ressuscitent,* et les pauvres reçoivent la Bonne Nouvelle. Heureux celui pour qui je ne suis pas une occasion de chute ! »

Tandis que les envoyés de Jean s'en allaient, Jésus se mit à dire aux foules à propos de Jean : « Qu'êtes-vous allés regarder au désert ? un roseau agité par le vent ? Alors, qu'êtes-vous donc allés voir ? un homme habillé de façon raffinée ? Mais ceux qui portent de tels vêtements vivent dans les palais des rois. Alors, qu'êtes-vous allés voir ? un prophète ? Oui, je vous le dis, et bien plus qu'un prophète. C'est de lui qu'il est écrit : *Voici que j'envoie mon messager en avant de toi, pour préparer le chemin devant toi.* Amen, je vous le dis : Parmi ceux qui sont nés d'une femme, personne ne s'est levé de plus grand que Jean le Baptiste ; et cependant le plus petit dans le royaume des Cieux est plus grand que lui. »

Prière sur les offrandes

Permets, Seigneur, que le sacrifice de nos eucharisties te soit toujours offert dans ton Église, pour accomplir le sacrement que tu nous as donné et pour réaliser la merveille de notre salut. Par Jésus.

Préface de l'Avent, p. 73.

Prière après la communion

Seigneur notre Dieu, nous attendons de ta miséricorde que cette nourriture prise à ton autel nous empêche de céder à nos penchants mauvais et nous prépare aux fêtes qui approchent. Par Jésus.

La petite fille espérance

« Ce qui m'étonne, dit Dieu, c'est l'espérance.
Et je n'en reviens pas.
Cette petite espérance qui n'a l'air de rien du tout.
Cette petite fille espérance.
Immortelle.
La Foi est une Épouse fidèle.
La Charité est une Mère.
Une mère ardente, pleine de cœur.
Ou une sœur aînée qui est comme une mère.
L'Espérance est une petite fille de rien du tout.
Qui est venue au monde le jour de Noël de l'année dernière.
Qui joue encore avec le bonhomme Janvier.
C'est cette petite fille pourtant qui traversera les mondes.
Cette petite fille de rien du tout.
Elle seule, portant les autres, qui traversera les mondes révolus. »

Charles Péguy, *Le Porche du mystère de la deuxième vertu*, 1912.

Calendrier liturgique

Di 11 **3e dimanche de l'Avent A.**
Liturgie des Heures : Psautier semaine III.
[S. Damase Ier, pape, † 384 à Rome].

Lu 12 *Notre-Dame de Guadaloupé (Mexique)*

Ma 13 Ste Lucie, vierge et martyre, à Syracuse, premiers siècles.

Je 14 S. Jean de la Croix, prêtre carme, docteur de l'Église, † 1591 à Ubeda (Espagne).

Bonne fête ! 11 : Damase, Daniel, Dany. 12 : Corentin. 13 : Lucie, Aurore, Josselyne ou Jocelyne. 14 : Odile. 15 : Christine, Ninon. 16 : Adélaïde, Alice. 17 : Gaël, Tessa.

Pour prier avec l'Évangile : Seigneur, Dieu de l'univers, la terre déjà chante sa joie, ta Parole est promesse de renouveau. Nous t'en prions : que l'annonce de notre libération nous parvienne dans toute sa vigueur pour nous tenir dans la patience et nous fortifier dans l'espérance jusqu'au jour où nos voix acclameront la venue du Sauveur Jésus Christ.

4e dimanche de l'Avent 18 décembre 2016

LE SIGNE D'UN ENFANT

Pourquoi le roi Acaz refuse-t-il de demander un signe, et pourquoi la raison qu'il invoque, fort pieuse en apparence (ne pas mettre Dieu à l'épreuve), suscite-t-elle la colère du prophète Isaïe *(première lecture)* ? Ce n'est pas Dieu qu'Acaz se défend de mettre à l'épreuve, c'est lui-même, c'est sa propre foi ! Alors que son royaume est placé dans une situation diplomatique et militaire très délicate, le souverain préfère s'en sortir tout seul. Surtout, que le Seigneur ne se mêle pas de tout ceci ! Mais Dieu lui-même impose un signe, bien étonnant dans un contexte de guerre : « Voici que la vierge est enceinte, elle enfantera un fils ». Au désir si humain de tout contrôler, Dieu oppose une naissance inattendue ; au bruit des armes, le vagissement d'un bébé.

Faut-il en déduire que Dieu met l'être humain hors jeu alors que le salut de l'humanité est en jeu ? Non, comme le montre l'*évangile*. C'est à Joseph, belle et humble figure d'homme juste, que Dieu confie la mission de fonder la sainte famille. « Elle enfantera un fils, et tu lui donneras le nom de Jésus » : tout est dit des rôles complémentaires de Marie et de Joseph, et de la mission véritablement paternelle que ce dernier est appelé à exercer. C'est par lui, « fils de David », que Jésus « selon la chair, est né de la descendance de David » *(deuxième lecture)*, héritage fondamental pour être reconnu comme roi messie. Joseph n'a pas besoin d'un signe. Il lui suffit de connaître la volonté de Dieu pour y collaborer immédiatement, bel exemple d'écoute et de disponibilité. Que notre cœur soit prêt, comme lui, à accueillir « la grâce et la paix de la part de Dieu notre Père et du Seigneur Jésus Christ », dans ce signe si modeste et si extraordinaire de la naissance du Fils bien-aimé, Emmanuel, « Dieu-avec-nous ».

Suggestions pour la célébration

• CHANTER • En ce dimanche, on retiendra plus particulièrement les chants suivants.

Pour la procession d'ouverture, ***Viens, Seigneur, ne tarde plus*** E 57-31, ***Viens pour notre attente*** E 37 CNA 377, ***Seigneur, venez, la terre est prête*** E 20 CNA 373.

Après la communion, ***Ô viens, Jésus*** E 147 CNA 370, ***Toi qui ravis le cœur de Dieu*** VP 136-2 CNA 372, ***Voici la demeure de Dieu*** SYL S 232.

À la fin de la célébration, ***Venez, divin Messie*** E 9 CNA 375 ou un chant à la Vierge.

• PRIER •

POUR LA PRÉPARATION PÉNITENTIELLE

Seigneur Jésus, fils de David,
béni sois-tu et prends pitié de nous.
Ô Christ, Fils bien-aimé du Père,
béni sois-tu et prends pitié de nous.
Seigneur, Prince de la paix,
béni sois-tu et prends pitié de nous.

POUR LA PRIÈRE UNIVERSELLE

Nous pouvons prier :
- pour les couples qui attendent un enfant ;
- pour les couples qui n'arrivent pas à avoir d'enfant ;
- pour les fiancés qui se préparent à recevoir le sacrement du mariage ;
- pour les personnes qui cherchent à accomplir la volonté de Dieu.

• CÉLÉBRER • La couronne de l'Avent est maintenant entièrement allumée. La crèche n'attend plus que l'enfant Jésus.

Prière d'ouverture

Que ta grâce, Seigneur notre Père, se répande en nos cœurs : par le message de l'ange, tu nous as fait connaître l'incarnation de ton Fils bien-aimé, conduis-nous par sa passion et par sa croix jusqu'à la gloire de la résurrection. Par Jésus Christ.

1re lecture

« Voici que la vierge est enceinte »

Lecture du livre du prophète Isaïe 7, 10-16

En ces jours-là, le Seigneur parla ainsi au roi Acaz : « Demande pour toi un signe de la part du Seigneur ton Dieu, au fond du séjour des morts ou sur les sommets, là-haut. » Acaz répondit : « Non, je n'en demanderai pas, je ne mettrai pas le Seigneur à l'épreuve. » Isaïe dit alors : « Écoutez, maison de David ! Il ne vous suffit donc pas de fatiguer les hommes : il faut encore que vous fatiguiez mon Dieu ! C'est pourquoi le Seigneur lui-même vous donnera un signe : Voici que la vierge est enceinte, elle enfantera un fils, qu'elle appellera Emmanuel (c'est-à-dire : Dieu-avec-nous). De crème et de miel il se nourrira, jusqu'à ce qu'il sache rejeter le mal et choisir le bien. Avant que cet enfant sache rejeter le mal et choisir le bien, la terre dont les deux rois te font trembler sera laissée à l'abandon. »

Psaume 23

R/ Qu'il vienne, le Seigneur :
c'est lui, le roi de gloire !

Au Seigneur, le monde et sa richesse,
la terre et tous ses habitants !
C'est lui qui l'a fondée sur les mers
et la garde inébranlable sur les flots.

Qui peut gravir la montagne du Seigneur
et se tenir dans le lieu saint ?
L'homme au cœur pur, aux mains innocentes,
qui ne livre pas son âme aux idoles.

Il obtient, du Seigneur, la bénédiction,
et de Dieu son Sauveur, la justice.
Voici le peuple de ceux qui le cherchent,
qui recherche la face de Dieu !

2e LECTURE

Jésus Christ, né de la descendance de David, et Fils de Dieu

Lecture de la lettre de saint Paul apôtre aux Romains 1, 1-7

Paul, serviteur du Christ Jésus, appelé à être Apôtre, mis à part pour l'Évangile de Dieu, à tous les bien-aimés de Dieu qui sont à Rome. Cet Évangile, que Dieu avait promis d'avance par ses prophètes dans les saintes Écritures, concerne son Fils qui, selon la chair, est né de la descendance de David et, selon l'Esprit de sainteté, a été établi dans sa puissance de Fils de Dieu par sa résurrection d'entre les morts, lui, Jésus Christ, notre Seigneur. Pour que son nom soit reconnu, nous avons reçu par lui grâce et mission d'Apôtre, afin d'amener à l'obéissance de la foi toutes les nations païennes, dont vous faites partie, vous aussi que Jésus Christ a appelés. À vous qui êtes appelés à être saints, la grâce et la paix de la part de Dieu notre Père et du Seigneur Jésus Christ.

Alléluia. Alléluia. Voici que la Vierge concevra : elle enfantera un fils, on l'appellera Emmanuel, « Dieu-avec-nous ». **Alléluia.**

ÉVANGILE

Jésus naîtra de Marie, accordée en mariage à Joseph, fils de David

Évangile de Jésus Christ selon saint Matthieu 1, 18-24

Voici comment fut engendré Jésus Christ : Marie, sa mère, avait été accordée en mariage à Joseph ; avant qu'ils aient habité ensemble, elle fut enceinte par l'action de l'Esprit Saint. Joseph, son époux, qui était un homme juste, et ne voulait pas la dénoncer publiquement, décida de la renvoyer en secret. Comme il avait formé ce projet, voici que l'ange du Seigneur lui apparut en songe et lui dit : « Joseph, fils de David, ne crains pas de prendre chez toi Marie, ton épouse, puisque l'enfant qui est engendré en elle vient de l'Esprit Saint ; elle enfantera un fils, et tu lui donneras le nom de Jésus (c'est-à-dire : Le-Seigneur-sauve), car c'est lui qui sauvera son peuple de ses péchés. » Tout cela est arrivé pour que soit accomplie la parole du Seigneur prononcée par le prophète : *Voici que la Vierge concevra, et elle enfantera un fils ; on lui donnera le nom d'Emmanuel*, qui se traduit : « *Dieu-avec-nous* ».

Quand Joseph se réveilla, il fit ce que l'ange du Seigneur lui avait prescrit : il prit chez lui son épouse.

Prière sur les offrandes

Que ton Esprit, Seigneur notre Dieu, dont la puissance a fécondé le sein de la Vierge Marie, consacre les offrandes posées sur cet autel. Par Jésus.

Préface

Vraiment il est juste et bon de te rendre gloire, de t'offrir notre action de grâce, toujours et en tout lieu, à toi, Père très saint, Dieu éternel et tout-puissant, par le Christ, notre Seigneur.

Il est celui que tous les prophètes avaient chanté, celui que la Vierge attendait avec amour, celui dont Jean Baptiste a proclamé la venue et révélé la présence au milieu des hommes. C'est lui qui nous donne la joie d'entrer déjà dans le mystère de Noël, pour qu'il nous trouve, quand il viendra, vigilants dans la prière et remplis d'allégresse.

C'est pourquoi, avec les anges et tous les saints, nous proclamons ta gloire en chantant (disant) d'une seule voix : **Saint !...**

Prière après la communion

Nous avons reçu dans ton sacrement, Seigneur, le gage de la rédemption éternelle ; accorde-nous une ferveur qui grandisse à l'approche de Noël, pour bien fêter la naissance de ton Fils. Lui qui règne.

« Notre joie est le signe visible de notre foi »

« À celui qui transmet la Bonne Nouvelle, le premier témoignage qui sera demandé est le témoignage de sa joie. Notre joie est le signe visible de notre foi. Quand nous sommes joyeux, c'est la présence de Dieu en nous qui transparaît. Quand nous sommes maussades, nous sommes comme des vases de terre opaques où une lampe serait captive. Serions-nous des prodiges de pénitence, de charité, de zèle apostolique, si nous sommes des prodiges tristes, nous n'apprendrons rien à personne, sinon que le joug du Seigneur est pesant et que bienheureux sont ceux qui peuvent y échapper.

La joie – je ne dis pas le bruit – est le signe vivant de la charité. Dieu est toujours là. Celui qui aime est heureux là où est celui qu'il aime. Si nous aimons Dieu, notre joie doit être permanente. »

Madeleine Delbrêl, « Esprit évangélique », 6 décembre 1937,
in *Œuvres complètes*, t. XIII, éd. Nouvelle Cité, 2015.

Calendrier liturgique

Di 18 **4e dimanche de l'Avent A.**
Liturgie des Heures : Psautier semaine IV.

Me 21 *S. Pierre Canisius, prêtre jésuite, docteur de l'Église, † 1597 à Fribourg (Suisse) (En Suisse, 27 avril).*

Ve 23 *S. Jean de Kenty, prêtre, † 1473 à Cracovie (Pologne).*

Bonne fête ! 18 : Gratien. 19 : Urbain. 20 : Abraham, Isaac, Jacob. 21 : Théophile, Zéphirin. 22 : Xavière. 23 : Armand. 24 : Adèle, Eugénie.

Pour mémoire : Il y a 800 ans, le 22 décembre 1216, le pape Honorius III approuvait l'Ordre des frères Prêcheurs. Celui-ci avait été fondé en 1215 à Toulouse par le castillan Dominique de Guzman, afin de prêcher l'Évangile et de diffuser un enseignement nourri de contemplation. Les frères s'appuyaient sur la prière des moniales du monastère de Prouilhe (près de Fanjeaux dans l'Aude), créé dix ans plus tôt. L'Ordre se développa rapidement. En quelques décennies, plusieurs centaines de couvents dominicains fleurissent à travers l'Europe et, depuis huit siècles, frères, sœurs et laïcs dominicains s'attachent à remplir leur mission : *Louer, bénir et prêcher.*

Il y a 100 ans, le 18 décembre 1916, prenait fin la bataille de Verdun. Elle fit près de 700 000 morts (360 000 soldats français et 335 000 allemands), soit une moyenne de 70 000 victimes pour chacun des dix mois de la bataille.

Pour prier avec l'Évangile : Seigneur notre Dieu, ton alliance a pris corps en Marie de Nazareth, et ton Esprit a réalisé ta promesse. Donne aujourd'hui à ton Église de dire au milieu des hommes le nom de l'enfant qui vient : Emmanuel, Dieu avec nous.

LE TEMPS DE NOËL

Avec Pâques, Noël est la plus grande fête chrétienne de l'année. Mieux que Pâques, elle « résiste » dans notre société sécularisée. Non sans ambiguïté, certes. L'hyperconsommation, la course aux cadeaux et le Père Noël bedonnant, mis à toutes les sauces, n'ont plus grand-chose à voir avec l'enfant de Bethléem, né pauvre parmi les pauvres. Et pourtant... Un certain esprit d'enfance – l'émerveillement devant les crèches et les illuminations –, un désir de paix et un élan de solidarité demeurent obstinément associés à cette fête, ce qui n'est certes pas étranger à la Bonne Nouvelle. De plus, il faut se garder de toute idéalisation. Le monde dans lequel Jésus est né, il y a deux mille ans, n'était pas meilleur que le nôtre. Si la célébration de la Nativité ouvre naturellement à la joie, la liturgie du temps de Noël nous invite à ne pas en rester à un attendrissement superficiel.

Dussions-nous en éprouver un malaise, la croix est plantée près de la crèche. Dès le 26 décembre, nous faisons mémoire de saint Étienne, le premier martyr. Le 28, les saints Innocents font cortège au futur crucifié. La Sainte Famille (fêtée cette année le 30 décembre) connaît l'épreuve de l'exil. L'Épiphanie rappelle que Jésus a reçu des mages la myrrhe, onguent utilisé lors des rites funéraires. Comme le dit l'évangile de Jean : « Il est venu chez lui, et les siens ne l'ont pas reçu. Mais à tous ceux qui l'ont reçu, il a donné de pouvoir devenir enfants de Dieu, eux qui croient en son nom » (Jn 1, 11-12). Le temps de Noël, qui s'étend de la Nativité à la fête du Baptême du Seigneur (9 janvier), nous invite à accueillir la manifestation du Christ dans notre monde comme un merveilleux signe de joie et d'espérance, et un appel à entrer davantage dans ce salut qui nous est révélé. « Oui, un enfant nous est né, un fils nous est donné ! » (Is 9, 5)

Nativité du Seigneur 25 décembre 2016

LA JOIE DU SALUT QUI VIENT JUSQU'A NOUS

La joie irrigue toute la liturgie de cette fête. « Éclatez en cris de joie, car le Seigneur console son peuple ! » (*première lecture* de la messe du jour). Cette joie n'est pas liée à une circonstance extérieure ou à une situation favorable, mais à la présence indéfectible et éternelle du Seigneur auprès des siens. Ils sont finis les jours de détresse, de désespoir et de sentiment d'abandon. Le prophète Isaïe annonce à Jérusalem, meurtrie et malheureuse : « Toi, on t'appellera "La-Désirée", "La-Ville-qui-n'est-plus-délaissée" » (*première lecture* de la messe de l'aurore). Le Seigneur lui-même vient à la rencontre de son peuple et se donne à lui pour toujours. « Sans fin je lui garderai mon amour, mon alliance avec lui sera fidèle » (*psaume* de la messe de la veille). Le péché n'a déjà plus le pouvoir de rompre ce lien, car la miséricorde divine est la plus forte.

Le Seigneur ne vient pas en triomphateur, en conquérant. À Bethléem, c'est un petit enfant qui paraît dans la nuit et en dissipe les ténèbres, signe à la fois fragile et porteur d'une immense espérance : « Aujourd'hui, vous est né un Sauveur qui est le Christ, le Seigneur » (*évangile* de la messe de la nuit). L'événement est si décisif qu'il inaugure les temps nouveaux, l'accomplissement de l'histoire sainte, et dépasse les frontières d'Israël. La lumière qui brille sur Bethléem a vocation à illuminer toute la terre. C'est à l'ensemble de la famille humaine qu'est destinée cette Bonne Nouvelle : « La grâce de Dieu s'est manifestée pour le salut de tous les hommes » (*deuxième lecture* de la messe de la nuit). Personne n'est oublié, personne n'est exclu. C'est pourquoi tous les peuples sont appelés à unir leurs voix dans la louange, la fête et la joie. Laissons libre cours à notre allégresse, puisque nous célébrons l'union du ciel et de la terre. « Acclamez le Seigneur, terre entière, sonnez, chantez, jouez ! » (*psaume* de la messe du jour).

Suggestions pour la célébration

• **CHANTER** • Les chants proposés pour Noël pourront être repris jusqu'à l'Épiphanie, en respectant le caractère propre de chaque célébration. Il conviendra aussi d'équilibrer le répertoire retenu entre des cantiques populaires bien connus et quelques chants plus récents.

Si une veillée précède la messe de la nuit, les chants suivants pourront faire le lien entre ces deux parties : ***Entendez-vous cette rumeur ?*** **35-23**, ***Annonce de Noël*** **F 11-53-3**, ***La voici, la nuit de Dieu*** **F 256 CNA 398**, ***Douce nuit*** **F 13.**

Pour la procession d'ouverture : ***Il est né, le divin enfant*** **F 56 CNA 397**, ***La lumière née de la lumière*** **FX 20-81-1 CNA 384**, ***Peuple fidèle*** **F 5 CNA 402**, ***À pleine voix, chantons pour Dieu*** **F 180.**

On retiendra un ordinaire de la messe propre au temps de Noël, par exemple, pour la préparation pénitentielle, ***Jésus, Emmanuel*** **CNA 382**, ***Toi qui étais au commencement*** **FY 48-22 CNA 383.** Le « Saint le Seigneur » et « l'Agneau de Dieu » auront un caractère festif, tout comme le « Gloire à Dieu », dont on respectera le texte donné par la liturgie.

Pendant la communion : ***Le Verbe s'est fait chair*** **F 155.**

Après la communion : ***Aujourd'hui, dans notre monde*** **F 47 CNA 801**, ***Dans une humble crèche*** **F 49-89**, ***Les anges dans nos campagnes*** **F 9 CNA 399**, ***L'enfant de la promesse*** **F 37-72**, ***Aujourd'hui, le roi des cieux*** **F 2 CNA 393**, ou l'un des nombreux noëls populaires.

À la fin des célébrations du temps de Noël, on peut chanter la ***Bénédiction solennelle*** proposée dans le **CNA 360-1.**

Pour conclure la célébration, on peut reprendre un noël populaire bien connu, qui permet à l'assemblée de sortir en chantant !

• **PRIER** • **POUR LA PRÉPARATION PÉNITENTIELLE**

Seigneur Jésus, tu combles l'espérance de ton peuple,
béni sois-tu et prends pitié de nous.
Ô Christ, tu es le don merveilleux de l'amour du Père,
béni sois-tu et prends pitié de nous.
Seigneur, tu es la lumière des peuples et la joie de l'univers,
béni sois-tu et prends pitié de nous.

Pour la prière universelle

Nous pouvons prier :
- pour tous les fidèles, répandus par le monde, qui se rassemblent en ce jour : que le Seigneur bénisse son Église et la comble de joie ;
- pour les chrétiens menacés ou persécutés, qui ne peuvent se réunir pour célébrer cette fête de Noël : que le Seigneur lui-même les visite et les fortifie, qu'il prodigue la paix et la justice ;
- pour les personnes qui ne connaissent pas la joie de Noël à cause de la pauvreté, de la solitude ou de la maladie : que le Seigneur leur accorde la grâce d'une rencontre fraternelle ;
- pour les couples, les familles et les communautés qui ont besoin d'accueillir la réconciliation et le pardon : que le Seigneur guérisse les cœurs blessés et suscite des artisans de paix.

• CÉLÉBRER • La liturgie de la Nativité est très riche puisqu'elle propose quatre célébrations, pour la veille, la nuit, l'aurore et le jour de Noël. Dans la pratique, de nombreuses paroisses choisissent les textes de la nuit, puis du jour. Même si la joie est naturellement la tonalité dominante et commune, on veillera à conserver à chaque messe sa nuance propre selon l'heure à laquelle elle est célébrée.

La célébration de Noël attire bien au-delà du cercle habituel des pratiquants réguliers. Il est important que chacun se sente accueilli. Le répertoire traditionnel de Noël permet à toutes les générations de participer. Une attention particulière sera réservée aux enfants pour qu'ils puissent bien profiter de la célébration, ce qui contribuera à une atmosphère à la fois joyeuse et recueillie.

Messe de la veille au soir

Prière d'ouverture

Chaque année, Seigneur, tu ravives en nous la joyeuse espérance du salut ; nous accueillons dans l'allégresse ton Fils unique qui vient nous racheter : quand il viendra nous juger, accorde-nous de le regarder sans crainte. Lui qui règne.

1re LECTURE *« Tu seras la joie de ton Dieu »*

Lecture du livre du prophète Isaïe 62,1-5

Pour la cause de Sion, je ne me tairai pas, et pour Jérusalem, je n'aurai de cesse que sa justice ne paraisse dans la clarté, et son salut comme une torche qui brûle. Et les nations verront ta justice; tous les rois verront ta gloire. On te nommera d'un nom nouveau que la bouche du Seigneur dictera. Tu seras une couronne brillante dans la main du Seigneur, un diadème royal entre les doigts de ton Dieu. On ne te dira plus: « Délaissée! » À ton pays, nul ne dira: « Désolation! » Toi, tu seras appelée « Ma Préférence », cette terre se nommera « L'Épousée ». Car le Seigneur t'a préférée, et cette terre deviendra « L'Épousée ». Comme un jeune homme épouse une vierge, ton Bâtisseur t'épousera. Comme la jeune mariée fait la joie de son mari, tu seras la joie de ton Dieu.

PSAUME 88

R/ **L'amour du Seigneur, sans fin je le chante.**

« Avec mon élu, j'ai fait une alliance,
j'ai juré à David, mon serviteur:
J'établirai ta dynastie pour toujours,
je te bâtis un trône pour la suite des âges. »

Heureux le peuple qui connaît l'ovation
Seigneur, il marche à la lumière de ta face;
tout le jour, à ton nom il danse de joie,
fier de ton juste pouvoir.

« Il me dira: Tu es mon Père,
mon Dieu, mon roc et mon salut
Sans fin je lui garderai mon amour,
mon alliance avec lui sera fidèle. »

2e LECTURE — *Le témoignage de Paul au sujet du Christ, fils de David*

Lecture du livre des Actes des Apôtres — 13, 16-17.22-25

Invité à prendre la parole dans la synagogue d'Antioche de Pisidie, Paul se leva, fit un signe de la main et dit : « Israélites, et vous aussi qui craignez Dieu, écoutez : Le Dieu de ce peuple, le Dieu d'Israël a choisi nos pères ; il a fait grandir son peuple pendant le séjour en Égypte et il l'en a fait sortir à bras étendu. Plus tard, Dieu a, pour eux, suscité David comme roi, et il lui a rendu ce témoignage : *J'ai trouvé David, fils de Jessé ; c'est un homme selon mon cœur qui réalisera toutes mes volontés.* De la descendance de David, Dieu, selon la promesse, a fait sortir un sauveur pour Israël : c'est Jésus, dont Jean le Baptiste a préparé l'avènement, en proclamant avant lui un baptême de conversion pour tout le peuple d'Israël. Au moment d'achever sa course, Jean disait : "Ce que vous pensez que je suis, je ne le suis pas. Mais le voici qui vient après moi, et je ne suis pas digne de retirer les sandales de ses pieds." »

Alléluia. Alléluia. Demain sera détruit le péché de la terre, et sur nous régnera le Sauveur du monde. **Alléluia.**

ÉVANGILE — *« Généalogie de Jésus Christ, fils de David »*

Évangile de Jésus Christ selon saint Matthieu — 1, 1-25
(lecture brève : 1, 18-25)

La lecture du texte entre crochets est facultative.

[**Généalogie de Jésus Christ,** fils de David, fils d'Abraham.
Abraham engendra Isaac, Isaac engendra Jacob, Jacob engendra Juda et ses frères, Juda, de son union avec Thamar, engendra Pharès et Zara, Pharès engendra Esrom, Esrom engendra Aram, Aram engendra Aminadab, Aminadab engendra Naassone, Naassone engendra Salmone, Salmone, de son union avec Rahab, engendra Booz, Booz, de son union avec Ruth, engendra Jobed, Jobed engendra Jessé, Jessé engendra le roi David.

David, de son union avec la femme d'Ourias, engendra Salomon, Salomon engendra Roboam, Roboam engendra Abia, Abia engendra Asa, Asa engendra Josaphat, Josaphat engendra Joram, Joram engendra Ozias, Ozias engendra Joatham, Joatham engendra Acaz, Acaz engendra Ézékias, Ézékias engendra Manassé, Manassé engendra Amone, Amone engendra Josias, Josias engendra Jékonias et ses frères à l'époque de l'exil à Babylone.

Après l'exil à Babylone, Jékonias engendra Salathiel, Salathiel engendra Zorobabel, Zorobabel engendra Abioud, Abioud engendra Éliakim, Éliakim engendra Azor, Azor engendra Sadok, Sadok engendra Akim, Akim engendra Élioud, Élioud engendra Éléazar, Éléazar engendra Mattane, Mattane engendra Jacob, Jacob engendra Joseph, l'époux de Marie, de laquelle fut engendré Jésus, que l'on appelle Christ. Le nombre total des générations est donc : depuis Abraham jusqu'à David, quatorze générations ; depuis David jusqu'à l'exil à Babylone, quatorze générations ; depuis l'exil à Babylone jusqu'au Christ, quatorze générations.]

Voici comment fut engendré Jésus Christ : Marie, sa mère, avait été accordée en mariage à Joseph ; avant qu'ils aient habité ensemble, elle fut enceinte par l'action de l'Esprit Saint. Joseph, son époux, qui était un homme juste, et ne voulait pas la dénoncer publiquement, décida de la renvoyer en secret. Comme il avait formé ce projet, voici que l'ange du Seigneur lui apparut en songe et lui dit : « Joseph, fils de David, ne crains pas de prendre chez toi Marie, ton épouse, puisque l'enfant qui est engendré en elle vient de l'Esprit Saint ; elle enfantera un fils, et tu lui donneras le nom de Jésus (c'est-à-dire : Le-Seigneur-sauve), car c'est lui qui sauvera son peuple de ses péchés. »

Tout cela est arrivé pour que soit accomplie la parole du Seigneur prononcée par le prophète : *Voici que la Vierge concevra, et elle enfantera un fils ; on lui donnera le nom d'Emmanuel*, qui se traduit : « Dieu-avec-nous ». Quand Joseph se réveilla, il fit ce que l'ange du Seigneur lui avait prescrit : il prit chez lui son épouse, mais il ne s'unit pas à elle, jusqu'à ce qu'elle enfante un fils, auquel il donna le nom de Jésus.

Prière sur les offrandes

Donne-nous, Seigneur, de célébrer déjà la fête de Noël avec une ferveur d'autant plus grande que tu nous fais voir dans ce mystère le commencement de notre salut. Par Jésus.

Préface de Noël au choix, p. 23-24.

Prière après la communion

Fais-nous reprendre vie, Seigneur, alors que nous rappelons la naissance de ton Fils et que déjà tu apaises notre soif et notre faim à la table de ton Royaume. Par Jésus.

Messe de la nuit de Noël

Prière d'ouverture

Seigneur, tu as fait resplendir cette nuit très sainte des clartés de la vraie lumière : de grâce, accorde-nous qu'illuminés dès ici-bas par la révélation de ce mystère, nous goûtions dans le ciel la plénitude de sa joie. Par Jésus Christ.

1re lecture — *« Un enfant nous est né »*

Lecture du livre du prophète Isaïe — 9, 1-6

Le peuple qui marchait dans les ténèbres a vu se lever une grande lumière ; et sur les habitants du pays de l'ombre, une lumière a resplendi. Tu as prodigué la joie, tu as fait grandir l'allégresse : ils se réjouissent devant toi, comme on se réjouit de la moisson, comme on exulte au partage du butin. Car le joug qui pesait sur lui, la barre qui meurtrissait son épaule, le bâton du tyran, tu les as brisés comme au jour de Madiane. Et les bottes qui frappaient le sol, et les manteaux couverts de sang, les voilà tous brûlés : le feu les a dévorés.

Oui, un enfant nous est né, un fils nous a été donné ! Sur son épaule est le signe du pouvoir ; son nom est proclamé : « Conseillermerveilleux, Dieu-Fort, Père-à-jamais, Prince-de-la-Paix. » Et le pouvoir s'étendra, et la paix sera sans fin pour le trône de David et pour son règne qu'il établira, qu'il affermira sur le droit et la justice dès maintenant et pour toujours. Il fera cela, l'amour jaloux du Seigneur de l'univers !

PSAUME 95

R/ Aujourd'hui, un Sauveur nous est né :
c'est le Christ, le Seigneur.

Chantez au Seigneur un chant nouveau,
chantez au Seigneur, terre entière,
chantez au Seigneur et bénissez son nom !

De jour en jour, proclamez son salut,
racontez à tous les peuples sa gloire,
à toutes les nations ses merveilles !

Joie au ciel ! Exulte la terre !
Les masses de la mer mugissent,
la campagne tout entière est en fête.

Les arbres des forêts dansent de joie
devant la face du Seigneur, car il vient,
car il vient pour juger la terre.

Il jugera le monde avec justice
et les peuples selon sa vérité.

2e LECTURE

« La grâce de Dieu s'est manifestée pour tous les hommes »

Lecture de la lettre de saint Paul apôtre à Tite — 2, 11-14

Bien-aimé, la grâce de Dieu s'est manifestée pour le salut de tous les hommes. Elle nous apprend à renoncer à l'impiété et aux convoitises de ce monde, et à vivre dans le temps présent de manière raisonnable, avec justice et piété, attendant que se réalise la bienheureuse espérance : la manifestation de la gloire de notre grand Dieu et Sauveur, Jésus Christ. Car il s'est donné pour nous afin de nous racheter de toutes nos fautes, et de nous purifier pour faire de nous son peuple, un peuple ardent à faire le bien.

Alléluia. Alléluia. Je vous annonce une grande joie : Aujourd'hui vous est né un Sauveur qui est le Christ, le Seigneur ! **Alléluia.**

ÉVANGILE *« Aujourd'hui vous est né un Sauveur »*

Évangile de Jésus Christ selon saint Luc 2, 1-14

En ces jours-là, parut un édit de l'empereur Auguste, ordonnant de recenser toute la terre – ce premier recensement eut lieu lorsque Quirinius était gouverneur de Syrie. Et tous allaient se faire recenser, chacun dans sa ville d'origine. Joseph, lui aussi, monta de Galilée, depuis la ville de Nazareth, vers la Judée, jusqu'à la ville de David appelée Bethléem. Il était en effet de la maison et de la lignée de David. Il venait se faire recenser avec Marie, qui lui avait été accordée en mariage et qui était enceinte. Or, pendant qu'ils étaient là, le temps où elle devait enfanter fut accompli. Et elle mit au monde son fils premier-né ; elle l'emmaillota et le coucha dans une mangeoire, car il n'y avait pas de place pour eux dans la salle commune.

Dans la même région, il y avait des bergers qui vivaient dehors et passaient la nuit dans les champs pour garder leurs troupeaux. L'ange du Seigneur se présenta devant eux, et la gloire du Seigneur les enveloppa de sa lumière. Ils furent saisis d'une grande crainte. Alors l'ange leur dit : « Ne craignez pas, car voici que je vous annonce une bonne nouvelle, qui sera une grande joie pour tout le peuple : Aujourd'hui, dans la ville de David, vous est né un Sauveur qui est le Christ, le Seigneur. Et voici le signe qui vous est donné : vous trouverez un nouveau-né emmailloté et couché dans une mangeoire. » Et soudain, il y eut avec l'ange une troupe céleste innombrable, qui louait Dieu en disant : « Gloire à Dieu au plus haut des cieux, et paix sur la terre aux hommes, qu'Il aime. »

Prière sur les offrandes

Accepte, Seigneur, notre sacrifice en cette nuit de Noël ; et dans un prodigieux échange, nous deviendrons semblables à ton Fils en qui notre nature est unie à la tienne. Lui qui règne.

Préface de Noël, au choix, p. 23-24.

Dans les prières eucharistiques, il y a des textes propres à la fête de Noël.

Prière après la communion

Joyeux de célébrer dans ces mystères la naissance de notre Rédempteur, nous t'en prions, Seigneur notre Dieu : donne-nous de parvenir, après une vie toujours plus fidèle, jusqu'à la communion glorieuse avec ton Fils bien-aimé. Lui qui règne.

Messe de l'aurore

Prière d'ouverture

Dieu tout-puissant, en ton Verbe fait chair une lumière nouvelle nous envahit : puisqu'elle éclaire déjà nos cœurs par la foi, fais qu'elle resplendisse dans toute notre vie. Par Jésus Christ.

1re lecture — *« Voici ton Sauveur qui vient »*

Lecture du livre du prophète Isaïe — 62, 11-12

Voici que le Seigneur se fait entendre jusqu'aux extrémités de la terre : Dites à la fille de Sion : Voici ton Sauveur qui vient ; avec lui, le fruit de son travail, et devant lui, son ouvrage. Eux seront appelés « Peuple-saint », « Rachetés-par-le-Seigneur », et toi, on t'appellera « La-Désirée », « La-Ville-qui-n'est-plus-délaissée ».

Psaume 96

R/ **La lumière aujourd'hui a resplendi sur nous :
un Sauveur nous est né !**

Le Seigneur est roi ! Exulte la terre !
Joie pour les îles sans nombre !
Les cieux ont proclamé sa justice,
et tous les peuples ont vu sa gloire.

Une lumière est semée pour le juste,
et pour le cœur simple, une joie.
Que le Seigneur soit votre joie, hommes justes ;
rendez grâce en rappelant son nom très saint.

2e lecture

« Dieu nous a sauvés par sa miséricorde »

Lecture de la lettre de saint Paul apôtre à Tite 3, 4-7

Bien-aimé, lorsque Dieu, notre Sauveur, a manifesté sa bonté et son amour pour les hommes, il nous a sauvés, non pas à cause de la justice de nos propres actes, mais par sa miséricorde. Par le bain du baptême, il nous a fait renaître et nous a renouvelés dans l'Esprit Saint. Cet Esprit, Dieu l'a répandu sur nous en abondance, par Jésus Christ notre Sauveur, afin que, rendus justes par sa grâce, nous devenions en espérance héritiers de la vie éternelle.

Alléluia. Alléluia. Gloire à Dieu au plus haut des cieux, et paix sur la terre aux hommes, qu'Il aime ! **Alléluia.**

Évangile

« Les bergers découvrirent Marie et Joseph, avec le nouveau-né »

Évangile de Jésus Christ selon saint Luc 2, 15-20

Lorsque les anges eurent quitté les bergers pour le ciel, ceux-ci se disaient entre eux : « Allons jusqu'à Bethléem pour voir ce qui est arrivé, l'événement que le Seigneur nous a fait connaître. » Ils se hâtèrent d'y aller, et ils découvrirent Marie et Joseph, avec le nouveau-né couché dans la mangeoire. Après avoir vu, ils racontèrent ce qui leur avait été annoncé au sujet de cet enfant. Et tous ceux qui entendirent s'étonnaient de ce que leur racontaient les bergers. Marie, cependant, retenait tous ces événements et les méditait dans son cœur. Les bergers repartirent ; ils glorifiaient et louaient Dieu pour tout ce qu'ils avaient entendu et vu, selon ce qui leur avait été annoncé.

Prière sur les offrandes

Puissent nos offrandes, Seigneur, s'accorder pleinement au mystère de nativité que nous célébrons en ce jour : un homme, un petit enfant, s'est manifesté comme Dieu ; fais maintenant que ces fruits de la terre nous communiquent tes dons divins. Par Jésus.

Préface de Noël, au choix, p. 23-24

Prière après la communion

Seigneur, nous célébrons de tout notre cœur la naissance de ton Fils ; accorde-nous la grâce d'approfondir notre foi en ce mystère et d'y trouver la force d'un meilleur amour. Par Jésus.

Messe du jour de Noël

Prière d'ouverture

Père, toi qui as merveilleusement créé l'homme et plus merveilleusement encore rétabli sa dignité, fais-nous participer à la divinité de ton Fils, puisqu'il a voulu prendre notre humanité. Lui qui règne.

1re LECTURE

« Tous les lointains de la terre ont vu le salut de notre Dieu »

Lecture du livre du prophète Isaïe — 52, 7-10

Comme ils sont beaux sur les montagnes, les pas du messager, celui qui annonce la paix, qui porte la bonne nouvelle, qui annonce le salut, et vient dire à Sion : « Il règne, ton Dieu ! » Écoutez la voix des guetteurs : ils élèvent la voix, tous ensemble ils crient de joie car, de leurs propres yeux, ils voient le Seigneur qui revient à Sion. Éclatez en cris de joie, vous, ruines de Jérusalem, car le Seigneur console son peuple, il rachète Jérusalem ! Le Seigneur a montré la sainteté de son bras aux yeux de toutes les nations. Tous les lointains de la terre ont vu le salut de notre Dieu.

PSAUME 97

R/ **La terre tout entière a vu**
le salut que Dieu nous donne.

Chantez au Seigneur un chant nouveau,
car il a fait des merveilles ;
par son bras très saint, par sa main puissante,
il s'est assuré la victoire.

Le Seigneur a fait connaître sa victoire
et révélé sa justice aux nations ;
il s'est rappelé sa fidélité, son amour,
en faveur de la maison d'Israël.

La terre tout entière a vu
la victoire de notre Dieu.
Acclamez le Seigneur, terre entière,
sonnez, chantez, jouez !

Jouez pour le Seigneur sur la cithare,
sur la cithare et tous les instruments ;
au son de la trompette et du cor,
acclamez votre roi, le Seigneur !

2e LECTURE *« Dieu nous a parlé par son Fils »*

Lecture de la lettre aux Hébreux 1, 1-6

À **bien des reprises** et de bien des manières, Dieu, dans le passé, a parlé à nos pères par les prophètes ; mais à la fin, en ces jours où nous sommes, il nous a parlé par son Fils qu'il a établi héritier de toutes choses et par qui il a créé les mondes. Rayonnement de la gloire de Dieu, expression parfaite de son être, le Fils, qui porte l'univers par sa parole puissante, après avoir accompli la purification des péchés, s'est assis à la droite de la Majesté divine dans les hauteurs des cieux ; et il est devenu bien supérieur aux anges, dans la mesure même où il a reçu en héritage un nom si différent du leur. En effet, Dieu déclara-t-il jamais à un ange :*Tu es mon Fils, moi, aujourd'hui, je t'ai engendré ?* Ou bien encore : *Moi, je serai pour lui un père, et lui sera pour moi un fils ?* À l'inverse, au moment d'introduire le Premier-né dans le monde à venir, il dit : *Que se prosternent devant lui tous les anges de Dieu.*

Alléluia. Alléluia. Aujourd'hui la lumière a brillé sur la terre. Peuples de l'univers, entrez dans la clarté de Dieu ; venez tous adorer le Seigneur. **Alléluia.**

ÉVANGILE *« Le Verbe s'est fait chair, il a habité parmi nous »*

Évangile de Jésus Christ selon saint Jean 1, 1-18

Les textes entre crochets sont facultatifs.

A**u commencement** était le Verbe,
et le Verbe était auprès de Dieu,
et le Verbe était Dieu.
Il était au commencement auprès de Dieu.
C'est par lui que tout est venu à l'existence,
et rien de ce qui s'est fait ne s'est fait sans lui.
En lui était la vie,
et la vie était la lumière des hommes ;
la lumière brille dans les ténèbres,
et les ténèbres ne l'ont pas arrêtée.

[Il y eut un homme envoyé par Dieu ; son nom était Jean. Il est venu comme témoin, pour rendre témoignage à la Lumière, afin que tous croient par lui. Cet homme n'était pas la Lumière, mais il était là pour rendre témoignage à la Lumière.]

Le Verbe était la vraie Lumière, qui éclaire tout homme en venant dans le monde. Il était dans le monde, et le monde était venu par lui à l'existence, mais le monde ne l'a pas reconnu. Il est venu chez lui, et les siens ne l'ont pas reçu. Mais à tous ceux qui l'ont reçu, il a donné de pouvoir devenir enfants de Dieu, eux qui croient en son nom. Ils ne sont pas nés du sang, ni d'une volonté charnelle, ni d'une volonté d'homme : ils sont nés de Dieu. Et le Verbe s'est fait chair, il a habité parmi nous, et nous avons vu sa gloire, la gloire qu'il tient de son Père comme Fils unique, plein de grâce et de vérité.

[Jean le Baptiste lui rend témoignage en proclamant : « C'est de lui que j'ai dit : Celui qui vient derrière moi est passé devant moi, car avant moi il était. » Tous, nous avons eu part à sa plénitude, nous avons reçu grâce après grâce ; car la Loi fut donnée par Moïse, la grâce et la vérité sont venues par Jésus Christ.

Dieu, personne ne l'a jamais vu ; le Fils unique, lui qui est Dieu, lui qui est dans le sein du Père, c'est lui qui l'a fait connaître.]

Prière sur les offrandes

Accepte, Seigneur, l'offrande que nous te présentons en ce jour de fête : car elle est le sacrifice qui nous rétablit dans ton Alliance et fait monter vers toi la parfaite louange. Par Jésus.

Préface de Noël, au choix, p. 23-24.

Dans les prières eucharistiques, il y a des textes propres.

Prière après la communion

Nous t'en prions, Dieu notre Père, puisque le Sauveur du monde, en naissant aujourd'hui, nous a fait naître à la vie divine, qu'il nous donne aussi l'immortalité. Lui qui règne.

La merveille de Dieu fait homme

« Le ventre d'une femme a porté celui que les cieux ne peuvent contenir. Marie mène celui qui est notre Seigneur ; elle porte celui en qui tous, nous sommes ; elle allaite celui qui est notre pain. La faiblesse, voilà ce qui saute aux yeux, et l'humilité nous étonne : mais là se cache la divinité ! »

Saint Augustin, *Sermon 184 pour le 1er janvier.*

Calendrier liturgique

Di 25	**NATIVITÉ DU SEIGNEUR,** solennité. *Liturgie des Heures : Psautier semaine I.*
Lu 26	S. ÉTIENNE, premier martyr. Lectures propres : Ac 6,8-10 ; 7,54-60 ; Mt 10,17-22.
Ma 27	S. JEAN, Apôtre et évangéliste. Lectures propres : 1 Jn 1,1-4 ; Jn 20,2-8 ou Jn 21,20-24.
Me 28	LES SAINTS INNOCENTS, martyrs. Lectures propres : 1 Jn 1,5–2,2 ; Mt 2,13-18.
Je 29	*S. Thomas Becket, évêque de Cantorbéry, martyr, † 1170.*
Ve 30	LA SAINTE FAMILLE, p. 114.
Sa 31	*S. Sylvestre Ier, pape, † 335, à Rome.*

Bonne fête ! 25 : Noël, Emmanuel, Nelly. 26 : Étienne, Stéphane, Stéphanie, Fanny. 27 : Jean, Yvan, Fabiola. 28 : Innocent, Gaspard. 29 : David. 30 : Roger. 31 : Sylvestre, Colombe.

Pour prier avec l'Évangile : Heureux sommes-nous, Dieu fidèle : cette nuit, nous partageons la joie du ciel et de la terre en reconnaissant dans les bras de Marie le Sauveur promis depuis les siècles. Nous t'en prions : qu'il trouve dans notre vie un accueil émerveillé, et nous saurons aussi le reconnaître en tout homme.

La Sainte Famille

30 décembre 2016

AU SEIN D'UNE FAMILLE

Jésus est né au sein d'une famille de condition tout à fait ordinaire : un père, une mère, une bourgade banale, un niveau de vie modeste. Le Fils de Dieu n'a pas désiré l'enfance d'un prince ou d'un riche notable ! Menacé dans sa vie dès le berceau par la jalousie du roi Hérode, il ne peut compter que sur la vigilance de ses parents *(évangile)*. Mais le trésor de la Sainte Famille, c'est l'amour, c'est l'unité profonde, c'est l'écoute humble et persévérante de la parole de Dieu. Le peuple d'Israël a toujours eu la conviction que le Créateur bénit les familles, lieux de la transmission de la vie et de la foi *(première lecture et psaume)*.

Loin de toute idéalisation, l'Église propose aux familles d'aujourd'hui, confrontées à de nouveaux défis, de puiser à la même source afin d'expérimenter la force de l'amour et de témoigner de l'espérance qui va de pair avec l'accueil de la vie.

CHANTER Le répertoire de Noël convient bien, en particulier pour la procession d'entrée ***Il est né le divin enfant*** **F 56 CNA 397**, ***Peuple fidèle*** **F 5 CNA 402**. Après la communion : ***Dans une humble crèche*** **F 49-89**, ***L'Enfant de la promesse*** **F 37-72**. On pourra terminer la célébration par un chant à la Vierge.

PRIÈRE D'OUVERTURE Tu as voulu, Seigneur, que la Sainte Famille nous soit donnée en exemple ; accorde-nous la grâce de pratiquer, comme elle, les vertus familiales et d'être unis par les liens de ton amour, avant de nous retrouver pour l'éternité dans la joie de ta maison. Par Jésus Christ.

LECTURES

Si 3, 2-6.12-14 :	Celui qui craint le Seigneur honore ses parents
Psaume 127 :	Heureux qui craint le Seigneur et marche selon ses voies !
Col 3, 12-21 :	Vivre ensemble dans le Seigneur
Mt 2, 13-15.19-23 :	« Prends l'enfant et sa mère, et fuis en Égypte »

1re Lecture

Celui qui craint le Seigneur honore ses parents

Lecture du livre de Ben Sira le Sage 3, 2-6.12-14

Le Seigneur glorifie le père dans ses enfants, il renforce l'autorité de la mère sur ses fils. Celui qui honore son père obtient le pardon de ses péchés, celui qui glorifie sa mère est comme celui qui amasse un trésor. Celui qui honore son père aura de la joie dans ses enfants, au jour de sa prière il sera exaucé. Celui qui glorifie son père verra de longs jours, celui qui obéit au Seigneur donne du réconfort à sa mère.

Mon fils, soutiens ton père dans sa vieillesse, ne le chagrine pas pendant sa vie. Même si son esprit l'abandonne, sois indulgent, ne le méprise pas, toi qui es en pleine force. Car ta miséricorde envers ton père ne sera pas oubliée, et elle relèvera ta maison si elle est ruinée par le péché.

Prière sur les offrandes

En t'offrant, Seigneur, le sacrifice qui nous réconcilie avec toi, nous te supplions humblement : à la prière de la Vierge Marie, Mère de Dieu, et à la prière de saint Joseph, affermis nos familles dans ta grâce et la paix. Par Jésus.

Préface de Noël, au choix, p. 23-24.

Dans les prières eucharistiques, on prend les textes propres à la fête de Noël.

Prière après la communion

Toi qui nous as fortifiés par cette communion, accorde à nos familles, Père très aimant, la grâce d'imiter la famille de ton Fils, et de goûter avec elle, après les difficultés de cette vie, le bonheur sans fin. Par Jésus.

DES SACREMENTS POUR LA VIE DE FAMILLE

Virgil, 15 ans, vient d'être confirmé. Sur le parvis de l'église, ses parents et ses frères saluent des proches, quand soudain son père lui dit : « C'est revigorant de venir à une messe tous ensemble. On devrait le faire plus souvent. » Nulle ironie dans son propos, mais la simple prise de conscience qu'inscrire la vie liturgique dans la vie familiale peut être bénéfique. Des esprits chagrins trouveront que ce propos met en évidence une pratique dominicale trop espacée ou encore une attitude jugée consommatrice. C'est probablement qu'ils ne relient pas assez les différents tronçons de vie sacramentelle que vivent un bon nombre de familles, quel que soit leur style et leur composition. Pour beaucoup de parents, le baptême de leur enfant reste un temps où ils ont pu ajuster la joie de la naissance au projet bienveillant de Dieu pour leur famille. C'est là aussi qu'ils ont rencontré d'autres chrétiens et expérimenté un tant soit peu la sollicitude de l'Église, signe et sacrement de salut (*Lumen Gentium* 1 et 48). Certains parmi ces parents ont eu la chance de vivre une préparation au mariage élaborée : pendant presque une année, ils ont échangé avec d'autres couples, rencontré un prêtre, et se sont approchés du Christ en apprenant à ouvrir la Bible et à prier. D'autres ont renoué avec le sacrement de pénitence et de réconciliation et, parmi les personnes qui préparent leur mariage, il n'est pas rare que surgisse une demande de baptême ou de confirmation.

Les sacrements de l'Église balisent notre vie. On est loin alors du : « J'ai tout eu ! » Il s'agit davantage de l'ouverture librement consentie à un don qu'une personne perçoit comme bienfaisant et nécessaire pour vivre. Dans le projet de vie familiale, cette vie sacramentelle a toute sa place, elle en est même le fondement. Quand des parents et des enfants célèbrent ensemble un sacrement, et au plus haut point l'eucharistie dominicale, ils se signifient les uns aux autres que leur origine commune a un nom et un visage : le Seigneur Jésus, et qu'en lui, tout est grâce.

S.G.

Sainte Marie, Mère de Dieu

1er janvier 2017

FILS DE DIEU, NÉ D'UNE FEMME

L'intitulé de la fête a de quoi surprendre. Dieu aurait-il une mère ? Aurait-il, de ce fait, une origine ? En réalité, lorsque le concile d'Éphèse impose la formule « Marie, Mère de Dieu », il vise à dire quelque chose du Christ à l'ensemble des communautés chrétiennes : l'enfant que Marie met au monde est Dieu, Fils de Dieu. Sa nature humaine et sa nature divine ne sont pas juxtaposées ; elles sont unies. Les paroles et les actes de l'homme Jésus sont divins. « Dieu a envoyé son Fils » *(deuxième lecture)* et notre foi nous le dit. Jésus, né de Marie, est Dieu et rejoint notre expérience humaine, manifestant ainsi qu'il marche sur nos chemins. Avec Jésus, Dieu n'est plus une entité abstraite dont on n'ose prononcer le nom. Il revêt un visage, il porte un nom et ses paroles sont la parole de Dieu. Son visage, sa voix viennent de Marie ; son nom vient de Dieu. Marie est celle par laquelle Dieu va à l'homme ; elle est aussi celle qui offre déjà son enfant dans une mangeoire, nourriture vitale, vie de Dieu donnée *(évangile)*. Et pour Marie, être mère de Dieu consiste à « retenir tous les événements et à les méditer dans son cœur ».

Nous trouvons souvent nos vies bien ordinaires. Désormais nous savons que, par Marie, il y a Dieu dans ce quotidien. C'est pourquoi nous pouvons, comme les bergers, louer et glorifier Dieu pour ses merveilles.

En ce premier jour de la nouvelle année, demandons à Marie de nous apprendre à accueillir et à méditer la présence de Jésus, Fils de Dieu, dans nos vies. Puisque ce jour est aussi la journée de prière pour la paix, que les vœux de bonheur que nous échangeons trouvent leur source dans Celui que Dieu met au monde par Marie, le Christ, Fils de Dieu et prince de la paix.

Comme les bergers, louons et glorifions Dieu pour ses merveilles.

Suggestions pour la célébration

• CHANTER • Le répertoire proposé pour le temps de Noël conviendra encore bien pour ce dimanche. Cependant, si l'on veut marquer sa dimension mariale, on pourra retenir les chants suivants.

Pour la procession d'ouverture, ***Béni sois-tu, Seigneur*** **V 24 CNA 617.**

Après la communion, ***Toi qui ravis le cœur de Dieu*** **VLH 136 CNA 372**, le ***Magnificat, Mère d'humanité*** **V 295-1 CNA 625.**

La célébration peut se terminer en chantant ***Je vous salue, Marie*** ou ***Couronnée d'étoiles*** **V 44-58.**

On se souviendra aussi que, chaque premier janvier, l'Église prie pour la paix. Deux chants conviendraient à un moment de la messe : ***Ouvriers de la paix*** **T 13-92-1 CNA 522** ou ***Vienne la paix*** **T 150-1 CNA 771.**

• PRIER • **POUR LA PRÉPARATION PÉNITENTIELLE**

Seigneur Jésus, Fils de Marie, tu es le Sauveur du monde,
prends pitié de nous.
Ô Christ, Fils de Dieu, tu fais de nous tes frères,
prends pitié de nous.
Seigneur, Parole éternelle du Père, tu es le Prince de la Paix,
prends pitié de nous.

POUR LA PRIÈRE UNIVERSELLE

Nous pouvons prier :
- pour l'Église : qu'elle annonce au monde le salut promis par le Père ;
- pour les dirigeants des États : qu'ils travaillent sans cesse à construire la paix ;
- pour ceux qui souffrent des guerres et des violences : qu'ils puissent pardonner à leurs bourreaux ;
- pour notre communauté : que la nouvelle année renouvelle ses engagements et son témoignage.

• CÉLÉBRER • On pourra, au début de la célébration, inviter les participants à se souhaiter une bonne année. Au moment du geste de paix, une courte monition rappellera la dimension symbolique de ce geste, en ce jour de prière pour la paix.

Prière d'ouverture

Dieu tout-puissant, par la maternité virginale de la bienheureuse Marie, tu as offert au genre humain les trésors du salut éternel ; accorde-nous de sentir qu'intervient en notre faveur celle qui nous permit d'accueillir l'auteur de la vie, Jésus Christ, ton Fils, notre Seigneur. Lui qui règne.

1re lecture — *« Et moi, je les bénirai »*

Lecture du livre des Nombres 6, 22-27

Le Seigneur parla à Moïse. Il dit : « Parle à Aaron et à ses fils. Tu leur diras : Voici en quels termes vous bénirez les fils d'Israël : "Que le Seigneur te bénisse et te garde ! Que le Seigneur fasse briller sur toi son visage, qu'il te prenne en grâce ! Que le Seigneur tourne vers toi son visage, qu'il t'apporte la paix !" Ils invoqueront ainsi mon nom sur les fils d'Israël, et moi, je les bénirai. »

Psaume 66

R/ **Que Dieu nous prenne en grâce**
et qu'il nous bénisse !

Que son visage s'illumine pour nous,
et ton chemin sera connu sur la terre,
ton salut, parmi toutes les nations.

Que les nations chantent leur joie,
car tu gouvernes le monde avec justice ;
sur la terre, tu conduis les nations.

La terre a donné son fruit ;
Dieu, notre Dieu, nous bénit.
Que la terre tout entière l'adore !

2e LECTURE *« Dieu a envoyé son Fils, né d'une femme »*

Lecture de la lettre de saint Paul apôtre aux Galates 4, 4-7

Frères, lorsqu'est venue la plénitude des temps, Dieu a envoyé son Fils, né d'une femme et soumis à la loi de Moïse, afin de racheter ceux qui étaient soumis à la Loi et pour que nous soyons adoptés comme fils. Et voici la preuve que vous êtes des fils : Dieu a envoyé l'Esprit de son Fils dans nos cœurs, et cet Esprit crie «*Abba !*», c'est-à-dire : Père ! Ainsi tu n'es plus esclave, mais fils, et puisque tu es fils, tu es aussi héritier : c'est l'œuvre de Dieu.

Alléluia. Alléluia. À bien des reprises, Dieu, dans le passé, a parlé à nos pères par les prophètes ; à la fin, en ces jours où nous sommes, il nous a parlé par son Fils. **Alléluia.**

ÉVANGILE *« L'enfant reçut le nom de Jésus »*

Évangile de Jésus Christ selon saint Luc 2, 16-21

En ce temps-là, les bergers se hâtèrent d'aller à Bethléem, et ils découvrirent Marie et Joseph, avec le nouveau-né couché dans la mangeoire. Après avoir vu, ils racontèrent ce qui leur avait été annoncé au sujet de cet enfant. Et tous ceux qui entendirent s'étonnaient de ce que leur racontaient les bergers. Marie, cependant, retenait tous ces événements et les méditait dans son cœur. Les bergers repartirent ; ils glorifiaient et louaient Dieu pour tout ce qu'ils avaient entendu et vu, selon ce qui leur avait été annoncé. Quand fut arrivé le huitième jour, celui de la circoncision, l'enfant reçut le nom de Jésus, le nom que l'ange lui avait donné avant sa conception.

Credo

PRIÈRE SUR LES OFFRANDES

Tu es l'origine de tous les biens, Seigneur, et tu les mènes à leur plein développement ; puisque cette fête de Marie, Mère de Dieu, nous fait célébrer notre salut dans son germe, donne-nous la joie d'en recueillir tous les fruits. Par Jésus.

Préface

Vraiment, il est juste et bon de te rendre gloire, de t'offrir notre action de grâce, toujours et en tout lieu, à toi, Père très saint, Dieu éternel et tout-puissant.

En ce jour où nous célébrons la maternité de la bienheureuse Vierge Marie, nous voulons te chanter, te bénir et te glorifier. Car elle a conçu ton Fils unique lorsque le Saint-Esprit la couvrit de son ombre, et, gardant pour toujours la gloire de sa virginité, elle a donné au monde la lumière éternelle, Jésus Christ, notre Seigneur.

Par lui, avec les anges et tous les saints, nous chantons l'hymne de ta gloire et sans fin nous proclamons : **Saint !...**

Prière eucharistique : textes propres.

Prière après la communion

Nous avons communié à ton sacrement, Seigneur, en ce jour où nous saluons avec fierté dans la bienheureuse Vierge Marie la Mère de ton Fils, et la Mère de l'Église ; que cette communion fasse grandir en nous la vie éternelle. Par Jésus.

Dieu s'est rendu accessible.

« Parler de la relation de l'homme avec Dieu en terme d'amitié, comme Jésus lui-même nous invite à le faire, c'est se donner la possibilité de découvrir la gratuité et l'égalité de cette relation. Dieu ne s'adresse pas à toi de haut, du haut de sa puissance et de sa majesté, mais du haut de la crèche, où sa Parole est venue rejoindre les hommes. Il n'est pas venu échanger avec nous des cadeaux ou des marchandises, fussent-ils spirituels, mais nous regarder comme des amis, et se réjouir d'être avec nous. »

Jean-Marie Gueullette o.p., *Laisse Dieu être Dieu en toi*,
Paris, éd. du Cerf, 2002, p. 31.

Calendrier liturgique

Di 1er	**SAINTE MARIE, MÈRE DE DIEU,** Octave de la Nativité
Lu 2	*Liturgie des Heures : Psautier semaine I* S. Basile le Grand, évêque de Césarée (Asie mineure), † 379 et S. Grégoire de Nazianze, évêque de Constantinople, † vers 389, docteurs de l'Église.
Ma 3	Le Saint Nom de Jésus. En France, Ste Geneviève, vierge, vers † 500 à Paris. Au Luxembourg, Ste Irmine, religieuse, vers † 710 à Wissembourg.
Sa 7	S. Raymond de Penyafort, prêtre, dominicain, † 1275 à Barcelone.

Bonne fête ! 1er : Fulgence. 2 : Basile, Vassili. 3 : Geneviève, Ginette. 4 : Odilon. 5 : Édouard, Teddy, Émilien. 6 : Melaine, Tiphaine. 7 : Raymond, Raymonde, Cédric, Virginie.

Pour mémoire : Aujourd'hui, 1er janvier, – depuis 1968 – journée mondiale de la paix.
IL Y A 50 ANS, le 1er janvier 1967, le pape Paul VI publiait une Constitution apostolique sur la révision des indulgences (*Indulgentiarum doctrina)*, qui reconnaissait qu'au fil des siècles « des abus se sont introduits dans la pratique des indulgences » et en réduisait fortement le nombre. Les indulgences y sont définies comme « la rémission devant Dieu de la peine temporelle due pour les péchés dont la faute est déjà effacée, rémission que le fidèle bien disposé obtient à certaines conditions déterminées, par l'action de l'Église, laquelle, en tant que dispensatrice de la rédemption, distribue et applique par son autorité le trésor des satisfactions du Christ et des saints », définition qui sera reprise dans le *Catéchisme de l'Église catholique* (n° 1471).

Pour prier avec l'Évangile : Seigneur Dieu, tu demeures toujours avec nous : pour célébrer ta fidélité, nous nous unissons aujourd'hui à la louange de la Vierge Marie. Que cette année soit un temps de grâce et de paix qui nous achemine vers ton Jour.

Épiphanie du Seigneur 8 janvier 2017

« LES NATIONS MARCHERONT VERS TA LUMIÈRE »

D'abord une étoile, une toute petite étoile, lumière fragile et à peine perceptible. Pourtant, elle fascine les mages et les incite à se mettre en route vers l'inconnu. Qui sont-ils ces mages ? Sinon le symbole de tous ceux et celles qui cherchent un sens à leur vie. Comme beaucoup d'hommes et de femmes, ils veulent comprendre pourquoi ils existent. Alors, ils n'hésitent pas, se mettent en route, suivent l'étoile et trouvent le Christ *(évangile)*. Le mystère caché aux générations passées est maintenant révélé : l'amour de Dieu ne connaît aucune frontière. Pour abattre les murs qui séparent les hommes, pour les réconcilier avec lui et entre eux, Dieu a pris corps en son Fils Jésus Christ *(deuxième lecture)*. Désormais tous sont appelés à être « héritiers avec lui », à « faire corps avec lui », à « participer avec lui ». Le voilà, le mystère, enfin manifesté, de l'amour de Dieu pour tous les hommes. À la suite des mages et comme Isaïe l'annonçait *(première lecture)*, les peuples peuvent marcher vers la lumière du Seigneur. Tout n'est pas réglé pour autant. Certains, comme Hérode, sont en place et refusent de voir la lumière ; d'autres, comme les grands prêtres et les scribes, sont prisonniers d'une loi, d'un savoir, et s'enferment dans leurs certitudes.

Dieu, lui, guide toujours mystérieusement ceux qui le cherchent et il échappe à ceux qui veulent le saisir. Aujourd'hui, nous avons toujours à choisir. Serons-nous ceux qui cherchent à récupérer Jésus pour satisfaire nos ambitions ? Ou serons-nous ceux qui accepteront de se mettre en route pour le chercher, le trouver, le contempler et l'adorer ? Que cette fête de l'Épiphanie fasse de nous des marcheurs que guide l'étoile de la Parole : elle nous mènera où nous attend Jésus.

Suggestions pour la célébration

• **CHANTER** • Aux chants proposés pour le temps de Noël, on pourra préférer pour la procession d'ouverture : ***Un astre nouveau s'est levé*** **F 23-18,** ***Lève-toi Jérusalem*** FA 39, *Jubilez, tous les peuples* T 25-91, *Brillante étoile* F 57 CNA 394, *Peuple fidèle* F 5 CNA 402.

Après l'homélie, ***Qui es-tu, roi d'humilité ?*** F 231 CNA 403, ***Dans une humble crèche*** **F 49-89-3.**

Pour accompagner la procession des dons, ***Dieu notre Père, voici le pain*** B 57-30.

Pour la procession de communion, ***Le Verbe s'est fait chair*** D 31-15.

Après la communion, ***Tu es la vraie lumière*** D 86 bis CNA 595, ***Qu'exulte tout l'univers*** DEV 44-72.

• **PRIER** • **POUR LA PRÉPARATION PÉNITENTIELLE**

Seigneur Jésus, envoyé par le Père,
tu es l'étoile qui brille en notre nuit,
prends pitié de nous.
Ô Christ, venu dans le monde,
tu es la lumière qui éclaire les nations,
prends pitié de nous.
Seigneur, élevé dans la gloire du Père,
tu es la clarté qui guide tous les hommes,
prends pitié de nous.

POUR LA PRIÈRE UNIVERSELLE

Nous pouvons prier :
- pour l'Église : qu'elle soit accueillante et ouverte à tous ;
- pour les Églises d'Afrique : qu'elles soient soutenues par les pays qui leur ont envoyé des missionnaires ;
- pour celles et ceux qui cherchent Dieu : qu'ils trouvent des frères et des sœurs qui les accompagnent ;
- pour les exclus de notre société : que s'allume pour eux l'étoile de l'amitié et de la solidarité ;
- pour notre communauté : qu'elle porte chaque jour le souci de témoigner de l'Évangile.

• CÉLÉBRER • La procession des offrandes nous rappellera que, nous aussi, à la suite des mages, nous offrons nos vies avec le pain et le vin. Dans une même procession, on prendra le temps d'offrir l'argent de la quête. Puis dans un deuxième temps, le pain et le vin qui seuls seront déposés sur l'autel, mais surtout nos vies et nos motifs d'action de grâce. Quant à l'encens, il trouvera toute sa place en ce jour, manifestant que tout vient de Dieu et que tout doit remonter vers lui, en action de grâce. Offert au Christ par les mages, il signifie que Jésus est Dieu et qu'il prend notre prière pour la faire monter avec lui en offrande vers le Père.

PRIÈRE D'OUVERTURE

Aujourd'hui, Seigneur, tu as révélé ton Fils unique aux nations, grâce à l'étoile qui les guidait ; daigne nous accorder, à nous qui te connaissons déjà par la foi, d'être conduits jusqu'à la claire vision de ta splendeur. Par Jésus Christ.

1re LECTURE *« La gloire du Seigneur s'est levée sur toi »*

Lecture du livre du prophète Isaïe 60, 1-6

Debout, Jérusalem, resplendis ! Elle est venue, ta lumière, et la gloire du Seigneur s'est levée sur toi. Voici que les ténèbres couvrent la terre, et la nuée obscure couvre les peuples. Mais sur toi se lève le Seigneur, sur toi sa gloire apparaît. Les nations marcheront vers ta lumière, et les rois, vers la clarté de ton aurore. Lève les yeux alentour, et regarde : tous, ils se rassemblent, ils viennent vers toi ; tes fils reviennent de loin, et tes filles sont portées sur la hanche. Alors tu verras, tu seras radieuse, ton cœur frémira et se dilatera. Les trésors d'au-delà des mers afflueront vers toi, vers toi viendront les richesses des nations. En grand nombre, des chameaux t'envahiront, de jeunes chameaux de Madiane et d'Épha. Tous les gens de Saba viendront, apportant l'or et l'encens ; ils annonceront les exploits du Seigneur.

Psaume 71

R/ **Toutes les nations, Seigneur,**
se prosterneront devant toi.

Dieu, donne au roi tes pouvoirs,
à ce fils de roi ta justice.
Qu'il gouverne ton peuple avec justice,
qu'il fasse droit aux malheureux !

En ces jours-là fleurira la justice,
grande paix jusqu'à la fin des lunes !
Qu'il domine de la mer à la mer,
et du Fleuve jusqu'au bout de la terre !

Les rois de Tarsis et des Îles apporteront des présents,
les rois de Saba et de Seba feront leur offrande.
Tous les rois se prosterneront devant lui,
tous les pays le serviront.

Il délivrera le pauvre qui appelle
et le malheureux sans recours.
Il aura souci du faible et du pauvre,
du pauvre dont il sauve la vie.

2e LECTURE — *Les nations sont associées au même héritage*

Lecture de la lettre de saint Paul apôtre aux Éphésiens 3,2-3a.5-6

Frères, vous avez appris, je pense, en quoi consiste la grâce que Dieu m'a donnée pour vous : par révélation, il m'a fait connaître le mystère. Ce mystère n'avait pas été porté à la connaissance des hommes des générations passées, comme il a été révélé maintenant à ses saints Apôtres et aux prophètes, dans l'Esprit. Ce mystère, c'est que toutes les nations sont associées au même héritage, au même corps, au partage de la même promesse, dans le Christ Jésus, par l'annonce de l'Évangile.

Alléluia. Alléluia. Nous avons vu son étoile à l'orient, et nous sommes venus adorer le Seigneur. **Alléluia.**

ÉVANGILE *Nous sommes venus d'Orient adorer le roi*

Évangile de Jésus Christ selon saint Matthieu 2, 1-12

Jésus était né à Bethléem en Judée, au temps du roi Hérode le Grand. Or, voici que des mages venus d'Orient arrivèrent à Jérusalem et demandèrent : « Où est le roi des Juifs qui vient de naître ? Nous avons vu son étoile à l'orient et nous sommes venus nous prosterner devant lui. » En apprenant cela, le roi Hérode fut bouleversé, et tout Jérusalem avec lui. Il réunit tous les grands prêtres et les scribes du peuple, pour leur demander où devait naître le Christ. Ils lui répondirent : « À Bethléem en Judée, car voici ce qui est écrit par le prophète : *Et toi, Bethléem, terre de Juda, tu n'es certes pas le dernier parmi les chefs-lieux de Juda, car de toi sortira un chef, qui sera le berger de mon peuple Israël.* » Alors Hérode convoqua les mages en secret pour leur faire préciser à quelle date l'étoile était apparue : puis il les envoya à Bethléem, en leur disant : « Allez vous renseigner avec précision sur l'enfant. Et quand vous l'aurez trouvé, venez me l'annoncer pour que j'aille, moi aussi, me prosterner devant lui. » Après avoir entendu le roi, ils partirent.

Et voici que l'étoile qu'ils avaient vue à l'orient les précédait, jusqu'à ce qu'elle vienne s'arrêter au-dessus de l'endroit où se trouvait l'enfant. Quand ils virent l'étoile, ils se réjouirent d'une très grande joie. Ils entrèrent dans la maison, ils virent l'enfant avec Marie sa mère ; et, tombant à ses pieds, ils se prosternèrent devant lui. Ils ouvrirent leurs coffrets, et lui offrirent leurs présents : de l'or, de l'encens et de la myrrhe.

Mais, avertis en songe de ne pas retourner chez Hérode, ils regagnèrent leur pays par un autre chemin.

PRIÈRE SUR LES OFFRANDES

Regarde avec bonté, Seigneur, les dons de ton Église qui ne t'offre plus ni l'or, ni l'encens, ni la myrrhe, mais celui que ces présents révélaient, qui s'immole et se donne en nourriture : Jésus, le Christ, notre Seigneur. Lui qui règne.

Préface

Vraiment, il est juste et bon de te rendre gloire, de t'offrir notre action de grâce, toujours et en tout lieu, à toi, Père très saint, Dieu éternel et tout-puissant.

Aujourd'hui, tu as dévoilé dans le Christ le mystère de notre salut pour que tous les peuples en soient illuminés ; et quand le Christ s'est manifesté dans notre nature mortelle, tu nous as recréés par la lumière éternelle de sa divinité.

C'est pourquoi, avec les anges et tous les saints, nous proclamons ta gloire, en chantant (disant) d'une seule voix : **Saint !...**

Dans les prières eucharistiques il y a des textes propres à la fête de l'Épiphanie.

Prière après la communion

Que la clarté d'en haut, Seigneur, nous dirige en tous temps et en tous lieux, et puisque tu nous fais communier à ce mystère, puissions-nous désormais le pénétrer d'un regard pur et l'accueillir dans un cœur plus aimant. Par Jésus.

Dieu s'est uni à l'homme, définitivement

« Dans l'Incarnation, les chrétiens ne se limitent pas à contempler comment le Fils de Dieu s'est fait homme, au sens où il s'est incarné dans cet homme-là, à un moment de l'histoire. Dans l'Incarnation, Dieu s'est uni à ce qui fait l'humain dans l'homme. Le divin s'est uni à ce qui lui est absolument différent, l'humain. C'est l'humanité de chacun d'entre nous qui se trouve depuis ce moment-là unie à Dieu. C'est dans une chair semblable à la tienne que le Verbe s'est fait homme. »

Jean-Marie Gueullette o.p., *Laisse Dieu être Dieu en toi,*
Paris, éd. du Cerf, 2002, p. 106.

Calendrier liturgique

Di 8	**ÉPIPHANIE DU SEIGNEUR.**
Lu 9	BAPTÊME DU SEIGNEUR, p. 130.
Ma 10	Début du Temps ordinaire : 1re semaine. *Liturgie des Heures : Psautier semaine I.*
Ve 13	*S. Hilaire, évêque de Poitiers, docteur de l'Église, † 367.*

Bonne fête ! 8 : Lucien, Lucienne, Gudule, Peggy. 9 : Alix, Alexia. 10 : Guillaume, Guillemette, William, Willy. 11 : Paulin. 12 : Césarine, Tatiana, Tania. 13 : Hilaire, Yvette. 14 : Nina.

Pour mémoire : Dimanche de l'Épiphanie : en France et en Belgique, quête pour l'Aide aux Églises d'Afrique (AEA).

Pour prier avec l'Évangile : Seigneur notre Dieu, une étoile a guidé les mages jusqu'à ton Fils. Que l'éclat de ta Parole et la lumière de ton Esprit nous conduisent aujourd'hui jusqu'à toi.

Baptême du Seigneur

9 janvier 2017

LE COMMENCEMENT DE LA BONNE NOUVELLE

Sans aucun doute, le baptême de Jésus au Jourdain représente, en même temps que l'accomplissement des annonces prophétiques, l'annonce et le commencement de tout ce qui allait ensuite se déployer dans sa passion, sa résurrection et l'envoi de l'Esprit Saint. Le prophète Isaïe avait annoncé la venue d'un « serviteur » sur qui Dieu « fait reposer son Esprit ». Par des chemins inattendus, il sera « la lumière des nations » *(première lecture)*. La promesse s'accomplit lors du baptême de Jésus dans les eaux du Jourdain : il est manifesté comme le Messie-Roi et le serviteur de Dieu *(évangile)*. Son ministère s'inaugure et prendra une dimension universelle dont le baptême du centurion Corneille est un des signes *(deuxième lecture)*. Tout homme est appelé à devenir enfant de Dieu : voilà la Bonne Nouvelle.

CÉLÉBRER Le rite de l'aspersion pour la préparation pénitentielle est bien adapté à la fête du baptême du Seigneur.

PRIÈRE D'OUVERTURE • Dieu éternel et tout-puissant, quand le Christ fut baptisé dans le Jourdain, et que l'Esprit Saint reposa sur lui, tu l'as désigné comme ton Fils bien-aimé ; accorde à tes fils adoptifs, nés de l'eau et de l'esprit, de se garder toujours dans ta sainte volonté. Par Jésus Christ.

• Dieu éternel, c'est dans la réalité de notre chair que ton Fils unique est apparu ; puisque nous reconnaissons que son humanité fut semblable à la nôtre, donne-nous d'être transformés par lui au plus intime de notre cœur. Lui qui règne.

LECTURES

Isaïe 42, 1-4.6-7 :	*« Voici mon serviteur, qui a toute ma faveur »*
Psaume 28 :	R. Le Seigneur bénit son peuple en lui donnant la paix.
Actes 10, 34-38 :	*« Dieu lui a donné l'onction d'Esprit Saint »*

Évangile

« Dès que Jésus fut baptisé, il vit l'Esprit de Dieu venir sur lui »

Évangile de Jésus Christ selon saint Matthieu 3, 13-17

En ces jours-là paraît Jésus. Il était venu de Galilée jusqu'au Jourdain auprès de Jean, pour être baptisé par lui. Jean voulait l'en empêcher et disait : « C'est moi qui ai besoin d'être baptisé par toi, et c'est toi qui viens à moi ! » Mais Jésus lui répondit : « Laisse faire pour le moment, car il convient que nous accomplissions ainsi toute justice. » Alors Jean le laisse faire.

Dès que Jésus fut baptisé, il remonta de l'eau, et voici que les cieux s'ouvrirent : il vit l'Esprit de Dieu descendre comme une colombe et venir sur lui. Et des cieux, une voix disait : « Celui-ci est mon Fils bien-aimé en qui je trouve ma joie. »

Prière sur les offrandes

Seigneur, accepte les offrandes que nous te présentons en ce jour où ton Fils nous est révélé ; qu'elles deviennent ainsi le sacrifice de celui qui a enlevé le péché du monde. Lui qui règne.

Préface

Vraiment, il est juste et bon de te rendre gloire, de t'offrir notre action de grâce, toujours et en tout lieu, à toi, Père très saint, Dieu éternel et tout-puissant.

Aujourd'hui, sur les eaux du Jourdain, tu peux inaugurer le baptême nouveau : une voix descend du ciel pour attester que ta Parole habite chez les hommes, et l'Esprit, manifesté sous l'aspect d'une colombe, consacre ton Serviteur Jésus, pour qu'il aille annoncer aux pauvres la Bonne Nouvelle.

C'est pourquoi, avec les anges dans le ciel, nous pouvons te bénir sur la terre et t'adorer en chantant (disant) : **Saint !...**

Prière après la communion

Nourris de ton eucharistie et sûrs de ta bonté, nous te prions, Seigneur : accorde à ceux qui sauront écouter ton Fils unique de mériter le nom de fils de Dieu, et de l'être vraiment. Par Jésus.

LE TEMPS ORDINAIRE

Le cycle de Noël terminé, la liturgie nous fait entrer dans le temps « ordinaire ». Pourtant, malgré son qualificatif, ce temps ne saurait être associé à « commun », « sans surprise, banal ». Ce sont 34 dimanches qui suivent un certain ordre, entre le baptême du Seigneur et le Carême, entre la Pentecôte et l'Avent. Le temps est ordinaire par volonté de le distinguer des temps plus festifs. Temps de la fidélité, il permet d'approfondir le mystère du Christ, d'apprendre à vivre l'expérience du disciple, le compagnonnage avec Jésus qui enseigne. Si le deuxième dimanche de cette année reste en lien étroit avec le temps de Noël, les dimanches qui suivent nous font entendre l'évangile de Matthieu. Jésus y est présenté comme celui qui vient accomplir l'Ancien Testament en lui donnant, par sa destinée, un sens nouveau et inattendu. Les premières lectures ont un lien assez étroit avec les évangiles qui leur font écho. Quant aux deuxièmes lectures, elles nous présentent le texte en continu de la première épître de Paul aux Corinthiens. Paul y révèle à la communauté chrétienne son identité d'Église de Dieu et sa mission qui prolonge celle de Jésus.

2e dimanche 15 janvier 2017

VOICI L'AGNEAU DE DIEU

Voir et connaître. Jean Baptiste voit Jésus venir à lui ; il avoue pourtant qu'il ne le connaissait pas avant son baptême dans le Jourdain *(évangile)*. L'Esprit Saint lui permet de connaître vraiment Jésus. Il n'est pas seulement de sa parenté ; il est Fils de Dieu. Seul, l'Esprit le fait passer de sa vision de Jésus à sa connaissance. Jésus n'est pas seulement un personnage de l'histoire humaine, un homme exceptionnel dont nous nous ferions une idée à force d'étude et de réflexion. On ne peut le reconnaître que lorsque Dieu lui-même nous le révèle, et personne ne peut le connaître s'il n'a le cœur ouvert aux signes de l'Esprit. Jean a vu et reconnu ; alors il contemple le mystère du Christ, Fils de Dieu sur qui demeure l'Esprit, l'Agneau dont le sang réconcilie l'humanité avec Dieu. Il contemple ce que la voix du prophète avait annoncé : la venue du Serviteur de Dieu, « la lumière des nations » pour que le salut « parvienne jusqu'aux extrémités de la terre » *(première lecture)*. Ce salut est à accueillir dans le Christ Jésus. L'Église naissante, appelée à la sainteté, est invitée à contempler le mystère du Christ pour être fidèle à l'appel de Dieu *(deuxième lecture)*.

Nous aussi, nous sommes appelés à être des témoins de la sainteté de Dieu. Pour cela, il nous faut connaître le Christ comme Fils de Dieu, entrer dans la contemplation du mystère du Christ. Il ne s'agit pas tant d'accumuler des savoirs sur Jésus que de le connaître et de le rencontrer par notre disponibilité à l'Esprit, l'écoute de sa Parole et le partage de sa vie qu'il nous offre dans l'Eucharistie. De cette expérience naîtront la mission et le service des frères.

Suggestions pour la célébration

• CHANTER • Bien que ce dimanche ouvre le Temps ordinaire, les textes nous font encore méditer le baptême du Seigneur. Certains chants proposés pour cette fête peuvent convenir : ***Sauvés des mêmes eaux*** **ID 20-72**, ***J'ai vu l'eau vive*** **I 18-65-11 CNA 481**, ***L'Esprit de Dieu repose sur moi*** **K 35 CNA 565.**

Pour marquer le changement de temps liturgique, il convient de choisir un ou deux ordinaires de la messe qui pourront accompagner les sept dimanches qui viennent.

On pourra encore retenir, pour la procession d'ouverture, ***Louange à toi, Jésus, Sauveur*** **Y 545**, ***Écoute la voix du Seigneur*** **X 548 CNA 761**, ***C'est Jésus qui nous rassemble*** **A 22-99.**

Après l'homélie, ***Voici l'Agneau de Dieu*** **X 58-57**, ***Enfants du même Père*** **T 76-1 CNA 521.**

Pendant la communion, ***Pain donné pour notre vie*** **D 19-75 CNA 339**, ***Devenez ce que vous recevez.***

Après la communion, ***Un seul Seigneur*** **I 46 CNA 597**, ***Béni sois-tu, Seigneur Jésus*** **K 520**, ***Dieu nous a tous appelés*** **KD 14-56-1 CNA 571.**

• PRIER •

Pour la préparation pénitentielle

Seigneur Jésus, Serviteur envoyé par le Père,
tu es la lumière des nations,
prends pitié de nous.
Ô Christ, Agneau de Dieu,
tu viens enlever les péchés du monde,
prends pitié de nous.
Seigneur, Fils de Dieu,
tu veux faire de nous un peuple saint,
prends pitié de nous.

Pour la prière universelle

Nous pouvons prier :
- pour l'Église, envoyée jusqu'aux extrémités de la terre ;
- pour les chrétiens des diverses confessions qui espèrent et recherchent leur unité ;

– pour la multitude de celles et ceux qui n'ont pas encore entendu la Bonne Nouvelle ;
– pour celles et ceux qui s'efforcent d'exercer leurs responsabilités comme un service.

• CÉLÉBRER • Le rite de la fraction du pain et le chant de l'Agneau de Dieu qui l'accompagne préparent à accueillir le don de l'Eucharistie. Le prêtre, reprenant les paroles de Jean Baptiste : « Voici l'Agneau de Dieu », invite chacun à l'acte de foi en la présence du Christ dans l'Eucharistie. Ce rite méritera, en ce dimanche, une attention particulière dans sa mise en œuvre. On se souviendra que l'on chante « Agneau de Dieu » pendant la fraction du pain et tant qu'elle dure (PGMR n° 83). Cette invocation peut donc être répétée autant de fois que nécessaire.

PRIÈRE D'OUVERTURE

Dieu éternel et tout-puissant, qui régis l'univers du ciel et de la terre : exauce, en ta bonté, les prières de ton peuple et fais à notre temps la grâce de la paix. Par Jésus Christ.

1re LECTURE — *« Je fais de toi la lumière des nations »*

Lecture du livre du prophète Isaïe — 49, 3.5-6

Le Seigneur m'a dit : « Tu es mon serviteur, Israël, en toi je manifesterai ma splendeur. » Maintenant le Seigneur parle, lui qui m'a façonné dès le sein de ma mère pour que je sois son serviteur, que je lui ramène Jacob, que je lui rassemble Israël. Oui, j'ai de la valeur aux yeux du Seigneur, c'est mon Dieu qui est ma force.

Et il dit : « C'est trop peu que tu sois mon serviteur pour relever les tribus de Jacob, ramener les rescapés d'Israël : je fais de toi la lumière des nations, pour que mon salut parvienne jusqu'aux extrémités de la terre. »

Psaume 39

R/ Me voici, Seigneur,
je viens faire ta volonté.

D'un grand espoir j'espérais le Seigneur :
il s'est penché vers moi
Dans ma bouche il a mis un chant nouveau,
une louange à notre Dieu.

Tu ne voulais ni offrande ni sacrifice,
tu as ouvert mes oreilles ;
tu ne demandais ni holocauste ni victime,
alors j'ai dit : « Voici, je viens. »

Dans le livre, est écrit pour moi
ce que tu veux que je fasse.
Mon Dieu, voilà ce que j'aime :
ta loi me tient aux entrailles.

Vois, je ne retiens pas mes lèvres,
Seigneur, tu le sais.
J'ai dit ton amour et ta vérité
à la grande assemblée.

2e lecture *« À vous, la grâce et la paix »*

Lecture de la première lettre de saint Paul apôtre aux Corinthiens 1, 1-3

Paul, appelé par la volonté de Dieu
pour être apôtre du Christ Jésus,
et Sosthène notre frère,
à l'Église de Dieu qui est à Corinthe,
à ceux qui ont été sanctifiés dans le Christ Jésus
et sont appelés à être saints
avec tous ceux qui, en tout lieu,
invoquent le nom de notre Seigneur Jésus Christ,
leur Seigneur et le nôtre.
À vous, la grâce et la paix,
de la part de Dieu notre Père
et du Seigneur Jésus Christ.

Alléluia. Alléluia. Le Verbe s'est fait chair, il a habité parmi nous. À tous ceux qui l'ont reçu, il a donné de pouvoir devenir enfants de Dieu. **Alléluia.**

Évangile

« Voici l'Agneau de Dieu, qui enlève le péché du monde »

Évangile de Jésus Christ selon saint Jean 1, 29-34

En ce temps-là, voyant Jésus venir vers lui, Jean le Baptiste déclara : « Voici l'Agneau de Dieu, qui enlève le péché du monde ; c'est de lui que j'ai dit : L'homme qui vient derrière moi est passé devant moi, car avant moi il était. Et moi, je ne le connaissais pas ; mais, si je suis venu baptiser dans l'eau, c'est pour qu'il soit manifesté à Israël. »

Alors Jean rendit ce témoignage : « J'ai vu l'Esprit descendre du ciel comme une colombe et il demeura sur lui. Et moi, je ne le connaissais pas, mais celui qui m'a envoyé baptiser dans l'eau m'a dit : "Celui sur qui tu verras l'Esprit descendre et demeurer, celui-là baptise dans l'Esprit Saint." Moi, j'ai vu, et je rends témoignage : c'est lui le Fils de Dieu. »

Prière sur les offrandes

Seigneur, accorde-nous la grâce de vraiment participer à cette eucharistie ; car chaque fois qu'est célébré ce sacrifice en mémorial, c'est l'œuvre de notre rédemption qui s'accomplit. Par Jésus.

Prière après la communion

Pénètre-nous, Seigneur, de ton esprit de charité, afin que soient unis par ton amour ceux que tu as nourris d'un même pain. Par Jésus.

Suivre ou imiter ?

« Tu es appelé à suivre le Christ partout où il va, mais pas à l'imiter. Cela vient-il contredire les traditions spirituelles qui ont fait de l'imitation du Christ l'essentiel de la vie chrétienne ? Pas forcément : ce qu'il te faut éviter, ce sont des formes d'imitation qui entravent la vie. Le désir de faire comme le Christ, au sens de réaliser les mêmes gestes, est à considérer comme une tentation. Il y a deux raisons à cela. La première, c'est qu'une telle imitation viendrait réduire jusqu'à la supprimer la diversité des chemins, des tempéraments, des vocations. La seconde, c'est qu'un tel idéal peut pousser au désespoir, car il est voué à l'échec, par définition. »

Jean-Marie Gueullette o.p., *Laisse Dieu être Dieu en toi,*
Paris, éd. du Cerf, 2002, p. 87.

Calendrier liturgique

Di 15	**2e dimanche A.** *Liturgie des Heures : Psautier semaine II* *[En France, S. Remi, évêque de Reims, † vers 530].*
Ma 17	S. Antoine, ermite en Égypte, † 356.
Ve 20	*S. Fabien, pape et martyr, † 250.* *S. Sébastien, martyr à Rome au début du 4e siècle.*
Sa 21	Ste Agnès, vierge et martyre, † 305 à Rome.

Bonne fête ! 15 : Remi. 16 : Marcel, Priscilla, Honoré. 17 : Antoine, Anthony, Toinon, Toinette. 18 : Prisca. 19 : Marius. 20 : Fabien, Fabienne, Sébastien, Bastien. 21 : Agnès, Inès.

Pour mémoire : Du 18 au 25 janvier, semaine de prière pour l'unité des chrétiens.

Pour prier avec l'Évangile : Seigneur Dieu, notre force et notre salut, fais-nous découvrir la nouveauté toujours jaillissante de ta Bonne Nouvelle, Jésus Christ, ton envoyé. Sur lui, l'Esprit repose en plénitude ; par lui tu reçois gloire et louange. Il est ton Fils.

3e dimanche 22 janvier 2017

À NOUVEAU ROYAUME, PEUPLE NOUVEAU

Nous voici à Capharnaüm, région proche des territoires païens, donc considérée comme impure et sans grande importance pour le peuple juif. Pourtant, la Bonne Nouvelle que Jésus proclame n'est pas pour un peuple unique, fût-il le peuple élu. Désormais, par Jésus, Dieu vient habiter le monde. C'est alors vers le Christ qu'il faut nous tourner, nous retourner pour manifester notre conversion à Dieu. L'édification du Royaume dépend de l'accueil que l'homme lui réserve. Jésus, en appelant les disciples à le suivre, leur demande de se libérer de toute entrave pour accueillir le Royaume, c'est-à-dire pour l'accueillir lui-même *(évangile).* Il ne faut pas se tromper : ce n'est pas une entreprise humaine qui changera le monde. Dieu seul le libère et l'éclaire de sa lumière. Voilà bien le sens de la prophétie d'Isaïe : la lumière qui chasse les ténèbres de l'oppression ne peut venir que de Dieu qui jamais n'abandonne son peuple *(première lecture).*

Quant à saint Paul, il rappelle aux chrétiens de Corinthe que l'annonce du Royaume passe par des attitudes. Comment une communauté en proie aux divisions peut-elle témoigner que le Christ et le Royaume sont ses seules raisons de vivre ? Le Christ est un et, par sa croix, l'unique sauveur. Quand subsistent des divisions, on ne peut pas annoncer un seul baptême, s'il est vrai que celui-ci fait du chrétien un enfant de Dieu et un frère du Christ *(deuxième lecture).*

Pour témoigner du Royaume nouveau, nous avons à convertir nos cœurs en accueillant le Christ. Que ce temps soit un temps d'apprentissage où nous nous laisserons instruire par Jésus. Alors, transformés, nous serons le peuple nouveau d'un Royaume nouveau.

Suggestions pour la célébration

• **CHANTER** • Pour la procession d'ouverture, *Nous avons marché* A 10-20-1, *Pour avancer ensemble* K 20-38 CNA 676, *Dieu nous a tous appelés* KD 14-56-1 CNA 571, *Sur les chemins de Palestine* A 222.

Après la Parole, *Il est venu marcher* F 157-4 CNA 557, *Nul n'est disciple* WLH 214.

Pendant la communion, *Recevons le corps sacré* D 37-36, *Seigneur, rassemble-nous* D 87 CNA 702.

Après la communion, *Écoute la voix du Seigneur* A 548, *Que soit parfaite notre unité* D 341, *Ouvriers de la paix* T 13-92-1 CNA 522.

• **PRIER** •

Pour la préparation pénitentielle

Seigneur Jésus, tu nous appelles à nous convertir à ta parole,
prends pitié de nous.
Ô Christ, tu nous appelles à former un seul corps,
prends pitié de nous.
Seigneur, tu nous appelles à annoncer l'Évangile,
prends pitié de nous.

Pour la prière universelle

Nous pouvons prier :
- pour nos frères et sœurs chrétiens de toutes confessions ;
- pour les serviteurs de l'Évangile, et ceux qui se mettent en marche à la suite de Jésus ;
- pour les peuples qui subissent les violences des guerres ou de l'oppression ;
- pour les isolés, les oubliés, les exclus de notre société ;
- pour notre communauté appelée à donner un témoignage d'unité et de fraternité.

• **CÉLÉBRER** • L'incidence de la semaine pour l'unité des chrétiens est l'occasion de redécouvrir la place du « symbole de la foi » dans l'assemblée dominicale.

Le mot « symbole » veut dire « signe de reconnaissance ». Les symboles de la foi (symbole des Apôtres, symbole de Nicée-Constantinople) permettent aux chrétiens de différentes confessions de se reconnaître et de se rassembler dans la même foi, la foi apostolique.

Prière d'ouverture

Dieu éternel et tout-puissant, dirige notre vie selon ton amour, afin qu'au nom de ton Fils bien-aimé, nous portions des fruits en abondance. Par Jésus Christ.

Ou pour l'unité des chrétiens :

• Seigneur, ravive ton Église au souffle de l'Esprit ; qu'elle avance dans l'amour de la vérité, et travaille d'un cœur généreux à l'unité de tous les chrétiens. Par Jésus Christ.

• Montre-nous, Seigneur, à quel point tu nous aimes, et par la force de ton Esprit rapproche les chrétiens divisés : que ton Église apparaisse clairement comme ton signe au milieu du monde, et que le monde attiré par sa lumière croie en Jésus ton envoyé. Lui qui règne.

1re lecture — *Le peuple a vu se lever une grande lumière*

Lecture du livre du prophète Isaïe — 8, 23b – 9, 3

D**ans un premier temps,** le Seigneur a couvert de honte le pays de Zabulon et le pays de Nephtali ; mais ensuite, il a couvert de gloire la route de la mer, le pays au-delà du Jourdain, et la Galilée des nations. Le peuple qui marchait dans les ténèbres a vu se lever une grande lumière ; et sur les habitants du pays de l'ombre, une lumière a resplendi.

Tu as prodigué la joie, tu as fait grandir l'allégresse : ils se réjouissent devant toi, comme on se réjouit de la moisson, comme on exulte au partage du butin. Car le joug qui pesait sur lui, la barre qui meurtrissait son épaule, le bâton du tyran, tu les as brisés comme au jour de Madiane.

Psaume 26

R/ Le Seigneur est ma lumière et mon salut.

Le Seigneur est ma lumière et mon salut,
de qui aurais-je crainte ?
Le Seigneur est le rempart de ma vie,
devant qui tremblerais-je ?

J'ai demandé une chose au Seigneur,
la seule que je cherche :
habiter la maison du Seigneur
tous les jours de ma vie,

Mais j'en suis sûr, je verrai les bontés du Seigneur
sur la terre des vivants.
« Espère le Seigneur, sois fort et prends courage ;
espère le Seigneur. »

2e LECTURE — *« Qu'il n'y ait pas de division entre vous »*

Lecture de la première lettre de saint Paul apôtre
aux Corinthiens 1, 10-13.17

Frères, je vous exhorte au nom de notre Seigneur Jésus Christ : ayez tous un même langage ; qu'il n'y ait pas de division entre vous, soyez en parfaite harmonie de pensées et d'opinions. Il m'a été rapporté à votre sujet, mes frères, par les gens de chez Chloé, qu'il y a entre vous des rivalités.

Je m'explique. Chacun de vous prend parti en disant : « Moi, j'appartiens à Paul », ou bien : « Moi, j'appartiens à Apollos », ou bien : « Moi, j'appartiens à Pierre », ou bien : « Moi, j'appartiens au Christ ».

Le Christ est-il donc divisé ? Est-ce Paul qui a été crucifié pour vous ? Est-ce au nom de Paul que vous avez été baptisés ? Le Christ, en effet, ne m'a pas envoyé pour baptiser, mais pour annoncer l'Évangile, et cela sans avoir recours au langage de la sagesse humaine, ce qui rendrait vaine la croix du Christ.

Alléluia. Alléluia. Jésus proclamait l'Évangile du Royaume, et guérissait toute maladie dans le peuple. **Alléluia.**

ÉVANGILE — *Il vint habiter à Capharnaüm*

Évangile de Jésus Christ selon saint Matthieu 4, 12-23

La lecture du texte entre crochets est facultative.

Quand Jésus apprit l'arrestation de Jean le Baptiste, il se retira en Galilée. Il quitta Nazareth et vint habiter à Capharnaüm, ville située au bord de la mer de Galilée, dans les territoires de Zabulon et de Nephtali. C'était pour que soit accomplie la parole prononcée par le prophète Isaïe : *Pays de Zabulon et pays de Nephtali, route de la mer et pays au-delà du Jourdain, Galilée des nations ! Le peuple qui habitait dans les ténèbres a vu une grande lumière. Sur ceux qui habitaient dans le pays et l'ombre de la mort, une lumière s'est levée.*

À partir de ce moment, Jésus commença à proclamer : « Convertissez-vous, car le royaume des Cieux est tout proche. »

[Comme il marchait le long de la mer de Galilée, il vit deux frères, Simon, appelé Pierre, et son frère André, qui jetaient leurs filets dans la mer ; car c'étaient des pêcheurs. Jésus leur dit : « Venez à ma suite, et je vous ferai pêcheurs d'hommes. » Aussitôt, laissant leurs filets, ils le suivirent. De là, il avança et il vit deux autres frères, Jacques, fils de Zébédée, et son frère Jean, qui étaient dans la barque avec leur père, en train de réparer leurs filets. Il les appela. Aussitôt, laissant la barque et leur père, ils le suivirent.

Jésus parcourait toute la Galilée ; il enseignait dans leurs synagogues, proclamait l'Évangile du Royaume, guérissait toute maladie et toute infirmité dans le peuple.]

Prière sur les offrandes

Dans ta bonté, Seigneur, accepte notre offrande : qu'elle soit sanctifiée et serve ainsi à notre salut. Par Jésus.

• *Ou pour l'unité des chrétiens :*

Dans le sacrifice que nous t'offrons, Seigneur, consume le péché qui divise les chrétiens : puisqu'ils sont d'un même corps par le baptême, qu'ils puissent communier un jour à la même table. Par Jésus.

Préface

• *On peut prendre la préface pour l'unité des chrétiens :*

Vraiment, il est juste et bon de te rendre gloire, de t'offrir notre action de grâce, toujours et en tout lieu, à toi, Père très saint, Dieu éternel et tout-puissant, par le Christ, notre Seigneur. Par lui, tu nous conduis à la connaissance de ta vérité, nous appelant à devenir son corps grâce à la même foi et par un seul baptême ; par lui, tu répands ton Esprit Saint sur tous les peuples du monde, l'Esprit qui met en œuvre ses dons les plus divers et qui réalise l'unité : il habite le cœur de tes fils, il remplit l'Église tout entière, il ne cesse de la guider.

C'est pourquoi, avec les anges et tous les saints, nous proclamons ta gloire en disant d'une seule voix : **Saint !...**

Prière après la communion

Permets, nous t'en prions, Dieu tout-puissant, qu'ayant reçu de toi la grâce d'une nouvelle vie, nous puissions nous en émerveiller toujours. Par Jésus.

• *Ou pour l'unité des chrétiens :*

Après avoir communié au sacrifice du Christ, nous te demandons, Seigneur, d'envoyer sur le corps tout entier de l'Église ton Esprit de sainteté, afin qu'il entraîne ceux qui portent le nom de chrétiens à te servir dans l'unité de la foi. Par Jésus.

Nous sommes un en Christ

« Tu es sans doute convaincu de l'étape considérable qu'est en train de vivre l'humanité, dans sa prise de conscience qu'il existe des Droits de l'homme, et dans son effort pour les faire peu à peu reconnaître par tous. Mais comme chrétien, tu peux aller beaucoup plus loin, et reconnaître que l'existence de droits identiques pour chaque être humain – parce qu'il est un être humain et quelles que soient ses « différences » – souligne que nous avons en commun cette nature humaine que le Fils de Dieu est venu partager avec nous. Nous sommes unis à lui non seulement par la foi, mais plus profondément encore par l'Incarnation. L'Incarnation fait du Christ le frère et l'ami de tout homme. »

Jean-Marie Gueullette o.p., *Laisse Dieu être Dieu en toi,*
Paris, éd. du Cerf, 2002, p. 107.

Calendrier liturgique

Di 22	**3e dimanche A.** *Liturgie des Heures : Psautier semaine III.* [S. Vincent, diacre et martyr, † 304 à Valence (Espagne)].
Ma 24	S. François de Sales, évêque de Genève, docteur de l'Église, † 1622 à Lyon.
Me 25	CONVERSION DE SAINT PAUL, Apôtre. Lectures propres : Ac 22,3-16 ou Ac 9,1-22 ; Mc 16,15-18.
Je 26	S. Timothée et S. Tite, compagnons de S. Paul. Lecture propre : 2 Tm 1,1-8 ou Tt 1,1-5.
Ve 27	Ste Angèle Merici, vierge, fondatrice des Ursulines, † 1540 à Brescia (Italie).
Sa 28	S. Thomas d'Aquin, prêtre, dominicain, docteur de l'Église, † 1274 (7 mars) à Fossanova (Italie), enseveli à Toulouse.

Bonne fête ! 22 : Vincent. 23 : Barnard. 24 : François, Francis, Franck. 25 : Priest. 26 : Timothée, Tite, Paule, Pauline, Mélanie. 27 : Angèle, Angélique, Julien. 28 : Thomas.

Pour mémoire : Il y a 10 ans, le 22 janvier 2007, l'abbé Pierre (de son vrai nom, Henri Grouès) mourait à Paris, à l'âge de 94 ans. Il s'était fait connaître lors du rigoureux hiver de 1953-1954, meurtrier pour les sans abris, en appelant à la radio à une « insurrection de la bonté ». L'Appel de l'abbé Pierre attira des bénévoles de toute la France pour aider à la redistribution des dons reçus. Rapidement, il dut organiser cet élan inespéré de générosité, et le 23 mars 1954 il fondait l'Association Emmaüs, qui se développa ensuite rapidement dans le monde entier, au gré des voyages de l'abbé Pierre.

Pour prier avec l'Évangile : Tu nous as faits à ton image, Dieu d'amour, et tu nous appelles à vivre à ta ressemblance. Ouvre notre esprit à la lumière du Christ, et mets en nous le désir de le suivre, car c'est vers toi qu'il dirige nos regards.

4e dimanche 29 janvier 2017

LA NOUVELLE LOI DE LA NOUVELLE ALLIANCE

Comme autrefois Moïse avait gravi le Sinaï, Jésus gravit une montagne ; mais tout a changé. Alors que Moïse était seul, Jésus est suivi des disciples. Moïse avait reçu une Loi gravée dans la pierre ; Jésus donne une Parole qui sera gravée dans les cœurs : les Béatitudes *(évangile)*. Celui qui parle n'est plus un Dieu grand et redoutable dont on n'ose prononcer le nom ; Jésus ouvre la bouche, comme tout être humain, pour parler du bonheur. Avec les Béatitudes, le décor de la Nouvelle Alliance est planté. Pourtant, il n'est pas simple d'entendre un discours sur le bonheur dans un monde ravagé par les guerres, les violences, le mépris des petits, la domination de l'argent. Les Béatitudes pourraient d'ailleurs être entendues comme une morale. Elles sont bien plus : elles proposent une nouvelle manière d'aborder la vie, le monde, les autres. Elles invitent les disciples à prendre des risques ; préférer la douceur à la violence, la justice au profit, le pardon à la revanche ; consoler ceux qui pleurent, ceux qui sont persécutés, ceux qui ont faim. Un risque résume tout : celui de la pauvreté du cœur, d'un cœur assez dépouillé des idoles du monde, en état permanent de manque, et qui vit d'une promesse : un jour l'amour transformera le monde. Alors, si nous prenons le risque de suivre Jésus, nous sommes dès maintenant proclamés heureux, enfants d'un royaume qui s'accomplit en vie éternelle.

Paul, s'adressant aux chrétiens de Corinthe, leur fait constater la modestie de leur situation et les invite à regarder la force d'un Dieu qui bouleverse l'échelle des valeurs (*deuxième lecture)*. Quant au prophète Sophonie, il demande au peuple, dont il ne reste qu'un petit nombre, de chercher le Seigneur dans la justice et l'humilité (*première lecture*).

Que les Béatitudes soient notre nourriture et notre loi.

Suggestions pour la célébration

• CHANTER • Pour la procession d'ouverture, *Au cœur de ce monde* A 238, *Pour avancer ensemble* K 20-38 CNA 524, *Jubilez, tous les peuples* T 25-91.

Après la Parole, les *Béatitudes* Y 15, *Bienheureux* H 25 CNA 785, *Heureux les pauvres* WLH 106 CNA 650.

Pendant la communion, *Pain rompu pour un monde nouveau* D 284 CNA 338, *Mendiant du jour* D 150 CNA 334.

Après la communion, *Pas de plus grand amour* DL 265-1 CNA 452 ou DL 311-1 CNA 447. On peut aussi chanter les *Béatitudes* si on ne l'a pas fait dans l'Évangile.

• PRIER •

Pour la préparation pénitentielle

Seigneur Jésus, toi le pauvre de cœur,
tu es le Messie envoyé par le Père,
prends pitié de nous.
Ô Christ, toi l'artisan de paix,
tu es le serviteur de Dieu venu en notre monde,
prends pitié de nous.
Seigneur, toi l'innocent persécuté pour la justice,
tu es élevé à la droite du Père,
prends pitié de nous.

Pour la prière universelle

Nous pouvons prier :
- pour nos frères et sœurs persécutés à cause de Jésus ;
- pour tous les artisans de paix qui cherchent à réconcilier les peuples ;
- pour toutes celles et ceux qui souffrent dans leur cœur, dans leur esprit, dans leur chair, en particulier les lépreux ;
- pour notre communauté chrétienne qui témoigne du bonheur de l'Évangile.

• CÉLÉBRER • Ce dernier dimanche de janvier est la journée mondiale des lépreux. Nous sommes invités, non seulement à donner de notre argent pour participer à la lutte contre ce fléau, mais aussi à prier pour ces malades souvent oubliés.

Prière d'ouverture

Accorde-nous, Seigneur, de pouvoir t'adorer sans partage, et d'avoir pour tout homme une vraie charité. Par Jésus Christ.

1re lecture *« Je laisserai chez toi un peuple pauvre et petit »*

Lecture du livre du prophète Sophonie 2, 3 ; 3, 12-13

Cherchez le Seigneur, vous tous, les humbles du pays, qui accomplissez sa loi. Cherchez la justice, cherchez l'humilité : peut-être serez-vous à l'abri au jour de la colère du Seigneur.

Je laisserai chez toi un peuple pauvre et petit ; il prendra pour abri le nom du Seigneur. Ce reste d'Israël ne commettra plus d'injustice ; ils ne diront plus de mensonge ; dans leur bouche, plus de langage trompeur. Mais ils pourront paître et se reposer, nul ne viendra les effrayer.

Psaume 145

R/ **Heureux les pauvres de cœur,**
car le royaume des Cieux est à eux !
ou : **Alléluia.**

Le Seigneur fait justice aux opprimés ;
aux affamés, il donne le pain,
le Seigneur délie les enchaînés.

Le Seigneur ouvre les yeux des aveugles,
le Seigneur redresse les accablés,
le Seigneur aime les justes.

Le Seigneur protège l'étranger,
il soutient la veuve et l'orphelin,
Le Seigneur est ton Dieu pour toujours.

2e LECTURE *« Voilà ce que Dieu a choisi »*

Lecture de la première lettre de saint Paul apôtre
aux Corinthiens 1, 26-31

Frères, vous qui avez été appelés par Dieu, regardez bien : parmi vous, il n'y a pas beaucoup de sages aux yeux des hommes, ni de gens puissants ou de haute naissance. Au contraire, ce qu'il y a de fou dans le monde, voilà ce que Dieu a choisi, pour couvrir de confusion les sages ; ce qu'il y a de faible dans le monde, voilà ce que Dieu a choisi, pour couvrir de confusion ce qui est fort ; ce qui est d'origine modeste, méprisé dans le monde, ce qui n'est pas, voilà ce que Dieu a choisi, pour réduire à rien ce qui est ; ainsi aucun être de chair ne pourra s'enorgueillir devant Dieu. C'est grâce à Dieu, en effet, que vous êtes dans le Christ Jésus, lui qui est devenu pour nous sagesse venant de Dieu, justice, sanctification, rédemption. Ainsi, comme il est écrit : *Celui qui veut être fier, qu'il mette sa fierté* dans le Seigneur.

Alléluia. Alléluia. Réjouissez-vous, soyez dans l'allégresse, car votre récompense est grande dans les cieux ! **Alléluia.**

ÉVANGILE *« Heureux les pauvres de cœur »*

Évangile de Jésus Christ selon saint Matthieu 5, 1-12a

En ce temps-là, voyant les foules, Jésus gravit la montagne. Il s'assit, et ses disciples s'approchèrent de lui. Alors, ouvrant la bouche, il les enseignait. Il disait :

« Heureux les pauvres de cœur,
car le royaume des Cieux est à eux.
Heureux ceux qui pleurent,
car ils seront consolés.
Heureux les doux,
car ils recevront la terre en héritage.
Heureux ceux qui ont faim et soif de la justice,
car ils seront rassasiés.

Heureux les miséricordieux,
car ils obtiendront miséricorde.
Heureux les cœurs purs,
car ils verront Dieu.
Heureux les artisans de paix,
car ils seront appelés fils de Dieu.
Heureux ceux qui sont persécutés pour la justice,
car le royaume des Cieux est à eux.

Heureux êtes-vous si l'on vous insulte, si l'on vous persécute et si l'on dit faussement toute sorte de mal contre vous, à cause de moi. Réjouissez-vous, soyez dans l'allégresse, car votre récompense est grande dans les cieux ! »

Prière sur les offrandes

Pour te servir, Seigneur, nous déposons nos offrandes sur ton autel : accueille-les avec indulgence, pour qu'elles deviennent le sacrement de notre salut. Par Jésus.

Prière après la communion

Nous avons été fortifiés, Seigneur, par le sacrement de notre Rédemption ; permets que cet aliment de salut éternel nous fasse progresser dans la vraie foi. Par Jésus.

Dieu notre seul bien.

« Dieu ne veut pas que nos cœurs soient encombrés de biens, car il veut y habiter comme notre seul bien. Le péché, c'est de le mettre en concurrence avec d'autres biens. Le principal problème, dans la vie spirituelle, est l'occupation de l'espace : s'il y a déjà du monde, plus personne ne peut entrer. Si notre cœur est plein, si notre vie ou notre agenda sont pleins, il n'y a plus de place pour Dieu. On ne peut rien verser dans un vase déjà plein d'eau. »

Jean-Marie Gueullette o.p., *Laisse Dieu être Dieu en toi,*
Paris, éd. du Cerf, 2002, p. 43.

Calendrier liturgique

Di 29	**4e dimanche A.** *Liturgie des Heures : Psautier semaine IV.*
Lu 30	En Belgique, S. Mutien-Marie, frère des écoles chrétiennes, † 1917.
Ma 31	S. Jean Bosco, prêtre, fondateur des Salésiens, † 1888 à Turin.
Je 2	PRÉSENTATION DU SEIGNEUR AU TEMPLE, p. 152.
Ve 3	*S. Blaise, évêque de Sébaste (Asie Mineure), martyr, † vers 316.* *S. Anschaire, évêque de Hambourg, † 865.*

Bonne fête ! 29 : Gildas. 30 : Bathilde, Jacynthe, Martine. 31 : Marcelle, Alban. 1er : Ella, Véridiana. 2 : Théophane. 3 : Blaise, Anatole, Oscar. 4 : Gilbert, Véronique, Bérénice, Vanessa.

Pour mémoire : Aujourd'hui, dernier dimanche de janvier, journée mondiale des lépreux, fondée en 1954 par Raoul Follereau (+ 1977) et célébrée aujourd'hui dans 127 pays.

IL Y A 200 ANS, le 2 février 1817, la société des Marianistes était fondée à Bordeaux par un prêtre français originaire de Périgueux, Guillaume-Joseph Chaminade, un an après la branche féminine, la Congrégation des Filles de Marie immaculée. La famille marianiste s'adonne à des œuvres d'éducation, dans des secteurs très diversifiés : écoles, paroisses, centres d'accueil, aumôneries. Outre les trois vœux ordinaires de religion, les Marianistes font un « vœu de stabilité », par lequel ils s'engagent de manière irrévocable au service de Marie, Mère de l'Église et de tous les hommes, afin de propager son amour et son culte.

Pour prier avec l'Évangile : Dieu de patience et de fidélité, tu connais nos limites et notre indigence et tu nous offres la vraie richesse : ta vie en plénitude dans notre pauvreté. Fais-nous découvrir le bonheur puisque ton Fils veut nous combler de sa présence et de son Esprit.

Présentation du Seigneur 2 février 2017

La fête de la Présentation est, avec Noël et l'Épiphanie, une nouvelle manifestation du Seigneur. Elle donne à vivre deux mystères qui se déroulent au Temple de Jérusalem : une présence et une offrande. Tout d'abord, nous vivons la rencontre du Christ avec Syméon qui est au terme de la longue attente du peuple d'Israël. Et Syméon, prenant l'enfant dans ses bras, reconnaît le Messie attendu et il bénit Dieu.

Puis, c'est la présentation de Jésus au Temple. Au-delà de la prescription légale, la portée du geste est tout autre : dans l'offrande à Dieu, comme dans les paroles de Syméon à Marie, le mystère pascal est annoncé.

Fête de la lumière, la Présentation invite à laisser le Christ éclairer nos vies, et à porter autour de nous la flamme fragile du Dieu fait homme.

CHANTER Pour la procession des lumières: ***Joyeuse lumière* I 17 CNA 477, CNA 806.**

Après la communion : ***Tu es la vraie lumière*: D 86 CNA 595, *Dieu, nous avons vu ta gloire* F 64.**

PRIÈRE D'OUVERTURE Dieu éternel et tout-puissant, nous t'adressons cette humble prière: puisque ton Fils unique, ayant revêtu notre chair, fut en ce jour présenté dans le temple, fais que nous puissions aussi, avec une âme purifiée, nous présenter devant toi. Par Jésus Christ.

LECTURES

Ml 3, 1-4 ou He 2, 14-18; Lc 2, 22-40.

« Maintenant, ô Maître souverain,
tu peux laisser ton serviteur s'en aller
en paix selon ta parole.
Car mes yeux ont vu le salut
que tu préparais à la face des peuples :
Lumière qui se révèle aux nations
et donne gloire à ton peuple Israël. »

(Luc 2)

***Pour mémoire*:** 2 février: Journée de la vie consacrée (religieuses, religieux, instituts séculiers, etc.)

5e dimanche

5 février 2017

SEL ET LUMIÈRE

Le sel et la lumière sont deux éléments essentiels de nos vies. L'un met en valeur la saveur des aliments, l'autre fait connaître la beauté des êtres et du monde. À une condition cependant : que trop de sel ne dénature pas le goût des aliments, qu'une lumière trop violente n'aveugle pas. Sans doute faut-il une bonne dose d'humilité et un grand amour des autres pour parvenir au bon dosage.

Dans la logique des Béatitudes, Jésus invite les disciples à la pauvreté du cœur : lorsqu'il fond dans les aliments, le sel remplit sa fonction ; lorsque nous laissons la lumière du Christ prendre la place de nos propres lumières, trop souvent mêlées de ténèbres, les autres sont conduits au bonheur *(évangile)*. Car ce n'est pas nous que nous annonçons mais le Christ, Messie crucifié, qui a accepté de perdre la vie pour nous envoyer l'Esprit *(deuxième lecture)*.

Dès lors, le disciple doit s'interroger : que veut-il proposer au monde ? Lui-même et ses idées ou la personne du Christ crucifié ? La manière dont il parle s'accorde-t-elle à ce qu'il vit ? Pour être sel et lumière, le disciple doit vivre de l'humilité même de Dieu. Sa parole ne contraindra pas l'autre, ne cherchera pas à en prendre possession, mais laissera toute sa place à un Dieu dont la toute-puissance s'exerce dans la faiblesse.

Quant à Isaïe il rappelle au peuple que rayonner de la lumière de Dieu consiste à donner aux malheureux, à entendre les appels des frères dans la détresse, à vivre concrètement le partage, la justice, la solidarité, à se comporter à l'image d'un Dieu tendre et miséricordieux (*première lecture*). Les Béatitudes ne sont pas loin : nous les entendions dimanche dernier. C'est l'amour de Dieu et des autres qui nous fera sel et lumière, amour qui nous ouvre dès maintenant au bonheur promis.

Suggestions pour la célébration

• CHANTER • Pour la procession d'ouverture, *Ta nuit sera lumière de midi* G 212 CNA 589 ; *Peuple choisi* K 64 (couplets 4, 5 et 7) CNA 543, *Jubilez, tous les peuples* T 25-91.

Après la Parole, *Lumière pour l'homme* E 61-3 CNA 568.

Pendant la communion, *En marchant vers toi, Seigneur* D 380 CNA 326, *Mendiant du jour* D 150 CNA 334.

Après la communion, *Pour être le sel de la terre* R 41-44, *Si l'espérance t'a fait marcher* G 213, *Dieu qui nous appelles à vivre* K 158 CNA 547.

• PRIER •

Pour la préparation pénitentielle

Seigneur Jésus, Parole éternelle,
tu nous dis les mots de Dieu,
prends pitié de nous.
Ô Christ, Lumière éternelle,
tu fais briller en nos ténèbres la clarté de Dieu,
prends pitié de nous.
Seigneur, Sagesse éternelle,
tu donnes à nos vies le goût de Dieu,
prends pitié de nous.

Pour la prière universelle

Nous pouvons prier :

- pour l'Église : qu'elle soit lumière pour le monde ;
- pour ceux qui cherchent un sens à leur vie : qu'ils rencontrent des témoins de la lumière ;
- pour ceux qui accompagnent les autres dans les grandes étapes de la vie : qu'ils soient sel et lumière ;
- pour notre communauté : qu'elle annonce, malgré ses faiblesses, l'Évangile du Christ.

• **CÉLÉBRER** • La lumière joue un rôle important dans la liturgie. Dans l'Ancien Testament, opposée aux ténèbres, elle symbolise une forme de présence de Dieu. Depuis l'Incarnation, elle symbolise la présence du Christ ressuscité, vraie lumière qui éclaire tout homme. Autour de l'autel, les luminaires honorent le Christ. Quant aux cierges et aux veilleuses que l'on allume devant les statues des saints, ils disent la prière ou le désir de prière de ceux qui les allument.

Leur utilisation, dans les célébrations, demande du discernement pour éviter que le trop-plein ne finisse par tuer le symbole.

Prière d'ouverture

Dans ton amour inlassable, Seigneur, veille sur ta famille ; et puisque ta grâce est notre unique espoir, garde-nous sous ta constante protection. Par Jésus Christ.

1re lecture *« Ta lumière jaillira comme l'aurore »*

Lecture du livre du prophète Isaïe 58, 7-10

Ainsi parle le Seigneur : Partage ton pain avec celui qui a faim, accueille chez toi les pauvres sans abri, couvre celui que tu verras sans vêtement, ne te dérobe pas à ton semblable. Alors ta lumière jaillira comme l'aurore, et tes forces reviendront vite. Devant toi marchera ta justice, et la gloire du Seigneur fermera la marche. Alors, si tu appelles, le Seigneur répondra ; si tu cries, il dira : « Me voici. » Si tu fais disparaître de chez toi le joug, le geste accusateur, la parole malfaisante, si tu donnes à celui qui a faim ce que toi, tu désires, et si tu combles les désirs du malheureux, ta lumière se lèvera dans les ténèbres et ton obscurité sera lumière de midi.

PSAUME 111

R/ **Lumière des cœurs droits,**
le juste s'est levé dans les ténèbres.
ou : **Alléluia.**

Lumière des cœurs droits, il s'est levé dans les ténèbres,
homme de justice, de tendresse et de pitié.
L'homme de bien a pitié, il partage ;
il mène ses affaires avec droiture.

Cet homme jamais ne tombera ;
toujours on fera mémoire du juste.
Il ne craint pas l'annonce d'un malheur :
le cœur ferme, il s'appuie sur le Seigneur.

Son cœur est confiant, il ne craint pas.
À pleines mains, il donne au pauvre ;
à jamais se maintiendra sa justice,
sa puissance grandira, et sa gloire !

2e LECTURE

« Le mystère du Christ crucifié »

Lecture de la première lettre de saint Paul apôtre aux Corinthiens 2, 1-5

Frères, quand je suis venu chez vous, je ne suis pas venu vous annoncer le mystère de Dieu avec le prestige du langage ou de la sagesse. Parmi vous, je n'ai rien voulu connaître d'autre que Jésus Christ, ce Messie crucifié. Et c'est dans la faiblesse, craintif et tout tremblant, que je me suis présenté à vous. Mon langage, ma proclamation de l'Évangile, n'avaient rien d'un langage de sagesse qui veut convaincre ; mais c'est l'Esprit et sa puissance qui se manifestaient, pour que votre foi repose, non pas sur la sagesse des hommes, mais sur la puissance de Dieu.

Alléluia. Alléluia. Moi, je suis la lumière du monde, dit le Seigneur. Celui qui me suit aura la lumière de la vie. **Alléluia.**

ÉVANGILE *« Vous êtes la lumière du monde »*

Évangile de Jésus Christ selon saint Matthieu 5, 13-16

En ce temps-là, Jésus disait à ses disciples : « Vous êtes le sel de la terre. Mais si le sel devient fade, comment lui rendre de la saveur ? Il ne vaut plus rien : on le jette dehors et il est piétiné par les gens.

Vous êtes la lumière du monde. Une ville située sur une montagne ne peut être cachée. Et l'on n'allume pas une lampe pour la mettre sous le boisseau ; on la met sur le lampadaire, et elle brille pour tous ceux qui sont dans la maison. De même, que votre lumière brille devant les hommes : alors, voyant ce que vous faites de bien, ils rendront gloire à votre Père qui est aux cieux. »

PRIÈRE SUR LES OFFRANDES

Seigneur notre Dieu, tu as voulu choisir dans ta création le pain et le vin qui refont chaque jour nos forces : fais qu'ils deviennent aussi pour nous le sacrement de la vie éternelle. Par Jésus.

PRIÈRE APRÈS LA COMMUNION

Tu as voulu, Seigneur, que nous partagions un même pain et que nous buvions à la même coupe : accorde-nous de vivre tellement unis dans le Christ que nous portions du fruit pour le salut du monde. Par Jésus.

Je ne suis pas un clone

« Il s'agit donc plus de ressembler au Christ que de l'imiter. Il s'agit de faire en sorte que toute ta vie, qui est absolument unique dans l'histoire de l'humanité, soit éclairée par celle du Christ, de manière que tes gestes et tes paroles évoquent la manière d'être du Christ. Nous ne sommes pas des clones du Christ, ou des magnétophones qui répètent inlassablement ses mots à la virgule près. Nous sommes des fils et des filles de Dieu qui ont appris du Christ ce que cela veut dire que d'avoir Dieu pour Père et les hommes pour frères. »

Jean-Marie Gueullette o.p., *Laisse Dieu être Dieu en toi,*
Paris, éd. du Cerf, 2002, p. 90.

Calendrier liturgique

Di 5	**5e dimanche A.** *Liturgie des Heures : Psautier semaine I.* [Ste Agathe, vierge et martyre, † 251 à Catane (Italie)].
Lu 6	S. Paul Miki, prêtre, et ses compagnons, martyrs, † 1597 à Nagasaki. En Belgique, S. Amand, évêque de Maastricht, † 679 ou 684 à Saint-Amand-les-Eaux.
Ma 7	En Belgique, S. Paul Miki et ses compagnons, martyrs, † 1597 à Nagasaki.
Me 8	S. Jérôme Émilien, fondateur des Serviteurs des pauvres, † 1537, à Somasca (Italie). Ste Joséphine Bakhita, vierge, esclave soudanaise, puis religieuse, † 1947 à Schio (Italie).
Ve 10	Ste Scholastique, vierge, moniale, sœur de S. Benoît, † vers 547 au Mont-Cassin (Italie).
Sa 11	Notre-Dame de Lourdes (1858).

Bonne fête ! 5 : Agathe. 6 : Amand, Gaston, Dorothée, Doris. 7 : Eugénie. 8 : Joséphine, Jacqueline, Jackie. 9 : Apolline. 10 : Scholastique, Arnaud. 11 : Lourdes.

Pour mémoire : 11 février, Notre-Dame de Lourdes : Journée mondiale de la santé et des malades.

Pour prier avec l'Évangile : Quelle merveille pour tes enfants, Dieu d'amour, de voir à quel point ils comptent pour toi et comment tu les appelles sans te lasser. Donne-nous la liberté de l'Esprit pour que nous devenions sel de la terre et lumière du monde à la suite de Jésus Christ.

6e dimanche

12 février 2017

AU-DELÀ DE LA LOI

Assez souvent les journaux relatent, dans les faits divers, des procédures judiciaires pointilleuses que des voisins lancent pour quelques mètres de terrain, un voisinage trop bruyant ou un droit de passage contesté. Tout cela au nom de la loi. Les jugements rendus sont parfois des défis au bon sens, tant une fidélité aveugle aux textes peut engendrer l'injustice si elle ne tient aucun compte de la réalité et de la vérité. Ne pas prendre en compte l'esprit de la loi risque de conduire à des impasses. Pourtant la loi est nécessaire et l'enfreindre peut conduire à la mort physique ou spirituelle *(première lecture)*.

Jésus, cependant, met en garde ses disciples contre la sclérose du légalisme. Il les invite à vivre dans sa liberté de Fils, à aimer de son amour et à entrer dans le « oui » de son obéissance *(évangile)*. C'est alors qu'ils deviendront, jusqu'au plus profond de leur cœur et dans la totalité de leur existence, « des fils du Père qui est dans les cieux », parfaits comme le Père céleste est parfait (Mt 5, 48). La justice nouvelle consiste à s'ajuster à l'amour de Dieu pour ses enfants. Il ne s'agit plus seulement d'obéir aux textes de manière légaliste ni d'exécuter des ordres. Il s'agit de se laisser conduire par la loi nouvelle. À la suite du Christ, le disciple cherche à aller au cœur de la loi, à ce qui lui donne son sens et sa légitimité : le respect des autres qui trouve sa source dans l'amour de Dieu. C'est alors que la justice devient ajustement d'amour.

Demandons au Seigneur que l'Esprit grave dans nos cœurs la nouvelle loi qu'apporte Jésus, une loi qui nous crée à l'image et à la ressemblance d'un Dieu Père, tout Amour.

Suggestions pour la célébration

• **CHANTER** • Pour la procession d'ouverture, *Peuple rassemblé, ton Église en fête* A 58-10, *Évangile de Dieu* AX 48-67, *Chantons avec toute l'Église* M 26-03, *Dieu nous éveille à la foi* A 20-70-3 CNA 546, *Pour avancer ensemble* KD 20-38 CNA 524, *À ce monde que tu fais* T 146-1 CNA 526.

Après la Parole, *Heureux le cœur habité par ta Parole* X 19-66.

Pour la procession de communion, *La Sagesse a dressé une table* SYL F 502 CNA 332, *Approchons-nous de la table* D 19-30.

Après la communion, *Pas de plus grand bonheur* D 13-20-1, *En mémoire du Seigneur* D 304 CNA 327, *Dieu plein d'amour* M 29-77.

• **PRIER** • POUR LA PRÉPARATION PÉNITENTIELLE

Seigneur Jésus, envoyé par le Père, pour accomplir toute la Loi,
prends pitié de nous.
Ô Christ, venu dans le monde convertir nos cœurs à la sagesse de ton Évangile,
prends pitié de nous.
Seigneur, élevé dans la gloire, ton Esprit nous fait vivre en enfants du Père,
prends pitié de nous.

POUR LA PRIÈRE UNIVERSELLE

Nous pouvons prier :
- pour l'Église : que, partout, elle rayonne de l'Évangile ;
- pour les gouvernants des peuples : que la sagesse et la justice inspirent leurs décisions ;
- pour celles et ceux dont le cœur est en proie à la colère ou au désir de vengeance : qu'ils trouvent le chemin du pardon et de la réconciliation ;
- pour celles et ceux qui sont en quête de sagesse : que des témoins leur fassent découvrir la sagesse de l'Évangile ;
- pour nos frères juifs : qu'ils mettent fidèlement en pratique la loi du Seigneur.

• **CÉLÉBRER** • La première lecture et l'Évangile jouent de complémentarité, ce qui est fréquent dans le Temps ordinaire. L'homélie pourrait le mettre en évidence puisque Jésus dit qu'il vient accomplir la Loi ancienne.

Prière d'ouverture

Dieu qui veux habiter les cœurs droits et sincères, donne-nous de vivre selon ta grâce, alors tu pourras venir en nous pour y faire ta demeure. Par Jésus Christ.

1re lecture *« Il n'a commandé à personne d'être impie »*

Lecture du livre de Ben Sira le Sage 15, 15-20

Si tu le veux, tu peux observer les commandements, il dépend de ton choix de rester fidèle. Le Seigneur a mis devant toi l'eau et le feu : étends la main vers ce que tu préfères. La vie et la mort sont proposées aux hommes, l'une ou l'autre leur est donnée selon leur choix. Car la sagesse du Seigneur est grande, fort est son pouvoir, et il voit tout. Ses regards sont tournés vers ceux qui le craignent, il connaît toutes les actions des hommes. Il n'a commandé à personne d'être impie, il n'a donné à personne la permission de pécher.

Psaume 118

R/ **Heureux ceux qui marchent**
suivant la loi du Seigneur.

Heureux les hommes intègres dans leurs voies
qui marchent suivant la loi du Seigneur !
Heureux ceux qui gardent ses exigences,
ils le cherchent de tout cœur !

Toi, tu promulgues des préceptes
à observer entièrement.
Puissent mes voies s'affermir
à observer tes commandements !

Sois bon pour ton serviteur, et je vivrai,
j'observerai ta parole.
Ouvre mes yeux,
que je contemple les merveilles de ta loi.

Enseigne-moi, Seigneur, le chemin de tes ordres ;
à les garder, j'aurai ma récompense.
Montre-moi comment garder ta loi,
que je l'observe de tout cœur.

2e LECTURE *« La sagesse que Dieu avait prévue »*

Lecture de la première lettre de saint Paul apôtre
aux Corinthiens 2, 6-10

Frères, c'est bien de sagesse que nous parlons devant ceux qui sont adultes dans la foi, mais ce n'est pas la sagesse de ce monde, la sagesse de ceux qui dirigent ce monde et qui vont à leur destruction. Au contraire, ce dont nous parlons, c'est de la sagesse du mystère de Dieu, sagesse tenue cachée, établie par lui dès avant les siècles, pour nous donner la gloire. Aucun de ceux qui dirigent ce monde ne l'a connue, car, s'ils l'avaient connue, ils n'auraient jamais crucifié le Seigneur de gloire. Mais ce que nous proclamons, c'est, comme dit l'Écriture :

ce que l'œil n'a pas vu,
ce que l'oreille n'a pas entendu,
ce qui n'est pas venu à l'esprit de l'homme,
ce que Dieu a préparé pour ceux dont il est aimé.

Et c'est à nous que Dieu, par l'Esprit, en a fait la révélation. Car l'Esprit scrute le fond de toutes choses, même les profondeurs de Dieu.

Alléluia. Alléluia. Tu es béni, Père, Seigneur du ciel et de la terre, tu as révélé aux tout-petits les mystères du Royaume. **Alléluia.**

Évangile

« Eh bien ! moi, je vous dis »

Évangile de Jésus Christ selon saint Matthieu 5, 17-37

La lecture du texte entre crochets est facultative.

En ce temps-là, Jésus disait à ses disciples : [« Ne pensez pas que je sois venu abolir la Loi ou les Prophètes : je ne suis pas venu abolir, mais accomplir. Amen, je vous le dis : Avant que le ciel et la terre disparaissent, pas un seul iota, pas un seul trait ne disparaîtra de la Loi jusqu'à ce que tout se réalise. Donc, celui qui rejettera un seul de ces plus petits commandements, et qui enseignera aux hommes à faire ainsi, sera déclaré le plus petit dans le royaume des Cieux. Mais celui qui les observera et les enseignera, celui-là sera déclaré grand dans le royaume des Cieux. Je vous le dis en effet :] Si votre justice ne surpasse pas celle des scribes et des pharisiens, vous n'entrerez pas dans le royaume des Cieux.

Vous avez appris qu'il a été dit aux anciens : *Tu ne commettras pas de meurtre,* et si quelqu'un commet un meurtre, il devra passer en jugement. Eh bien ! moi, je vous dis : Tout homme qui se met en colère contre son frère devra passer en jugement. [Si quelqu'un insulte son frère, il devra passer devant le tribunal. Si quelqu'un le traite de fou, il sera passible de la géhenne de feu. Donc, lorsque tu vas présenter ton offrande à l'autel, si, là, tu te souviens que ton frère a quelque chose contre toi, laisse ton offrande, là, devant l'autel, va d'abord te réconcilier avec ton frère, et ensuite viens présenter ton offrande. Mets-toi vite d'accord avec ton adversaire pendant que tu es en chemin avec lui, pour éviter que ton adversaire ne te livre au juge, le juge au garde, et qu'on ne te jette en prison. Amen, je te le dis : tu n'en sortiras pas avant d'avoir payé jusqu'au dernier sou.]

Vous avez appris qu'il a été dit : *Tu ne commettras pas d'adultère.* Eh bien ! moi, je vous dis : Tout homme qui regarde une femme avec convoitise a déjà commis l'adultère avec elle dans son cœur. [Si ton œil droit entraîne ta chute, arrache-le et jette-le loin de toi, car mieux vaut pour toi perdre un de tes membres que d'avoir ton corps tout entier jeté dans la géhenne. Et si ta main droite entraîne ta chute, coupe-la et jette-la loin de toi, car mieux vaut pour toi perdre un de tes membres que d'avoir ton corps tout entier qui s'en aille dans la géhenne.

Il a été dit également : *Si quelqu'un renvoie sa femme, qu'il lui donne un acte de répudiation.* Eh bien ! moi, je vous dis : Tout homme qui renvoie sa femme, sauf en cas d'union illégitime, la pousse à l'adultère ; et si quelqu'un épouse une femme renvoyée, il est adultère.]

Vous avez encore appris qu'il a été dit aux anciens : *Tu ne manqueras pas à tes serments, mais tu t'acquitteras de tes serments envers le Seigneur.* Eh bien ! moi, je vous dis de ne pas jurer du tout, ni par le ciel, car c'est le trône de Dieu, ni par la terre, car elle est son marchepied, ni par Jérusalem, car elle est la Ville du grand Roi. Et ne jure pas non plus sur ta tête, parce que tu ne peux pas rendre un seul de tes cheveux blanc ou noir. Que votre parole soit "oui", si c'est "oui", "non", si c'est "non". Ce qui est en plus vient du Mauvais. »

PRIÈRE SUR LES OFFRANDES

Que cette eucharistie, Seigneur, notre Dieu, nous purifie et nous renouvelle ; qu'elle donne à ceux qui font ta volonté le bonheur que tu leur as promis. Par Jésus.

PRIÈRE APRÈS LA COMMUNION

Tu nous as donné, Seigneur, de goûter aux joies du ciel : fais que nous ayons toujours soif des sources de la vraie vie. Par Jésus.

Les vœux pieux n'engagent à rien

« Arrête donc de dire en soupirant : "Je voudrais bien" : la volonté n'agit pas sous forme de vœux pieux. Elle s'engage, au présent. Même si l'acte extérieur n'est pas pour le moment possible. Ce qui compte, c'est cette orientation de la volonté vers le bien. Ce que Dieu attend de toi, c'est que tu dises enfin : "Je veux", non pas en soupirant, mais en y mettant toute ta bonne volonté. C'est comme cela que l'essentiel sera fait, c'est-à-dire que la direction sera prise, même si tu n'es pas encore capable de réaliser pleinement cette orientation. »

Jean-Marie Gueullette o.p., *Laisse Dieu être Dieu en toi,*
Paris, éd. du Cerf, 2002, p. 101.

Calendrier liturgique

Di 12 **6e dimanche A.**
Liturgie des Heures : Psautier semaine II

Ma 14 S. CYRILLE, moine, † 869 à Rome, et son frère S. MÉTHODE, évêque de Moravie, † 895, patrons de l'Europe. En Europe, fête. Lectures propres : Ac 13,46-49 ou 2 Co 4,1-2.5-7 ; Lc 10,1-9.

Ve 17 *Les sept saints fondateurs des Servites de Marie à Florence, 14e siècle.*

Sa 18 *En France, Ste Bernadette Soubirous, vierge, † 1879 à Nevers.*

Bonne fête ! 12 : Félix. 13 : Béatrice, Jourdain. 14 : Cyrille, Méthode, Valentin, Tino. 15 : Faustin, Georgina, Claude. 16 : Juliette, Paméla. 17 : Alexis. 18 : Bernadette, Siméon, Nadine, Flavien.

Pour prier avec l'Évangile : Béni sois-tu, Dieu notre Père, de nous donner l'Évangile pour que ses exigences libèrent notre vie. Nous t'en prions : dirige nos regards vers ta justice et ton amour, car ton Fils nous les a fait connaître et ton Esprit veut les répandre en nos cœurs.

7e dimanche

19 février 2017

« DAVANTAGE »

Depuis plusieurs dimanches, nous voyons et entendons Jésus qui, du haut d'une montagne, donne un enseignement (*évangile*). À qui s'adresse-t-il ? À ses disciples, à ceux qui déjà se sont approchés de lui, mais aussi à la foule restée en bas. Il parle à tous ceux qui se sont arrêtés pour l'écouter et, aujourd'hui, aux hommes et femmes qui décident d'entendre sa parole. Son propos est net : il y a ce que « vous avez appris », et ce que « moi, je vous dis ». En affirmant cela, Jésus ne cherche pas sa propre gloire mais il rappelle que la perfection vient de son Père.

Fais « davantage », nous demande l'évangile : non seulement mille pas obligatoires mais deux mille pas volontairement consentis avec celui qui t'a forcé à marcher. Aurions-nous tant à réparer qu'il faille tendre aussi l'autre joue ? L'invitation du Christ n'est pas de cet ordre. Il s'agit au contraire d'un dynamisme de vie. Les indications de Jésus entrent en résonance avec un désir actuel de vie meilleure, plus harmonieuse, qui habite l'être humain : « Heureux les pauvres de cœur… » (Mt 5, 3-12). Imaginons quelques instants ce que serait notre vie, celle de nos familles ou des communautés, et celle du monde si nous ne ripostions pas au méchant, si nous donnions au voleur… ou si nous nous conformions au livre du Lévitique : « Tu ne te vengeras pas » (*première lecture*). Jésus affirme, lui, que c'est la seule manière d'être des fils de Dieu même si certains pensent que l'homme est un loup pour l'homme. Il invite à désirer davantage que ce que nous pensons pouvoir faire ou être, et à trouver notre propre identité dans ce dépassement. Attention cependant, il ne s'agit pas pour nous de surplomber les autres, forts de notre seul mérite. Les chrétiens ont à se rappeler sans cesse qu'ils ne peuvent pas mettre leur fierté dans une autosatisfaction de quelque nature que ce soit, parce qu'« ils sont au Christ et que le Christ est à Dieu » (*deuxième lecture*). Donner sa confiance au Christ est la seule force qui conduise chacun à aimer au-delà de lui-même.

Suggestions pour la célébration

• **CHANTER** • Aux chants proposés depuis le 3e dimanche, on pourra préférer pour la procession d'ouverture : ***À ce monde que tu fais*** **T 146-1 CNA 526** (couplets 1, 2, 3, et 4), ***Peuple rassemblé, ton Église en fête*** **A 55-10**, ***Jubilez, criez de joie*** **U 52-42**.

Après la Parole, ***À l'image de ton amour*** **D 128 CNA 529**, ***Aimer, c'est tout donner*** **X 59-79**, ***Celui qui aime*** **D 18-13 CNA 539**.

Pendant la communion, ***Celui qui aime son frère*** **D 32-89**, ***En mémoire du Seigneur*** **D 304-1 CNA 327**.

Après la communion, ***Gloire et louange à toi*** **X 10 CNA 555**, ***Les mots que tu nous dis*** **E 164**.

• **PRIER** •

Pour la préparation pénitentielle

Seigneur Jésus, maître de l'amour véritable,
prends pitié de nous.
Ô Christ, vie donnée par amour,
prends pitié de nous.
Seigneur, Sagesse éternelle du Père,
prends pitié de nous.

Pour la prière universelle

Confions au Seigneur :
- les personnes et les institutions qui œuvrent à la justice et à la paix ;
- les éducateurs qui ouvrent des possibilités d'avenir aux personnes en prison ;
- les parents et les enfants qui se pardonnent même quand cela paraît difficile ;
- les communautés chrétiennes ouvertes aux étrangers.

• **CÉLÉBRER** • Pour faire écho à l'évangile, on peut choisir la deuxième prière eucharistique pour la réconciliation : « ... enfin les ennemis se parlent... C'est à toi que nous le devons si le désir de s'entendre l'emporte sur la guerre... ».

Prière d'ouverture

Accorde-nous, Dieu tout-puissant, de conformer à ta volonté nos paroles et nos actes dans une inlassable recherche des biens spirituels. Par Jésus Christ.

1re lecture *« Soyez saints car je suis saint »*

Lecture du livre des Lévites 19, 1-2.17-18

Le Seigneur parla à Moïse et dit : « Parle à toute l'assemblée des fils d'Israël. Tu leur diras : Soyez saints, car moi, le Seigneur votre Dieu, je suis saint.

Tu ne haïras pas ton frère dans ton cœur. Mais tu devras réprimander ton compatriote, et tu ne toléreras pas la faute qui est en lui. Tu ne te vengeras pas. Tu ne garderas pas de rancune contre les fils de ton peuple. Tu aimeras ton prochain comme toi-même. Je suis le Seigneur. »

Psaume 102

R/ Le Seigneur est tendresse et pitié.

Bénis le Seigneur, ô mon âme,
bénis son nom très saint, tout mon être !
Bénis le Seigneur, ô mon âme,
n'oublie aucun de ses bienfaits !

Car il pardonne toutes tes offenses
et te guérit de toute maladie ;
il réclame ta vie à la tombe
et te couronne d'amour et de tendresse.

Le Seigneur est tendresse et pitié,
lent à la colère et plein d'amour ;
il n'agit pas envers nous selon nos fautes,
ne nous rend pas selon nos offenses.

Aussi loin qu'est l'orient de l'occident,
il met loin de nous nos péchés ;
comme la tendresse du père pour ses fils,
la tendresse du Seigneur pour qui le craint !

2e LECTURE *« Vous êtes le sanctuaire de Dieu »*

Lecture de la première lettre de saint Paul apôtre aux Corinthiens 3, 16-23

Frères, ne savez-vous pas que vous êtes un sanctuaire de Dieu, et que l'Esprit de Dieu habite en vous ? Si quelqu'un détruit le sanctuaire de Dieu, cet homme, Dieu le détruira, car le sanctuaire de Dieu est saint, et ce sanctuaire, c'est vous. Que personne ne s'y trompe : si quelqu'un parmi vous pense être un sage à la manière d'ici-bas, qu'il devienne fou pour devenir sage. Car la sagesse de ce monde est folie devant Dieu. Il est écrit en effet : *C'est lui qui prend les sages au piège de leur propre habileté.* Il est écrit encore : *Le Seigneur le sait : les raisonnements des sages n'ont aucune valeur !*

Ainsi, il ne faut pas mettre sa fierté en tel ou tel homme. Car tout vous appartient, que ce soit Paul, Apollos, Pierre, le monde, la vie, la mort, le présent, l'avenir : tout est à vous, mais vous, vous êtes au Christ, et le Christ est à Dieu.

Alléluia. Alléluia. En celui qui garde la parole du Christ l'amour de Dieu atteint vraiment sa perfection. **Alléluia.**

ÉVANGILE *« Vous serez parfaits comme votre Père »*

Évangile de Jésus Christ selon saint Matthieu 5, 38-48

En ce temps-là, Jésus disait à ses disciples : « Vous avez appris qu'il a été dit : *Œil pour œil,* et *dent pour dent.* Eh bien ! moi, je vous dis de ne pas riposter au méchant ; mais si quelqu'un te gifle sur la joue droite, tends-lui encore l'autre.

Et si quelqu'un veut te poursuivre en justice et prendre ta tunique, laisse-lui encore ton manteau. Et si quelqu'un te réquisitionne pour faire mille pas, fais-en deux mille avec lui.

À qui te demande, donne ; à qui veut t'emprunter, ne tourne pas le dos !

Vous avez appris qu'il a été dit : *Tu aimeras ton prochain* et tu haïras ton ennemi. Eh bien ! moi, je vous dis : Aimez vos ennemis, et priez pour ceux qui vous persécutent, afin d'être vraiment les fils de votre Père qui est aux cieux ; car il fait lever son soleil sur les méchants et sur les bons, il fait tomber la pluie sur les justes et sur les injustes. En effet, si vous aimez ceux qui vous aiment, quelle récompense méritez-vous ? Les publicains eux-mêmes n'en font-ils pas autant ? Et si vous ne saluez que vos frères, que faites-vous d'extraordinaire ? Les païens eux-mêmes n'en font-ils pas autant ?

Vous donc, vous serez parfaits comme votre Père céleste est parfait. »

Prière sur les offrandes

En célébrant avec respect tes mystères, Seigneur, nous te supplions humblement : que les dons offerts pour te glorifier servent à notre salut. Par Jésus.

Prière après la communion

Nous t'en prions, Dieu tout-puissant, donne-nous de recueillir tous les fruits de salut dont ces mystères sont déjà la promesse et le gage. Par Jésus.

Que ton règne vienne

« Cette attente active du Règne est aussi un engagement dans le présent, l'Aujourd'hui de Dieu. Demander la venue du Règne me décentre de moi-même et de mes désirs immédiats, égocentriques ; demander le Règne, c'est se tourner vers une altérité, celle de Dieu et de sa volonté. C'est aussi accepter que ce Règne de Dieu bouleverse complètement nos valeurs, transforme nos attentes et dépasse nos espérances.
Demander le Règne, c'est vouloir, avec la grâce de Dieu, la justice, la fraternité et la paix pour tous les humains. »

Groupe des Dombes, *« Vous donc, priez ainsi »*,
Bayard, 2011, p. 135.

Calendrier liturgique

Di 19	**7e dimanche A.** *Liturgie des Heures : Psautier semaine III.*
Ma 21	*S. Pierre Damien, cardinal-évêque d'Ostie, docteur de l'Église, † 1072.*
Me 22	CHAIRE DE SAINT PIERRE, Apôtre. Lectures propres : 1 P 5, 1-4 ; Mt 16, 13-19.
Je 23	S. Polycarpe, évêque de Smyrne (Asie mineure) et martyr, † 155.

Bonne fête ! 19 : Gabin, Boniface. 20 : Aimée. 21 : Damien. 22 : Isabelle. 23 : Lazare, Polycarpe. 24 : Modeste, Robert. 25 : Roméo.

Pour prier avec l'Évangile : Inlassable est ton amour, Dieu notre Père, toi dont le Fils nous a aimés au-delà de toute mesure. Apprends-nous à recevoir sa Parole et à vaincre le mal par le bien pour vivre en enfants de lumière, à la louange de ta gloire.

LE DIMANCHE : UNE HISTOIRE

Depuis les débuts de l'Église, les chrétiens ont célébré le dimanche. Les Actes des Apôtres en portent le témoignage (Ac 2, 42-44 ; 20, 7). Le rassemblement dominical se fait dans une maison et comporte un enseignement, la liturgie eucharistique, un repas fraternel et le partage avec les plus pauvres. Parfois des baptêmes et la pénitence. Au début du 2e siècle, une lettre de Pline le Jeune rapporte qu'il y a deux assemblées le dimanche : une liturgique, avant le lever du soleil ; l'autre, le soir.

À partir du 4e siècle, la religion chrétienne devient religion d'État. On se rassemble dans des basiliques ; la liturgie, en latin, gagne en durée et en solennité. Le dimanche devient jour de repos et garde ses éléments premiers : catéchèse, eucharistie, repas, service des pauvres et des absents.

Du Moyen Âge à Vatican II, la messe dominicale est le cœur du dimanche qui reste un jour de repos, de rencontres festives, de visites aux malades et aux pauvres, de participation aux œuvres de charité. À partir du 12e siècle, le dimanche voit les chrétiens se rassembler autour d'éléments périphériques à la célébration eucharistique : lieux de pèlerinage, culte des reliques, représentations des mystères, crèche, procession du Saint-Sacrement. Le dimanche se banalise, pris entre les nombreuses messes de semaine, le travail et les divertissements profanes. À la fin du Moyen Âge, l'interdiction du travail dominical est fortement régulée mais transforme la célébration eucharistique en obligation morale.

Le Concile de Trente recentre le dimanche sur la messe et la catéchèse ; l'Église retrouve la nécessité de rassembler les chrétiens chaque dimanche. Au 19e, la messe est redevenue centrale, mais le dimanche s'y limite. Dans une époque qui n'est guère favorable au dimanche, Vatican II redira l'importance vitale, pour les chrétiens, de se rassembler le dimanche pour célébrer l'Eucharistie.

S. K.

PAS SEULEMENT UN PROGRAMME ÉCONOMIQUE

Se faire du souci pour le lendemain n'a jamais ajouté « une coudée » à la longueur de la vie, dit Jésus. Alors pourquoi y attacher de l'importance ? Certaines communications scientifiques actuelles laissent pourtant espérer qu'il serait possible, dans un futur proche, de prolonger indéfiniment la vie. L'évangile aurait-il tort ? Ne faut-il pas au contraire se préoccuper de posséder plus de richesses afin d'améliorer cette vie ?

Rien n'est moins sûr. Plusieurs maximes connues sont issues de l'évangile de ce dimanche : « À chaque jour suffit sa peine », « Cherchez d'abord le royaume de Dieu et sa justice », « Nul ne peut servir deux maîtres ». Elles témoignent d'un art de vivre qui rejoint de nouvelles préoccupations économiques et sociétales : ralentir le rythme de vie, préférer la décroissance, moins posséder. Il y a ainsi de nombreuses consonances entre la manière dont Jésus explique la vie à ses disciples et les attentes des hommes d'aujourd'hui. Cependant, la visée des paroles de Jésus ne se limite pas à un programme économique et social. En effet, s'il incite à ne pas se concentrer sur les besoins matériels de la vie, c'est d'abord parce que le Père veille sur nous, telle une femme qui ne peut oublier son enfant (*première lecture*).

Rappelons-nous aussi que ce passage de l'évangile de Matthieu est précédé par la prière du *Notre Père* (Mt 6, 7-13). Dieu, comme un père, se soucie de nous et répond à notre prière. Rien ne peut nous manquer qu'il ne nous ait déjà donné en son Fils Jésus. La prière que nous adressons au Père, « Donne-nous aujourd'hui notre pain de ce jour », trouve réponse dans la foi au Christ : la nourriture qui nous rassasie, c'est son corps ; le vêtement qui nous couvre, c'est sa parole. Comment alors avoir faim et froid ? Mais aussi comment pourrions-nous tolérer, sans y remédier, que des pauvres, aujourd'hui encore, aient faim et froid ?

Suggestions pour la célébration

• **CHANTER** • Pour la procession d'ouverture : *Mendiants d'espérance* A 39-69, *Tenons en éveil* Y 243 CNA 591, *Que soit béni le nom de Dieu* A 235.

Après la Parole : *Dieu de tendresse, Dieu de miséricorde* C 43-30.

Pour la procession de communion : *Mendiant du jour* DP 150-5 CNA 334 ou DP 574, *Tu es le Dieu fidèle* D 163 CNA 346.

Après la communion : *En accueillant l'amour* DLH 126 CNA 325, *Bienheureux le pauvre* W 22-98 CNA 536, *Rendons gloire à notre Dieu* C 35-33.

• **PRIER** •

Pour la préparation pénitentielle

Seigneur Jésus, humble et pauvre,
prends pitié de nous.
Ô Christ, don de vie pour les hommes,
prends pitié de nous.
Seigneur, Porte du Royaume,
prends pitié de nous.

Pour la prière universelle

Confions au Seigneur :

- ceux qui ne cherchent pas à accroître pour eux-mêmes leurs richesses mais pour les partager ;
- les associations qui veillent à ce que personne ne connaisse le dénuement et la faim ;
- les religieux et religieuses qui ont fait vœu de pauvreté ;
- l'Église qui veut vivre l'évangile en mettant sa confiance en Dieu seul.

• **CÉLÉBRER** • La prière du *Notre Père* peut être introduite par une monition qui rappelle ce qui a été entendu dans l'évangile.

Prière d'ouverture

Fais que les événements du monde, Seigneur, se déroulent dans la paix, selon ton dessein. et que ton peuple connaisse la joie de te servir sans inquiétude. Par Jésus Christ.

1re LECTURE — *Dieu, comme une mère*

Lecture du livre du prophète Isaïe 49, 14-15

Jérusalem disait : « Le Seigneur m'a abandonnée, mon Seigneur m'a oubliée. » Une femme peut-elle oublier son nourrisson, ne plus avoir de tendresse pour le fils de ses entrailles ? Même si elle l'oubliait, moi, je ne t'oublierai pas, – dit le Seigneur.

Psaume 61

R/ **En Dieu seul,**
le repos de mon âme.

Je n'ai de repos qu'en Dieu seul,
mon salut vient de lui.
Lui seul est mon rocher, mon salut,
ma citadelle : je suis inébranlable.

Mon salut et ma gloire
se trouvent près de Dieu.
Chez Dieu, mon refuge,
mon rocher imprenable !

Comptez sur lui en tous temps,
vous, le peuple.
Devant lui épanchez votre cœur :
Dieu est pour nous un refuge.

2e LECTURE *Justes selon Dieu*

Lecture de la première lettre de saint Paul apôtre aux Corinthiens 4, 1-5

Frères, que l'on nous regarde comme des auxiliaires du Christ et des intendants des mystères de Dieu. Or, tout ce que l'on demande aux intendants, c'est d'être trouvés dignes de confiance. Pour ma part, je me soucie fort peu d'être soumis à votre jugement, ou à celui d'une autorité humaine ; d'ailleurs, je ne me juge même pas moi-même. Ma conscience ne me reproche rien, mais ce n'est pas pour cela que je suis juste : celui qui me soumet au jugement, c'est le Seigneur. Ainsi, ne portez pas de jugement prématuré, mais attendez la venue du Seigneur, car il mettra en lumière ce qui est caché dans les ténèbres, et il rendra manifestes les intentions des cœurs. Alors, la louange qui revient à chacun lui sera donnée par Dieu.

Alléluia. Alléluia. Elle est vivante, efficace, la parole de Dieu ; elle juge des intentions et des pensées du cœur. **Alléluia.**

ÉVANGILE *Le Père veille sur nous*

Évangile de Jésus Christ selon saint Matthieu 6, 24-34

En ce temps-là, Jésus disait à ses disciples : « Nul ne peut servir deux maîtres : ou bien il haïra l'un et aimera l'autre, ou bien il s'attachera à l'un et méprisera l'autre. Vous ne pouvez pas servir à la fois Dieu et l'Argent.

C'est pourquoi je vous dis : Ne vous souciez pas, pour votre vie, de ce que vous mangerez, ni, pour votre corps, de quoi vous le vêtirez. La vie ne vaut-elle pas plus que la nourriture, et le corps plus que les vêtements ? Regardez les oiseaux du ciel : ils ne font ni semailles ni moisson, ils n'amassent pas dans des greniers, et votre Père céleste les nourrit. Vous-mêmes, ne valez-vous pas beaucoup plus qu'eux ? Qui d'entre vous, en se faisant du souci, peut ajouter une coudée à la longueur de sa vie ? Et au sujet des vêtements, pourquoi se faire tant de souci ? Observez comment poussent les lis des champs : ils ne travaillent pas, ils ne filent pas. Or je vous dis que Salomon lui-même, dans toute sa gloire, n'était pas habillé comme l'un d'entre eux. Si Dieu donne un tel vêtement à l'herbe des champs, qui est là aujourd'hui, et qui demain sera jetée au feu, ne fera-t-il pas bien davantage pour vous, hommes de peu de foi ? Ne vous faites donc pas tant de souci ; ne dites pas : "Qu'allons-nous manger ?" ou bien : "Qu'allons-nous boire ?" ou encore : "Avec quoi nous habiller ?" Tout cela, les païens le recherchent. Mais votre Père céleste sait que vous en avez besoin.

Cherchez d'abord le royaume de Dieu et sa justice, et tout cela vous sera donné par surcroît. Ne vous faites pas de souci pour demain : demain aura souci de lui-même ; à chaque jour suffit sa peine. »

Prière sur les offrandes

C'est toi qui nous donnes, Seigneur, ce que nous t'offrons, tu vois dans notre offrande un geste d'amour ; aussi te prions-nous avec confiance : puisque tes propres dons sont notre seule valeur, qu'ils fructifient pour nous en bonheur éternel. Par Jésus.

Prière après la communion

Tu nous as nourris, Seigneur, dans cette communion au mystère du salut ; et nous t'adressons encore une prière : par le sacrement qui est notre force aujourd'hui, fais-nous vivre avec toi pour l'éternité. Par Jésus.

Donne-nous aujourd'hui

« L'attitude de confiance filiale attendue des chrétiens suppose : d'une part, qu'ils apprennent à demander à Dieu ce qui est nécessaire à leur vie quotidienne, considérant leurs biens comme don de Dieu, et s'attachent à vivre "le jour qui vient" ; d'autre part, qu'ils demeurent affamés de la vraie vie, celle même du Christ, donnée dans la parole et le pain.(...) »

Groupe des Dombes, « *Vous donc, priez ainsi* »,
Bayard, 2011, p. 168.

« Parce que nous nous en remettons entièrement à toi dans la confiance et l'espérance, nous voulons aussi te prier pour ce dont nous avons nous-mêmes besoin dans le quotidien de nos vies, et d'abord pour le pain qui nous est nécessaire pour vivre. Nous ne demandons pas de faire provision pour toujours, mais c'est chaque jour que nous te demandons le pain, parce que, chaque jour, nous avons besoin de toi pour notre existence. »

« Pour la conversion des Églises,
méditation avec les mots du Notre Père »,
op. cit., p. 176.

Calendrier liturgique

Di 26	**8e dimanche A.** *Liturgie des Heures : Psautier semaine IV.*
Me 1er	**MERCREDI DES CENDRES,** jour de jeûne et d'abstinence, p. 180.
Je 2	Dt 30,15-20 ; Ps 1 ; Lc 9,22-25.
Ve 3	Is 58,1-9 ; Ps 50 ; Mt 9,14-15.
Sa 4	Is 58,9-14 ; Ps 85 ; Lc 5,27-32. *S. Casimir, prince de Lituanie, † 1484 à Grodno.*

Bonne fête ! 26 : Nestor. 27 : Honorine, Gabriel. 28 : Romain. 1er : Aubin, Albin. 2 : Charles. 3 : Guénolé. 4 : Casimir.

Pour prier avec l'Évangile : Toi que nous appelons « notre Père », tu nous sais pétris de gloire et de poussière ; aussi nous te prions. Ne laisse pas les soucis de la vie nous détourner de ton regard ; suscite en nos cœurs la prière confiante de tes enfants qui remettent leur avenir entre tes mains de Père.

À TRAVERS LA MORT ET LA VIE, MARCHONS VERS PÂQUES !

À l'extérieur de la ville provençale d'Arles, il y a une nécropole ancienne nommée *Les Alyscamps*. On y pénètre par une large allée bordée de cyprès et de tombeaux qui conduit à une église romane profonde et fraîche. Marcher sur cette allée est une image du Carême. Les cyprès, ces arbres toujours verts, rappellent que la vie est victorieuse, et les tombeaux, qu'il nous faut passer par la mort. On ne peut ignorer les tombeaux tellement ceux-ci sont massifs et nombreux, mais ce n'est pas en soi désespérant : la marche elle-même témoigne que nous sommes des vivants.

Ce chemin est balisé, comme l'est le temps du Carême, dimanche après dimanche, semaine après semaine. Le Carême est le temps de la marche vers Pâques, il dessine un chemin pour progresser. La progression s'accomplit par le déploiement des cinq dimanches de Carême et du dimanche des Rameaux. Il conduit jusqu'au porche des premiers jours saints avant la messe du Jeudi saint qui célèbre l'institution de l'Eucharistie. Le Carême se termine là, laissant place au Triduum pascal dont le sommet est la Vigile pascale, suivie de la messe du jour de Pâques. À travers cette progression symbolique du temps, s'accomplit notre progression spirituelle afin que « nos cœurs correspondent vraiment à nos offrandes » (*Prière sur les offrandes 1er dim. de Carême*). Accepter de pratiquer cette marche temporelle du Carême peut se traduire pour chacun de nous, par notre fidélité chaque dimanche – et pourquoi pas chaque jour ? – à écouter les Écritures saintes et célébrer l'eucharistie. Là se trouve la source qui invite au partage et à la miséricorde véritablement vécus.

Marchons paisiblement en faisant mémoire de la mort et de la résurrection du Seigneur ; progressons avec Lui vers la célébration de Pâques et accompagnons ainsi le chemin des catéchumènes qui seront baptisés dans la nuit sainte.

Mercredi des Cendres

1er mars 2017

RETOURNER VERS DIEU : UN DON ET UNE DÉCISION

L'appel qui ouvre la première lecture du Carême dans le livre de Joël est puissant : « Revenez à moi de tout votre cœur ». L'horizon du Carême est devant nous : quels que soient notre âge, notre condition physique, notre travail, nos engagements, nos affections… nous sommes attendus. Si Dieu aujourd'hui nous demande de retourner vers Lui, c'est que nous l'avons perdu de vue, parfois même sans nous en rendre compte. La célébration des Cendres est marquée par cette décision du retour, un peu comme quand nous prenons notre billet de transport, avant de monter dans le train !

Pourtant, le signe des cendres déposées sur notre tête est équivoque. Il pourrait au contraire marquer un point de non-retour. Des cendres sont le signe par excellence du rien, « quand il ne reste qu'un petit tas de cendres », disons-nous. Les paroles qui accompagnent le geste sont rudes : « Souviens-toi que tu es poussière et que tu retourneras en poussière » ou bien « Convertissez-vous et croyez à l'Évangile ». Il faudrait pouvoir entendre ces deux phrases à la suite car la deuxième répond à la première : Souviens-toi que tu es mortel, afin de pouvoir vivre pleinement. Quand on y réfléchit, ce signe est d'une rigueur extrême, marquant sans équivoque la condition de notre humanité. Comment supporter cette imposition de cendres qui rappelle notre finitude dans un monde où l'occultation de la mort et le culte de la jeunesse sont parmi les idées dominantes ? Voilà le premier retournement demandé par le signe des cendres : accepter ma fragilité d'homme créé. Mais cela ne suffit pas pour entrer dans le dynamisme de la conversion. Ce retour vers Dieu est aussi mouvement du cœur. Nous avons à faire confiance à l'Évangile, c'est-à-dire au Christ. En mettant notre foi dans le Christ, nous pouvons percevoir que Dieu est plus grand que notre cœur et qu'il demeure en nous (*évangile*). Le chemin pour le trouver est donc aussi un chemin vers nous-mêmes.

Suggestions pour la célébration

• CHANTER • La célébration des Cendres requiert une grande sobriété ; on évitera de trop chanter.

Pour l'ouverture, on pourra retenir : ***Changez vos cœurs* G 162 CNA 415, Revenez à moi SYL 494, *Laissons-nous réconcilier* R 54-23, *Oui, je me lèverai* G 48 CNA 423.**

Si l'on souhaite souligner la dimension catéchuménale du Carême de l'année A, on peut chanter : ***Pour l'appel à rejoindre ton peuple* G 14-58-1 CNA 676.**

Pendant l'imposition des cendres : ***Pitié pour moi, mon Dieu* ZL 50-29,** le psaume 50, ***Pitié, Seigneur* G 248 CNA 701.**

Après la communion : **Sans te voir nous t'aimons M 20, *Avec toi, nous irons au désert* G 229 CNA 414.**

À la fin de la célébration, ***Vivons en enfants de lumière* G 14-57-1 CNA 430** (1er couplet), ***Rends-nous la joie de ton salut* G 268, *Peuple de l'Alliance* G 244.**

• PRIER •

Pour la préparation pénitentielle

Il n'y a pas de préparation pénitentielle car l'imposition des cendres en tient lieu : « Demandons au Seigneur de bénir ces cendres dont nos fronts vont être marqués en signe de pénitence » (*monition avant la bénédiction des cendres*).

Pour la prière universelle

Confions au Seigneur :

– l'Église qui entre dans le temps du Carême : qu'elle vive ce temps de grâce en vérité, avec humilité et miséricorde ;

– les personnes qui ne peuvent rejoindre l'assemblée : qu'elles soient présentes par notre prière, nos visites et nos partages ;

– les populations qui connaissent la guerre et l'exil : qu'elles trouvent dans les communautés chrétiennes des lieux d'accueil et de reconstruction ;

– les catéchumènes qui s'apprêtent à entrer dans le Carême comme dans une grande retraite : qu'ils donnent sans crainte leur foi au Seigneur.

• **CÉLÉBRER** • Le Carême dure quarante jours, en référence aux quarante ans d'exode du peuple hébreu et aux quarante jours de Jésus au désert. C'est pour obtenir les quarante jours de jeûne et de privation, en dehors des dimanches qui sont toujours jour de fête et de résurrection, même en temps de Carême, que le début de celui-ci fut avancé au mercredi. Pour souligner l'entrée en Carême, le geste symbolique d'imposition des cendres s'est répandu.

À l'origine, seuls ceux qui avaient gravement péché recevaient « le sac et la cendre » pour s'en vêtir durant le temps de pénitence qui préparait à leur réintégration dans la communauté chrétienne. À partir du 10e siècle, ce geste s'est étendu à tous les fidèles, marquant ainsi le début d'une démarche de conversion et d'effort sur soi.

La bénédiction et l'imposition des cendres peuvent aussi se vivre dans le cadre d'une liturgie de la Parole, en dehors de la messe.

Lors de la messe des Cendres, il n'y a pas de Credo.

PRIÈRE D'OUVERTURE

Accorde-nous, Seigneur, de savoir commencer saintement, par une journée de jeûne, notre entraînement au combat spirituel : que nos privations nous rendent plus forts pour lutter contre l'esprit du mal. Par Jésus Christ.

1re LECTURE — *Retourner vers Dieu*

Lecture du livre du prophète Joël — 2, 12-18

Maintenant – oracle du Seigneur – revenez à moi de tout votre cœur, dans le jeûne, les larmes et le deuil ! Déchirez vos cœurs et non pas vos vêtements, et revenez au Seigneur votre Dieu, car il est tendre et miséricordieux, lent à la colère et plein d'amour, renonçant au châtiment. Qui sait ? Il pourrait revenir, il pourrait renoncer au châtiment, et laisser derrière lui sa bénédiction : alors, vous pourrez présenter offrandes et libations au Seigneur votre Dieu. Sonnez du cor dans Sion : prescrivez un jeûne sacré, annoncez une fête solennelle, réunissez le peuple, tenez une assemblée sainte, rassemblez les anciens, réunissez petits enfants et nourrissons ! Que le jeune époux sorte de sa maison, que la jeune mariée quitte sa chambre ! Entre le portail et l'autel, les prêtres, serviteurs du Seigneur, iront pleurer et diront : « Pitié, Seigneur, pour ton peuple, n'expose pas ceux qui t'appartiennent à l'insulte et aux moqueries des païens ! Faudra-t-il qu'on dise : "Où donc est leur Dieu ?" »

Et le Seigneur s'est ému en faveur de son pays, il a eu pitié de son peuple.

Psaume 50

R/ **Pitié, Seigneur,**
car nous avons péché.

Pitié pour moi, mon Dieu, dans ton amour,
selon ta grande miséricorde, efface mon péché.
Lave-moi tout entier de ma faute,
purifie-moi de mon offense.

Oui, je connais mon péché,
ma faute est toujours devant moi.
Contre toi, et toi seul, j'ai péché,
ce qui est mal à tes yeux, je l'ai fait.

Crée en moi un cœur pur, ô mon Dieu,
renouvelle et raffermis au fond de moi mon esprit.
Ne me chasse pas loin de ta face,
ne me reprends pas ton esprit saint.

Rends-moi la joie d'être sauvé ;
que l'esprit généreux me soutienne.
Seigneur, ouvre mes lèvres,
et ma bouche annoncera ta louange.

2e LECTURE *Laissez-vous réconcilier*

Lecture de la deuxième lettre de saint Paul apôtre
aux Corinthiens 5, 20 – 6, 2

Frères, nous sommes les ambassadeurs du Christ, et par nous c'est Dieu lui-même qui lance un appel : nous le demandons au nom du Christ, laissez-vous réconcilier avec Dieu. Celui qui n'a pas connu le péché, Dieu l'a pour nous identifié au péché, afin qu'en lui nous devenions justes de la justice même de Dieu. En tant que coopérateurs de Dieu, nous vous exhortons encore à ne pas laisser sans effet la grâce reçue de lui. Car il dit dans l'Écriture : *Au moment favorable je t'ai exaucé, au jour du salut je t'ai secouru.* Le voici maintenant le moment favorable, le voici maintenant le jour du salut.

Ta Parole, Seigneur, est vérité, et ta loi, délivrance. Aujourd'hui, ne fermez pas votre cœur, mais écoutez la voix du Seigneur. **Ta Parole, Seigneur, est vérité, et ta loi, délivrance.**

ÉVANGILE *Dans le secret du cœur*

Évangile de Jésus Christ selon saint Matthieu 6, 1-6.16-18

En ce temps-là, Jésus disait à ses disciples : « Ce que vous faites pour devenir des justes, évitez de l'accomplir devant les hommes pour vous faire remarquer. Sinon, il n'y a pas de récompense pour vous auprès de votre Père qui est aux cieux. Ainsi, quand tu fais l'aumône, ne fais pas sonner la trompette devant toi, comme les hypocrites qui se donnent en spectacle dans les synagogues et dans les rues, pour obtenir la gloire qui vient des hommes. Amen, je vous le déclare : ceux-là ont reçu leur récompense. Mais toi, quand tu fais l'aumône, que ta main gauche ignore ce que fait ta main droite, afin que ton aumône reste dans le secret ; ton Père qui voit dans le secret te le rendra.

Et quand vous priez, ne soyez pas comme les hypocrites : ils aiment à se tenir debout dans les synagogues et aux carrefours pour bien se montrer aux hommes quand ils prient. Amen, je vous le déclare : ceux-là ont reçu leur récompense. Mais toi, quand tu pries, retire-toi dans ta pièce la plus retirée, ferme la porte, et prie ton Père qui est présent dans le secret ; ton Père qui voit dans le secret te le rendra.

Et quand vous jeûnez, ne prenez pas un air abattu, comme les hypocrites : ils prennent une mine défaite pour bien montrer aux hommes qu'ils jeûnent. Amen, je vous le déclare : ceux-là ont reçu leur récompense. Mais toi, quand tu jeûnes, parfume-toi la tête et lave-toi le visage ; ainsi, ton jeûne ne sera pas connu des hommes, mais seulement de ton Père qui est présent au plus secret ; ton Père qui voit au plus secret te le rendra. »

LITURGIE DES CENDRES

Après l'homélie, qui a fait le lien entre la parole de Dieu et le rite des Cendres, le prêtre prie pour l'assemblée.

• Seigneur notre Dieu, toi qui aimes pardonner à ceux qui s'humilient et veulent réparer leurs torts, prête l'oreille à nos prières ; en ta bonté, répands sur tes serviteurs qui vont recevoir les cendres la grâce de ta bénédiction : par leur fidélité à ce temps de pénitence, qu'ils parviennent avec une âme purifiée à la célébration de la Pâque de ton Fils. Lui qui règne.

• Seigneur notre Dieu, toi qui ne veux pas la mort du pécheur mais sa conversion, dans ta bonté, exauce notre prière ; bénis les cendres dont nous serons marqués, nous qui venons de la terre et devons retourner à la terre. En nous appliquant à observer le Carême, puissions-nous obtenir le pardon de nos péchés et vivre de la vie nouvelle à l'image de ton Fils ressuscité. Lui qui règne.

Ensuite le prêtre impose les cendres à ceux qui le désirent, en disant :

• Convertissez-vous et croyez à l'Évangile.

• Souviens-toi que tu es poussière,
et que tu retourneras en poussière.

Prière sur les offrandes

En t'offrant, au début du Carême, cette eucharistie, nous te supplions, Seigneur : inspire-nous des actes de pénitence et de charité qui nous détournent de nous-mêmes, afin que, purifiés de nos fautes, nous puissions mieux nous unir à la passion de ton Fils. Lui qui règne.

Préface

Vraiment, il est juste et bon de te rendre gloire, de t'offrir notre action de grâce, toujours et en tout lieu, à toi, Père très saint, Dieu éternel et tout-puissant.

Car tu veux, par notre jeûne et nos privations, réprimer nos penchants mauvais, élever nos esprits, nous donner la force et enfin la récompense, par le Christ, notre Seigneur.

Par lui, avec les anges et tous les saints, nous chantons l'hymne de ta gloire, et sans fin nous proclamons : **Saint !**...

Prière après la communion

Que cette communion, Seigneur, nous ouvre à la justice et à la charité, pour que nous observions le seul jeûne que tu aimes et qui mène à notre guérison. Par Jésus.

Pour prier avec l'Évangile : Père, en ce début de Carême, voici devant toi notre communauté. Par notre baptême, tu nous as fait entrer dans le peuple de l'alliance. Sois avec nous pour nous donner un cœur nouveau. Montre-nous la route de la fidélité et conduis-nous jusqu'à la joie de Pâques.

1er dimanche de Carême 5 mars 2017

RENONCER POUR CHOISIR

Chaque année, au premier et au deuxième dimanches de Carême, la liturgie fait entendre deux évangiles qui constituent comme les deux faces d'une médaille : le récit des tentations et celui de la Transfiguration. De part et d'autre, Jésus se manifeste comme Fils de Dieu. Dans la Bible, la montagne est un haut lieu symbolique de la manifestation de Dieu : ainsi, lors de la troisième et dernière tentation, le diable emmène Jésus sur une haute montagne d'où il domine le monde et c'est encore sur une haute montagne que Jésus est transfiguré avant d'en descendre. Des tentations à la Transfiguration, Jésus révèle sa véritable identité : il est le Fils aimé et « obéissant » du Père (*deuxième lecture*), il est le Messie venu accomplir ce que Dieu a promis aux hommes.

C'est un duel à coup de citations d'Écritures qui a lieu entre le diable et Jésus. Chacune des tentations avancées par le diable décrit un messie qui serait compromis avec les pouvoirs du monde et avec le péché. Jésus repousse fermement cette possibilité : il ne discute pas avec le diable, à la différence de la femme du récit de la Genèse (*première lecture*) qui, elle, discute avec le serpent. Jésus, quant à lui, répond uniquement en s'appuyant sur les paroles des Écritures. Cette manière d'agir de Jésus est fondatrice pour le disciple du Christ : il n'y a pas à discuter avec le Tentateur car dès lors que nous cherchons à négocier, la partie est déjà perdue. Pour suivre le chemin ouvert par Jésus, il nous faut renoncer « à Satan et à toutes ses séductions » (*renonciation et profession de foi du baptême*). Mais renoncer permet aussi de faire le bon choix. Jésus nous l'affirme, non seulement en parole mais en acte : par sa passion et sa victoire sur la mort, le choix de Dieu est un choix de vie.

Suggestions pour la célébration

• CHANTER • Pour tout le temps du Carême, il convient de retenir un unique ordinaire de la messe, sobre et recueilli, par exemple *Messe de la miséricorde* AL 50-64 ou *Messe de Sylvanès* AL 604.

Pour l'acclamation de l'évangile : *Loué sois-tu, ô Christ* MNA 33-24, *Pain de Dieu pour notre marche* U 11-21 CNA 217.

Un chant repris chaque dimanche unifiera le temps liturgique : *Parle, Seigneur, à notre cœur* G 47-93 (dont les strophes reprennent les textes de chaque dimanche), *En quel pays de solitude* GP 184-1 CNA 416, *Ton peuple dans la nuit se met en marche* G 26-36.

Si l'on souhaite marquer davantage la préparation pénitentielle, on pourra retenir les litanies pénitentielles : *Jésus, ami des hommes* CNA 412, Jésus, verbe de Dieu G 323-1 CNA 696.

Pour ce 1er dimanche, *Seigneur, avec toi, nous irons au désert* G 229 CNA 414 peut faire un bon chant d'ouverture.

En écho à l'homélie, *Au désert où on a faim* X 913.

Pendant la communion, *Pain de l'exode* G 19-93, *Pain de l'espoir* G 12-73, *Pour que nos cœurs* D 308 CNA 344.

Après la communion : *Prenons la main* T 42-2 CNA 580, *Vivons en enfants de lumière* G 14.57-1 CNA 430.

• PRIER •

Pour la préparation pénitentielle

Seigneur Jésus, fils bien-aimé du Père,
prends pitié de nous.
Ô Christ, vainqueur du mal,
prends pitié de nous.
Seigneur, notre seul Dieu,
prends pitié de nous.

Pour la prière universelle

Confions au Seigneur :

– les catéchumènes qui seront baptisés à Pâques : qu'ils trouvent dans la lecture de la Bible des forces pour combattre tout ce qui les détourne encore de Dieu ;

– les jeunes parfois tentés par des conduites à risques : qu'ils rencontrent des adultes solides et aimants ;
– les chrétiens du monde qui sont en chemin vers les fêtes pascales : que ce Carême soit l'occasion d'exprimer la fraternité et la bienveillance mutuelle ;
– notre assemblée : qu'elle témoigne que choisir de suivre Jésus permet de vivre pleinement.

• CÉLÉBRER • Le choix des évangiles des dimanches de Carême de l'année A est très ancien. En connaître la teneur aide à vivre ces dimanches en les reliant les uns aux autres. Retenons que le premier dimanche est toujours celui des Tentations, comme le deuxième dimanche est celui de la Transfiguration. Les trois dimanches suivants (4e, 5e et 6e) font entendre les évangiles dits « des scrutins », destinés à accompagner les catéchumènes lors de leur préparation ultime aux sacrements de l'initiation (baptême, confirmation, eucharistie) qu'ils recevront à Pâques. Ces évangiles sont toujours ceux de la Samaritaine (4e dim.), de l'aveugle-né (5e dim.) et de la résurrection de Lazare (6e dim.). Le lectionnaire des dimanches de Carême montre ainsi qu'à travers ces évangiles, chaque chrétien peut vivre son baptême de manière renouvelée, même s'il a été baptisé il y a longtemps.

Prière d'ouverture

Accorde-nous, Dieu tout-puissant, tout au long de ce Carême, de progresser dans la connaissance de Jésus Christ et de nous ouvrir à sa lumière par une vie de plus en plus fidèle. Lui qui règne.

1re lecture — *Le serpent tentateur*

Lecture du livre de la Genèse — 2, 7-9 ; 3, 1-7a

Le Seigneur Dieu modela l'homme avec la poussière tirée du sol ; il insuffla dans ses narines le souffle de vie, et l'homme devint un être vivant. Le Seigneur Dieu planta un jardin en Éden, à l'orient, et y plaça l'homme qu'il avait modelé. Le Seigneur Dieu fit pousser du sol toutes sortes d'arbres à l'aspect désirable et aux fruits savoureux ; il y avait aussi l'arbre de vie au milieu du jardin, et l'arbre de la connaissance du bien et du mal.

Or le serpent était le plus rusé de tous les animaux des champs que le Seigneur Dieu avait faits. Il dit à la femme : « Alors, Dieu vous a vraiment dit : “Vous ne mangerez d’aucun arbre du jardin” ? » La femme répondit au serpent : « Nous mangeons les fruits des arbres du jardin. Mais, pour le fruit de l’arbre qui est au milieu du jardin, Dieu a dit : “Vous n’en mangerez pas, vous n’y toucherez pas, sinon vous mourrez.” » Le serpent dit à la femme : « Pas du tout ! Vous ne mourrez pas ! Mais Dieu sait que, le jour où vous en mangerez, vos yeux s’ouvriront, et vous serez comme des dieux, connaissant le bien et le mal. » La femme s’aperçut que le fruit de l’arbre devait être savoureux, qu’il était agréable à regarder et qu’il était désirable, cet arbre, puisqu’il donnait l’intelligence. Elle prit de son fruit, et en mangea. Elle en donna aussi à son mari, et il en mangea.

Alors leurs yeux à tous deux s’ouvrirent et ils se rendirent compte qu’ils étaient nus. Ils attachèrent les unes aux autres des feuilles de figuier, et ils s’en firent des pagnes.

Psaume 50

R/ **Pitié, Seigneur,**
car nous avons péché !

Pitié pour moi, mon Dieu, dans ton amour,
selon ta grande miséricorde, efface mon péché.
Lave-moi tout entier de ma faute,
purifie-moi de mon offense.

Oui, je connais mon péché,
ma faute est toujours devant moi.
Contre toi, et toi seul, j’ai péché,
ce qui est mal à tes yeux, je l’ai fait.

Crée en moi un cœur pur, ô mon Dieu,
renouvelle et raffermis au fond de moi mon esprit.
Ne me chasse pas loin de ta face,
ne me reprends pas ton esprit saint.

Rends-moi la joie d'être sauvé ;
que l'esprit généreux me soutienne.
Seigneur, ouvre mes lèvres,
et ma bouche annoncera ta louange.

2e LECTURE *Jésus, l'homme qui a obéi*

Lecture de la lettre de saint Paul apôtre aux Romains 5, 12-19

La lecture du texte entre crochets est facultative.

Frères, nous savons que par un seul homme, le péché est entré dans le monde, et que par le péché est venue la mort ; et ainsi, la mort est passée en tous les hommes, étant donné que tous ont péché.

[Avant la loi de Moïse, le péché était déjà dans le monde, mais le péché ne peut être imputé à personne tant qu'il n'y a pas de loi. Pourtant, depuis Adam jusqu'à Moïse, la mort a établi son règne, même sur ceux qui n'avaient pas péché par une transgression semblable à celle d'Adam. Or, Adam préfigure celui qui devait venir. Mais il n'en va pas du don gratuit comme de la faute. En effet, si la mort a frappé la multitude par la faute d'un seul, combien plus la grâce de Dieu s'est-elle répandue en abondance sur la multitude, cette grâce qui est donnée en un seul homme, Jésus Christ. Le don de Dieu et les conséquences du péché d'un seul n'ont pas la même mesure non plus : d'une part, en effet, pour la faute d'un seul, le jugement a conduit à la condamnation ; d'autre part, pour une multitude de fautes, le don gratuit de Dieu conduit à la justification.]

Si, en effet, à cause d'un seul homme, par la faute d'un seul, la mort a établi son règne, combien plus, à cause de Jésus Christ et de lui seul, régneront-ils dans la vie, ceux qui reçoivent en abondance le don de la grâce qui les rend justes. Bref, de même que la faute commise par un seul a conduit tous les hommes à la condamnation, de même l'accomplissement de la justice par un seul a conduit tous les hommes à la justification qui donne la vie. En effet, de même que par la désobéissance d'un seul être humain la multitude a été rendue pécheresse, de même par l'obéissance d'un seul la multitude sera-t-elle rendue juste.

Ta Parole, Seigneur, est vérité, et ta loi, délivrance. L'homme ne vit pas seulement de pain, mais de toute parole qui sort de la bouche de Dieu. **Ta Parole, Seigneur, est vérité, et ta loi, délivrance.**

ÉVANGILE

Jésus et le diable

Évangile de Jésus Christ selon saint Matthieu 4, 1-11

En ce temps-là, Jésus fut conduit au désert par l'Esprit pour être tenté par le diable. Après avoir jeûné quarante jours et quarante nuits, il eut faim. Le tentateur s'approcha et lui dit : « Si tu es Fils de Dieu, ordonne que ces pierres deviennent des pains. » Mais Jésus répondit : « Il est écrit : *L'homme ne vit pas seulement de pain, mais de toute parole qui sort de la bouche de Dieu.* »

Alors le diable l'emmène à la Ville sainte, le place au sommet du Temple et lui dit : « Si tu es Fils de Dieu, jette-toi en bas ; car il est écrit : *Il donnera pour toi des ordres à ses anges,* et :*Ils te porteront sur leurs mains, de peur que ton pied ne heurte une pierre.* » Jésus lui déclara : « Il est encore écrit : *Tu ne mettras pas à l'épreuve le Seigneur ton Dieu.* »

Le diable l'emmène encore sur une très haute montagne et lui montre tous les royaumes du monde et leur gloire. Il lui dit : « Tout cela, je te le donnerai, si, tombant à mes pieds, tu te prosternes devant moi. » Alors, Jésus lui dit : « Arrière, Satan ! car il est écrit : *C'est le Seigneur ton Dieu que tu adoreras, à lui seul tu rendras un culte.* »

Alors le diable le quitte. Et voici que des anges s'approchèrent, et ils le servaient.

PRIÈRE SUR LES OFFRANDES

Avec cette eucharistie, Seigneur, nous commençons notre marche vers Pâques : fais que nos cœurs correspondent vraiment à nos offrandes. Par Jésus.

Préface

Vraiment, il est juste et bon de te rendre gloire, de t'offrir notre action de grâce, toujours et en tout lieu, à toi, Père très saint, Dieu éternel et tout-puissant, par le Christ, notre Seigneur.

En jeûnant quarante jours au désert, il consacrait le temps du Carême ; lorsqu'il déjouait les pièges du Tentateur, il nous apprenait à résister au péché, pour célébrer d'un cœur pur le mystère pascal, et parvenir enfin à la Pâque éternelle. C'est pourquoi, avec tous les anges et tous les saints, nous chantons l'hymne de ta gloire et nous proclamons : **Saint !...**

Prière après la communion

Le pain que nous avons reçu de toi, Seigneur notre Dieu, a renouvelé nos cœurs : il nourrit la foi, fait grandir l'espérance et donne la force d'aimer ; apprends-nous à toujours avoir faim du Christ, seul pain vivant et vrai, et à vivre de toute parole qui sort de ta bouche. Par Jésus.

Dieu humain

« Que Dieu ayant un visage humain, parlant un langage humain, vivant une destinée humaine, traduise ses pensées en notre langage et nous adresse ainsi la parole, cela nous ouvre les portes éternelles. Le saisir, c'est précisément la foi. Nous comprenons par là qui est véritablement Dieu, non le Dieu "absolu", mais le Dieu "humain". »

Romano Guardini, *Le Seigneur*, t. 1, Alsatia, 1945, p. 287.

Calendrier liturgique

Di 5	**1e dimanche de Carême A.** *Liturgie des Heures : Psautier semaine I.*
Lu 6	Lv 19,1-2.11-18 ; Ps 18 ; Mt 25,31-46.
Ma 7	Is 55,10-11 ; Ps 33 ; Mt 6,7-15. Stes Perpétue et Félicité, martyres, † 203 à Carthage. En Afrique du Nord, fête.

Me 8	Jon 3,1-10 ; Ps 50 ; Lc 11,29-32. *S. Jean de Dieu, fondateur des Frères hospitaliers, † 1550 à Grenade.*
Je 9	Est 14,1.3-5.12-14 Vg ; Ps 137 ; Mt 7,7-12. *Ste Françoise Romaine, mère de famille, puis religieuse, † 1440 à Rome.*
Ve 10	Ez 18,21-28 ; Ps 129 ; Mt 5,20-26
Sa 11	Dt 26,16-19 ; Ps 118 ; Mt 5,43-48

Bonne fête ! 5 : Olivia, Olive. 6 : Colette. 7 : Félicité. 8 : Urbain. 9 : Françoise, France, Francine. 10 : Viviane. 11 : Rosine.

Pour prier avec l'Évangile : Dieu notre Père, tu as choisi de faire de ton Fils un homme comme nous, soumis à l'épreuve. Donne-nous ton Esprit pour que nous soyons forts dans les tentations et que sans cesse nous fassions le choix de ton Royaume.

2e dimanche de Carême 12 mars 2017

« ÉCOUTEZ-LE »

Deuxième étape du chemin de Carême, la Transfiguration de Jésus annonce sa résurrection. Mais contrairement à la résurrection elle-même, la Transfiguration a des témoins directs : les Apôtres Pierre, Jacques et Jean. Ceux-ci voient Jésus transfiguré et entendent la voix du Père qui leur dit d'écouter son Fils.

Pour les trois Apôtres, l'expérience de la Transfiguration aurait pu être une sorte de sidération. Sans doute n'en étaient-ils pas loin, ressentant crainte et tremblement. Mais Jésus ne les laisse pas s'y enfermer. Il leur dit de se relever et de ne pas avoir peur. Après sa résurrection, Jésus dira aussi cela aux femmes venues au tombeau : « Soyez sans crainte » (Mt. 28, 9).

Ainsi, la proximité et l'intimité avec Dieu ne peuvent pas être confondues avec la recherche d'un sacré redoutable et impressionnant. Vivre dans l'amitié divine appelle surtout la parole et l'écoute : Moïse et Elie ne parlent-ils pas avec Jésus ? Certes il existe des musiques redoutables et des discours séducteurs qui nous laissent pantelants et désorientés. Mais la parole du Fils de Dieu est tout autre car elle fait resplendir la vie *(deuxième lecture)*. Elle raconte une histoire d'amour véritable, celle de Dieu pour les hommes, celle du Père pour le Fils. Comme déjà à Abraham (*première lecture*), la parole aimante du Père s'adresse à nous. Nulle pression dans cette invitation : seulement la volonté bienveillante de Dieu que nous ne passions pas à côté de l'essentiel : l'écoute du Fils. Saint Augustin explique, à propos de la Transfiguration, qu'une fois Moïse et Elie disparus, il ne reste que le Verbe, la parole du Père.

Au cœur du Carême, l'Église nous fait dire avec les Apôtres Pierre, Jacques et Jean : « Seigneur, il est bon que nous soyons ici ! », il est bon d'écouter Jésus.

Suggestions pour la célébration

• **CHANTER** • Aux chants proposés pour tout le temps du Carême, on peut ajouter des chants qui font écho au récit de la Transfiguration : ***Ô Jésus, splendeur du Père*** GA 200, *Lumière des hommes* GX 128-2 CNA 422, *Venez, montons à la montagne A* 35-16.

Après la Parole, la cantilène *Jésus marchant devant* X 915 conviendrait bien.

Pour la communion : *Mendiant du jour* D 150-4 CNA 334.

Après la communion : *Fais paraître ton jour* D 150-4 CNA 551, *Vivons en enfant de lumière* G 14-57-1 CNA 430.

• **PRIER** •

Pour la préparation pénitentielle

Seigneur Jésus, Verbe de Dieu,
prends pitié de nous.
Ô Christ, resplendissant de vie,
prends pitié de nous.
Seigneur, dans la gloire du Père,
prends pitié de nous.

Pour la prière universelle

Confions au Seigneur :

– les catéchumènes qui seront baptisés à Pâques : qu'en recevant la lumière pascale et en revêtant le vêtement blanc du baptême, ils reflètent à leur tour le visage du Christ pour leurs frères ;

– les personnes malades et isolées : qu'elles trouvent le réconfort dans les paroles de l'Évangile ;

– les chrétiens d'Orient qui comme Abraham ont parfois dû quitter leurs pays : qu'ils reçoivent la force nécessaire pour recommencer une nouvelle vie ;

– les associations caritatives qui choisissent le temps du Carême pour rendre visibles leurs actions et incitent à plus de partage.

• **CÉLÉBRER** • Dans la liturgie, le violet est la couleur des temps de pénitence et de préparation (Avent et Carême) ; on l'utilise aussi pour les célébrations pénitentielles, ainsi que pour la célébration des funérailles.

PRIÈRE D'OUVERTURE

Tu nous as dit, Seigneur, d'écouter ton Fils bien-aimé ; fais-nous trouver dans ta parole les vivres dont notre foi a besoin : et nous aurons le regard assez pur pour discerner ta gloire. Par Jésus Christ.

1re LECTURE *La parole de Dieu adressée à Abraham*

Lecture du livre de la Genèse 12, 1-4a

Le **Seigneur dit à Abram** : « Quitte ton pays, ta parenté et la maison de ton père, et va vers le pays que je te montrerai. Je ferai de toi une grande nation, je te bénirai, je rendrai grand ton nom, et tu deviendras une bénédiction. Je bénirai ceux qui te béniront ; celui qui te maudira, je le réprouverai. En toi seront bénies toutes les familles de la terre. » Abram s'en alla, comme le Seigneur le lui avait dit, et Loth s'en alla avec lui.

PSAUME 32

R/ **Que ton amour, Seigneur, soit sur nous,**
comme notre espoir est en toi !

Oui, elle est droite, la parole du Seigneur ;
il est fidèle en tout ce qu'il fait.
Il aime le bon droit et la justice ;
la terre est remplie de son amour.

Dieu veille sur ceux qui le craignent,
qui mettent leur espoir en son amour,
pour les délivrer de la mort,
les garder en vie aux jours de famine.

Nous attendons notre vie du Seigneur :
il est pour nous un appui, un bouclier.
Que ton amour, Seigneur, soit sur nous
comme notre espoir est en toi !

2e LECTURE *L'annonce de l'Évangile fait resplendir la vie*

Lecture de la deuxième lettre de saint Paul apôtre à Timothée 1, 8b-10

Fils bien-aimé, avec la force de Dieu, prends ta part des souffrances liées à l'annonce de l'Évangile. Car Dieu nous a sauvés, il nous a appelés à une vocation sainte, non pas à cause de nos propres actes, mais à cause de son projet à lui et de sa grâce. Cette grâce nous avait été donnée dans le Christ Jésus avant tous les siècles, et maintenant elle est devenue visible, car notre Sauveur, le Christ Jésus, s'est manifesté: il a détruit la mort, et il a fait resplendir la vie et l'immortalité par l'annonce de l'Évangile.

Gloire au Christ, Parole éternelle du Dieu vivant. Gloire à toi, Seigneur. De la nuée lumineuse, la voix du Père a retenti : « Celui-ci est mon Fils bien-aimé, écoutez-le ! » **Gloire au Christ, Parole éternelle du Dieu vivant. Gloire à toi, Seigneur.**

ÉVANGILE *La Transfiguration de Jésus*

Évangile de Jésus Christ selon saint Matthieu 17, 1-9

En ce temps-là, Jésus prit avec lui Pierre, Jacques et Jean son frère, et il les emmena à l'écart, sur une haute montagne. Il fut transfiguré devant eux ; son visage devint brillant comme le soleil, et ses vêtements, blancs comme la lumière. Voici que leur apparurent Moïse et Élie, qui s'entretenaient avec lui. Pierre alors prit la parole et dit à Jésus : « Seigneur, il est bon que nous soyons ici ! Si tu le veux, je vais dresser ici trois tentes, une pour toi, une pour Moïse, et une pour Élie. »

Il parlait encore, lorsqu'une nuée lumineuse les couvrit de son ombre, et voici que, de la nuée, une voix disait : « Celui-ci est mon Fils bien-aimé, en qui je trouve ma joie: écoutez-le ! » Quand ils entendirent cela, les disciples tombèrent face contre terre et furent saisis d'une grande crainte. Jésus s'approcha, les toucha et leur dit : « Relevez-vous et soyez sans crainte ! » Levant les yeux, ils ne virent plus personne, sinon lui, Jésus, seul.

En descendant de la montagne, Jésus leur donna cet ordre : « Ne parlez de cette vision à personne, avant que le Fils de l'homme soit ressuscité d'entre les morts. »

Prière sur les offrandes

Que cette offrande, Seigneur, nous purifie de nos péchés : qu'elle sanctifie le corps et l'esprit de tes fidèles, et les prépare à célébrer les fêtes pascales. Par Jésus.

Préface

Vraiment, il est juste et bon de te rendre gloire, de t'offrir notre action de grâce, toujours et en tout lieu, à toi, Père très saint, Dieu éternel et tout-puissant, par le Christ, notre Seigneur.

Après avoir prédit sa mort à ses disciples, il les mena sur la montagne sainte ; en présence de Moïse et du prophète Élie, il leur a manifesté sa splendeur : il nous révélait ainsi que sa passion le conduirait à la gloire de la résurrection.

C'est pourquoi, avec les anges dans le ciel, nous pouvons te bénir sur la terre et t'adorer en (disant) chantant : **Saint !...**

Prière après la communion

Pour avoir communié, Seigneur, aux mystères de ta gloire, nous voulons te remercier, toi qui nous donnes déjà, en cette vie, d'avoir part aux biens de ton Royaume. Par Jésus.

« Qui m'a vu a vu le Père »

« Il faut une longue expérience, peut-être toute une vie, pour comprendre un peu que, dans l'ordre de l'amour, comme la richesse est pauvreté, la puissance est faiblesse. L'homme incline toujours, quand il pense à son Dieu, à sortir de la sphère de l'amour, à imaginer ses attributs qui ne seraient pas ceux de l'amour [...]. La toute-puissance de Dieu est à l'extrême opposé de la *potentia* (puissance militaire) qu'imaginent les hommes [...]. L'humilité ne fait concurrence à rien. Elle est, à la fine pointe de la puissance, cette vulnérabilité d'un enfant couché dans une crèche et d'un jeune homme cloué sur une croix. »

François Varillon, *L'humilité de Dieu*, Le Centurion, 1974, p. 84.

Calendrier liturgique

Di 12	**2e dimanche de Carême A.**
	Liturgie des Heures : Psautier semaine II.
Lu 13	Dn 9,4-10 ; Ps 78 ; Lc 6,36-38.
Ma 14	Is 1,10.16-20 ; Ps 49 ; Mt 23,1-12.
Me 15	Jr 18,18-20 ; Ps 30 ; Mt 20,17-28.
Je 16	Jr 17,5-10 ; Ps 1 ; Lc 16,19-31.
	S. Patrick, évêque, apôtre de l'Irlande, † 461.
Ve 17	Gn 37,3-4.12-13.17-28 ; Ps 104 ; Mt 21,33-43.45-46.
Sa 18	Mi 7,14-15.18-20 ; Ps 102 ; Lc 15,1-3.11-32.
	S. Cyrille, évêque de Jérusalem, docteur de l'Église, † 386.

Bonne fête ! 12 : Justine, Pol. 13 : Rodrigue. 14 : Mathilde, Maud. 15 : Louise. 16 : Bénédicte. 17 : Patrick, Patrice, Patricia. 18 : Cyrille, Salvatore.

Pour prier avec l'Évangile : Dieu que nul n'a jamais vu, tu manifestes ta gloire sur le visage transfiguré de ton Fils et, par sa voix, tu nous livres ta Parole. Illumine nos yeux de sa clarté : nous découvrirons que nous sommes tes enfants et les frères de ton Fils bien-aimé.

3e dimanche de Carême 19 mars 2017

SOIF D'ESSENTIEL

L'eau est au centre de la lecture de l'Ancien Testament et de l'évangile du 3e dimanche de Carême. Dans le désert, coupant court aux récriminations des Hébreux assoiffés, Moïse fait jaillir de l'eau. Au puits de Jacob, surmontant les barrières religieuses et culturelles qui existaient entre les Juifs et les Samaritains, Jésus promet à la Samaritaine une eau plus vivifiante que celle du puits.

Regardons comment Jésus entre dans le monde intérieur d'une personne. Il part d'une réalité simple : la soif physique, comme signe d'une soif spirituelle. Il n'explique pas à la femme qu'elle a soif d'essentiel mais répond à ses propos terre-à-terre sur un autre registre : celui du sens. Jésus apporte du sens aux préoccupations exprimées par la Samaritaine qui se demande comment puiser de l'eau sans cruche dans un puits profond. Peu à peu, ce travail de parole fait son effet, le désir surgit : « Donne-moi à boire... que je n'aie plus jamais soif ». Mais le chemin de Jésus dans le cœur de la Samaritaine n'est pas terminé car celle-ci désire surtout que la promesse de Jésus lui permette de ne plus avoir de corvée d'eau. Alors Jésus touche directement à la blessure de la femme en lui demandant d'aller chercher son mari. C'est le cœur du problème, bien plus pesant que la corvée d'eau. La Samaritaine permet à Jésus de dire qu'elle court d'homme en homme. Mais Jésus ne s'y arrête pas vraiment car c'est à l'essentiel qu'il veut la mener : le Père recherche de « vrais adorateurs ». Le Père dit en Jésus : « J'ai soif de vrais adorateurs ». Jésus, en révélant la Samaritaine à elle-même, s'est révélé comme étant le Messie. La femme abandonne sa cruche qui ne lui sera plus d'aucune utilité pour étancher la soif qu'elle vient de découvrir en elle.

La pédagogie de Jésus ouvre à la confiance et modifie le point de gravité de notre vie : il y a en chacun une ouverture au désir d'être désaltéré par Jésus.

Suggestions pour la célébration

• CHANTER • En ce dimanche où nous entendons l'évangile de la Samaritaine, les chants suivants conviendront : ***Réveille les sources de l'eau vive*** **G 548 CNA 769,** ***À la source des eaux vives*** **GX 53-78,** ***Choral de la Samaritaine*** **SYL 4300,** ***Si tu savais le don de Dieu*** **G 14-59-1.**

En écho à la Parole, on peut chanter la cantilène ***Il était environ midi*** **X 14-68-1.**

• PRIER •

Pour la préparation pénitentielle

Seigneur Jésus, tu entends nos peines,
prends pitié de nous.
Ô Christ, tu pardonnes nos fautes,
prends pitié de nous.
Seigneur, tu nous appelles à la vie,
prends pitié de nous.

Pour la prière universelle

Confions au Seigneur :
- les catéchumènes dans notre paroisse ou dans notre diocèse qui célèbrent le premier scrutin ;
- les femmes du monde entier qui se consacrent à leur famille ;
- les associations qui luttent afin que l'eau ne soit pas gaspillée et soit partagée entre tous ;
- les communautés chrétiennes qui s'ouvrent aux personnes étrangères et exilées.

• CÉLÉBRER • Avec l'évangile de la Samaritaine, nous entrons dans la série des trois derniers dimanches de Carême lors desquels sont célébrés les scrutins des catéchumènes. Le terme « scrutin » désigne, dans la liturgie de la Parole, après l'homélie, un rite destiné aux catéchumènes. Outre l'écoute des lectures de la messe, il est constitué d'une prière litanique et d'une prière d'exorcisme. L'assemblée, les parrains et marraines, et le prêtre prient afin que le catéchumène reçoive la force nécessaire pour vivre sans crainte les semaines qui le séparent de la célébration des sacrements de l'initiation.

Le mot « scrutin » signifie « regarder avec précision », scruter le cœur, mais aussi « choisir », comme lors d'un vote.

Pour la célébration, il faut se référer au *Rituel de l'Initiation chrétienne des adultes*, n° 154-160.

Le Rituel prévoit qu'il est possible d'omettre le Credo et la prière universelle après la célébration du scrutin. Dans ce cas, on inclut des demandes pour le monde dans la prière litanique du scrutin.

On doit faire mention des catéchumènes dans les oraisons et la prière eucharistique : voir au n° 342 du Rituel.

PRIÈRE D'OUVERTURE

Tu es la source de toute bonté, Seigneur, et toute miséricorde vient de toi ; tu nous as dit comment guérir du péché par le jeûne, la prière et le partage ; écoute l'aveu de notre faiblesse : nous avons conscience de nos fautes ; patiemment, relève-nous avec amour. Par Jésus Christ.

1re LECTURE — *L'eau dans le désert*

Lecture du livre de l'Exode — 17, 3-7

En ces jours-là, dans le désert, le peuple, manquant d'eau, souffrit de la soif. Il récrimina contre Moïse et dit : « Pourquoi nous as-tu fait monter d'Égypte ? Était-ce pour nous faire mourir de soif avec nos fils et nos troupeaux ? » Moïse cria vers le Seigneur : « Que vais-je faire de ce peuple ? Encore un peu, et ils me lapideront ! » Le Seigneur dit à Moïse : « Passe devant le peuple, emmène avec toi plusieurs des anciens d'Israël, prends en main le bâton avec lequel tu as frappé le Nil, et va ! Moi, je serai là, devant toi, sur le rocher du mont Horeb. Tu frapperas le rocher, il en sortira de l'eau, et le peuple boira ! » Et Moïse fit ainsi sous les yeux des anciens d'Israël.

Il donna à ce lieu le nom de Massa (c'est-à-dire : Épreuve) et Mériba (c'est-à-dire : Querelle), parce que les fils d'Israël avaient cherché querelle au Seigneur, et parce qu'ils l'avaient mis à l'épreuve, en disant : « Le Seigneur est-il au milieu de nous, oui ou non ? »

PSAUME 94

R/ **Aujourd'hui, ne fermez pas votre cœur,**
mais écoutez la voix du Seigneur !

Venez, crions de joie pour le Seigneur,
acclamons notre Rocher, notre salut !
Allons jusqu'à lui en rendant grâce,
par nos hymnes de fête acclamons-le !

Entrez, inclinez-vous, prosternez-vous,
adorons le Seigneur qui nous a faits.
Oui, il est notre Dieu ;
nous sommes le peuple qu'il conduit.

Aujourd'hui écouterez-vous sa parole ?
« Ne fermez pas votre cœur comme au désert,
où vos pères m'ont tenté et provoqué,
et pourtant ils avaient vu mon exploit. »

2e LECTURE — *L'espérance ne trompe pas*

Lecture de la lettre de saint Paul apôtre aux Romains — 5, 1-2.5-8

Frères, nous qui sommes devenus justes par la foi, nous voici en paix avec Dieu par notre Seigneur Jésus Christ, lui qui nous a donné, par la foi, l'accès à cette grâce dans laquelle nous sommes établis ; et nous mettons notre fierté dans l'espérance d'avoir part à la gloire de Dieu. Et l'espérance ne déçoit pas, puisque l'amour de Dieu a été répandu dans nos cœurs par l'Esprit Saint qui nous a été donné.

Alors que nous n'étions encore capables de rien, le Christ, au temps fixé par Dieu, est mort pour les impies que nous étions. Accepter de mourir pour un homme juste, c'est déjà difficile ; peut-être quelqu'un s'exposerait-il à mourir pour un homme de bien. Or, la preuve que Dieu nous aime, c'est que le Christ est mort pour nous, alors que nous étions encore pécheurs.

Gloire au Christ, Sagesse éternelle du Dieu vivant. Gloire à toi, Seigneur. Tu es vraiment le Sauveur du monde, Seigneur ! Donne-moi de l'eau vive : que je n'aie plus soif. **Gloire au Christ, Sagesse éternelle du Dieu vivant. Gloire à toi, Seigneur.**

ÉVANGILE *L'eau vivifiante*

Évangile de Jésus Christ selon saint Jean 4, 5-42

La lecture du texte entre crochets est facultative.

En ce temps-là, Jésus arriva à une ville de Samarie, appelée Sykar, près du terrain que Jacob avait donné à son fils Joseph. Là se trouvait le puits de Jacob. Jésus, fatigué par la route, s'était donc assis près de la source. C'était la sixième heure, environ midi. Arrive une femme de Samarie, qui venait puiser de l'eau. Jésus lui dit : « Donne-moi à boire. » – En effet, ses disciples étaient partis à la ville pour acheter des provisions. La Samaritaine lui dit : « Comment ! Toi, un Juif, tu me demandes à boire, à moi, une Samaritaine ? » – En effet, les Juifs ne fréquentent pas les Samaritains. Jésus lui répondit : « Si tu savais le don de Dieu et qui est celui qui te dit : 'Donne-moi à boire', c'est toi qui lui aurais demandé, et il t'aurait donné de l'eau vive. »

Elle lui dit : « Seigneur, tu n'as rien pour puiser, et le puits est profond. D'où as-tu donc cette eau vive ? Serais-tu plus grand que notre père Jacob qui nous a donné ce puits, et qui en a bu lui-même, avec ses fils et ses bêtes ? »

Jésus lui répondit : « Quiconque boit de cette eau aura de nouveau soif ; mais celui qui boira de l'eau que moi je lui donnerai n'aura plus jamais soif ; et l'eau que je lui donnerai deviendra en lui une source d'eau jaillissant pour la vie éternelle. »

La femme lui dit : « Seigneur, donne-moi de cette eau, que je n'aie plus soif, et que je n'aie plus à venir ici pour puiser. »

[Jésus lui dit : « Va, appelle ton mari, et reviens. »

La femme répliqua : « Je n'ai pas de mari. »

Jésus reprit : « Tu as raison de dire que tu n'as pas de mari : des maris, tu en as eu cinq, et celui que tu as maintenant n'est pas ton mari ; là, tu dis vrai. »

La femme lui dit : « Seigneur,] je vois que tu es un prophète !... Eh bien ! Nos pères ont adoré sur la montagne qui est là, et vous, les Juifs, vous dites que le lieu où il faut adorer est à Jérusalem. »

Jésus lui dit : « Femme, crois-moi : l'heure vient où vous n'irez plus ni sur cette montagne ni à Jérusalem pour adorer le Père. Vous, vous adorez ce que vous ne connaissez pas ; nous, nous adorons ce que nous connaissons, car le salut vient des Juifs. Mais l'heure vient – et c'est maintenant – où les vrais adorateurs adoreront le Père en esprit et vérité : tels sont les adorateurs que recherche le Père. Dieu est esprit, et ceux qui l'adorent, c'est en esprit et vérité qu'ils doivent l'adorer. »

La femme lui dit : « Je sais qu'il vient, le Messie, celui qu'on appelle Christ. Quand il viendra, c'est lui qui nous fera connaître toutes choses. »

Jésus lui dit : « Je le suis, moi qui te parle. »

[À ce moment-là, ses disciples arrivèrent ; ils étaient surpris de le voir parler avec une femme. Pourtant, aucun ne lui dit : « Que cherches-tu ? » ou bien : « Pourquoi parles-tu avec elle ? »

La femme, laissant là sa cruche, revint à la ville et dit aux gens : « Venez voir un homme qui m'a dit tout ce que j'ai fait. Ne serait-il pas le Christ ? » Ils sortirent de la ville, et ils se dirigeaient vers lui.

Entre-temps, les disciples l'appelaient : « Rabbi, viens manger. » Mais il répondit : « Pour moi, j'ai de quoi manger : c'est une nourriture que vous ne connaissez pas. » Les disciples se disaient entre eux : « Quelqu'un lui aurait-il apporté à manger ? »

Jésus leur dit : « Ma nourriture, c'est de faire la volonté de Celui qui m'a envoyé et d'accomplir son œuvre. Ne dites-vous pas : "Encore quatre mois et ce sera la moisson" ? Et moi, je vous dis : Levez les yeux et regardez les champs déjà dorés pour la moisson. Dès maintenant, le moissonneur reçoit son salaire : il récolte du fruit pour la vie éternelle, si bien que le semeur se réjouit en même temps que le moissonneur. Il est bien vrai, le dicton : "L'un sème, l'autre moissonne." Je vous ai envoyés moissonner ce qui ne vous a coûté aucun effort ; d'autres ont fait l'effort, et vous en avez bénéficié. »]

Beaucoup de Samaritains de cette ville crurent en Jésus, à cause de la parole de la femme qui rendait ce témoignage : « Il m'a dit tout ce que j'ai fait. » Lorsqu'ils arrivèrent auprès de lui, ils l'invitèrent à demeurer chez eux. Il y demeura deux jours.

Ils furent encore beaucoup plus nombreux à croire à cause de sa parole à lui, et ils disaient à la femme : « Ce n'est plus à cause de ce que tu nous as dit que nous croyons : nous-mêmes, nous l'avons entendu, et nous savons que c'est vraiment lui le Sauveur du monde. »

Prière sur les offrandes

Que cette eucharistie nous obtienne, Seigneur, à nous qui implorons ton pardon, la grâce de savoir pardonner à nos frères. Par Jésus.

Préface

Lorsqu'a été lu l'évangile de la Samaritaine, on dit la préface ci-dessous. Après un autre évangile, on emploie une des préfaces du Carême, p. 24-25.

Vraiment, il est juste et bon de te rendre gloire, de t'offrir notre action de grâce, toujours et en tout lieu, à toi, Père très saint, Dieu éternel et tout-puissant, Par le Christ, notre Seigneur.

En demandant à la Samaritaine de lui donner à boire, Jésus faisait à cette femme le don de la foi. Il avait un si grand désir d'éveiller la foi dans son cœur, qu'il fit naître en elle l'amour même de Dieu.

Voilà pourquoi le ciel et la terre t'adorent ; ils te chantent leur hymne toujours nouvelle, et nous-mêmes, unissant notre voix à celle des anges, nous t'acclamons : Saint !..

Prière après la communion

Nous avons reçu de toi, Seigneur, un avant-goût du ciel en mangeant dès ici-bas le pain du Royaume, et nous te supplions encore : fais-nous manifester par toute notre vie ce que le sacrement vient d'accomplir en nous. Par Jésus.

Apprendre à écouter

« Celui qui pleure n'attend pas d'abord ni seulement qu'on lui tende un mouchoir, qu'on le prenne dans nos bras, ni qu'on l'adresse à une cellule d'aide spécialisée, mais il requiert avec urgence l'écoute [..]. Comment consoler si je n'ai pas pris la peine d'apprendre ? [..] Si c'était une compréhension préalable de notre part qui formerait comme un prêt-à-porter de l'écoute, il ne s'agirait pas précisément d'écoute. »

Jean-Louis Chrétien, *Promesses furtives*, éd. de Minuit, 2004, p. 86.

Calendrier liturgique

Di 19	**3e dimanche de Carême A.** *Liturgie des Heures : Psautier semaine III.* **[S. JOSEPH, ÉPOUX DE LA VIERGE MARIE.** En semaine, messe au choix : Ex 17,1-7 ; Ps 94 ; Jn 4,5-42.
Lu 20	2 R 5,1-15 ; Ps 41-42 ; Lc 4,24-30.
Ma 21	Dn 3,25.34-43 ; Ps 24 ; Mt 18,21-35.
Me 22	Dt 4,1.5-9 ; Ps 147 ; Mt 5,17-19.
Je 23	Jr 7,23-28 ; Ps 94 ; Lc 11,14-23. *S. Turibio de Mogrovejo, évêque de Lima, † 1606.*
Ve 24	Os 14,2-10 ; Ps 80 ; Mc 12,28-34.
Sa 25	**ANNONCIATION DU SEIGNEUR,** p. 209.

Bonne fête ! 19 : Joseph, José, Josette, Josiane. 20 : Herbert. 21 : Clémence, Axel. 22 : Léa, Leïla, Lia, Lilia. 23 : Victorien, Rébecca. 24 : Catherine, Aldemar. 25 : Annuntiata, Annonciation.

Pour mémoire : Le week-end prochain, passage à l'heure d'été.

Pour prier avec l'Évangile : Dieu, toi qui donnes et qui pardonnes, tu veux révéler à chacun ton amour fidèle et toujours nouveau. Ouvre nos cœurs à ta présence, et que notre soif de vie trouve en Jésus l'unique source capable de nous combler.

Annonciation du Seigneur

25 mars 2017

L'Église célèbre l'annonce faite à Marie, par l'ange Gabriel, de la venue du Sauveur. Elle rend grâce pour ce don de Dieu en Marie et, par elle, offert à l'humanité tout entière. De nombreux tableaux permettent de méditer le mystère de l'Incarnation du Fils de Dieu en Marie.

La date du 25 mars, qui remonte aux premiers siècles, met en évidence, neuf mois après, la fête de la Nativité. Au cœur du Carême, Marie ouvre le chemin de la vie nouvelle reçue de Dieu. Ainsi située dans l'année liturgique, cette fête fit apparaître le mystère unique en Jésus, en reliant sa Nativité et sa Résurrection. Noël et Pâques sont comme les deux pôles du salut que Dieu a voulu pour tous les hommes, et Marie est le premier témoin de la nouvelle humanité.

PRIÈRE D'OUVERTURE Seigneur, tu as voulu que ton Verbe prît chair dans le sein de la Vierge Marie ; puisque nous reconnaissons en lui notre Rédempteur, à la fois homme et Dieu, accorde-nous d'être participants de sa nature divine. Lui qui règne.

LECTURES

Is 7, 10-14	*La vierge enfantera.*
Ps 39	*Que ta volonté soit faite.*
He 10, 4-10	*Je viens faire ta volonté.*
Lc 1, 26-38	*L'annonce à Marie.*

Préface

Vraiment, il est juste et bon de te rendre gloire, de t'offrir notre action de grâce, toujours et en tout lieu, à toi, Père très saint, Dieu éternel et tout-puissant, par le Christ, notre Seigneur.

C'est lui qui pour sauver les hommes devait naître parmi les hommes ; c'est lui que l'ange annonce à la Vierge Immaculée et qu'à l'ombre de l'Esprit Saint elle accueille par la foi ; lui qu'elle porte avec tendresse dans sa chair. Il venait accomplir les promesses faites à Israël, combler, et même dépasser, l'espérance des nations.

4e dimanche de Carême 26 mars 2017

LA LUMIÈRE DU CŒUR

Après l'épisode de l'eau vive pour la Samaritaine, voici Jésus qui enduit les yeux d'un aveugle avec de la boue, puis l'envoie se laver à la piscine de Siloé. Au retour, l'aveugle est guéri, mais les Pharisiens, contrairement à l'aveugle, ne veulent pas reconnaître en Jésus l'envoyé du Père.

Quel beau geste que celui de Jésus : l'eau de sa salive venant se mêler à la terre. Cela nous rappelle le geste créateur de Dieu quand il façonne l'Adam, dont le nom signifie « terreux », en lui insufflant son haleine de vie. Saint Augustin écrit que « l'aveugle de naissance, c'est le genre humain… c'est le genre humain qui est aveugle ». Certes, cet homme né aveugle n'est pas aveugle parce qu'il a péché. Nous devons exclure l'idée que la maladie ou les épreuves de la vie seraient une conséquence du péché, et voulues par Dieu. En revanche, Jésus utilise le signe de la cécité pour révéler l'obscurité qui habite le cœur humain. Comme dans l'évangile de la Samaritaine (*3e dim. de Carême*), il part d'une réalité concrète (la soif, la cécité) pour qu'elle devienne le signe qui révèle son identité de Fils de Dieu. Une fois encore, celui qui reconnaît Jésus est en même temps révélé à lui-même et peut commencer une vie nouvelle. Là encore, Jésus entre progressivement dans le cœur de l'aveugle. Il commence par répondre à ce qui est primordial pour lui : voir. C'est en ayant écouté cette première demande que Jésus peut ensuite emmener l'homme vers une attente plus profonde et le conduire vers la reconnaissance.

Cette pédagogie chrétienne est celle qu'ont pu expérimenter les catéchumènes qui seront baptisés à Pâques. Ils ont rencontré véritablement Jésus parce qu'ils ont trouvé en Lui quelqu'un qui entendait leurs attentes et leurs cris. Progressivement, ils ont reconnu en Lui leur Seigneur. Ce n'est pas de la boue que Jésus a posé sur leurs yeux, mais sa parole afin qu'elle ouvre leur cœur et le scrute.

Suggestions pour la célébration

• **CHANTER** • Si l'on veut faire écho à l'évangile de l'aveugle-né, on pourra retenir ***Ouvre mes yeux, Seigneur*** **GP 79-3 CNA 699**, ***Vers toi, je viens, Jésus Christ*** **M 26-41 CNA 429**, ***Tu es la vraie lumière*** **D 86 CNA 595.**

Après la communion, ***Vivons en enfants de lumière*** **G 14-57-1 CNA 430.**

• **PRIER** •

Pour la préparation pénitentielle

Seigneur Jésus, tu guéris les cœurs blessés,
prends pitié de nous.
Ô Christ, tu révèles l'amour du Père,
prends pitié de nous.
Seigneur, tu ouvres un chemin de vie,
prends pitié de nous.

Pour la prière universelle

Confions au Seigneur :

– les catéchumènes qui seront baptisés à Pâques afin que leur regard demeure fixé sur le Christ ;

– les personnes aveugles et malvoyantes : qu'elles puissent montrer à tous la véritable lumière du cœur ;

– nos frères juifs, fils de la première Alliance : qu'ils soient des artisans de paix malgré les menaces et les conflits ;

– les chrétiens qui vivent le Carême : qu'ils soient persévérants dans le partage et la prière.

• **CÉLÉBRER** • Pour la célébration du deuxième scrutin des catéchumènes, on se reportera au *Rituel de l'Initiation chrétienne des adultes*, n° 161-167.

Voir explication au 3e dim. de Carême, p. 202.

Prière d'ouverture

Dieu qui as réconcilié avec toi toute l'humanité en lui donnant ton propre Fils, augmente la foi du peuple chrétien pour qu'il se hâte avec amour au-devant des fêtes pascales qui approchent. Par Jésus Christ.

1re lecture *L'onction de David*

Lecture du premier livre de Samuel 16, 1b.6-7.10-13a

En ces jours-là, le Seigneur dit à Samuel : « Prends une corne que tu rempliras d'huile, et pars ! Je t'envoie auprès de Jessé de Bethléem, car j'ai vu parmi ses fils mon roi. » Lorsqu'ils arrivèrent et que Samuel aperçut Éliab, il se dit : « Sûrement, c'est lui le messie, lui qui recevra l'onction du Seigneur ! » Mais le Seigneur dit à Samuel : « Ne considère pas son apparence ni sa haute taille, car je l'ai écarté. Dieu ne regarde pas comme les hommes : les hommes regardent l'apparence, mais le Seigneur regarde le cœur. » Jessé présenta ainsi à Samuel ses sept fils, et Samuel lui dit : « Le Seigneur n'a choisi aucun de ceux-là. »

Alors Samuel dit à Jessé : « N'as-tu pas d'autres garçons ? » Jessé répondit : « Il reste encore le plus jeune, il est en train de garder le troupeau. » Alors Samuel dit à Jessé : « Envoie-le chercher : nous ne nous mettrons pas à table tant qu'il ne sera pas arrivé. »

Jessé le fit donc venir : le garçon était roux, il avait de beaux yeux, il était beau. Le Seigneur dit alors : « Lève-toi, donne-lui l'onction : c'est lui ! » Samuel prit la corne pleine d'huile, et lui donna l'onction au milieu de ses frères. L'Esprit du Seigneur s'empara de David à partir de ce jour-là.

Psaume 22

R/ **Le Seigneur est mon berger :
rien ne saurait me manquer.**

Le Seigneur est mon berger :
je ne manque de rien.
Sur des prés d'herbe fraîche,
il me fait reposer.

Il me mène vers les eaux tranquilles
et me fait revivre ;
il me conduit par le juste chemin
pour l'honneur de son nom.

Si je traverse les ravins de la mort,
je ne crains aucun mal,
car tu es avec moi :
ton bâton me guide et me rassure.

Tu prépares la table pour moi
devant mes ennemis ;
tu répands le parfum sur ma tête,
ma coupe est débordante.

Grâce et bonheur m'accompagnent
tous les jours de ma vie ;
j'habiterai la maison du Seigneur
pour la durée de mes jours.

2e LECTURE *« Conduisez-vous comme des enfants de lumière »*

Lecture de la lettre de saint Paul apôtre aux Éphésiens 5, 8-14

Frères, autrefois, vous étiez ténèbres ; maintenant, dans le Seigneur, vous êtes lumière ; conduisez-vous comme des enfants de lumière – or la lumière a pour fruit tout ce qui est bonté, justice et vérité – et sachez reconnaître ce qui est capable de plaire au Seigneur. Ne prenez aucune part aux activités des ténèbres, elles ne produisent rien de bon ; démasquez-les plutôt. Ce que ces gens-là font en cachette, on a honte même d'en parler. Mais tout ce qui est démasqué est rendu manifeste par la lumière, et tout ce qui devient manifeste est lumière. C'est pourquoi l'on dit : Réveille-toi, ô toi qui dors, relève-toi d'entre les morts, et le Christ t'illuminera.

Gloire et louange à toi Seigneur Jésus. Moi, je suis la lumière du monde, dit le Seigneur. Celui qui me suit aura la lumière de la vie. **Gloire et louange à toi Seigneur Jésus.**

ÉVANGILE *« Il s'en alla et se lava ; quand il revint, il voyait »*

Évangile de Jésus Christ selon saint Jean 9, 1-41

La lecture du texte entre crochets est facultative.

En ce temps-là, sortant du Temple, Jésus vit sur son passage un homme aveugle de naissance. [Ses disciples l'interrogèrent : « Rabbi, qui a péché, lui ou ses parents, pour qu'il soit né aveugle ? » Jésus répondit : « Ni lui, ni ses parents n'ont péché. Mais c'était pour que les œuvres de Dieu se manifestent en lui. Il nous faut travailler aux œuvres de Celui qui m'a envoyé, tant qu'il fait jour ; la nuit vient où personne ne pourra plus y travailler. Aussi longtemps que je suis dans le monde, je suis la lumière du monde. » Cela dit,] il cracha à terre et, avec la salive, il fit de la boue ; puis il appliqua la boue sur les yeux de l'aveugle, et lui dit : « Va te laver à la piscine de Siloé » – ce nom se traduit : Envoyé. L'aveugle y alla donc, et il se lava ; quand il revint, il voyait.

Ses voisins, et ceux qui l'avaient observé auparavant – car il était mendiant – dirent alors : « N'est-ce pas celui qui se tenait là pour mendier ? » Les uns disaient : « C'est lui. » Les autres disaient : « Pas du tout, c'est quelqu'un qui lui ressemble. » Mais lui disait : « C'est bien moi. » [Et on lui demandait : « Alors, comment tes yeux se sont-ils ouverts ? » Il répondit : « L'homme qu'on appelle Jésus a fait de la boue, il me l'a appliquée sur les yeux et il m'a dit : 'Va à Siloé et lave-toi.' J'y suis donc allé et je me suis lavé ; alors, j'ai vu. » Ils lui dirent : « Et lui, où est-il ? » Il répondit : « Je ne sais pas. »] On l'amène aux pharisiens, lui, l'ancien aveugle.

Or, c'était un jour de sabbat que Jésus avait fait de la boue et lui avait ouvert les yeux. À leur tour, les pharisiens lui demandaient comment il pouvait voir. Il leur répondit : « Il m'a mis de la boue sur les yeux, je me suis lavé, et je vois. » Parmi les pharisiens, certains disaient : « Cet homme-là n'est pas de Dieu, puisqu'il n'observe pas le repos du sabbat. » D'autres disaient : « Comment un homme pécheur peut-il accomplir des signes pareils ? » Ainsi donc ils étaient divisés. Alors ils s'adressent de nouveau à l'aveugle : « Et toi, que dis-tu de lui, puisqu'il t'a ouvert les yeux ? » Il dit : « C'est un prophète. »

[Or, les Juifs ne voulaient pas croire que cet homme avait été aveugle et que maintenant il pouvait voir. C'est pourquoi ils convoquèrent ses parents et leur demandèrent : « Cet homme est bien votre fils, et vous dites qu'il est né aveugle ? Comment se fait-il qu'à présent il voie ? » Les parents répondirent : « Nous savons bien que c'est notre fils, et qu'il est né aveugle. Mais comment peut-il voir maintenant, nous ne le savons pas ; et qui lui a ouvert les yeux, nous ne le savons pas non plus. Interrogez-le, il est assez grand pour s'expliquer. » Ses parents parlaient ainsi parce qu'ils avaient peur des Juifs. En effet, ceux-ci s'étaient déjà mis d'accord pour exclure de leurs assemblées tous ceux qui déclareraient publiquement que Jésus est le Christ. Voilà pourquoi les parents avaient dit : « Il est assez grand, interrogez-le ! »

Pour la seconde fois, les pharisiens convoquèrent l'homme qui avait été aveugle, et ils lui dirent : « Rends gloire à Dieu ! Nous savons, nous, que cet homme est un pécheur. » Il répondit : « Est-ce un pécheur ? Je n'en sais rien. Mais il y a une chose que je sais : j'étais aveugle, et à présent je vois. » Ils lui dirent alors : « Comment a-t-il fait pour t'ouvrir les yeux ? » Il leur répondit : « Je vous l'ai déjà dit, et vous n'avez pas écouté. Pourquoi voulez-vous m'entendre encore une fois ? Serait-ce que vous voulez, vous aussi, devenir ses disciples ? » Ils se mirent à l'injurier : « C'est toi qui es son disciple ; nous, c'est de Moïse que nous sommes les disciples. Nous savons que Dieu a parlé à Moïse ; mais celui-là, nous ne savons pas d'où il est. » L'homme leur répondit : « Voilà bien ce qui est étonnant ! Vous ne savez pas d'où il est, et pourtant il m'a ouvert les yeux. Dieu, nous le savons, n'exauce pas les pécheurs, mais si quelqu'un l'honore et fait sa volonté, il l'exauce. Jamais encore on n'avait entendu dire que quelqu'un ait ouvert les yeux à un aveugle de naissance. Si lui n'était pas de Dieu, il ne pourrait rien faire. »]

Ils répliquèrent : « Tu es tout entier dans le péché depuis ta naissance, et tu nous fais la leçon ? » Et ils le jetèrent dehors.

Jésus apprit qu'ils l'avaient jeté dehors. Il le retrouva et lui dit : « Crois-tu au Fils de l'homme ? » Il répondit : « Et qui est-il, Seigneur, pour que je croie en lui ? » Jésus lui dit : « Tu le vois, et c'est lui qui te parle. » Il dit : « Je crois, Seigneur ! » Et il se prosterna devant lui.

[Jésus dit alors : « Je suis venu en ce monde pour rendre un jugement : que ceux qui ne voient pas puissent voir, et que ceux qui voient deviennent aveugles. » Parmi les pharisiens, ceux qui étaient avec lui entendirent ces paroles et lui dirent : « Serions-nous aveugles, nous aussi ? » Jésus leur répondit : « Si vous étiez aveugles, vous n'auriez pas de péché ; mais du moment que vous dites : 'Nous voyons !', votre péché demeure. »]

Prière sur les offrandes

Seigneur, nous te présentons dans la joie le sacrifice qui sauve notre vie et nous te prions humblement : accorde-nous de le célébrer avec respect et de savoir l'offrir pour le salut du monde. Par Jésus.

Préface

Lorsqu'a été lu l'évangile de l'Aveugle-né, on dit la préface ci-dessous. Après un autre évangile, on emploie une des préfaces du Carême, *p. 24-25.*

Vraiment, il est juste et bon de te rendre gloire, de t'offrir notre action de grâce, toujours et en tout lieu, à toi, Père très saint, Dieu éternel et tout-puissant, par le Christ, notre Seigneur.

En prenant la condition humaine, il a guidé vers la lumière de la foi l'humanité qui s'en allait dans les ténèbres ; et par le bain qui fait renaître, il a donné aux hommes, nés dans le péché, de devenir vraiment fils de Dieu.

Voilà pourquoi le ciel et la terre t'adorent ; ils te chantent leur hymne toujours nouvelle, et nous-mêmes, unissant notre voix à celle des anges, nous t'acclamons : Saint !..

Prière après la communion

Dieu qui éclaires tout homme venant dans ce monde, illumine nos cœurs par la clarté de ta grâce : afin que toutes nos pensées soient dignes de toi, et notre amour de plus en plus sincère. Par Jésus.

Voir et écouter

« D'un tableau, Paul Claudel écrit que "la sonorité d'une phrase non prononcée emplit toute la scène" avant d'ajouter : "ce sont de tristes tableaux, ceux auxquels il est impossible de prêter l'oreille''. L'œil cesse d'écouter, non quand il revient à l'exercice d'une vision sourde et muette, mais quand il ne trouve plus dans le visible rien qui l'appelle ni lui réponde, quand le visible n'a plus de voix. Où l'on ne peut plus écouter, il n'y a plus rien à voir. »

Jean-Louis Chrétien, *L'appel et la réponse*, éd. de Minuit, 1992, p. 47.

Calendrier liturgique

Di 26	**4e dimanche de Carême A.** *Liturgie des Heures : Psautier semaine IV.* En semaine, messe au choix : Mi 7,7-9 ; Ps 26 ; Jn 9,1-41.
Lu 27	Is 65,17-21 ; Ps 29 ; Jn 4,43-54.
Ma 28	Ez 47,1-9.12 ; Ps 45 ; Jn 5,1-16.
Me 29	Is 49,8-15 ; Ps 144 ; Jn 5,17-30.
Je 30	Ex 32,7-14 ; Ps 105 ; Jn 5,31-47.
Ve 31	Sg 2,1a.12-22 ; Ps 33 ; Jn 7,2.10.14.25-30.
Sa 1er	Jr 11,18-20 ; Ps 125 ; Jn 7,40-53.

Bonne fête ! 26 : Larissa, Lara. 27 : Habib. 28 : Gontran. 29 : Gladys. 30 : Amédée. 31 : Benjamin, Balbine. 1er : Hugues, Valérie.

Pour mémoire : Il y a 50 ans, le 28 mars 1967, le pape Paul VI promulguait l'encyclique *Populorum progressio*, sur le développement des peuples et la notion chrétienne de progrès. Le pape y déclare que « la question sociale est devenue mondiale » et que « le développement ne se réduit pas à la simple croissance économique », mais qu'il doit être intégral ; c'est « le nouveau nom de la paix ».

Pour prier avec l'Évangile : Dieu notre Père, tu offres aux hommes la lumière du jour dont ils ont besoin pour diriger leurs pas. Fais pénétrer au plus profond de notre esprit la lumière d'en haut : Jésus, ton Fils. Avec lui, nous marcherons jusqu'à toi et nous découvrirons ton visage.

5e dimanche de Carême 2 avril 2017

L'AMOUR EST PLUS FORT QUE LA MORT

Le temps du Carême se termine avec l'incroyable épisode de la résurrection de Lazare (*évangile*). Étrange réveil, puisque Lazare devra à nouveau mourir pour avoir part à la vie éternelle. Alors, dans ces conditions, pourquoi Jésus prend-il le risque de se faire lapider en retournant à Béthanie, d'exciter un peu plus les hostilités avec ce miracle particulièrement dérangeant ? Il explique à ses disciples que c'est « à cause de vous, pour que vous croyiez ». Dès l'introduction du récit, Jésus annonce que l'issue de la maladie de son ami, ce ne sera pas la mort, mais la gloire de Dieu ! « Vous saurez que Je suis le Seigneur », dit la *première lecture*.

Et pourtant, sous la plume de l'évangéliste Jean, Jésus apparaît dans sa plus complète humanité. Ce qui domine, c'est son émotion sincère face à la mort de son ami, face à la douleur de Marie et de Marthe ; il pleure, et ceux qui sont présents reconnaissent : « Voyez comme il l'aimait ! » Or quand on aime, qu'y a-t-il de plus terrifiant que la mort de celui ou de celle que l'on aime ?

Au moment où survient la mort, deux attitudes se font face : Marie symbolise l'humanité abattue par la séparation. Marthe, bien qu'encore sceptique (« Mais Seigneur, il sent déjà »), représente les croyants : « Oui, Seigneur, je le crois : tu es le Christ, le Fils de Dieu. » Elle sait, au plus profond de son cœur, que « près du Seigneur, est l'amour » (*psaume*).

Cet amour, pétri d'humanité, révèle sa toute-puissance : « Lazare, viens dehors ! » La parole de Jésus est agissante : le mort se relève, l'amour est plus fort que la mort. Ensuite, pour que Lazare ressuscite définitivement, Jésus va accepter de passer par le supplice de la Croix. Aimer, c'est choisir de donner sa vie pour les autres, « pour la multitude », dira Jésus.

Le miracle du « réveil » de Lazare nous dit que Dieu veut pour les hommes la vie en plénitude. Bien plus que d'être ramenés à la vie terrestre, à la suite du Christ, nous ressusciterons, car « celui qui a ressuscité Jésus, le Christ, donnera aussi la vie à vos corps mortels » (*deuxième lecture*).

Suggestions pour la célébration

• CHANTER • Nous entendons, en ce dimanche, le récit de la résurrection de Lazare. Les chants suivants feront écho à cet évangile : ***Il a passé la mort*** **G 14-63-1, *Je sais en qui j'ai mis mon espérance* GD 164 B, *En toi, Seigneur, mon espérance* G 7 CNA 417 ou 418.**

Les chants proposés au 1er dimanche de Carême conviendront toujours.

• PRIER •

Pour la préparation pénitentielle

Seigneur Jésus, tu es attentif au cri de notre prière,
prends pitié de nous.
Ô Christ, tu ouvres nos tombeaux où nous enferme le péché,
prends pitié de nous.
Seigneur, tu es la résurrection et la vie,
prends pitié de nous.

Pour la prière universelle

Nous pouvons prier :
– pour les hommes et les femmes qui s'engagent avec détermination dans la sauvegarde de la terre : que leurs voix soient entendues par le plus grand nombre ;
– pour les personnes obligées à l'exil : qu'elles puissent trouver des peuples disponibles à les accueillir ;
– pour les catéchumènes qui vivent leur dernière étape vers le baptême : qu'ils accueillent le travail de l'Esprit ;
– pour les membres de notre paroisse : que nous sachions nous mettre au service de nos frères et sœurs.

• CÉLÉBRER • La célébration de l'Eucharistie « pour le salut du monde » nous incite à travailler à la construction d'un monde nouveau, du Royaume. S'inscrivant dans ce temps de montée vers Pâques auquel les chrétiens se préparent par la prière, le jeûne et le partage, le Comité Catholique contre la Faim et pour le Développement – Terre Solidaire propose chaque année une démarche de solidarité. Ce dimanche nous rappelle, de façon particulière, que l'Eucharistie est don de la vie pour l'autre, amour jusqu'au bout.

PRIÈRE D'OUVERTURE

Que ta grâce nous obtienne, Seigneur, d'imiter avec joie la charité du Christ qui a donné sa vie par amour pour le monde. Lui qui règne.

1re LECTURE *« Je mettrai en vous mon esprit, et vous vivrez »*

Lecture du livre du prophète Ézékiel 37, 12-14

Ainsi parle le Seigneur Dieu : Je vais ouvrir vos tombeaux et je vous en ferai remonter, ô mon peuple, et je vous ramènerai sur la terre d'Israël. Vous saurez que Je suis le Seigneur, quand j'ouvrirai vos tombeaux et vous en ferai remonter, ô mon peuple ! Je mettrai en vous mon esprit, et vous vivrez ; je vous donnerai le repos sur votre terre. Alors vous saurez que Je suis le Seigneur : j'ai parlé et je le ferai – oracle du Seigneur.

PSAUME 129

R/ **Près du Seigneur est l'amour,**
près de lui abonde le rachat.

Des profondeurs je crie vers toi, Seigneur,
Seigneur, écoute mon appel !
Que ton oreille se fasse attentive
au cri de ma prière !

Si tu retiens les fautes, Seigneur,
Seigneur, qui subsistera ?
Mais près de toi se trouve le pardon
pour que l'homme te craigne.

J'espère le Seigneur de toute mon âme ;
je l'espère, et j'attends sa parole.
Mon âme attend le Seigneur
plus qu'un veilleur ne guette l'aurore.

Oui, près du Seigneur, est l'amour ;
près de lui, abonde le rachat.
C'est lui qui rachètera Israël
de toutes ses fautes.

2e LECTURE *L'Esprit donne la vie*

Lecture de la lettre de saint Paul apôtre aux Romains 8, 8-11

Frères, ceux qui sont sous l'emprise de la chair ne peuvent pas plaire à Dieu. Or, vous, vous n'êtes pas sous l'emprise de la chair, mais sous celle de l'Esprit, puisque l'Esprit de Dieu habite en vous. Celui qui n'a pas l'Esprit du Christ ne lui appartient pas. Mais si le Christ est en vous, le corps, il est vrai, reste marqué par la mort à cause du péché, mais l'Esprit vous fait vivre, puisque vous êtes devenus des justes. Et si l'Esprit de celui qui a ressuscité Jésus d'entre les morts habite en vous, celui qui a ressuscité Jésus, le Christ, d'entre les morts donnera aussi la vie à vos corps mortels par son Esprit qui habite en vous.

Gloire à toi, Seigneur, gloire à toi. Moi, je suis la résurrection et la vie, dit le Seigneur. Celui qui croit en moi ne mourra jamais. **Gloire à toi, Seigneur, gloire à toi.**

ÉVANGILE *« Je suis la résurrection et la vie »*

Évangile de Jésus Christ selon saint Jean 11, 1-45

La lecture du texte entre crochets est facultative.
[En ce temps-là, il y avait quelqu'un de malade, Lazare, de Béthanie, le village de Marie et de Marthe, sa sœur. Or Marie était celle qui répandit du parfum sur le Seigneur et lui essuya les pieds avec ses cheveux. C'était son frère Lazare qui était malade. Donc,] les deux sœurs envoyèrent dire à Jésus : « Seigneur, celui que tu aimes est malade. » En apprenant cela, Jésus dit : « Cette maladie ne conduit pas à la mort, elle est pour la gloire de Dieu, afin que par elle le Fils de Dieu soit glorifié. » Jésus aimait Marthe et sa sœur, ainsi que Lazare. Quand il apprit que celui-ci était malade, il demeura deux jours encore à l'endroit où il se trouvait.

Puis, après cela, il dit aux disciples : « Revenons en Judée. » [Les disciples lui dirent : « Rabbi, tout récemment, les Juifs, là-bas, cherchaient à te lapider, et tu y retournes ? » Jésus répondit : « N'y a-t-il pas douze heures dans une journée ? Celui qui marche pendant le jour ne trébuche pas, parce qu'il voit la lumière de ce monde ; mais celui qui marche pendant la nuit trébuche, parce que la lumière n'est pas en lui. » Après ces paroles, il ajouta : « Lazare, notre ami, s'est endormi ; mais je vais aller le tirer de ce sommeil. » Les disciples lui dirent alors : « Seigneur, s'il s'est endormi, il sera sauvé. » Jésus avait parlé de la mort ; eux pensaient qu'il parlait du repos du sommeil. Alors il leur dit ouvertement : « Lazare est mort, et je me réjouis de n'avoir pas été là, à cause de vous, pour que vous croyiez. Mais allons auprès de lui ! » Thomas, appelé Didyme (c'est-à-dire Jumeau), dit aux autres disciples : « Allons-y, nous aussi, pour mourir avec lui ! »]

À son arrivée, Jésus trouva Lazare au tombeau depuis quatre jours déjà. [Comme Béthanie était tout près de Jérusalem – à une distance de quinze stades (c'est-à-dire une demi-heure de marche environ) –, beaucoup de Juifs étaient venus réconforter Marthe et Marie au sujet de leur frère.]

Lorsque Marthe apprit l'arrivée de Jésus, elle partit à sa rencontre, tandis que Marie restait assise à la maison. Marthe dit à Jésus : « Seigneur, si tu avais été ici, mon frère ne serait pas mort. Mais maintenant encore, je le sais, tout ce que tu demanderas à Dieu, Dieu te l'accordera. » Jésus lui dit : « Ton frère ressuscitera. » Marthe reprit : « Je sais qu'il ressuscitera à la résurrection, au dernier jour. » Jésus lui dit : « Moi, je suis la résurrection et la vie. Celui qui croit en moi, même s'il meurt, vivra ; quiconque vit et croit en moi ne mourra jamais. Crois-tu cela ? » Elle répondit : « Oui, Seigneur, je le crois : tu es le Christ, le Fils de Dieu, tu es celui qui vient dans le monde. »

[Ayant dit cela, elle partit appeler sa sœur Marie, et lui dit tout bas : « Le Maître est là, il t'appelle. » Marie, dès qu'elle l'entendit, se leva rapidement et alla rejoindre Jésus. Il n'était pas encore entré dans le village, mais il se trouvait toujours à l'endroit où Marthe l'avait rencontré. Les Juifs qui étaient à la maison avec Marie et la réconfortaient, la voyant se lever et sortir si vite, la suivirent ; ils pensaient qu'elle allait au tombeau pour y pleurer. Marie arriva à l'endroit où se trouvait Jésus. Dès qu'elle le vit, elle se jeta à ses pieds et lui dit : « Seigneur, si tu avais été ici, mon frère ne serait pas mort. »

Quand il vit qu'elle pleurait, et que les Juifs venus avec elle pleuraient aussi, Jésus, en son esprit, fut saisi d'émotion, il fut bouleversé, et] il demanda : « Où l'avez-vous déposé ? » Ils lui répondirent : « Seigneur, viens, et vois. » Alors Jésus se mit à pleurer. Les Juifs disaient : « Voyez comme il l'aimait ! » Mais certains d'entre eux dirent : « Lui qui a ouvert les yeux de l'aveugle, ne pouvait-il pas empêcher Lazare de mourir ? »

Jésus, [repris par l'émotion,] arriva au tombeau. C'était une grotte fermée par une pierre. Jésus dit : « Enlevez la pierre. » Marthe, la sœur du défunt, lui dit : « Seigneur, il sent déjà ; c'est le quatrième jour qu'il est là. » Alors Jésus dit à Marthe : « Ne te l'ai-je pas dit ? Si tu crois, tu verras la gloire de Dieu. » On enleva donc la pierre. Alors Jésus leva les yeux au ciel et dit : « Père, je te rends grâce parce que tu m'as exaucé. Je le savais bien, moi, que tu m'exauces toujours ; mais je le dis à cause de la foule qui m'entoure, afin qu'ils croient que c'est toi qui m'as envoyé. » Après cela, il cria d'une voix forte : « Lazare, viens dehors ! » Et le mort sortit, les pieds et les mains liés par des bandelettes, le visage enveloppé d'un suaire. Jésus leur dit : « Déliez-le, et laissez-le aller. »

Beaucoup de Juifs, qui étaient venus auprès de Marie et avaient donc vu ce que Jésus avait fait, crurent en lui.

Prière sur les offrandes

Exauce tes serviteurs, Dieu tout-puissant : tu les as initiés à la foi chrétienne, qu'ils soient purifiés par ce sacrifice. Par Jésus.

Préface

Lorsqu'a été lu l'évangile de la résurrection de Lazare, on dit la préface ci-dessous. Si on a lu un autre évangile, on emploie une des préfaces du Carême, p. 24-25.

Vraiment, il est juste et bon de te rendre gloire, de t'offrir notre action de grâce, toujours et en tout lieu, à toi, Père très saint, Dieu éternel et tout-puissant, par le Christ, notre Seigneur.

Il est cet homme plein d'humanité qui a pleuré sur son ami Lazare ; il est Dieu, le Dieu éternel qui fit sortir le mort de son tombeau ; ainsi, dans sa tendresse pour tous les hommes, il nous conduit par les mystères de sa Pâque, jusqu'à la vie nouvelle.

C'est par lui que les anges assemblés devant toi adorent ta sainteté ; laisse donc nos voix se joindre à leur louange pour chanter et proclamer : Saint !..

PRIÈRE APRÈS LA COMMUNION

Accorde-nous, Dieu tout-puissant, d'être toujours comptés parmi les membres du Christ, nous qui communions à son corps et à son sang. Lui qui règne.

Je meurs, lui seul est ma vie

« Celui qui aime comme il faut n'a pas souci de demander ce qui lui manque ou ce qu'il désire, mais seulement de présenter son besoin afin que le Seigneur fasse comme il lui plaît. C'est ainsi qu'aux noces de Cana, la Vierge Marie ne demanda pas directement du vin à son Fils bien-aimé, mais lui dit : "Ils n'ont plus de vin" ; c'est ainsi que les sœurs de Lazare ne firent pas demander à Jésus de guérir leur frère, mais de considérer que celui qu'il aimait était malade. Et cela pour trois raisons :

– premièrement, le Seigneur connaît mieux que nous-mêmes ce qui nous convient ;

– deuxièmement, le Seigneur a plus de compassion quand il voit l'affliction et l'abandon de celui qui l'aime ;

– troisièmement, l'âme se protège plus sûrement de l'amour-propre en présentant ce qui lui manque, plutôt qu'en demandant ce qu'elle désire.

En ne faisant que déclarer ses manques, l'âme dit autant que si elle s'exprimait en ces termes : je suis malade, il est ma santé ; dites-lui qu'il me guérisse. Je souffre, il est ma consolation ; dites-lui qu'il me console. Je meurs, lui seul est ma vie ; dites-lui qu'il me fasse vivre. »

Jean de la Croix (1542-1591), *Cantique spirituel*
Commentaire du deuxième cantique.

Calendrier liturgique

Di 2	**Cinquième dimanche de Carême A.** *Liturgie des Heures : Psautier semaine I.* En semaine, messe au choix : 2 R 4, 18b-21.32-37 ; Ps 16 ; Jn 11, 1-45.
Lu 3	Dn 13, 1-9.15-17.19-30.33-62 ; Ps 22 ; Jn 8, 12-20.
Ma 4	Nb 21, 4-9 ; Ps 101 ; Jn 8, 21-30.
Me 5	Dn 3, 14-20.91-92.95 ; Dn 3 ; Jn 8, 31-42.
Je 6	Gn 17, 3-9 ; Ps 104 ; Jn 8, 51-59.
Ve 7	Jr 20, 10-13 ; Ps 17 ; Jn 10, 31-42.
Sa 8	Ez 37, 21-28 ; Jr 31 ; Jn 11, 45-57.

Bonne fête ! 2 : Sandra. 3 : Richard. 4 : Isidore, Aleth. 5 : Irène, Ève, Juliana. 6 : Marcellin. 7 : Saturnin. 8 : Constance, Julie.

Pour mémoire : aujourd'hui, en France, quête pour le CCFD ; en Belgique, quête pour Entraide et Fraternité.
Il y a 250 ans, le 2 avril 1767, Charles III d'Espagne ordonnait l'expulsion des jésuites hors du territoire espagnol et la confiscation de leurs biens. Le 30 mai, l'ordre d'expulsion arriva en Nouvelle-Espagne, sur le continent américain : 2 200 jésuites furent chassés des colonies espagnoles d'Amérique. Le 7 juin, le décret arriva au Paraguay, en décembre en Californie. Après le départ des jésuites, les Indiens, sans protection devant les menées esclavagistes des Espagnols, retournèrent dans la forêt, abandonnant villages et exploitations agricoles.

Pour prier avec l'Évangile : Dieu par qui tout existe, tu ne laisses pas mourir en nous la vie que tu nous offres. À l'appel de ton Fils, fais-nous sortir des tombeaux où nous enferme le péché et rends-nous à ta lumière éclatante.

PROPOSITION POUR UNE CÉLÉBRATION DE LA RÉCONCILIATION

Le déroulement proposé est une célébration communautaire avec absolution individuelle. « Une célébration commune manifeste plus clairement la nature ecclésiale de la pénitence » (Rituel de la Pénitence et Réconciliation n° 34). Face aux multiples déchirures du monde, de l'Église et de nos communautés, l'Église a reçu un trésor : la miséricorde de Dieu pour toutes celles et tous ceux qui sont atteints par les blessures du péché. Le sacrement s'élargit au-delà de nos personnes et annonce au monde le salut que Dieu lui offre. Il construit aussi l'Église comme communauté de baptisés, réconciliés, vivant du don que Dieu fait de sa grâce : « Invités à manifester et à vivre la communion que crée entre eux l'Esprit Saint, les chrétiens sont conduits à la reconnaissance commune de ce qui les divise ; ils sont appelés à une conversion à faire ensemble, ainsi qu'à une démarche de réconciliation entre eux » (n° 20).

Inspirée par la prière autour de la croix de Taizé, cette veillée a été expérimentée en paroisse. Les chants proposés (issus du répertoire de Taizé, les partitions sont disponibles sur le site www.taize.fr) peuvent être remplacés par d'autres connus de l'assemblée présente. Au préalable, on aura pris soin de poser sur le sol, mais légèrement surélevée, une grande et belle croix. Au début de la célébration, et au moins jusqu'à la lecture de l'évangile, l'église est plongée dans une relative obscurité.

S'ACCUEILLIR MUTUELLEMENT. Quelques minutes avant le début « officiel » de la célébration, un petit groupe commence la prière en entonnant le chant *La ténèbre n'est point ténèbre*. Les nouveaux arrivants entrent donc dans une église déjà en prière. Ils s'installent en silence et joignent leur voix à celles de ceux qui chantent déjà. On peut enchaîner avec le chant : *Dans nos obscurités*.

Vient ensuite l'accueil : on prévoit un mot de bienvenue qui redonne le sens du sacrement (cf. introduction ci-dessus).

ÉCOUTER LA PAROLE. On chante le psaume 97.

L'acclamation *Bonum est confidere* (Il est bon de se confier dans le Seigneur et d'espérer en lui) introduit la lecture solennelle de l'évangile selon saint Luc 17, 11-19 (la purification de dix lépreux). Le célébrant propose une méditation sur l'évangile et ouvre des pistes pour l'examen de conscience qui va suivre. Cette méditation est suivie d'un temps de silence assez conséquent.

CONFESSER L'AMOUR DE DIEU EN MÊME TEMPS QUE NOTRE PÉCHÉ. « L'assemblée se met debout, ou à genoux, ou encore s'incline pour une prière où tous ensemble reconnaissent qu'ils sont pécheurs et demandent à Dieu son pardon » (Rituel, nº 117). La célébration se poursuit par une prière litanique évoquant des actes de salut posés par Jésus :

> Toi qui as été envoyé porter la Bonne Nouvelle aux pauvres et guérir ceux qui ont le cœur brisé ;
> Refrain (dit ou chanté par tous) : *Sauve-nous, Seigneur, en ton amour.*
> Tu n'es pas venu appeler les justes, mais les pécheurs ;
> Tu as guéri et sauvé le lépreux ;
> Tu as beaucoup pardonné à celle qui avait aussi beaucoup aimé ;
> Tu n'as pas refusé d'aller chez les publicains et les pécheurs ;
> Tu n'as pas condamné la femme adultère, mais tu l'as relevée et invitée à sortir de son péché ;
> Tu as appelé Zachée, le publicain, à se convertir et à mener une vie nouvelle ;
> Tu as promis le paradis au malfaiteur repentant, crucifié avec toi ;
> Tu es le bon pasteur qui ramène au bercail, sur tes épaules, la brebis perdue ;
> Toi qui es assis à la droite du Père, où tu intercèdes pour nous.

L'assemblée dit ensuite le Notre Père.

ACCUEILLIR LE PARDON DE DIEU POUR EN ÊTRE LES TÉMOINS. Vient ensuite le temps des confessions et absolutions individuelles. Durant ce temps, les chants de Taizé favorisent le climat d'intériorité et de recueillement. Après avoir reçu l'absolution, chaque participant est invité à venir déposer une bougie à la tête de la croix. On peut aussi poser son front ou sa main sur la croix pour confier à Dieu ses propres fardeaux, ceux des autres. En fonction du temps nécessaire, on peut chanter : *Toi, tu nous aimes* ; *Jésus le Christ, lumière intérieure* ; *Jésus, ma joie* ; *Mon âme se repose* et finir par *Laudate Dominum omnes gentes*.

La célébration se termine par l'action de grâce et la bénédiction.

LA SEMAINE SAINTE

La Semaine sainte, et particulièrement le Triduum pascal (les trois jours allant de la messe du Jeudi saint au dimanche de Pâques), constitue le « centre de gravité » de l'année liturgique. Pèlerins en marche avec leur Seigneur, les chrétiens sont invités à suivre le Christ, à célébrer sa mémoire, depuis son entrée triomphale dans Jérusalem jusqu'à sa Résurrection, en passant par la Cène, la Passion et la Mort.

Le dimanche des Rameaux et de la Passion, nous entrons avec Jésus dans Jérusalem. Nos mains tendent les rameaux et nous chantons : « Béni soit celui qui vient au nom du Seigneur ! Hosanna au plus haut des cieux ! » À la suite du Christ, le peuple de Dieu se met en marche vers Pâques.

Le Jeudi saint, nous nous souvenons de Jésus prenant son dernier repas avec ses Apôtres. Ils mangent la Pâque, un agneau immolé, du pain non levé, comme le peuple juif libéré de l'esclavage des Égyptiens. Désormais, le véritable agneau, celui qui libère, « celui qui enlève le péché du monde », qui donne vie, c'est Jésus lui-même. En reprenant les gestes du Christ instituant la première eucharistie, nous sommes invités à les accomplir dans le sens qu'il a voulu leur signifier : « Il n'y a pas de plus grand amour que de donner sa vie pour ceux qu'on aime » (Jn 15, 13).

Le Vendredi saint, c'est le jour de la Passion et de la Mort, le jour où Jésus, remettant son esprit entre les mains du Père, accomplit pleinement sa mission. Nous accompagnons le Christ au tombeau. La Croix devient le signe de l'amour fou de Dieu pour les hommes.

Le Samedi saint est le jour de l'absence, du silence, de la méditation, mais aussi de l'espérance. La Vigile pascale, qui inaugure la fête de Pâques, est une « veille » de prière dans la foi au Christ ressuscité : passage des ténèbres à la lumière, victoire du Christ sur la mort ! Dans la nuit, le feu et le cierge de Pâques sont allumés, puis la flamme est transmise aux fidèles : « Vous êtes tous des fils de la lumière » (1 Th 5,5). L'Église se réjouit d'accueillir en son sein les nouveaux baptisés.

Le dimanche de Pâques, premier jour de la semaine, est jour de création et de recréation. Les chrétiens, par la grâce de leur baptême, sont faits créatures nouvelles, à la suite du Christ, pour la mission. Le Christ ressuscité nous offre la vie, dans la paix et la joie éternelle ! Sa résurrection fonde notre espérance : « Je suis avec vous tous les jours jusqu'à la fin du monde » (Mt 28,20).

Dimanche des Rameaux et de la Passion

9 avril 2017

DONNE, SEIGNEUR, DONNE LE SALUT !

La Semaine sainte s'ouvre dans l'allégresse. Avec la foule, nous acclamons Jésus, roi sans richesse et sans arme, humblement monté sur un âne. Mais déjà la ville est en proie à l'agitation, et s'interroge : « Qui est cet homme ? » (*évangile de la liturgie des Rameaux*). Ce roi va rapidement devenir le Serviteur souffrant. Dépouillé de tout, conduit comme un agneau à l'abattoir, il va triompher de la Croix, triompher par la Croix et nous donner part au mystère infini de l'amour de Dieu.

C'est par un verset du psaume 117 que la foule acclame Jésus en entrant avec lui dans Jérusalem : « Donne, Seigneur, donne le salut ! (« Hosanna » signifie littéralement « sauve donc ! ») Béni soit au nom du Seigneur celui qui vient ! » Ce même psaume introduit à la lecture de l'évangile dans la nuit de la Vigile pascale : « Non, je ne mourrai pas, je vivrai. » Ainsi, dès l'ouverture de la « Grande Semaine », nous voici plongés dans le mystère de Pâques. Nous croyons que Christ est ressuscité. C'est à cette lumière que nous allons célébrer la Passion et la mort de notre Seigneur. Cette foi donne sens à toute célébration eucharistique.

Déjà, le Serviteur qui connaît la persécution confesse que le Seigneur vient à son secours (*première lecture*). Et le poète du psaume 21 qui commence par crier : « Mon Dieu, mon Dieu, pourquoi m'as-tu abandonné ? » sait aussi qu'à la fin, le Seigneur lui répond (*psaume*). Pourtant, il nous faut prendre le temps d'entendre ce cri, repris par Jésus en croix (*évangile de la Passion*) ; cri de détresse, mais cri de confiance aussi, puisque c'est à Dieu qu'est adressée cette supplication. Avec saint Paul, éclairés par l'Esprit du Ressuscité, nous reconnaissons que le Serviteur souffrant, le juste persécuté, c'est Jésus qui « s'est abaissé, devenant obéissant jusqu'à la mort, et la mort de la croix » (*deuxième lecture*). Mais au matin de Pâques, la mort est vaincue, une fois pour toutes : « Il n'est pas ici, car il est ressuscité, comme il l'avait dit » (Mt 28,6).

Suggestions pour la célébration

• **CHANTER** • Pour la bénédiction des Rameaux, *Gloire à toi, Sauveur des hommes* H 27 CNA 442, *Hosanna* AL 179 CNA 441 avec les versets prévus, *Sion, crie d'allégresse* SYL L 113.

Pendant la procession, *Processionnal des Rameaux* HY 44-09, *Nous chantons la croix du Seigneur* CNA 342, *Victoire, tu régneras* H 32 CNA 468.

À l'entrée dans l'église, *Fais paraître ton jour* Y 53 CNA 552, *Voici que s'ouvre pour le Roi* H 96-3 CNA 444.

La lecture de la Passion peut être ponctuée par un chant, à deux ou trois reprises : *C'était nos péchés qu'il portait* NT 8 CNA 463, *Au cœur de nos détresses* H 128 CNA 462, *Mystère du calvaire* H 44 CNA 464.

Pendant la communion, *Pain donné pour notre vie* D 19-75 CNA 339, *Recevez le corps du Christ* SYL F 520 CNA 345, *Partageons le pain du Seigneur* CNA 342.

Après la communion, *Mystère de la croix* H 52-34, *Par la Croix qui fit mourir* H 67-1 CNA 467, *Ô Croix dressée sur le monde* H 30 CNA 465.

À la fin de la célébration, le silence permettra d'entrer dans la Semaine sainte.

• **PRIER** • **POUR LA PRÉPARATION PÉNITENTIELLE**

La bénédiction des Rameaux tient lieu de préparation pénitentielle.

POUR LA PRIÈRE UNIVERSELLE

D'après la prière litanique de saint Gélase Ier (5e siècle) :
Prions avec foi le Père tout-puissant, prions Jésus, le Fils unique, prions le Saint-Esprit de Dieu.
Pour ceux qui demeurent dans l'esprit de haine, d'envie et les erreurs du monde, implorons la tendresse du Rédempteur.
R./ : Ô Seigneur, écoute et prends pitié !
Pour les malades, pour le faible qu'on opprime, le juste persécuté, supplions Jésus, le Sauveur.
Pour ceux qui gouvernent les peuples, pour que règnent la justice et le droit, demandons la force de Dieu.

Pour les ouvriers de l'Évangile, pour ceux qui servent leurs frères avec amour, prions le Dieu des miséricordes.
Pour les frères et sœurs ici réunis, qu'une même foi a rassemblés, invoquons le Seigneur de gloire.

• **CÉLÉBRER** • La célébration des Rameaux comprend deux grands temps : d'abord, l'entrée messianique du Seigneur à Jérusalem, puis la messe.
Dans la mesure du possible, il est souhaitable que les fidèles se réunissent à l'extérieur de l'église pour la bénédiction des Rameaux et la proclamation de l'évangile de Matthieu, relatant l'entrée triomphale de Jésus à Jérusalem. Les Rameaux bénis, qui seront conservés durant l'année, sont signe de la victoire du Ressuscité, qui sera célébrée le jour de Pâques. Au cours de la messe, la lecture de la Passion tient une place particulière : elle est au cœur de notre foi. Elle sera mise en œuvre avec soin et sobriété, sans théâtralisation. Si le choix est fait de différents lecteurs, une répétition est nécessaire (pour gérer notamment le placement devant les micros).

Liturgie des Rameaux

Prière de bénédiction

• Dieu tout-puissant, daigne bénir ces rameaux que nous portons pour fêter le Christ notre Roi : accorde-nous d'entrer avec lui dans la Jérusalem éternelle. Lui qui règne.
• Augmente la foi de ceux qui espèrent en toi, Seigneur, exauce la prière de ceux qui te supplient : nous tenons à la main ces rameaux pour acclamer le triomphe du Christ ; pour que nous portions en lui des fruits qui te rendent gloire, donne-nous de vivre comme lui en faisant le bien. Lui qui règne.

ÉVANGILE *« Béni soit celui qui vient au nom du Seigneur »*

Évangile de Jésus Christ selon saint Matthieu 21, 1-11

Jésus et ses disciples, approchant de Jérusalem, arrivèrent en vue de Bethphagé, sur les pentes du mont des Oliviers. Alors Jésus envoya deux disciples en leur disant : « Allez au village qui est en face de vous ; vous trouverez aussitôt une ânesse attachée et son petit avec elle. Détachez-les et amenez-les moi. Et si l'on vous dit quelque chose, vous répondrez : "Le Seigneur en a besoin". Et aussitôt on les laissera partir. »

Cela est arrivé pour que soit accomplie la parole prononcée par le prophète : *Dites à la fille de Sion : Voici ton roi qui vient vers toi, plein de douceur, monté sur une ânesse et un petit âne, le petit d'une bête de somme.*

Les disciples partirent et firent ce que Jésus leur avait ordonné. Ils amenèrent l'ânesse et son petit, disposèrent sur eux leurs manteaux, et Jésus s'assit dessus. Dans la foule, la plupart étendirent leurs manteaux sur le chemin ; d'autres coupaient des branches aux arbres et en jonchaient la route. Les foules qui marchaient devant Jésus et celles qui suivaient criaient : « *Hosanna* au fils de David ! *Béni soit celui qui vient au nom du Seigneur ! Hosanna* au plus haut des cieux ! »

Comme Jésus entrait à Jérusalem, toute la ville fut en proie à l'agitation, et disait : « Qui est cet homme ? » Et les foules répondaient : « C'est le prophète Jésus, de Nazareth en Galilée. »

PROCESSION

Et maintenant, avançons, comme les foules de Jérusalem, heureuses d'acclamer le Messie.

Messe de la Passion

Prière d'ouverture

Dieu éternel et tout-puissant, pour montrer au genre humain quel abaissement il doit imiter, tu as voulu que notre Sauveur, dans un corps semblable au nôtre, subisse la mort de la croix : accorde-nous cette grâce de retenir les enseignements de sa passion et d'avoir part à sa résurrection. Lui qui règne.

1re lecture *« Je sais que je ne serai pas confondu »*

Lecture du livre du prophète Isaïe 50, 4-7

Le Seigneur mon Dieu m'a donné le langage des disciples, pour que je puisse, d'une parole, soutenir celui qui est épuisé. Chaque matin, il éveille, il éveille mon oreille pour qu'en disciple, j'écoute. Le Seigneur mon Dieu m'a ouvert l'oreille, et moi, je ne me suis pas révolté, je ne me suis pas dérobé. J'ai présenté mon dos à ceux qui me frappaient, et mes joues à ceux qui m'arrachaient la barbe. Je n'ai pas caché ma face devant les outrages et les crachats. Le Seigneur mon Dieu vient à mon secours ; c'est pourquoi je ne suis pas atteint par les outrages, c'est pourquoi j'ai rendu ma face dure comme pierre : je sais que je ne serai pas confondu.

Psaume 21

R/ **Mon Dieu, mon Dieu,**
pourquoi m'as-tu abandonné ?

Tous ceux qui me voient me bafouent ;
ils ricanent et hochent la tête :
« Il comptait sur le Seigneur : qu'il le délivre !
Qu'il le sauve, puisqu'il est son ami ! »

Oui, des chiens me cernent,
une bande de vauriens m'entoure ;
Ils me percent les mains et les pieds,
je peux compter tous mes os.

Ils partagent entre eux mes habits
et tirent au sort mon vêtement.
Mais toi, Seigneur, ne sois pas loin :
ô ma force, viens vite à mon aide !

Mais tu m'as répondu !
Et je proclame ton nom devant mes frères,
je te loue en pleine assemblée.
Vous qui le craignez, louez le Seigneur.

2e LECTURE — *Le Christ humble et glorifié*

Lecture de la lettre de saint Paul apôtre aux Philippiens 2, 6-11

Le Christ Jésus,
ayant la condition de Dieu,
ne retint pas jalousement
le rang qui l'égalait à Dieu.

Mais il s'est anéanti,
prenant la condition de serviteur,
devenant semblable aux hommes.

Reconnu homme à son aspect,
il s'est abaissé,
devenant obéissant jusqu'à la mort,
et la mort de la croix.

C'est pourquoi Dieu l'a exalté :
il l'a doté du Nom
qui est au-dessus de tout nom,

afin qu'au nom de Jésus
tout genou fléchisse
au ciel, sur terre et aux enfers,

et que toute langue proclame :
« Jésus Christ est Seigneur »
à la gloire de Dieu le Père.

Gloire et louange à toi, Seigneur Jésus. Pour nous, le Christ est devenu obéissant, jusqu'à la mort, et la mort de la croix. C'est pourquoi Dieu l'a exalté : il l'a doté du Nom qui est au-dessus de tout nom. **Gloire et louange à toi, Seigneur Jésus.**

ÉVANGILE — *Passion de notre Seigneur Jésus Christ*

26, 14 – 27, 66

lecture brève Mt 27 ; 11-54 ; voir n° 4

Indications pour la lecture dialoguée : Les sigles désignant les divers interlocuteurs sont les suivants : + = Jésus ; L = Lecteur ; D = Disciples et amis ; F = Foule ; A = Autres personnages.

La Passion de notre Seigneur Jésus Christ selon saint Matthieu

La lecture du texte entre crochets est facultative.

L. [En ce temps-là, l'un des Douze, nommé Judas Iscariote, se rendit chez les grands prêtres et leur dit :

D. « Que voulez-vous me donner, si je vous le livre ? »

L. Ils lui *remirent trente pièces d'argent*. Et depuis, Judas cherchait une occasion favorable pour le livrer.

Le premier jour de la fête des pains sans levain, les disciples s'approchèrent et dirent à Jésus :

D. « Où veux-tu que nous te fassions les préparatifs pour manger la Pâque ? »

L. Il leur dit :

+ « Allez à la ville, chez un tel, et dites-lui : 'Le Maître te fait dire : Mon temps est proche ; c'est chez toi que je veux célébrer la Pâque avec mes disciples.' »

L. Les disciples firent ce que Jésus leur avait prescrit et ils préparèrent la Pâque.

1. La Pâque avec les disciples

Le soir venu, Jésus se trouvait à table avec les Douze. Pendant le repas, il déclara :

+ « Amen, je vous le dis : l'un de vous va me livrer. »

L. Profondément attristés, ils se mirent à lui demander, chacun son tour :

D. « Serait-ce moi, Seigneur ? »

L. Prenant la parole, il dit :

\+ « Celui qui s'est servi au plat en même temps que moi, celui-là va me livrer. Le Fils de l'homme s'en va, comme il est écrit à son sujet ; mais malheureux celui par qui le Fils de l'homme est livré ! Il vaudrait mieux pour lui qu'il ne soit pas né, cet homme-là ! »

L. Judas, celui qui le livrait, prit la parole :

D. « Rabbi, serait-ce moi ? »

L. Jésus lui répond :

\+ « C'est toi-même qui l'as dit ! »

L. Pendant le repas, Jésus, ayant pris du pain et prononcé la bénédiction, le rompit et, le donnant aux disciples, il dit :

\+ « Prenez, mangez :
ceci est mon corps. »

L. Puis, ayant pris une coupe et ayant rendu grâce, il la leur donna, en disant :

\+ « Buvez-en tous, car ceci est mon sang, le sang de l'Alliance, versé pour la multitude en rémission des péchés. Je vous le dis : désormais je ne boirai plus de ce fruit de la vigne, jusqu'au jour où je le boirai, nouveau, avec vous dans le royaume de mon Père. »

2. À Gethsémani

L. Après avoir chanté les psaumes, ils partirent pour le mont des Oliviers. Alors Jésus leur dit :

\+ « Cette nuit, je serai pour vous tous une occasion de chute ; car il est écrit : *Je frapperai le berger, et les brebis du troupeau seront dispersées.* Mais, une fois ressuscité, je vous précéderai en Galilée. »

L. Prenant la parole, Pierre lui dit :

D. « Si tous viennent à tomber à cause de toi, moi, je ne tomberai jamais. »

L. Jésus lui répondit :

\+ « Amen, je te le dis : cette nuit même, avant que le coq chante, tu m'auras renié trois fois. »

L. Pierre lui dit :

D. « Même si je dois mourir avec toi, je ne te renierai pas. »

L. Et tous les disciples dirent de même.

Alors Jésus parvient avec eux à un domaine appelé Gethsémani et leur dit :

\+ « Asseyez-vous ici, pendant que je vais là-bas pour prier. »

L. Il emmena Pierre, ainsi que Jacques et Jean, les deux fils de Zébédée, et il commença à ressentir tristesse et angoisse. Il leur dit alors :

\+ « Mon âme est triste à en mourir. Restez ici et veillez avec moi. »

L. Allant un peu plus loin, il tomba face contre terre en priant, et il disait :

\+ « Mon Père, s'il est possible, que cette coupe passe loin de moi ! Cependant, non pas comme moi, je veux, mais comme toi, tu veux. »

L. Puis il revient vers ses disciples et les trouve endormis ; il dit à Pierre :

\+ « Ainsi, vous n'avez pas eu la force de veiller seulement une heure avec moi ? Veillez et priez, pour ne pas entrer en tentation ; l'esprit est ardent, mais la chair est faible. »

L. De nouveau, il s'éloigna et pria, pour la deuxième fois ; il disait :

\+ « Mon Père, si cette coupe ne peut passer sans que je la boive, que ta volonté soit faite ! »

L. Revenu près des disciples, de nouveau il les trouva endormis, car leurs yeux étaient lourds de sommeil. Les laissant, de nouveau il s'éloigna et pria pour la troisième fois, en répétant les mêmes paroles. Alors il revient vers les disciples et leur dit :

\+ « Désormais, vous pouvez dormir et vous reposer. Voici qu'elle est proche, l'heure où le Fils de l'homme est livré aux mains des pécheurs. Levez-vous ! Allons ! Voici qu'il est proche, celui qui me livre. »

L. Jésus parlait encore, lorsque Judas, l'un des Douze, arriva, et avec lui une grande foule armée d'épées et de bâtons, envoyée par les grands prêtres et les anciens du peuple. Celui qui le livrait leur avait donné un signe :

D. « Celui que j'embrasserai, c'est lui : arrêtez-le. »

L. Aussitôt, s'approchant de Jésus, il lui dit :

D. « Salut, Rabbi ! »

L. Et il l'embrassa.

Jésus lui dit :

+ « Mon ami, ce que tu es venu faire, fais-le ! »

L. Alors ils s'approchèrent, mirent la main sur Jésus et l'arrêtèrent.

L'un de ceux qui étaient avec Jésus, portant la main à son épée, la tira, frappa le serviteur du grand prêtre, et lui trancha l'oreille. Alors Jésus lui dit :

+ « Rentre ton épée, car tous ceux qui prennent l'épée périront par l'épée. Crois-tu que je ne puisse pas faire appel à mon Père ? Il mettrait aussitôt à ma disposition plus de douze légions d'anges. Mais alors, comment s'accompliraient les Écritures selon lesquelles il faut qu'il en soit ainsi ? »

L. À ce moment-là, Jésus dit aux foules :

+ « Suis-je donc un bandit, pour que vous soyez venus vous saisir de moi, avec des épées et des bâtons ? Chaque jour, dans le Temple, j'étais assis en train d'enseigner, et vous ne m'avez pas arrêté. »

L. Mais tout cela est arrivé pour que s'accomplissent les écrits des prophètes. Alors tous les disciples l'abandonnèrent et s'enfuirent.

3. Chez le Grand prêtre

L. Ceux qui avaient arrêté Jésus l'amenèrent devant Caïphe, le grand prêtre, chez qui s'étaient réunis les scribes et les anciens. Quant à Pierre, il le suivait à distance, jusqu'au palais du grand prêtre ; il entra dans la cour et s'assit avec les serviteurs pour voir comment cela finirait. Les grands prêtres et tout le Conseil suprême cherchaient un faux témoignage contre Jésus pour le faire mettre à mort. Ils n'en trouvèrent pas ; pourtant beaucoup de faux témoins s'étaient présentés. Finalement il s'en présenta deux, qui déclarèrent :

A. « Celui-là a dit : 'Je peux détruire le Sanctuaire de Dieu et, en trois jours, le rebâtir.' »

L. Alors le grand prêtre se leva et lui dit :

A. « Tu ne réponds rien ? Que dis-tu des témoignages qu'ils portent contre toi ? »

L. Mais Jésus gardait le silence.

Le grand prêtre lui dit :

A. « Je t'adjure, par le Dieu vivant, de nous dire si c'est toi qui es le Christ, le Fils de Dieu. »

L. Jésus lui répond :

+ « C'est toi-même qui l'as dit ! En tout cas, je vous le déclare : désormais vous verrez *le Fils de l'homme siéger à la droite du Tout-Puissant et venir sur les nuées du ciel.* »

L. Alors le grand prêtre déchira ses vêtements, en disant :

A. « Il a blasphémé ! Pourquoi nous faut-il encore des témoins ? Vous venez d'entendre le blasphème ! Quel est votre avis ? »

L. Ils répondirent :

F. « Il mérite la mort. »

L. Alors ils lui crachèrent au visage et le giflèrent ; d'autres le rouèrent de coups en disant :

F. « Fais-nous le prophète, ô Christ ! Qui t'a frappé ? »

L. Cependant Pierre était assis dehors dans la cour. Une jeune servante s'approcha de lui et lui dit :

A. « Toi aussi, tu étais avec Jésus, le Galiléen ! »

L. Mais il le nia devant tout le monde et dit :

D. « Je ne sais pas de quoi tu parles. »

Une autre servante le vit sortir en direction du portail et elle dit à ceux qui étaient là :

A. « Celui-ci était avec Jésus, le Nazaréen. »

L. De nouveau, Pierre le nia en faisant ce serment :

D. « Je ne connais pas cet homme. »

L. Peu après, ceux qui se tenaient là s'approchèrent et dirent à Pierre :

A. « Sûrement, toi aussi, tu es l'un d'entre eux ! D'ailleurs, ta façon de parler te trahit. »

L. Alors, il se mit à protester violemment et à jurer :

D. « Je ne connais pas cet homme. »

L. Et aussitôt un coq chanta. Alors Pierre se souvint de la parole que Jésus lui avait dite : « Avant que le coq chante, tu m'auras renié trois fois. » Il sortit et, dehors, pleura amèrement.

Le matin venu, tous les grands prêtres et les anciens du peuple tinrent conseil contre Jésus pour le faire mettre à mort. Après l'avoir ligoté, ils l'emmenèrent et le livrèrent à Pilate, le gouverneur.

Alors, en voyant que Jésus était condamné, Judas, qui l'avait livré, fut pris de remords ; il rendit les trente pièces d'argent aux grands prêtres et aux anciens. Il leur dit :

D. « J'ai péché en livrant à la mort un innocent. »

L. Ils répliquèrent :

A. « Que nous importe ? Cela te regarde ! »

L. Jetant alors les pièces d'argent dans le Temple, il se retira et alla se pendre. Les grands prêtres ramassèrent l'argent et dirent :

A. « Il n'est pas permis de le verser dans le trésor, puisque c'est le prix du sang. »

L. Après avoir tenu conseil, ils achetèrent avec cette somme le champ du potier pour y enterrer les étrangers. Voilà pourquoi ce champ est appelé jusqu'à ce jour le Champ-du-Sang. Alors fut accomplie la parole prononcée par le prophète Jérémie :

Ils ramassèrent les trente pièces d'argent,
le prix de celui qui fut mis à prix,
le prix fixé par les fils d'Israël,
et ils les donnèrent pour le champ du potier,
comme le Seigneur me l'avait ordonné.]

Début de la lecture brève.

4. Devant Pilate

L. On fit comparaître Jésus devant Pilate, le gouverneur, qui l'interrogea :

A. « Es-tu le roi des Juifs ? »

L. Jésus déclara :

+ « C'est toi-même qui le dis. »

L. Mais, tandis que les grands prêtres et les anciens l'accusaient, il ne répondit rien.

Alors Pilate lui dit :

A. « Tu n'entends pas tous les témoignages portés contre toi ? »

L. Mais Jésus ne lui répondit plus un mot, si bien que le gouverneur fut très étonné. Or, à chaque fête, celui-ci avait coutume de relâcher un prisonnier, celui que la foule demandait. Il y avait alors un prisonnier bien connu, nommé Barabbas. Les foules s'étant donc rassemblées, Pilate leur dit :

A. « Qui voulez-vous que je vous relâche : Barabbas ? ou Jésus, appelé le Christ ? »

L. Il savait en effet que c'était par jalousie qu'on avait livré Jésus.

Tandis qu'il siégeait au tribunal, sa femme lui fit dire :

A. « Ne te mêle pas de l'affaire de ce juste, car aujourd'hui j'ai beaucoup souffert en songe à cause de lui. »

L. Les grands prêtres et les anciens poussèrent les foules à réclamer Barabbas et à faire périr Jésus.

Le gouverneur reprit :

A. « Lequel des deux voulez-vous que je vous relâche ? »

L. Ils répondirent :

F. « Barabbas ! »

L. Pilate leur dit :

A. « Que ferai-je donc de Jésus appelé le Christ ? »

L. Ils répondirent tous :

F. « Qu'il soit crucifié ! »

L. Pilate demanda :

A. « Quel mal a-t-il donc fait ? »

L. Ils criaient encore plus fort :

F. « Qu'il soit crucifié ! »

L. Pilate, voyant que ses efforts ne servaient à rien, sinon à augmenter le tumulte, prit de l'eau et se lava les mains devant la foule, en disant :

A. « Je suis innocent du sang de cet homme : cela vous regarde ! »

L. Tout le peuple répondit :

F. « Son sang, qu'il soit sur nous et sur nos enfants ! »

L. Alors, il leur relâcha Barabbas ; quant à Jésus, il le fit flageller, et il le livra pour qu'il soit crucifié.

Alors les soldats du gouverneur emmenèrent Jésus dans la salle du Prétoire et rassemblèrent autour de lui toute la garde. Ils lui enlevèrent ses vêtements et le couvrirent d'un manteau rouge. Puis, avec des épines, ils tressèrent une couronne, et la posèrent sur sa tête ; ils lui mirent un roseau dans la main droite et, pour se moquer de lui, ils s'agenouillaient devant lui en disant :

F. « Salut, roi des Juifs ! »

L. Et, après avoir craché sur lui, ils prirent le roseau, et ils le frappaient à la tête. Quand ils se furent bien moqués de lui, ils lui enlevèrent le manteau, lui remirent ses vêtements, et l'emmenèrent pour le crucifier.

5. *Au Calvaire*

L. En sortant, ils trouvèrent un nommé Simon, originaire de Cyrène, et ils le réquisitionnèrent pour porter la croix de Jésus. Arrivés en un lieu dit Golgotha, c'est-à-dire : Lieu-du-Crâne (ou Calvaire), ils donnèrent à boire à Jésus du vin mêlé de fiel ; il en goûta, mais ne voulut pas boire. Après l'avoir crucifié, *ils se partagèrent ses vêtements en tirant au sort* ; et ils restaient là, assis, à le garder.

Au-dessus de sa tête ils placèrent une inscription indiquant le motif de sa condamnation : « Celui-ci est Jésus, le roi des Juifs. » Alors on crucifia avec lui deux bandits, l'un à droite et l'autre à gauche. Les passants l'injuriaient en hochant la tête ; ils disaient :

F. « Toi qui détruis le Sanctuaire et le rebâtis en trois jours, sauve-toi toi-même, si tu es Fils de Dieu, et descends de la croix ! »

L. De même, les grands prêtres se moquaient de lui avec les scribes et les anciens, en disant :

A. « Il en a sauvé d'autres, et il ne peut pas se sauver lui-même ! Il est roi d'Israël : qu'il descende maintenant de la croix, et nous croirons en lui ! *Il a mis sa confiance en Dieu. Que Dieu le délivre maintenant, s'il l'aime !* Car il a dit : 'Je suis Fils de Dieu.' »

L. Les bandits crucifiés avec lui l'insultaient de la même manière.

À partir de la sixième heure (c'est-à-dire : midi), l'obscurité se fit sur toute la terre jusqu'à la neuvième heure.

Vers la neuvième heure, Jésus cria d'une voix forte :

+ *« Éli, Éli, lema sabactani ? »*,

L. ce qui veut dire :
+ *« Mon Dieu, mon Dieu, pourquoi m'as-tu abandonné ? »*
L. L'ayant entendu, quelques-uns de ceux qui étaient là disaient :
F. « Le voilà qui appelle le prophète Élie ! »
L. Aussitôt l'un d'eux courut prendre une éponge qu'il trempa dans une boisson vinaigrée ; il la mit au bout d'un roseau, et il lui donnait à boire.

Les autres disaient :
F. « Attends ! Nous verrons bien si Élie vient le sauver. »
L. Mais Jésus, poussant de nouveau un grand cri, rendit l'esprit.

(Ici on fléchit le genou et on s'arrête un instant)

Et voici que le rideau du Sanctuaire se déchira en deux, depuis le haut jusqu'en bas ; la terre trembla et les rochers se fendirent. Les tombeaux s'ouvrirent ; les corps de nombreux saints qui étaient morts ressuscitèrent, et, sortant des tombeaux après la résurrection de Jésus, ils entrèrent dans la Ville sainte, et se montrèrent à un grand nombre de gens.

À la vue du tremblement de terre et de ces événements, le centurion et ceux qui, avec lui, gardaient Jésus, furent saisis d'une grande crainte et dirent :
A. « Vraiment, celui-ci était Fils de Dieu ! »

Fin de la lecture brève.

L. [Il y avait là de nombreuses femmes qui observaient de loin. Elles avaient suivi Jésus depuis la Galilée pour le servir. Parmi elles se trouvaient Marie Madeleine, Marie, mère de Jacques et de Joseph, et la mère des fils de Zébédée.

Comme il se faisait tard, arriva un homme riche, originaire d'Arimathie, qui s'appelait Joseph, et qui était devenu, lui aussi, disciple de Jésus. Il alla trouver Pilate pour demander le corps de Jésus. Alors Pilate ordonna qu'on le lui remette. Prenant le corps, Joseph l'enveloppa dans un linceul immaculé, et le déposa dans le tombeau neuf qu'il s'était fait creuser dans le roc. Puis il roula une grande pierre à l'entrée du tombeau et s'en alla. Or Marie Madeleine et l'autre Marie étaient là, assises en face du sépulcre.

Le lendemain, après le jour de la Préparation, les grands prêtres et les pharisiens s'assemblèrent chez Pilate, en disant :

A. « Seigneur, nous nous sommes rappelé que cet imposteur a dit, de son vivant : 'Trois jours après, je ressusciterai.' Alors, donne l'ordre que le sépulcre soit surveillé jusqu'au troisième jour, de peur que ses disciples ne viennent voler le corps et ne disent au peuple : 'Il est ressuscité d'entre les morts.' Cette dernière imposture serait pire que la première. »

L. Pilate leur déclara :

A. « Vous avez une garde. Allez, organisez la surveillance comme vous l'entendez ! »

L. Ils partirent donc et assurèrent la surveillance du sépulcre en mettant les scellés sur la pierre et en y plaçant la garde.]

Prière sur les offrandes

Souviens-toi, Seigneur, de la passion de ton Fils, ne tarde pas à nous réconcilier avec toi : il est vrai que nous n'avons pas mérité ton pardon, mais nous comptons sur ta miséricorde et sur la grâce du sacrifice de Jésus. Lui qui règne.

Préface

Vraiment, il est juste et bon de te rendre gloire, de t'offrir notre action de grâce, toujours et en tout lieu, à toi, Père très saint, Dieu éternel et tout-puissant, par le Christ, notre Seigneur.

Alors qu'il était innocent, il a voulu souffrir pour les coupables, et sans avoir commis le mal il s'est laissé juger comme un criminel ; en mourant, il détruit notre péché ; en ressuscitant, il nous fait vivre et nous sanctifie.

C'est par lui que la terre et le ciel, le peuple de Dieu avec tous les anges, ne cessent de t'acclamer en chantant : **Saint !...**

Prière après la communion

Tu nous as fortifiés, Seigneur, dans cette communion à tes saints mystères et nous te supplions encore : toi qui nous as donné, dans la mort de ton Fils, l'espérance des biens auxquels nous croyons, donne-nous, dans sa résurrection glorieuse, de parvenir au Royaume que nous attendons. Par Jésus.

Marie suivait

« Parce qu'il avait commencé sa mission.
Depuis trois jours elle pleurait.
Depuis trois jours elle errait, elle suivait.
Elle suivait le cortège.
Elle suivait les événements. [...]
Elle aussi elle avait gravi son calvaire.
Elle aussi elle avait monté, monté.
Dans la cohue, un peu en arrière.
Monté au Golgotha.
Sur le Golgotha.
Sur le faîte.
Jusqu'au faîte.
Où il était maintenant crucifié.
Cloué des quatre membres.
Comme un oiseau de nuit sur la porte d'une grange.
Lui le Roi de Lumière. »

Charles Péguy, *Le Mystère de la charité de Jeanne d'Arc* (1910)
Gallimard, 1985, p. 112-114.

Calendrier liturgique

Di 9 **DIMANCHE DES RAMEAUX ET DE LA PASSION.**
Liturgie des Heures : Psautier semaine II.

Lu 10 Lundi saint : Is 42,1-7 ; Ps 26 ; Jn 12,1-11.

Ma 11 Mardi saint : Is 49,1-6 ; Ps 70 ; Jn 13,21-33.36-38.

Me 12 Mercredi saint : Is 50,4-9 ; Ps 68 ; Mt 26,14-25.

Je 13 **JEUDI SAINT (p. 247).**

Ve 14 **VENDREDI SAINT (p. 254)** Journée de jeûne et d'abstinence.

Sa 15 **SAMEDI SAINT.** Il n'y a pas de célébration de mariage ni de funérailles. Le tabernacle reste vide : c'est l'attente de la célébration de la Résurrection du Seigneur.

Bonne fête ! 9 : Gautier, Walter. 10 : Fulbert. 11 : Stanislas, Gemma. 12 : Jules. 13 : Ida. 14 : Maxime, Ludivine. 15 : Paterne.

Pour mémoire : depuis le rassemblement de Rome en 1985, le dimanche des Rameaux est devenu journée mondiale des jeunes.
Dans la communauté juive, à partir du 11 avril, Pessah (semaine de la Pâque).

Pour prier avec l'Évangile : Dieu d'amour et de sainteté, en entrant dans la ville comme le roi promis, Jésus se préparait aussi à mourir pour elle. Accorde-nous de reconnaître, dans le récit de sa Passion, avec quelle violence notre péché te rejette, avec quelle patience tu ne cesses d'aimer les hommes. Alors toute notre vie célébrera ta gloire.

Jeudi saint

13 avril 2017

LE SERVICE DU FRÈRE

En ce jour où nous célébrons l'institution de l'Eucharistie, l'Église nous donne justement à entendre le seul évangile qui ne raconte pas cette institution. Joli paradoxe destiné à donner sens à nos eucharisties, car « le sacrement de l'autel » doit aussi se vivre comme « le sacrement du frère ».

L'ouverture de l'*évangile* nous prépare à entendre le lavement des pieds comme un geste symbolique de l'amour donné jusqu'à la mort. L'enjeu de la Passion, c'est la lutte entre Dieu et l'Adversaire qui « a mis dans le cœur de Judas l'intention de livrer » Jésus. Ce combat, c'est celui de l'amour, qui se fait entendre dans cette phrase magnifique et vertigineuse : « Jésus, ayant aimé les siens qui étaient dans le monde, les aima jusqu'au bout. »

Au nom des disciples d'hier et d'aujourd'hui, Pierre endosse le rôle de l'incrédule. Accepter de se faire laver les pieds par le Messie, c'est accepter de recevoir l'amour infini de Dieu, et cela ne se fait pas sans résistance pour le croyant qui doit aussi accepter de se faire serviteur.

Pourtant, l'appel à se « laver les pieds les uns aux autres » ne prend toute sa signification qu'à la lumière de la mort et de la Résurrection : le mystère pascal ne se vit pas seulement dans le mémorial du pain et du vin partagés mais aussi dans le service du frère. « Comme je vous ai aimés, vous aussi aimez-vous les uns les autres » (Jn 13, 34). Il ne s'agit pas d'un commandement mais d'un don : don de la connaissance de Dieu, de l'amour et de la fraternité. Le repas pascal du livre de l'Exode (*première lecture*), que commémoraient Jésus et ses disciples, comme le précisent les Synoptiques, prend une signification nouvelle : Jésus accomplit la libération définitive en se donnant, pour le salut de tout homme. En nous offrant son corps et son sang, il inaugure la « nouvelle Alliance » dont nous faisons mémoire à chaque eucharistie, « jusqu'à ce qu'il vienne » (*deuxième lecture*).

Suggestions pour la célébration

• CHANTER • Pour l'ouverture de la célébration, *Nous formons un même corps* D 105 CNA 570, *L'Église ouvre le Livre* HP 47-83-1 CNA 450, *Qui donc a mis la table ?* B 121.

Pour la préparation pénitentielle, *Seigneur Jésus, par ton mystère pascal* USC 664 CNA 176.

Après le silence du Carême, le *Gloire à Dieu* est à nouveau chanté. On veillera à choisir une mise en musique connue de tous afin que cette « hymne très ancienne et vénérable » (PGMR, n°53) soit chantée par toute l'assemblée.

Pour accompagner le rite du lavement des pieds : *La dernière place* H 184, *Aimer, c'est tout donner* IEV 22-04, *Où sont amour et charité* MNA 452, *Ubi caritas* (Taizé) CNA 448.

Après la Parole, *Bienheureux le pauvre* WP 22-98 CNA 536, *Amis de Dieu* WX 13-24 CNA 643.

Pour la procession des dons, *Dieu notre Père, voici le pain* B 57-30, *Table dressée sur nos chemins* B 54-05.

Pour la communion, *Qui mange ma chair* D 290 CNA 343, *Recevez le corps du Christ* SYL F 520 CNA 345, *Voici le pain que donne Dieu* D 50-07-3, *C'est toi, Seigneur, le pain rompu* D 293 CNA 322.

Pour la procession au reposoir, *La nuit qu'il fut livré* C 3 CNA 449, *L'heure est venue* H 21-28-1 CNA 451.

Au reposoir, on peut chanter : *Tantum ergo grégorien* CNA 776 ou *Pas de plus grand amour* DL 265 CNA 452.

La célébration s'achève en silence.

• PRIER •

Pour la préparation pénitentielle

Pour la préparation pénitentielle, on peut prendre le chant *Seigneur Jésus, par ton mystère pascal* USC 664 CNA 176.

Pour la prière universelle

Nous pouvons prier :

– pour les personnes qui cherchent à construire l'unité au sein de l'Église du Christ ;

– pour les personnes qui donnent du temps et de l'énergie au service des pauvres, des malades, des personnes isolées ;
– pour les prêtres qui président à la célébration de l'Eucharistie et pour les diacres ordonnés au service ;
– pour les membres de notre communauté qui acceptent de « s'agenouiller » au service du bien commun.

• CÉLÉBRER • Au cours de cette « messe du soir en mémoire de la Cène du Seigneur », deux signes forts sont à mettre en valeur car ils invitent l'assemblée au partage, au service et à l'accueil.

– Le lavement des pieds, geste plutôt dérangeant à notre époque, est un signe éloquent de la charité fraternelle, « un signe qui est une caresse de Jésus », a dit le pape François en 2013. Après avoir lavé les pieds de douze détenus, dont deux jeunes filles, il a ajouté : « Ce signe ne signifie pas que nous devons nous laver les pieds les uns les autres, mais que nous devons nous aider les uns les autres. » Il importe donc que ce signe soit bien visible par toute l'assemblée. Le décret de la Congrégation pour le Culte Divin et la Discipline des Sacrements du 6 janvier 2016 précise : « Pour manifester le sens plénier du rite à ceux qui participent, il a paru bon au Souverain Pontife François de changer la norme qu'on lit dans les rubriques du *Missale Romanum* (p. 300 n. 11) : "Les hommes qui ont été choisis sont conduits...", qui doit être changée de la manière suivante : "Ceux qui ont été choisis parmi le peuple de Dieu sont conduits...", de manière à ce que les pasteurs puissent choisir un petit groupe de fidèles qui représentent la variété et l'unité de chaque portion du peuple de Dieu. Ce petit groupe peut être composé d'hommes et de femmes et, comme il convient, de jeunes et d'anciens, de personnes en santé ou malades, de clercs, de consacrés et de laïcs. »

– La « fraction du pain » est le signe par excellence du partage fraternel. C'est d'ailleurs par cette expression que les premiers chrétiens désignaient l'Eucharistie (cf. Ac 2, 42). Elle est accompagnée par le chant de l'Agneau de Dieu. L'invocation « Agneau de Dieu..., prends pitié de nous » doit être répétée autant que nécessaire pour accompagner jusqu'à son terme le rite de la fraction. La dernière fois, on conclura l'invocation par « donne-nous la paix ». En ce jour particulier, il est souhaitable de proposer la communion sous les deux espèces, afin d'aider les fidèles à pénétrer plus profondément le mystère auquel ils participent.

Messe du soir en mémoire de la Cène du Seigneur

Gloire à Dieu

Pendant le chant, les cloches sonnent. Elles se taisent ensuite jusqu'au même chant de la Veillée de Pâques.

Prière d'ouverture

Tu nous appelles, Dieu notre Père, à célébrer ce soir la très sainte Cène où ton Fils unique, avant de se livrer lui-même à la mort, a voulu remettre à son Église le sacrifice nouveau de l'Alliance éternelle ; fais que nous recevions de ce repas qui est le sacrement de son amour, la charité et la vie. Par Jésus Christ.

1re lecture — *Prescriptions concernant le repas pascal*

Lecture du livre de l'Exode 12, 1-8.11-14

En ces jours-là, dans le pays d'Égypte, le Seigneur dit à Moïse et à son frère Aaron : « Ce mois-ci sera pour vous le premier des mois, il marquera pour vous le commencement de l'année. Parlez ainsi à toute la communauté d'Israël :

Le dix de ce mois, que l'on prenne un agneau par famille, un agneau par maison. Si la maisonnée est trop peu nombreuse pour un agneau, elle le prendra avec son voisin le plus proche, selon le nombre des personnes. Vous choisirez l'agneau d'après ce que chacun peut manger. Ce sera une bête sans défaut, un mâle, de l'année. Vous prendrez un agneau ou un chevreau. Vous le garderez jusqu'au quatorzième jour du mois. Dans toute l'assemblée de la communauté d'Israël, on l'immolera au coucher du soleil. On prendra du sang, que l'on mettra sur les deux montants et sur le linteau des maisons où on le mangera. On mangera sa chair cette nuit-là, on la mangera rôtie au feu, avec des pains sans levain et des herbes amères. Vous mangerez ainsi : la ceinture aux reins, les sandales aux pieds, le bâton à la main. Vous mangerez en toute hâte : c'est la Pâque du Seigneur.

Je traverserai le pays d'Égypte, cette nuit-là; je frapperai tout premier-né au pays d'Égypte, depuis les hommes jusqu'au bétail. Contre tous les dieux de l'Égypte j'exercerai mes jugements : Je suis le Seigneur. Le sang sera pour vous un signe, sur les maisons où vous serez. Je verrai le sang, et je passerai : vous ne serez pas atteints par le fléau dont je frapperai le pays d'Égypte.

Ce jour-là sera pour vous un mémorial. Vous en ferez pour le Seigneur une fête de pèlerinage. C'est un décret perpétuel : d'âge en âge vous la fêterez. »

Psaume 115

R/ **La coupe de bénédiction
est communion au sang du Christ.**

Comment rendrai-je au Seigneur
tout le bien qu'il m'a fait ?
J'élèverai la coupe du salut,
j'invoquerai le nom du Seigneur.

Il en coûte au Seigneur
de voir mourir les siens !
Ne suis-je pas, Seigneur, ton serviteur,
moi, dont tu brisas les chaînes ?

Je t'offrirai le sacrifice d'action de grâce,
j'invoquerai le nom du Seigneur.
Je tiendrai mes promesses au Seigneur,
oui, devant tout son peuple.

2e Lecture — *La nouvelle Alliance*

Lecture de la première lettre de saint Paul apôtre aux Corinthiens 11, 23-26

Frères, moi, Paul, j'ai moi-même reçu ce qui vient du Seigneur, et je vous l'ai transmis : la nuit où il était livré, le Seigneur Jésus prit du pain, puis, ayant rendu grâce, il le rompit, et dit : » Ceci est mon corps, qui est pour vous. Faites cela en mémoire de moi. »

Après le repas, il fit de même avec la coupe, en disant : » Cette coupe est la nouvelle Alliance en mon sang. Chaque fois que vous en boirez, faites cela en mémoire de moi. » Ainsi donc, chaque fois que vous mangez ce pain et que vous buvez cette coupe, vous proclamez la mort du Seigneur, jusqu'à ce qu'il vienne.

Gloire et louange à toi, Seigneur Jésus. Je vous donne un commandement nouveau, dit le Seigneur. Aimez-vous les uns les autres comme je vous ai aimés. **Gloire et louange à toi, Seigneur Jésus.**

ÉVANGILE

« Il les aima jusqu'au bout »

Évangile de Jésus Christ selon saint Jean 13, 1-15

Avant **la fête de la Pâque,** sachant que l'heure était venue pour lui de passer de ce monde à son Père, Jésus, ayant aimé les siens qui étaient dans le monde, les aima jusqu'au bout. Au cours du repas, alors que le diable a déjà mis dans le cœur de Judas, fils de Simon l'Iscariote, l'intention de le livrer, Jésus, sachant que le Père a tout remis entre ses mains, qu'il est sorti de Dieu et qu'il s'en va vers Dieu, se lève de table, dépose son vêtement, et prend un linge qu'il se noue à la ceinture ; puis il verse de l'eau dans un bassin. Alors il se mit à laver les pieds des disciples et à les essuyer avec le linge qu'il avait à la ceinture. Il arrive donc à Simon-Pierre, qui lui dit : « C'est toi, Seigneur, qui me laves les pieds ? » Jésus lui répondit : « Ce que je veux faire, tu ne le sais pas maintenant ; plus tard tu comprendras. » Pierre lui dit : « Tu ne me laveras pas les pieds ; non, jamais ! » Jésus lui répondit : « Si je ne te lave pas, tu n'auras pas de part avec moi. » Simon-Pierre lui dit : « Alors, Seigneur, pas seulement les pieds, mais aussi les mains et la tête ! » Jésus lui dit : « Quand on vient de prendre un bain, on n'a pas besoin de se laver, sinon les pieds : on est pur tout entier. Vous-mêmes, vous êtes purs, mais non pas tous. » Il savait bien qui allait le livrer ; et c'est pourquoi il disait : « Vous n'êtes pas tous purs. »

Quand il leur eut lavé les pieds, il reprit son vêtement, se remit à table et leur dit : « Comprenez-vous ce que je viens de faire pour vous ? Vous m'appelez "Maître" et "Seigneur", et vous avez raison, car vraiment je le suis. Si donc moi, le Seigneur et le Maître, je vous ai lavé les pieds, vous aussi, vous devez vous laver les pieds les uns aux autres. C'est un exemple que je vous ai donné afin que vous fassiez, vous aussi, comme j'ai fait pour vous. »

Lavement des pieds

Aujourd'hui, on ne dit pas le Credo.

Prière sur les offrandes

Seigneur, accorde-nous la grâce de vraiment participer à cette eucharistie ; car chaque fois qu'est célébré ce sacrifice en mémorial, c'est l'œuvre de notre Rédemption qui s'accomplit. Par Jésus.

Préface

Vraiment, il est juste et bon de te rendre gloire, de t'offrir notre action de grâce, toujours et en tout lieu, à toi, Père très saint, Dieu éternel et tout-puissant, par le Christ, notre Seigneur.

C'est lui le prêtre éternel et véritable, qui apprit à ses disciples comment perpétuer son sacrifice ; il s'est offert à toi en victime pour notre salut ; il nous a prescrit d'accomplir après lui cette offrande pour célébrer son mémorial.

Quand nous mangeons sa chair immolée pour nous, nous sommes fortifiés ; quand nous buvons le sang qu'il a versé pour nous, nous sommes purifiés.

C'est pourquoi, avec les anges et les archanges, avec les puissances d'en haut et tous les esprits bienheureux, nous chantons l'hymne de ta gloire et sans fin nous proclamons : **Saint !...**

Dans les prières eucharistiques, il y a des textes propres au Jeudi saint.

Prière après la communion

Nous avons repris des forces, Dieu tout-puissant, en participant ce soir à la Cène de ton Fils ; accorde-nous d'être un jour rassasiés à la table de son Royaume éternel. Lui qui règne.

Ensuite le prêtre porte solennellement au lieu prévu le pain eucharistique pour la communion du lendemain et pour l'adoration dans la soirée.

Vendredi saint

14 avril 2017

« TOUT EST ACCOMPLI »

Impossible de vivre le mystère du dernier repas et la joie de la résurrection sans passer par la Croix, sans prendre le temps de se confronter à la souffrance et à la mort. Aujourd'hui, le scandale et la folie de la Croix nous sont presque familiers... C'est pourquoi nous devons sans cesse redécouvrir la mort du Fils de l'homme, mort semblable à celle des bandits, des rejetés, des révoltés et, en cela même, mort qui sauve l'humanité. Le cœur de la proclamation de la foi des chrétiens nous rend sensibles et solidaires de toutes les victimes, de tous les crucifiés de notre monde, celles et ceux qui sont méprisés, abandonnés, familiers de la souffrance (*première lecture*). Aujourd'hui, l'Église exprime particulièrement sa « compassion » pour chaque homme et chaque femme en souffrance. « Sur ton serviteur, que s'illumine ta face », dit le *psaume*. Incroyable supplication qui nous place, au cœur même de l'épreuve, dans une relation d'amour réciproque avec Dieu.

Dans le même temps, en choisissant de nous faire entendre le récit de la Passion (*évangile*) selon l'évangéliste Jean, l'Église souligne que la Croix est le lieu où s'accomplit pleinement l'incarnation du Verbe, la révélation de l'amour du Père et l'envoi de l'Esprit sur ceux que Jésus appelle « amis ». En effet, Jésus apparaît comme le maître souverain des événements de la Passion. « Sachant tout ce qui allait lui arriver », il se révèle dès son arrestation par ce « Je suis » qui rappelle le livre d'Isaïe dans lequel le Seigneur déclare : « Vous êtes mes témoins [...] choisis pour que vous sachiez, que vous croyiez en moi et compreniez que moi, Je suis » (Is 43, 10). Ensuite, dans un long dialogue avec Pilate, Jésus établit son Royaume par la proposition d'une Parole d'amour et de justice, recevable par « quiconque appartient à la vérité ».

« Voici l'homme », ironise Pilate après la flagellation. Mais nous savons que cet homme, c'est celui qui a guéri le malade à la piscine de Bethzatha et l'aveugle de Siloé, qui parle comme aucun autre homme, qui dit la vérité entendue de Dieu, celui enfin qui meurt pour tout le peuple : Jésus, homme au milieu des hommes, qui pourtant n'agit pas comme « tout homme », est « devenu pour tous ceux qui lui obéissent la cause du salut éternel » (*deuxième lecture*).

Suggestions pour la célébration

• CHANTER • La célébration commence dans le silence et on chante peu. Le premier chant sera le psaume 30, après la première lecture.

Pendant la lecture de la Passion, on peut, à deux ou trois reprises, chanter une strophe de : ***C'était nos péchés qu'il portait*** **NT 8 CNA 463**, ***Mystère du Calvaire*** **H 44 CNA 464.**

Pendant la vénération de la Croix, les ***Impropères*** **HL 3 CNA 742**, ***Par la Croix qui fit mourir*** **H 67-1 CNA 467**, ***Ô Croix dressée sur le monde*** **H 30 CNA 465.**

Pendant la communion, on peut reprendre un chant proposé pour le Jeudi saint. On peut y ajouter ***Partageons le pain du Seigneur*** **CNA 342.**

• PRIER • **Pour la prière universelle**

« Il n'y a pas de plus grand amour que de donner sa vie pour ses amis » (Jn 15, 13). C'est à cause de cet amour que nous prions, en ce jour, aux grandes intentions de l'Église et du monde, dans l'espérance d'être exaucés. C'est la grande prière universelle, modèle de toutes les autres.
Le Missel Romain présente dix intentions de prière : Pour la Sainte Église, Pour le Pape, Pour le clergé et le peuple fidèle, Pour les catéchumènes, Pour l'unité des chrétiens, Pour les Juifs, Pour ceux qui ne croient pas en Jésus Christ, Pour ceux qui ne croient pas en Dieu, Pour les pouvoirs publics, Pour tous les hommes dans l'épreuve.

• CÉLÉBRER • Le Vendredi saint, l'Église ne célèbre pas l'Eucharistie. La célébration est marquée par le dépouillement, l'autel doit être complètement nu, et le silence tient une place importante. « La Passion du Seigneur » comporte trois parties :

– la liturgie de la Parole, qui se termine par la grande prière universelle ;

– la vénération de la croix : la croix, qui a été voilée à la fin de la messe du Jeudi saint, est dévoilée et offerte à l'adoration des fidèles. Elle doit prendre, jusqu'à la Vigile pascale, la place d'honneur dans l'église ;

– la communion : les hosties consacrées la veille sont apportées avec solennité depuis la réserve eucharistique, signifiant le lien très fort qui unit la Cène à la mort de Jésus.

Célébration de la Passion du Seigneur

Après un moment de prière en silence:

PRIÈRE D'OUVERTURE

• Seigneur, nous savons que tu aimes sans mesure, toi qui n'as pas refusé ton propre Fils mais qui l'as livré pour sauver tous les hommes; aujourd'hui encore, montre-nous ton amour: nous voulons suivre le Christ qui marche librement vers sa mort; soutiens-nous comme tu l'as soutenu, et sanctifie-nous dans le mystère de sa Pâque. Lui qui règne avec toi et le Saint-Esprit, maintenant et pour les siècles des siècles.

ou bien

• Seigneur notre Dieu, par la passion du Christ, tu as détruit la mort héritée du premier péché, la mort qui tenait l'humanité sous sa loi; accorde-nous d'être semblables à ton Fils: du fait de notre nature, nous avons dû connaître la condition du premier homme qui vient de la terre; sanctifie-nous par ta grâce pour que nous connaissions désormais la condition de l'homme nouveau qui appartient au ciel. Par Jésus, le Christ, notre Seigneur.

1re LECTURE — *« Comme un agneau conduit à l'abattoir »*

Lecture du livre du prophète Isaïe — 52, 13–53, 12

M**on serviteur réussira**, dit le Seigneur; il montera, il s'élèvera, il sera exalté! La multitude avait été consternée en le voyant, car il était si défiguré qu'il ne ressemblait plus à un homme; il n'avait plus l'apparence d'un fils d'homme. Il étonnera de même une multitude de nations; devant lui les rois resteront bouche bée, car ils verront ce que, jamais, on ne leur avait dit, ils découvriront ce dont ils n'avaient jamais entendu parler. Qui aurait cru ce que nous avons entendu? Le bras puissant du Seigneur, à qui s'est-il révélé? Devant lui, le serviteur a poussé comme une plante chétive, une racine dans une terre aride; il était sans apparence ni beauté qui attire nos regards, son aspect n'avait rien pour nous plaire. Méprisé, abandonné des hommes, homme de douleurs, familier de la souffrance, il était pareil à celui devant qui on se voile la face ; et nous l'avons méprisé, compté pour rien. En fait, c'étaient nos souffrances qu'il portait, nos douleurs dont il était chargé. Et nous, nous pensions qu'il était frappé, meurtri par Dieu, humilié. Or, c'est à cause de nos révoltes qu'il a été transpercé, à cause de nos fautes qu'il a été broyé. Le châtiment qui nous donne la paix a pesé sur lui : par ses blessures, nous sommes guéris.

Nous étions tous errants comme des brebis, chacun suivait son propre chemin. Mais le Seigneur a fait retomber sur lui nos fautes à nous tous. Maltraité, il s'humilie, il n'ouvre pas la bouche : comme un agneau conduit à l'abattoir, comme une brebis muette devant les tondeurs, il n'ouvre pas la bouche. Arrêté, puis jugé, il a été supprimé. Qui donc s'est inquiété de son sort ? Il a été retranché de la terre des vivants, frappé à mort pour les révoltes de son peuple. On a placé sa tombe avec les méchants, son tombeau avec les riches ; et pourtant il n'avait pas commis de violence, on ne trouvait pas de tromperie dans sa bouche. Broyé par la souffrance, il a plu au Seigneur. S'il remet sa vie en sacrifice de réparation, il verra une descendance, il prolongera ses jours : par lui, ce qui plaît au Seigneur réussira.

Par suite de ses tourments, il verra la lumière, la connaissance le comblera. Le juste, mon serviteur, justifiera les multitudes, il se chargera de leurs fautes. C'est pourquoi, parmi les grands, je lui donnerai sa part, avec les puissants il partagera le butin, car il s'est dépouillé lui-même jusqu'à la mort, et il a été compté avec les pécheurs, alors qu'il portait le péché des multitudes et qu'il intercédait pour les pécheurs.

Psaume 30

R/ **Ô Père, en tes mains**
je remets mon esprit.

En toi, Seigneur, j'ai mon refuge ;
garde-moi d'être humilié pour toujours.

En tes mains je remets mon esprit ;
tu me rachètes, Seigneur, Dieu de vérité.

Je suis la risée de mes adversaires
et même de mes voisins,
je fais peur à mes amis,
s'ils me voient dans la rue, ils me fuient.

On m'ignore comme un mort oublié,
comme une chose qu'on jette.
J'entends les calomnies de la foule ;
ils s'accordent pour m'ôter la vie.

Moi, je suis sûr de toi, Seigneur,
je dis : « Tu es mon Dieu ! »
Mes jours sont dans ta main : délivre-moi
des mains hostiles qui s'acharnent.

Sur ton serviteur, que s'illumine ta face ;
sauve-moi par ton amour.
Soyez forts, prenez courage,
vous tous qui espérez le Seigneur !

2e LECTURE — *« Il est devenu la cause du salut éternel »*

Lecture de la lettre aux Hébreux 4, 14-16 ; 5, 7-9

Frères, en Jésus, le Fils de Dieu, nous avons le grand prêtre par excellence, celui qui a traversé les cieux ; tenons donc ferme l'affirmation de notre foi. En effet, nous n'avons pas un grand prêtre incapable de compatir à nos faiblesses, mais un grand prêtre éprouvé en toutes choses, à notre ressemblance, excepté le péché. Avançons-nous donc avec assurance vers le Trône de la grâce, pour obtenir miséricorde et recevoir, en temps voulu, la grâce de son secours.

Le Christ, pendant les jours de sa vie dans la chair, offrit, avec un grand cri et dans les larmes, des prières et des supplications à Dieu qui pouvait le sauver de la mort, et il fut exaucé en raison de son grand respect. Bien qu'il soit le Fils, il apprit par ses souffrances l'obéissance et, conduit à sa perfection, il est devenu pour tous ceux qui lui obéissent la cause du salut éternel.

Le Christ s'est anéanti, prenant la condition de serviteur. Pour nous, le Christ est devenu obéissant, jusqu'à la mort, et la mort sur une croix. C'est pourquoi Dieu l'a exalté : il l'a doté du Nom qui est au-dessus de tout nom. **Le Christ s'est anéanti, prenant la condition de serviteur.**

ÉVANGILE *La Passion selon saint Jean*

La Passion de notre Seigneur Jésus Christ selon saint Jean 18, 1–19, 42

Indications pour la lecture dialoguée : Les sigles désignant les divers interlocuteurs sont les suivants : + = Jésus ; L = Lecteur ; D = Disciples et amis ; F = Foule ; A = Autres personnages.

1. Jésus est arrêté

L. En ce temps-là, après le repas, Jésus sortit avec ses disciples et traversa le torrent du Cédron ; il y avait là un jardin, dans lequel il entra avec ses disciples. Judas, qui le livrait, connaissait l'endroit, lui aussi, car Jésus et ses disciples s'y étaient souvent réunis. Judas, avec un détachement de soldats ainsi que des gardes envoyés par les grands prêtres et les pharisiens, arrive à cet endroit. Ils avaient des lanternes, des torches et des armes. Alors Jésus, sachant tout ce qui allait lui arriver, s'avança et leur dit :
\+ « Qui cherchez-vous ? »
L. Ils lui répondirent :
F. « Jésus le Nazaréen. »
L. Il leur dit :
\+ « C'est moi, je le suis. »
L. Judas, qui le livrait, se tenait avec eux. Quand Jésus leur répondit : « C'est moi, je le suis », ils reculèrent, et ils tombèrent à terre. Il leur demanda de nouveau :
\+ « Qui cherchez-vous ? »
L. Ils dirent :

F. « Jésus le Nazaréen. »
L. Jésus répondit :
+ « Je vous l'ai dit : c'est moi, je le suis. Si c'est bien moi que vous cherchez, ceux-là, laissez-les partir. »
L. Ainsi s'accomplissait la parole qu'il avait dite : « Je n'ai perdu aucun de ceux que tu m'as donnés ». Or Simon-Pierre avait une épée ; il la tira, frappa le serviteur du grand prêtre et lui coupa l'oreille droite. Le nom de ce serviteur était Malcus. Jésus dit à Pierre :
+ « Remets ton épée au fourreau. La coupe que m'a donnée le Père, vais-je refuser de la boire ? »
L. Alors la troupe, le commandant et les gardes juifs se saisirent de Jésus et le ligotèrent. Ils l'emmenèrent d'abord chez Hanne, beau-père de Caïphe, qui était grand prêtre cette année-là. Caïphe était celui qui avait donné aux Juifs ce conseil : « Il vaut mieux qu'un seul homme meure pour le peuple. »

2. Jésus est renié par Pierre

L. Or Simon-Pierre, ainsi qu'un autre disciple, suivait Jésus. Comme ce disciple était connu du grand prêtre, il entra avec Jésus dans le palais du grand prêtre. Pierre se tenait près de la porte, dehors. Alors l'autre disciple – celui qui était connu du grand prêtre – sortit, dit un mot à la servante qui gardait la porte, et fit entrer Pierre. Cette jeune servante dit alors à Pierre :
A. « N'es-tu pas, toi aussi, l'un des disciples de cet homme ? »
L. Il répondit :
D. « Non, je ne le suis pas ! »
L. Les serviteurs et les gardes se tenaient là ; comme il faisait froid, ils avaient fait un feu de braise pour se réchauffer. Pierre était avec eux, en train de se chauffer.

3. Jésus est interrogé par le grand prêtre

L. Le grand prêtre interrogea Jésus sur ses disciples et sur son enseignement. Jésus lui répondit :
+ « Moi, j'ai parlé au monde ouvertement. J'ai toujours enseigné à la synagogue et dans le Temple, là où tous les Juifs se réunissent, et je

n'ai jamais parlé en cachette. Pourquoi m'interroges-tu ? Ce que je leur ai dit, demande-le à ceux qui m'ont entendu. Eux savent ce que j'ai dit. »
L. À ces mots, un des gardes, qui était à côté de Jésus, lui donna une gifle en disant :
A. « C'est ainsi que tu réponds au grand prêtre ! »
L. Jésus lui répliqua :
+ « Si j'ai mal parlé, montre ce que j'ai dit de mal. Mais si j'ai bien parlé, pourquoi me frappes-tu ? »
L. Hanne l'envoya, toujours ligoté, au grand prêtre Caïphe.

4. *Jésus est renié par Pierre pour la seconde fois*

L. Simon-Pierre était donc en train de se chauffer. On lui dit :
A. « N'es-tu pas, toi aussi, l'un de ses disciples ? »
L. Pierre le nia et dit :
D. « Non, je ne le suis pas ! »
L. Un des serviteurs du grand prêtre, parent de celui à qui Pierre avait coupé l'oreille, insista :
A. « Est-ce que moi, je ne t'ai pas vu dans le jardin avec lui ? »
L. Encore une fois, Pierre le nia. Et aussitôt un coq chanta.

5. *Jésus est emmené chez Pilate*

L. Alors on emmène Jésus de chez Caïphe au Prétoire. C'était le matin. Ceux qui l'avaient amené n'entrèrent pas dans le Prétoire, pour éviter une souillure et pouvoir manger l'agneau pascal. Pilate sortit donc à leur rencontre et demanda :
A. « Quelle accusation portez-vous contre cet homme ? »
L. Ils lui répondirent :
F. « S'il n'était pas un malfaiteur, nous ne t'aurions pas livré cet homme. »
L. Pilate leur dit :
A. « Prenez-le vous-mêmes et jugez-le suivant votre loi. »
L. Les Juifs lui dirent :
F. « Nous n'avons pas le droit de mettre quelqu'un à mort. »
L. Ainsi s'accomplissait la parole que Jésus avait dite pour signifier de quel genre de mort il allait mourir.

6. *Jésus est interrogé par Pilate*

L. Alors Pilate rentra dans le Prétoire ; il appela Jésus et lui dit :
A. « Es-tu le roi des Juifs ? »
L. Jésus lui demanda :
+ « Dis-tu cela de toi-même, ou bien d'autres te l'ont dit à mon sujet ? »
L. Pilate répondit :
A. « Est-ce que je suis juif, moi ? Ta nation et les grands prêtres t'ont livré à moi : qu'as-tu donc fait ? »
L. Jésus déclara :
+ « Ma royauté n'est pas de ce monde ; si ma royauté était de ce monde, j'aurais des gardes qui se seraient battus pour que je ne sois pas livré aux Juifs. En fait, ma royauté n'est pas d'ici. »
L. Pilate lui dit :
A. « Alors, tu es roi ? »
L. Jésus répondit :
+ « C'est toi-même qui dis que je suis roi. Moi, je suis né, je suis venu dans le monde pour ceci : rendre témoignage à la vérité. Quiconque appartient à la vérité écoute ma voix. »
L. Pilate lui dit :
A. « Qu'est-ce que la vérité ? »

7. *Jésus est flagellé et couronné d'épines*

L. Ayant dit cela, il sortit de nouveau à la rencontre des Juifs, et il leur déclara :
A. « Moi, je ne trouve en lui aucun motif de condamnation. Mais, chez vous, c'est la coutume que je vous relâche quelqu'un pour la Pâque : voulez-vous donc que je vous relâche le roi des Juifs ? »
L. Alors ils répliquèrent en criant :
F. « Pas lui ! Mais Barabbas ! »
L. Or ce Barabbas était un bandit. Alors Pilate fit saisir Jésus pour qu'il soit flagellé. Les soldats tressèrent avec des épines une couronne qu'ils lui posèrent sur la tête ; puis ils le revêtirent d'un manteau pourpre. Ils s'avançaient vers lui et ils disaient :
F. « Salut à toi, roi des Juifs ! »
L. Et ils le giflaient.

8. *Jésus est interrogé par Pilate pour la deuxième fois*

L. Pilate, de nouveau, sortit dehors et leur dit :
A. « Voyez, je vous l'amène dehors pour que vous sachiez que je ne trouve en lui aucun motif de condamnation. »
L. Jésus donc sortit dehors, portant la couronne d'épines et le manteau pourpre. Et Pilate leur déclara :
A. « Voici l'homme. »
L. Quand ils le virent, les grands prêtres et les gardes se mirent à crier :
F. « Crucifie-le ! Crucifie-le ! »
L. Pilate leur dit :
A. « Prenez-le vous-mêmes, et crucifiez-le ; moi, je ne trouve en lui aucun motif de condamnation. »
L. Ils lui répondirent :
F. « Nous avons une Loi, et suivant la Loi il doit mourir, parce qu'il s'est fait Fils de Dieu. »
L. Quand Pilate entendit ces paroles, il redoubla de crainte. Il rentra dans le Prétoire, et dit à Jésus :
A. « D'où es-tu ? »
L. Jésus ne lui fit aucune réponse. Pilate lui dit alors :
A. « Tu refuses de me parler, à moi ? Ne sais-tu pas que j'ai pouvoir de te relâcher, et pouvoir de te crucifier ? »
L. Jésus répondit :
+ « Tu n'aurais aucun pouvoir sur moi si tu ne l'avais reçu d'en haut ; c'est pourquoi celui qui m'a livré à toi porte un péché plus grand. »
L. Dès lors, Pilate cherchait à le relâcher ; mais des Juifs se mirent à crier :
F. « Si tu le relâches, tu n'es pas un ami de l'empereur. Quiconque se fait roi s'oppose à l'empereur. »
L. En entendant ces paroles, Pilate amena Jésus au-dehors ; il le fit asseoir sur une estrade au lieu dit le Dallage – en hébreu : Gabbatha. C'était le jour de la Préparation de la Pâque, vers la sixième heure, environ midi. Pilate dit aux Juifs :
A. « Voici votre roi. »

L. Alors ils crièrent :
F. « À mort ! À mort ! Crucifie-le ! »
L. Pilate leur dit :
A. « Vais-je crucifier votre roi ? »
L. Les grands prêtres répondirent :
F. « Nous n'avons pas d'autre roi que l'empereur. »
L. Alors, il leur livra Jésus pour qu'il soit crucifié.

9. Jésus est crucifié

L. Ils se saisirent de Jésus. Et lui-même, portant sa croix, sortit en direction du lieu dit Le Crâne (ou Calvaire), qui se dit en hébreu Golgotha. C'est là qu'ils le crucifièrent, et deux autres avec lui, un de chaque côté, et Jésus au milieu. Pilate avait rédigé un écriteau qu'il fit placer sur la croix ; il était écrit : « Jésus le Nazaréen, roi des Juifs. » Beaucoup de Juifs lurent cet écriteau, parce que l'endroit où l'on avait crucifié Jésus était proche de la ville, et que c'était écrit en hébreu, en latin et en grec. Alors les grands prêtres des Juifs dirent à Pilate :
F. « N'écris pas : "Roi des Juifs" ; mais : "Cet homme a dit : Je suis le roi des Juifs". »
L. Pilate répondit :
A. « Ce que j'ai écrit, je l'ai écrit. »

10. Les vêtements de Jésus sont tirés au sort

L. Quand les soldats eurent crucifié Jésus, ils prirent ses habits ; ils en firent quatre parts, une pour chaque soldat. Ils prirent aussi la tunique ; c'était une tunique sans couture, tissée tout d'une pièce de haut en bas. Alors ils se dirent entre eux :
A. « Ne la déchirons pas, désignons par le sort celui qui l'aura. »
L. Ainsi s'accomplissait la parole de l'Écriture : *Ils se sont partagé mes habits ; ils ont tiré au sort mon vêtement.* C'est bien ce que firent les soldats.

11. La mère de Jésus était là

L. Or, près de la croix de Jésus se tenaient sa mère et la sœur de sa mère, Marie, femme de Cléophas, et Marie Madeleine. Jésus, voyant sa mère, et près d'elle le disciple qu'il aimait, dit à sa mère :
+ « Femme, voici ton fils. »
L. Puis il dit au disciple :
+ « Voici ta mère. »
L. Et à partir de cette heure-là, le disciple la prit chez lui.

12. Jésus meurt sur la croix

L. Après cela, sachant que tout, désormais, était achevé pour que l'Écriture s'accomplisse jusqu'au bout, Jésus dit :
+ « J'ai soif. »
L. Il y avait là un récipient plein d'une boisson vinaigrée. On fixa donc une éponge remplie de ce vinaigre à une branche d'hysope, et on l'approcha de sa bouche. Quand il eut pris le vinaigre, Jésus dit :
+ « Tout est accompli. »
L. Puis, inclinant la tête, il remit l'esprit.

Ici on fléchit le genou et on s'arrête un instant.

13. Le cœur de Jésus est percé d'un coup de lance

L. Comme c'était le jour de la Préparation (c'est-à-dire le vendredi), il ne fallait pas laisser les corps en croix durant le sabbat, d'autant plus que ce sabbat était le grand jour de la Pâque. Aussi les Juifs demandèrent à Pilate qu'on enlève les corps après leur avoir brisé les jambes. Les soldats allèrent donc briser les jambes du premier, puis de l'autre homme crucifié avec Jésus. Quand ils arrivèrent à Jésus, voyant qu'il était déjà mort, ils ne lui brisèrent pas les jambes, mais un des soldats avec sa lance lui perça le côté ; et aussitôt, il en sortit du sang et de l'eau. Celui qui a vu rend témoignage, et son témoignage est véridique ; et celui-là sait qu'il dit vrai afin que vous aussi, vous croyiez. Cela, en effet, arriva pour que s'accomplisse l'Écriture : *Aucun de ses os ne sera brisé.* Un autre passage de l'Écriture dit encore : *Ils lèveront les yeux vers celui qu'ils ont transpercé.*

14. Jésus est mis au tombeau

L. Après cela, Joseph d'Arimathie, qui était disciple de Jésus, mais en secret par crainte des Juifs, demanda à Pilate de pouvoir enlever le corps de Jésus. Et Pilate le permit. Joseph vint donc enlever le corps de Jésus. Nicodème – celui qui, au début, était venu trouver Jésus pendant la nuit – vint lui aussi ; il apportait un mélange de myrrhe et d'aloès pesant environ cent livres. Ils prirent donc le corps de Jésus, qu'ils lièrent de linges, en employant les aromates selon la coutume juive d'ensevelir les morts. À l'endroit où Jésus avait été crucifié, il y avait un jardin et, dans ce jardin, un tombeau neuf dans lequel on n'avait encore déposé personne. À cause de la Préparation de la Pâque juive, et comme ce tombeau était proche, c'est là qu'ils déposèrent Jésus.

Prière universelle

L'invitatoire précédant chaque intention peut être dit par un diacre.

On peut prévoir une acclamation du peuple avant chaque oraison.

Le prêtre peut choisir, parmi les intentions proposées, celles seulement qui sont les plus aptes à nourrir la prière de l'assemblée, de manière toutefois que soient conservées les séries habituelles de la prière universelle..

1. Pour l'Église

Prions, frères bien-aimés, pour la sainte Église de Dieu : que le Père tout-puissant lui donne la paix et l'unité, qu'il la protège dans tout l'univers ; et qu'il nous accorde une vie calme et paisible pour que nous rendions grâce à notre Dieu.

Tous prient en silence. Puis le prêtre dit :
Dieu éternel et tout-puissant, dans le Christ, tu as révélé ta gloire à tous les peuples ; protège l'œuvre de ton amour : afin que ton Église répandue par tout l'univers demeure inébranlable dans la foi pour proclamer ton nom. Par Jésus, le Christ, notre Seigneur. **Amen.**

2. *Pour le Pape*

Prions pour notre saint Père le pape, N., élevé par Dieu notre Seigneur à l'ordre épiscopal : qu'il le garde sain et sauf à son Église pour gouverner le peuple de Dieu.

Dieu éternel et tout-puissant dont la sagesse organise toutes choses, daigne écouter notre prière : protège avec amour le pape que tu as choisi, afin que, sous la conduite de ce pasteur, le peuple chrétien que tu gouvernes progresse toujours dans la foi. Par Jésus, le Christ, notre Seigneur. **Amen.**

3. *Pour le clergé et le peuple fidèle*

Prions pour notre évêque, N., pour tous les évêques, les prêtres, les diacres, pour tous ceux qui remplissent des ministères dans l'Église et pour l'ensemble du peuple des croyants.

Dieu éternel et tout-puissant dont l'Esprit sanctifie et gouverne le corps entier de l'Église, exauce les prières que nous t'adressons pour tous les ordres de fidèles qui la composent : que chacun d'eux, par le don de ta grâce, te serve avec fidélité. Par Jésus, le Christ, notre Seigneur. **Amen.**

4. *Pour les catéchumènes*

Prions pour les (nos) catéchumènes : que Dieu notre Seigneur ouvre leur intelligence et leur cœur, et les accueille dans sa miséricorde ; après avoir reçu le pardon de tous leurs péchés par le bain de la naissance nouvelle, qu'ils soient incorporés à notre Seigneur Jésus Christ.

Dieu éternel et tout-puissant, toi qui assures toujours la fécondité de ton Église, augmente en nos catéchumènes l'intelligence et la foi : qu'ils renaissent à la source du baptême et prennent place parmi tes enfants d'adoption. Par Jésus, le Christ, notre Seigneur. **Amen.**

5. Pour l'unité des chrétiens

Prions pour tous nos frères qui croient en Jésus Christ et s'efforcent de conformer leur vie à la vérité : demandons au Seigneur notre Dieu de les rassembler et de les garder dans l'unité de son Église.

Dieu éternel et tout-puissant, toi qui rassembles ce qui est dispersé et qui fait l'unité de ce que tu rassembles, regarde avec amour l'Église de ton Fils : nous te prions d'unir dans la totalité de la foi et par le lien de la charité tous les hommes qu'un seul baptême a consacrés. Par Jésus, le Christ, notre Seigneur. **Amen.**

6. Pour le peuple juif

Prions pour les Juifs à qui Dieu a parlé en premier : qu'ils progressent dans l'amour de son Nom et la fidélité à son Alliance.

Dieu éternel et tout-puissant, toi qui as choisi Abraham et sa descendance pour en faire les fils de ta promesse, conduis à la plénitude de la rédemption le premier peuple de l'Alliance, comme ton Église t'en supplie. Par Jésus, le Christ, notre Seigneur. **Amen.**

7. Pour les autres croyants

Prions pour ceux qui ne croient pas en Jésus Christ : demandons qu'à la lumière de l'Esprit Saint, ils soient capables eux aussi de s'engager pleinement sur le chemin du salut.

Dieu éternel et tout-puissant, donne à ceux qui ne croient pas au Christ d'aller sous ton regard avec un cœur sincère, afin de parvenir à la connaissance de la vérité ; et donne-nous de mieux nous aimer les uns les autres et d'ouvrir davantage notre vie à la tienne, pour être dans le monde de meilleurs témoins de ton amour. Par Jésus, le Christ, notre Seigneur. Amen.

8. *Pour ceux qui ne connaissent pas Dieu*

Prions pour ceux qui ne connaissent pas Dieu : demandons qu'en obéissant à leur conscience ils parviennent à le reconnaître.

Dieu éternel et tout-puissant, toi qui as créé les hommes pour qu'ils te cherchent de tout leur cœur et que leur cœur s'apaise en te trouvant, fais qu'au milieu des difficultés de ce monde tous puissent discerner les signes de ta bonté et rencontrer des témoins de ton amour : qu'ils aient le bonheur de te reconnaître, toi, le seul vrai Dieu et le Père de tous les hommes. Par Jésus, le Christ, notre Seigneur. **Amen.**

9. *Pour les pouvoirs publics*

Prions pour les chefs d'État et tous les responsables des affaires publiques : que le Seigneur notre Dieu dirige leur esprit et leur cœur selon sa volonté pour la paix et la liberté de tous.

Dieu éternel et tout-puissant, toi qui tiens en ta main le cœur des hommes, et garantis les droits des peuples, viens en aide à ceux qui exercent le pouvoir ; que partout sur la terre s'affermissent avec ta grâce la sécurité et la paix, la prospérité des nations et la liberté religieuse. Par Jésus, le Christ, notre Seigneur. **Amen.**

10. *Pour nos frères et sœurs dans l'épreuve*

Frères bien-aimés, prions Dieu le Père tout-puissant d'avoir pitié des hommes dans l'épreuve : qu'il débarrasse le monde de toute erreur, qu'il chasse les épidémies et repousse la famine, qu'il vide les prisons et délivre les captifs, qu'il protège ceux qui voyagent, qu'il ramène chez eux les exilés, qu'il donne la force aux malades, et accorde le salut aux mourants.

Dieu éternel et tout-puissant, consolation des affligés, force de ceux qui peinent, entends les prières des hommes qui t'appellent, quelles que soient leurs souffrances : qu'ils aient la joie de trouver dans leurs détresses le secours de ta miséricorde. Par Jésus, le Christ, notre Seigneur. **Amen.**

Adoration et vénération de la Croix

Une grande croix est apportée dans l'église, en passant au milieu de l'assemblée, ou bien une croix voilée est découverte peu à peu.

Voici le bois de la Croix,
qui a porté le salut du monde.
Venez, adorons le Seigneur.

Ou une autre acclamation.
Puis chacun vient vénérer la croix.
On apporte sur l'autel le pain consacré à la messe du Jeudi saint.

Notre Père...

On omet le rite de paix, le rite de la fraction et le chant de l'Agneau de Dieu.

Prière après la communion

Dieu de puissance et de miséricorde, toi qui nous as renouvelés par la mort et la résurrection de ton Christ, entretiens en nous l'œuvre de ton amour ; que notre communion à ce mystère consacre notre vie à ton service. Par Jésus, le Christ, notre Seigneur. **Amen.**

Bénédiction

Le prêtre étend les mains sur l'assemblée et dit :
Que ta bénédiction, Seigneur, descende en abondance sur ton peuple qui a célébré la mort de ton Fils dans l'espérance de sa propre résurrection : accorde-lui pardon et réconfort, augmente sa foi, assure son éternelle rédemption. Par Jésus, le Christ, notre Seigneur. **Amen.**

La célébration se termine dans le silence et le recueillement.

Dimanche de Pâques
La Résurrection du Seigneur

Dans la nuit
du 15 avril 2017

VOICI LA NUIT

Vigile pascale

Voici la nuit. Nuit de l'attente, de la veille, de la prière. Nuit de la longue marche, nuit du passage. En cette nuit pascale, nous faisons mémoire des merveilles réalisées par Dieu qui fait alliance avec les hommes ; il fait passer son peuple de l'esclavage à la liberté, des ténèbres à la lumière, de la Première à la Nouvelle Alliance, de la mort à la vie. À l'aube, se lève un jour nouveau : Christ est ressuscité !

Quatre temps rythment cette longue et belle veillée :

– la liturgie de la lumière. Le cierge pascal est allumé au feu nouveau. L'assemblée se met en marche à la suite de la lumière du Christ qui illumine les ténèbres. « Dieu vit que la lumière était bonne, et Dieu sépara la lumière des ténèbres », comme on l'entendra dans la *première lecture*.

– la liturgie de la Parole. En lisant les textes de la Loi, des Prophètes et de Paul, en chantant les psaumes, en proclamant l'évangile de la résurrection, les chrétiens comprennent que Jésus vient accomplir l'Alliance. « Car lui qui est mort, c'est au péché qu'il est mort une fois pour toutes ; lui qui est vivant, c'est pour Dieu qu'il est vivant » (*épitre*).

– la liturgie du baptême. Le prêtre bénit l'eau « afin que tout homme qui sera baptisé, enseveli dans la mort avec le Christ, ressuscite avec lui pour la vie » (*prière de bénédiction*). La communauté accueille, dans la joie, les (éventuels) nouveaux baptisés et renouvelle son « oui » du baptême, en acceptant de suivre Jésus Christ et en professant sa foi au Dieu trois fois saint, Père, Fils et Esprit. « Jésus leur dit : Soyez sans crainte, allez annoncer à mes frères qu'ils doivent se rendre en Galilée : c'est là qu'ils me verront » (*évangile*).

– la liturgie de l'Eucharistie. Point culminant de cette veillée, en faisant mémoire de la Croix qui sauve et de la glorieuse résurrection du Fils, en communiant au corps du Christ, les disciples ne font plus qu'un seul corps. «Vous tous qui avez soif, venez, voici de l'eau ! Écoutez, et vous vivrez. Je m'engagerai envers vous par une alliance éternelle.» (*cinquième lecture*)

Au terme de cette nuit, résonne encore en nous cette parole entendue en conclusion de la liturgie de la lumière : « Ô nuit de vrai bonheur où l'homme rencontre Dieu ». Dans l'espérance de la résurrection, les baptisés ne sont plus dans la crainte. « Jusqu'à ce qu'Il vienne », ils restent des veilleurs !

Suggestions pour la célébration

• CHANTER • Avant d'allumer le feu nouveau, on peut chanter ***Voici la nuit*** **P 156-1 CNA 816**. Lors de l'entrée dans l'église, on chante la triple acclamation : ***Lumière du Christ***. Ensuite, pendant que l'assemblée prend place, on peut chanter : ***Joyeuse lumière*** **I 17** ou **SYL C 001**. On peut aussi choisir un chant qui accompagnera toutes les étapes de la célébration : ***Au cœur de notre foi*** **IY 48-06-1** et dont la 1ère strophe se chante après la triple acclamation.

L'annonce de la Pâque est chantée par le diacre, à défaut par un prêtre ou un chantre.

Dans la liturgie de la Parole, tout en conservant le texte des psaumes, on pourra varier leur mise en œuvre.

On retiendra un ***Gloire à Dieu*** bien connu et vraiment festif.

On pourra chanter l'***Alléluia pascal*** grégorien avec une psalmodie pour le psaume 117.

Pour la liturgie baptismale, on chante la ***Litanie des saints*** **W12 bis CNA 478** ou **W 13-23** ou **YL 26-76-6**.

Pour l'aspersion, ***J'ai vu l'eau vive*** **I 132-1 CNA 191** ou **481**, ***Approchez-vous du Seigneur Jésus*** **I 14-65-1 CNA 671**.

Pendant la procession de communion, ***Gloire à toi, Seigneur ressuscité*** **SYL 4 002**, ***Chrétiens, chantons*** **I 36 CNA 485**, ***Vainqueur de nos ténèbres*** **I 27-43**, ***Dans la puissance de l'Esprit*** **K 26-29 CNA 488**.

On peut terminer en chantant ***Le Seigneur est ressuscité*** **I 13 CNA 491**.

• CÉLÉBRER • Les quatre parties de la Vigile pascale se déroulent dans des lieux distincts, ce qui permet de mieux les identifier : le parvis et la nef de l'église, l'ambon de la Parole, les fonts baptismaux, l'autel.

Puisque chaque partie de la messe est plus développée, il convient que le prêtre, après la salutation, explique le sens de la célébration.

– Pour la liturgie de la lumière, il est nécessaire de commencer la veillée après la nuit tombée. L'église doit être plongée dans l'obscurité et s'éclairera progressivement à la lueur des cierges. Une vraie procession rappellera de façon explicite la marche des Hébreux pour se libérer de l'esclavage des Égyptiens, éclairée par une nuée lumineuse.

– Pour la liturgie de la Parole, neuf lectures sont proposées : sept de l'Ancien Testament et deux du Nouveau. Il ne faudrait pas diminuer a priori le nombre des lectures fixées, au risque d'affadir la richesse de ce temps de la Parole.

– À la fin de la liturgie baptismale, on soignera l'accompagnement des nouveaux baptisés parmi les fidèles, afin de signifier qu'ils ont leur place au sein de la communauté. Cette action se fera dans le prolongement du renouvellement des promesses du baptême par l'assemblée tout entière.

– Pour la liturgie eucharistique, les nouveaux baptisés apportent le pain et le vin. Ensuite, ils communient au Corps et au Sang du Christ.

La célébration se termine par la grande bénédiction et l'envoi ponctué d'un double alléluia !

Célébration de la Veillée pascale

Frères bien-aimés, en cette nuit très sainte où notre Seigneur Jésus Christ est passé de la mort à la vie, l'Église invite tous ses enfants disséminés de par le monde à se réunir pour veiller et prier.

Nous allons donc commémorer ensemble la Pâque du Seigneur, en écoutant sa parole et en célébrant ses sacrements, dans l'espérance d'avoir part à son triomphe sur la mort et de vivre avec lui pour toujours en Dieu.

Bénédiction du feu

Seigneur notre Dieu, par ton Fils qui est la lumière du monde, tu as donné aux hommes la clarté de ta lumière ; daigne bénir cette flamme qui brille dans la nuit ; accorde-nous, durant ces fêtes pascales, d'être enflammés d'un si grand désir du ciel que nous puissions parvenir, avec un cœur pur, aux fêtes de l'éternelle lumière. Par Jésus, le Christ, notre Seigneur. **Amen.**

Préparation du cierge pascal

Le Christ, hier et aujourd'hui, commencement et fin de toutes choses, Alpha et Oméga ; à lui, le temps et l'éternité, à lui, la gloire et la puissance pour les siècles sans fin. **Amen.**

Par ses saintes plaies, ses plaies glorieuses, que le Christ Seigneur nous garde et nous protège. **Amen.**

Que la lumière du Christ, ressuscitant dans la gloire, dissipe les ténèbres de notre cœur et de notre esprit. **Amen.**

Procession d'entrée

Lumière du Christ !
Nous rendons grâce à Dieu !

Louange pascale

On choisit l'un des deux textes suivants :

Qu'éclate dans le ciel la joie des anges !
Qu'éclate de partout la joie du monde !
Qu'éclate dans l'Église la joie des fils de Dieu !
La lumière éclaire l'Église,
La lumière éclaire la terre,
Peuples, chantez !

• Nous te louons, splendeur du Père.,
Jésus, Fils de Dieu.
• Sainte lumière, Splendeur du Père,
Louange à toi, Jésus Christ !

Voici pour tous les temps l'unique Pâque,
Voici pour Israël le grand passage,
Voici la longue marche vers la terre de liberté !
Ta lumière éclaire la route,
Dans la nuit ton peuple s'avance,
Libre, vainqueur !

Voici maintenant la Victoire,
Voici la liberté pour tous les peuples,
Le Christ ressuscité triomphe de la mort.
Ô nuit qui nous rend la lumière,
Ô nuit qui vit dans sa Gloire
Le Christ Seigneur !

Amour infini de notre Père,
Suprême témoignage de tendresse,
Pour libérer l'esclave, tu as livré le Fils !
Bienheureuse faute de l'homme,
Qui valut au monde en détresse
Le seul Sauveur !

Victoire qui rassemble ciel et terre,
Victoire où Dieu se donne un nouveau peuple

Victoire de l'Amour, victoire de la Vie !
Ô Père, accueille la flamme,
Qui vers toi s'élève en offrande,
Feu de nos cœurs !

Que brille devant toi cette lumière !
Demain se lèvera l'aube nouvelle
D'un monde rajeuni dans la Pâque de ton Fils !
Et que règnent la Paix, la Justice et l'Amour,
Et que passent tous les hommes
De cette terre à ta grande maison,
Par Jésus Christ ! (I 111)

Ou bien (forme brève) :

Exultez de joie, multitude des anges,
exultez, serviteurs de Dieu,
sonnez cette heure triomphale
et la victoire d'un si grand roi.

Sois heureuse aussi, notre terre,
irradiée de tant de feux,
car il t'a prise dans sa clarté
et son règne a chassé ta nuit.

Réjouis-toi, mère Église,
toute parée de sa splendeur,
entends vibrer dans ce lieu saint
l'acclamation de tout un peuple.

Le Seigneur soit avec vous.
Et avec votre esprit.

Élevons notre cœur.
Nous le tournons vers le Seigneur.

Rendons grâce au Seigneur notre Dieu.
Cela est juste et bon.

Vraiment, il est juste et bon de chanter à pleine voix et de tout cœur le Père tout-puissant, Dieu invisible, et son Fils unique, Jésus Christ, notre Seigneur.

C'est lui qui a remis pour nous au Père éternel le prix de la dette encourue par Adam ; c'est lui qui répandit son sang par amour pour effacer la condamnation du premier péché.

Car voici la fête de la Pâque dans laquelle est mis à mort l'Agneau véritable dont le sang consacre les portes des croyants. Voici la nuit où tu as tiré d'Égypte les enfants d'Israël, nos pères, et leur as fait passer la mer Rouge à pied sec.

C'est la nuit où le feu d'une colonne lumineuse repoussait les ténèbres du péché. C'est maintenant la nuit qui arrache au monde corrompu, aveuglé par le mal, ceux qui, aujourd'hui et dans tout l'univers, ont mis leur foi dans le Christ : nuit qui les rend à la grâce et leur ouvre la communion des saints.

Voici la nuit où le Christ, brisant les liens de la mort, s'est relevé, victorieux, des enfers.

Merveilleuse condescendance de ta grâce ! Imprévisible choix de ton amour : pour racheter l'esclave, tu livres le Fils.

Il fallait le péché d'Adam que la mort du Christ abolit. Heureuse était la faute qui nous valut pareil Rédempteur. Car le pouvoir sanctifiant de cette nuit chasse les crimes et lave les fautes, rend l'innocence aux coupables et l'allégresse aux affligés.

Ô nuit de vrai bonheur, nuit où le ciel s'unit à la terre, où l'homme rencontre Dieu.

Dans la grâce de cette nuit, accueille, Père saint, en sacrifice du soir, la flamme montant de cette colonne de cire que l'Église t'offre par nos mains. Permets que ce cierge pascal, consacré à ton nom, brûle sans déclin dans cette nuit. Qu'il soit agréable à tes yeux, et joigne sa clarté à celle des étoiles.

Qu'il brûle encore quand se lèvera l'astre du matin, celui qui ne connaît pas de couchant, le Christ, ton Fils ressuscité, revenu des enfers, répandant sur les humains sa lumière et sa paix, lui qui règne avec toi et le Saint-Esprit, maintenant et pour les siècles des siècles. **Amen.**

Tous éteignent leur cierge et s'assoient.

1re LECTURE — *Dieu vit que tout cela était très bon*

Lecture du livre de la Genèse — 1, 1–2, 2 (lecture brève : 1, 1.26-31a)

La lecture du texte entre crochets est facultative.

Au commencement, Dieu créa le ciel et la terre. [La terre était informe et vide, les ténèbres étaient au-dessus de l'abîme et le souffle de Dieu planait au-dessus des eaux. Dieu dit : « Que la lumière soit. » Et la lumière fut. Dieu vit que la lumière était bonne, et Dieu sépara la lumière des ténèbres. Dieu appela la lumière « jour », il appela les ténèbres « nuit ». Il y eut un soir, il y eut un matin : premier jour.

Et Dieu dit : « Qu'il y ait un firmament au milieu des eaux, et qu'il sépare les eaux. » Dieu fit le firmament, il sépara les eaux qui sont au-dessous du firmament et les eaux qui sont au-dessus. Et ce fut ainsi. Dieu appela le firmament « ciel ». Il y eut un soir, il y eut un matin : deuxième jour.

Et Dieu dit : « Les eaux qui sont au-dessous du ciel, qu'elles se rassemblent en un seul lieu, et que paraisse la terre ferme. » Et ce fut ainsi. Dieu appela la terre ferme « terre », et il appela la masse des eaux « mer ». Et Dieu vit que cela était bon. Dieu dit : « Que la terre produise l'herbe, la plante qui porte sa semence, et que, sur la terre, l'arbre à fruit donne, selon son espèce, le fruit qui porte sa semence. » Et ce fut ainsi. La terre produisit l'herbe, la plante qui porte sa semence, selon son espèce, et l'arbre qui donne, selon son espèce, le fruit qui porte sa semence. Et Dieu vit que cela était bon. Il y eut un soir, il y eut un matin : troisième jour.

Et Dieu dit : « Qu'il y ait des luminaires au firmament du ciel, pour séparer le jour de la nuit ; qu'ils servent de signes pour marquer les fêtes, les jours et les années ; et qu'ils soient, au firmament du ciel, des luminaires pour éclairer la terre. » Et ce fut ainsi. Dieu fit les deux grands luminaires : le plus grand pour commander au jour, le plus petit pour commander à la nuit ; il fit aussi les étoiles. Dieu les plaça au firmament du ciel pour éclairer la terre, pour commander au jour et à la nuit, pour séparer la lumière des ténèbres. Et Dieu vit que cela était bon. Il y eut un soir, il y eut un matin : quatrième jour.

Et Dieu dit : « Que les eaux foisonnent d'une profusion d'êtres vivants, et que les oiseaux volent au-dessus de la terre, sous le firmament du ciel. » Dieu créa, selon leur espèce, les grands monstres marins, tous les êtres vivants qui vont et viennent et foisonnent dans les eaux, et aussi, selon leur espèce, tous les oiseaux qui volent. Et Dieu vit que cela était bon. Dieu les bénit par ces paroles : « Soyez féconds et multipliez-vous, remplissez les mers, que les oiseaux se multiplient sur la terre. » Il y eut un soir, il y eut un matin : cinquième jour.

Et Dieu dit : « Que la terre produise des êtres vivants selon leur espèce, bestiaux, bestioles et bêtes sauvages selon leur espèce. » Et ce fut ainsi. Dieu fit les bêtes sauvages selon leur espèce, les bestiaux selon leur espèce, et toutes les bestioles de la terre selon leur espèce. Et Dieu vit que cela était bon.]

Dieu dit : « Faisons l'homme à notre image, selon notre ressemblance. Qu'il soit le maître des poissons de la mer, des oiseaux du ciel, des bestiaux, de toutes les bêtes sauvages, et de toutes les bestioles qui vont et viennent sur la terre. » Dieu créa l'homme à son image, à l'image de Dieu il le créa, il les créa homme et femme. Dieu les bénit et leur dit : « Soyez féconds et multipliez-vous, remplissez la terre et soumettez-la. Soyez les maîtres des poissons de la mer, des oiseaux du ciel, et de tous les animaux qui vont et viennent sur la terre. » Dieu dit encore : « Je vous donne toute plante qui porte sa semence sur toute la surface de la terre, et tout arbre dont le fruit porte sa semence : telle sera votre nourriture. À tous les animaux de la terre, à tous les oiseaux du ciel, à tout ce qui va et vient sur la terre et qui a souffle de vie, je donne comme nourriture toute herbe verte. » Et ce fut ainsi. Et Dieu vit tout ce qu'il avait fait ; et voici : cela était très bon. Il y eut un soir, il y eut un matin : sixième jour.

[Ainsi furent achevés le ciel et la terre, et tout leur déploiement. Le septième jour, Dieu avait achevé l'œuvre qu'il avait faite. Il se reposa, le septième jour, de toute l'œuvre qu'il avait faite.]

Psaume 103

R/ Ô Seigneur, envoie ton Esprit
qui renouvelle la face de la terre !

Bénis le Seigneur, ô mon âme ;
Seigneur mon Dieu, tu es si grand !
Revêtu de magnificence,
tu as pour manteau la lumière !

Tu as donné son assise à la terre :
qu'elle reste inébranlable au cours des temps.
Tu l'as vêtue de l'abîme des mers :
les eaux couvraient même les montagnes ;

Dans les ravins tu fais jaillir des sources
et l'eau chemine aux creux des montagnes ;
les oiseaux séjournent près d'elle :
dans le feuillage on entend leurs cris.

De tes demeures tu abreuves les montagnes,
et la terre se rassasie du fruit de tes œuvres ;
tu fais pousser les prairies pour les troupeaux,
et les champs pour l'homme qui travaille.

Quelle profusion dans tes œuvres, Seigneur !
Tout cela, ta sagesse l'a fait ;
la terre s'emplit de tes biens.
Bénis le Seigneur, ô mon âme !

ou bien

Psaume 32

R/ Toute la terre, Seigneur,
est remplie de ton amour.

Oui, elle est droite, la parole du Seigneur ;
il est fidèle en tout ce qu'il fait.
Il aime le bon droit et la justice ;
la terre est remplie de son amour.

Le Seigneur a fait les cieux par sa parole,
l'univers, par le souffle de sa bouche.
Il amasse, il retient l'eau des mers ;
les océans, il les garde en réserve.

Heureux le peuple dont le Seigneur est le Dieu,
heureuse la nation qu'il s'est choisie pour domaine !
Du haut des cieux, le Seigneur regarde :
il voit la race des hommes.

Nous attendons notre vie du Seigneur :
il est pour nous un appui, un bouclier.
Que ton amour, Seigneur, soit sur nous
comme notre espoir est en toi !

Prière

• Dieu éternel et tout-puissant, toi qui agis toujours avec une sagesse admirable, donne aux hommes que tu as rachetés de comprendre que le sacrifice du Christ, notre Pâque, est une œuvre plus merveilleuse encore que l'acte de la création au commencement du monde. Par Jésus, le Christ, notre Seigneur.

• Seigneur notre Dieu, toi qui as fait merveille en créant l'homme et plus grande merveille encore en le rachetant, donne-nous de résister aux attraits du péché par la sagesse de l'esprit, et de parvenir aux joies éternelles. Par Jésus, le Christ, notre Seigneur.

2e LECTURE *Sacrifice et délivrance d'Isaac, le fils bien-aimé*

Lecture du livre de la Genèse 22, 1-18
(lecture brève : 22, 1-2.9a.10-13.15-18)

La lecture du texte entre crochets est facultative.

En ces jours-là, Dieu mit Abraham à l'épreuve. Il lui dit : « Abraham ! » Celui-ci répondit : « Me voici ! » Dieu dit : « Prends ton fils, ton unique, celui que tu aimes, Isaac, va au pays de Moriah, et là tu l'offriras en holocauste sur la montagne que je t'indiquerai. »

[Abraham se leva de bon matin, sella son âne, et prit avec lui deux de ses serviteurs et son fils Isaac. Il fendit le bois pour l'holocauste, et se mit en route vers l'endroit que Dieu lui avait indiqué. Le troisième jour, Abraham, levant les yeux, vit l'endroit de loin. Abraham dit à ses serviteurs : « Restez ici avec l'âne. Moi et le garçon, nous irons jusque là-bas pour adorer, puis nous reviendrons vers vous. » Abraham prit le bois pour l'holocauste et le chargea sur son fils Isaac ; il prit le feu et le couteau, et tous deux s'en allèrent ensemble. Isaac dit à son père Abraham : « Mon père ! – Eh bien, mon fils ? » Isaac reprit : « Voilà le feu et le bois, mais où est l'agneau pour l'holocauste ? » Abraham répondit : « Dieu saura bien trouver l'agneau pour l'holocauste, mon fils. » Et ils s'en allaient tous les deux ensemble.]

Ils arrivèrent à l'endroit que Dieu avait indiqué. [Abraham y bâtit l'autel et disposa le bois, puis il lia son fils Isaac et le mit sur l'autel, par-dessus le bois.] Abraham étendit la main et saisit le couteau pour immoler son fils. Mais l'ange du Seigneur l'appela du haut du ciel et dit : « Abraham ! Abraham ! » Il répondit : « Me voici ! » L'ange lui dit : « Ne porte pas la main sur le garçon ! Ne lui fais aucun mal ! Je sais maintenant que tu crains Dieu : tu ne m'as pas refusé ton fils, ton unique. »

Abraham leva les yeux et vit un bélier retenu par les cornes dans un buisson. Il alla prendre le bélier et l'offrit en holocauste à la place de son fils. [Abraham donna à ce lieu le nom de « Le-Seigneur-voit ». On l'appelle aujourd'hui : « Sur-le-mont-le-Seigneur-est-vu. »] Du ciel, l'ange du Seigneur appela une seconde fois Abraham. Il déclara : « Je le jure par moi-même, oracle du Seigneur : parce que tu as fait cela, parce que tu ne m'as pas refusé ton fils, ton unique, je te comblerai de bénédictions, je rendrai ta descendance aussi nombreuse que les étoiles du ciel et que le sable au bord de la mer, et ta descendance occupera les places fortes de ses ennemis. Puisque tu as écouté ma voix, toutes les nations de la terre s'adresseront l'une à l'autre la bénédiction par le nom de ta descendance. »

Psaume 15

R/ **Garde-moi, mon Dieu :**
j'ai fait de toi mon refuge.

Seigneur, mon partage et ma coupe :
de toi dépend mon sort.
Je garde le Seigneur devant moi sans relâche ;
il est à ma droite : je suis inébranlable.

Mon cœur exulte, mon âme est en fête,
ma chair elle-même repose en confiance :
tu ne peux m'abandonner à la mort
ni laisser ton ami voir la corruption.

Tu m'apprends le chemin de la vie :
devant ta face, débordement de joie !
À ta droite, éternité de délices !

Prière

Dieu très saint, Père des croyants, en répandant la grâce de l'adoption, tu multiplies sur toute la terre les fils de ta promesse ; par le mystère pascal, tu fais de ton serviteur Abraham, comme tu l'avais promis, le père de toutes les nations ; accorde à ton peuple de savoir répondre à cet appel. Par Jésus, le Christ, notre Seigneur.

3e LECTURE *Le Seigneur sauve Israël de la main de l'Égypte*

Lecture du livre de l'Exode 14, 15–15, 1a

En ces jours-là, le Seigneur dit à Moïse : « Pourquoi crier vers moi ? Ordonne aux fils d'Israël de se mettre en route ! Toi, lève ton bâton, étends le bras sur la mer, fends-la en deux, et que les fils d'Israël entrent au milieu de la mer à pied sec. Et moi, je ferai en sorte que les Égyptiens s'obstinent : ils y entreront derrière eux ; je me glorifierai aux dépens de Pharaon et de toute son armée, de ses chars et de ses guerriers. Les Égyptiens sauront que je suis le Seigneur, quand je me serai glorifié aux dépens de Pharaon, de ses chars et de ses guerriers. » L'ange de Dieu, qui marchait en avant d'Israël, se déplaça et marcha à l'arrière. La colonne de nuée se déplaça depuis l'avant-garde et vint se tenir à l'arrière, entre le camp des Égyptiens et le camp d'Israël. Cette nuée était à la fois ténèbres et lumière dans la nuit, si bien que, de toute la nuit, ils ne purent se rencontrer. Moïse étendit le bras sur la mer. Le Seigneur chassa la mer toute la nuit par un fort vent d'est ; il mit la mer à sec, et les eaux se fendirent. Les fils d'Israël entrèrent au milieu de la mer à pied sec, les eaux formant une muraille à leur droite et à leur gauche. Les Égyptiens les poursuivirent ; tous les chevaux de Pharaon, ses chars et ses guerriers entrèrent derrière eux jusqu'au milieu de la mer.

Aux dernières heures de la nuit, le Seigneur observa, depuis la colonne de feu et de nuée, l'armée des Égyptiens, et il la frappa de panique. Il faussa les roues de leurs chars, et ils eurent beaucoup de peine à les conduire.

Les Égyptiens s'écrièrent : « Fuyons devant Israël, car c'est le Seigneur qui combat pour eux contre nous ! » Le Seigneur dit à Moïse : « Étends le bras sur la mer : que les eaux reviennent sur les Égyptiens, leurs chars et leurs guerriers ! » Moïse étendit le bras sur la mer. Au point du jour, la mer reprit sa place ; dans leur fuite, les Égyptiens s'y heurtèrent, et le Seigneur les précipita au milieu de la mer. Les eaux refluèrent et recouvrirent les chars et les guerriers, toute l'armée de Pharaon qui était entrée dans la mer à la poursuite d'Israël. Il n'en resta pas un seul. Mais les fils d'Israël avaient marché à pied sec au milieu de la mer, les eaux formant une muraille à leur droite et à leur gauche.

Ce jour-là, le Seigneur sauva Israël de la main de l'Égypte, et Israël vit les Égyptiens morts sur le bord de la mer. Israël vit avec quelle main puissante le Seigneur avait agi contre l'Égypte. Le peuple craignit le Seigneur, il mit sa foi dans le Seigneur et dans son serviteur Moïse. Alors Moïse et les fils d'Israël chantèrent ce cantique au Seigneur :

Cantique d'Exode 15

R/ **Chantons pour le Seigneur !**
éclatante est sa gloire.

Je chanterai pour le Seigneur !
Éclatante est sa gloire :
il a jeté dans la mer
cheval et cavalier.

Ma force et mon chant, c'est le Seigneur :
il est pour moi le salut.
Il est mon Dieu, je le célèbre ;
j'exalte le Dieu de mon père.

Le Seigneur est le guerrier des combats ;
son nom est « Le Seigneur ».
Les chars du Pharaon et ses armées,
il les lance dans la mer.
L'élite de leurs chefs a sombré dans la mer Rouge.

L'abîme les recouvre :
ils descendent, comme la pierre, au fond des eaux.
Ta droite, Seigneur, magnifique en sa force,
ta droite, Seigneur, écrase l'ennemi.

Tu les amènes, tu les plantes sur la montagne,
ton héritage,
le lieu que tu as fait, Seigneur, pour l'habiter,
le sanctuaire, Seigneur, fondé par tes mains.
Le Seigneur régnera pour les siècles des siècles.

PRIÈRE

• Seigneur notre Dieu, dans la lumière de l'Évangile tu as donné leur sens aux miracles accomplis sous l'Ancien Testament : on reconnaît dans la mer Rouge l'image de la fontaine baptismale ; et le peuple juif, délivré de la servitude d'Égypte, est la figure du peuple chrétien. Fais que tous les hommes, grâce à la foi, participent au privilège d'Israël, et soient régénérés en recevant ton Esprit. Par Jésus, le Christ, notre Seigneur.

• Maintenant encore, Seigneur, nous voyons resplendir tes merveilles d'autrefois : alors que jadis tu manifestais ta puissance en délivrant un seul peuple de la poursuite des Égyptiens, tu assures désormais le salut de toutes les nations en les faisant renaître à travers les eaux du baptême ; fais que les hommes du monde entier deviennent des fils d'Abraham et accèdent à la dignité de tes enfants. Par Jésus, le Christ notre Seigneur.

4e LECTURE — *L'éternelle fidélité du Seigneur*

Lecture du livre du prophète Isaïe — 54, 5-14

Parole du Seigneur adressée à Jérusalem : Ton époux, c'est Celui qui t'a faite, son nom est « Le Seigneur de l'univers ». Ton rédempteur, c'est le Saint d'Israël, il s'appelle « Dieu de toute la terre ». Oui, comme une femme abandonnée, accablée, le Seigneur te rappelle. Est-ce que l'on rejette la femme de sa jeunesse ? – dit ton Dieu.

Un court instant, je t'avais abandonnée, mais dans ma grande tendresse, je te ramènerai. Quand ma colère a débordé, un instant, je t'avais caché ma face. Mais dans mon éternelle fidélité, je te montre ma tendresse, – dit le Seigneur, ton rédempteur. Je ferai comme au temps de Noé, quand j'ai juré que les eaux ne submergeraient plus la terre : de même, je jure de ne plus m'irriter contre toi, et de ne plus te menacer.

Même si les montagnes s'écartaient, si les collines s'ébranlaient, ma fidélité ne s'écarterait pas de toi, mon alliance de paix ne serait pas ébranlée, – dit le Seigneur, qui te montre sa tendresse. Jérusalem, malheureuse, battue par la tempête, inconsolée, voici que je vais sertir tes pierres et poser tes fondations sur des saphirs. Je ferai tes créneaux avec des rubis, tes portes en cristal de roche, et toute ton enceinte avec des pierres précieuses. Tes fils seront tous disciples du Seigneur, et grande sera leur paix. Tu seras établie sur la justice : loin de toi l'oppression, tu n'auras plus à craindre ; loin de toi la terreur, elle ne t'approchera plus.

Psaume 29

R/ **Je t'exalte, Seigneur :**
tu m'as relevé.

Quand j'ai crié vers toi, Seigneur,
mon Dieu, tu m'as guéri ;
Seigneur, tu m'as fait remonter de l'abîme
et revivre quand je descendais à la fosse.

Fêtez le Seigneur, vous, ses fidèles,
rendez grâce en rappelant son nom très saint.
Sa colère ne dure qu'un instant,
sa bonté, toute la vie.

Avec le soir, viennent les larmes,
mais au matin, les cris de joie !
Tu as changé mon deuil en une danse,
mes habits funèbres en parure de joie !

Que mon cœur ne se taise pas,
qu'il soit en fête pour toi ;
et que sans fin, Seigneur, mon Dieu,
je te rende grâce !

Prière

Dieu éternel et tout-puissant, pour l'honneur de ton nom, multiplie la postérité promise à nos pères à cause de leur foi, augmente le nombre de tes enfants d'adoption ; que ton Église voie, dès maintenant, se réaliser la promesse dont les patriarches n'ont jamais douté. Par Jésus, le Christ, notre Seigneur.

Ou bien l'une des prières qui suivent les autres lectures, si elles sont omises.

5e LECTURE *« Je m'engagerai envers vous par une alliance éternelle »*

Lecture du livre du prophète Isaïe 55, 1-11

Ainsi parle le Seigneur : Vous tous qui avez soif, venez, voici de l'eau ! Même si vous n'avez pas d'argent, venez acheter et consommer, venez acheter du vin et du lait sans argent, sans rien payer. Pourquoi dépenser votre argent pour ce qui ne nourrit pas, vous fatiguer pour ce qui ne rassasie pas ? Écoutez-moi bien, et vous mangerez de bonnes choses, vous vous régalerez de viandes savoureuses ! Prêtez l'oreille ! Venez à moi ! Écoutez, et vous vivrez. Je m'engagerai envers vous par une alliance éternelle : ce sont les bienfaits garantis à David. Lui, j'en ai fait un témoin pour les peuples, pour les peuples, un guide et un chef. Toi, tu appelleras une nation inconnue de toi ; une nation qui ne te connaît pas accourra vers toi, à cause du Seigneur ton Dieu, à cause du Saint d'Israël, car il fait ta splendeur.

Cherchez le Seigneur tant qu'il se laisse trouver ; invoquez-le tant qu'il est proche. Que le méchant abandonne son chemin, et l'homme perfide, ses pensées ! Qu'il revienne vers le Seigneur qui lui montrera sa miséricorde, vers notre Dieu qui est riche en pardon. Car mes pensées ne sont pas vos pensées, et vos chemins ne sont pas mes chemins, – oracle du Seigneur. Autant le ciel est élevé au-dessus de la terre, autant mes chemins sont élevés au-dessus de vos chemins, et mes pensées, au-dessus de vos pensées.

La pluie et la neige qui descendent des cieux n'y retournent pas sans avoir abreuvé la terre, sans l'avoir fécondée et l'avoir fait germer, donnant la semence au semeur et le pain à celui qui doit manger ; ainsi ma parole, qui sort de ma bouche, ne me reviendra pas sans résultat, sans avoir fait ce qui me plaît, sans avoir accompli sa mission.

Cantique d'Isaïe 12

R/ **Exultant de joie, vous puiserez les eaux**
aux sources du salut !

Voici le Dieu qui me sauve :
j'ai confiance, je n'ai plus de crainte.
Ma force et mon chant, c'est le Seigneur ;
il est pour moi le salut.

Rendez grâce au Seigneur,
proclamez son nom,
annoncez parmi les peuples ses hauts faits !
Redites-le : « Sublime est son nom ! »

Jouez pour le Seigneur, il montre sa magnificence,
et toute la terre le sait.
Jubilez, criez de joie, habitants de Sion,
car il est grand au milieu de toi, le Saint d'Israël !

Prière

Dieu éternel et tout-puissant, unique espoir du monde, toi qui annonçais par la voix des prophètes les mystères qui s'accomplissent aujourd'hui, daigne inspirer toi-même les désirs de ton peuple, puisque aucun de tes fidèles ne peut progresser en vertu sans l'inspiration de ta grâce. Par Jésus, le Christ, notre Seigneur.

Ou bien l'une des prières qui suivent les lectures 4, 6 et 7.

6e lecture

Marche vers la splendeur du Seigneur !

Lecture du livre du prophète Baruc 3, 9-15.32 – 4, 4

Écoute, Israël, les commandements de vie, prête l'oreille pour acquérir la connaissance. Pourquoi donc, Israël, pourquoi es-tu exilé chez tes ennemis, vieillissant sur une terre étrangère, souillé par le contact des cadavres, inscrit parmi les habitants du séjour des morts ? – Parce que tu as abandonné la Source de la Sagesse ! Si tu avais suivi les chemins de Dieu, tu vivrais dans la paix pour toujours. Apprends où se trouvent et la connaissance, et la force, et l'intelligence ; pour savoir en même temps où se trouvent de longues années de vie, la lumière des yeux et la paix.

Mais qui donc a découvert la demeure de la Sagesse, qui a pénétré jusqu'à ses trésors ? Celui qui sait tout en connaît le chemin, il l'a découvert par son intelligence. Il a pour toujours aménagé la terre, et l'a peuplée de troupeaux. Il lance la lumière, et elle prend sa course ; il la rappelle, et elle obéit en tremblant. Les étoiles brillent, joyeuses, à leur poste de veille ; il les appelle, et elles répondent : « Nous voici ! » Elles brillent avec joie pour celui qui les a faites. C'est lui qui est notre Dieu : aucun autre ne lui est comparable. Il a découvert les chemins du savoir, et il les a confiés à Jacob, son serviteur, à Israël, son bien-aimé.

Ainsi, la Sagesse est apparue sur la terre, elle a vécu parmi les hommes. Elle est le livre des préceptes de Dieu, la Loi qui demeure éternellement : tous ceux qui l'observent vivront, ceux qui l'abandonnent mourront.

Reviens, Jacob, saisis-la de nouveau ; à sa lumière, marche vers la splendeur : ne laisse pas ta gloire à un autre, tes privilèges à un peuple étranger. Heureux sommes-nous, Israël ! Car ce qui plaît à Dieu, nous le connaissons.

Psaume 18

R/ Seigneur, tu as les paroles de la vie éternelle.

La loi du Seigneur est parfaite,
qui redonne vie ;
la charte du Seigneur est sûre,
qui rend sages les simples.

Les préceptes du Seigneur sont droits,
ils réjouissent le cœur ;
le commandement du Seigneur est limpide,
il clarifie le regard.

La crainte qu'il inspire est pure,
elle est là pour toujours ;
les décisions du Seigneur sont justes
et vraiment équitables :

plus désirables que l'or,
qu'une masse d'or fin,
plus savoureuses que le miel
qui coule des rayons.

Prière

Dieu qui ne cesses de faire grandir ton Église en appelant à elle les hommes qui sont loin de toi, daigne garder sous ta protection ceux que tu purifies dans l'eau du baptême. Par Jésus, le Christ, notre Seigneur.

Ou bien l'une des prières qui suivent les lectures 4, 5 et 7.

7e LECTURE *« Je vous donnerai un cœur nouveau »*

Lecture du livre du prophète Ézékiel 36, 16-17a.18-28

La parole du Seigneur me fut adressée : « Fils d'homme, lorsque les gens d'Israël habitaient leur pays, ils le rendaient impur par leur conduite et leurs actes. Alors j'ai déversé sur eux ma fureur, à cause du sang qu'ils avaient versé dans le pays, à cause des idoles immondes qui l'avaient rendu impur. Je les ai dispersés parmi les nations, ils ont été disséminés dans les pays étrangers. Selon leur conduite et leurs actes, je les ai jugés. Dans les nations où ils sont allés, ils ont profané mon saint nom, car on disait : "C'est le peuple du Seigneur, et ils sont sortis de son pays !" Mais j'ai voulu épargner mon saint nom, que les gens d'Israël avaient profané dans les nations où ils sont allés.

Eh bien ! tu diras à la maison d'Israël : Ainsi parle le Seigneur Dieu : Ce n'est pas pour vous que je vais agir, maison d'Israël, mais c'est pour mon saint nom que vous avez profané dans les nations où vous êtes allés. Je sanctifierai mon grand nom, profané parmi les nations, mon nom que vous avez profané au milieu d'elles. Alors les nations sauront que Je suis le Seigneur – oracle du Seigneur Dieu – quand par vous je manifesterai ma sainteté à leurs yeux. Je vous prendrai du milieu des nations, je vous rassemblerai de tous les pays, je vous conduirai dans votre terre. Je répandrai sur vous une eau pure, et vous serez purifiés ; de toutes vos souillures, de toutes vos idoles, je vous purifierai. Je vous donnerai un cœur nouveau, je mettrai en vous un esprit nouveau. J'ôterai de votre chair le cœur de pierre, je vous donnerai un cœur de chair. Je mettrai en vous mon esprit, je ferai que vous marchiez selon mes lois, que vous gardiez mes préceptes et leur soyez fidèles. Vous habiterez le pays que j'ai donné à vos pères : vous, vous serez mon peuple, et moi, je serai votre Dieu.

S'il n'y a pas de baptême :

Psaume 41

R/ Comme un cerf altéré cherche l'eau vive,
ainsi mon âme te cherche, toi, mon Dieu.

Mon âme a soif de Dieu,
le Dieu vivant ;
quand pourrai-je m'avancer,
paraître face à Dieu ?

Je conduisais vers la maison de mon Dieu
la multitude en fête,
parmi les cris de joie
et les actions de grâce.

Envoie ta lumière et ta vérité :
qu'elles guident mes pas
et me conduisent à ta montagne sainte,
jusqu'en ta demeure.

J'avancerai jusqu'à l'autel de Dieu,
vers Dieu qui est toute ma joie ;
je te rendrai grâce avec ma harpe,
Dieu, mon Dieu.

Lorsqu'il y a baptême, Cantique d'Isaïe 12, comme après la 5e lecture, p. 289.
ou bien

Psaume 50

R/ Crée en moi un cœur pur, ô mon Dieu.

Crée en moi un cœur pur, ô mon Dieu,
renouvelle et raffermis au fond de moi mon esprit.
Ne me chasse pas loin de ta face,
ne me reprends pas ton esprit saint.

Rends-moi la joie d'être sauvé ;
que l'esprit généreux me soutienne.
Aux pécheurs, j'enseignerai tes chemins ;
vers toi, reviendront les égarés.

Si j'offre un sacrifice, tu n'en veux pas,
tu n'acceptes pas d'holocauste.
Le sacrifice qui plaît à Dieu,
c'est un esprit brisé ;
tu ne repousses pas, ô mon Dieu,
un cœur brisé et broyé.

Prière

• Seigneur notre Dieu, puissance inaltérable et lumière sans déclin, regarde avec bonté le sacrement merveilleux de l'Église tout entière. Comme tu l'as prévu de toute éternité, poursuis dans la paix l'œuvre du salut des hommes ; que le monde entier reconnaisse la merveille : ce qui était abattu est relevé, ce qui avait vieilli est rénové, et tout retrouve son intégrité première en celui qui est le principe de tout, Jésus Christ, ton Fils et notre Seigneur. Lui qui règne pour les siècles des siècles.

• Seigneur notre Dieu, tu veux nous former à célébrer le mystère pascal en nous faisant écouter l'Ancien et le Nouveau Testament, ouvre nos cœurs à l'intelligence de ta miséricorde : ainsi la conscience des grâces déjà reçues affermira en nous l'espérance des biens à venir. Par Jésus, le Christ, notre Seigneur.

Ou l'une des prières qui suivent les lectures 4, 5 et 6.

Gloria

Nous retrouvons le chant du Gloire à Dieu. Là où les conditions locales le permettent, les cloches annoncent alors la joie de Pâques.

Prière

Dieu qui fais resplendir cette nuit très sainte par la gloire de la résurrection du Seigneur, ravive en ton Église l'esprit filial que tu lui as donné, afin que, renouvelés dans notre corps et notre âme, nous soyons tout entiers à ton service. Par Jésus Christ.

ÉPÎTRE — *« Ressuscité d'entre les morts, le Christ ne meurt plus »*

Lecture de la lettre de saint Paul apôtre aux Romains 6, 3b-11

Frères, nous tous qui par le baptême avons été unis au Christ Jésus, c'est à sa mort que nous avons été unis par le baptême. Si donc, par le baptême qui nous unit à sa mort, nous avons été mis au tombeau avec lui, c'est pour que nous menions une vie nouvelle, nous aussi, comme le Christ qui, par la toute-puissance du Père, est ressuscité d'entre les morts. Car, si nous avons été unis à lui par une mort qui ressemble à la sienne, nous le serons aussi par une résurrection qui ressemblera à la sienne.

Nous le savons : l'homme ancien qui est en nous a été fixé à la croix avec lui pour que le corps du péché soit réduit à rien, et qu'ainsi nous ne soyons plus esclaves du péché. Car celui qui est mort est affranchi du péché.

Et si nous sommes passés par la mort avec le Christ, nous croyons que nous vivrons aussi avec lui. Nous le savons en effet : ressuscité d'entre les morts, le Christ ne meurt plus ; la mort n'a plus de pouvoir sur lui. Car lui qui est mort, c'est au péché qu'il est mort une fois pour toutes ; lui qui est vivant, c'est pour Dieu qu'il est vivant. De même, vous aussi, pensez que vous êtes morts au péché, mais vivants pour Dieu en Jésus Christ.

PSAUME 117

R/ **Alléluia, alléluia, alléluia !**

Rendez grâce au Seigneur : Il est bon !
Éternel est son amour !
Oui, que le dise Israël :
Éternel est son amour !

Le bras du Seigneur se lève,
le bras du Seigneur est fort !

Non, je ne mourrai pas, je vivrai,
pour annoncer les actions du Seigneur.

La pierre qu'ont rejetée les bâtisseurs
est devenue la pierre d'angle :
c'est là l'œuvre du Seigneur,
la merveille devant nos yeux.

ÉVANGILE

« Il est ressuscité et il vous précède en Galilée »

Évangile de Jésus Christ selon saint Matthieu 28, 1-10

Après le sabbat, à l'heure où commençait à poindre le premier jour de la semaine, Marie Madeleine et l'autre Marie vinrent pour regarder le sépulcre. Et voilà qu'il y eut un grand tremblement de terre ; l'ange du Seigneur descendit du ciel, vint rouler la pierre et s'assit dessus. Il avait l'aspect de l'éclair, et son vêtement était blanc comme neige. Les gardes, dans la crainte qu'ils éprouvèrent, se mirent à trembler et devinrent comme morts.

L'ange prit la parole et dit aux femmes : « Vous, soyez sans crainte ! Je sais que vous cherchez Jésus le Crucifié. Il n'est pas ici, car il est ressuscité, comme il l'avait dit. Venez voir l'endroit où il reposait. Puis, vite, allez dire à ses disciples : "Il est ressuscité d'entre les morts, et voici qu'il vous précède en Galilée ; là, vous le verrez." Voilà ce que j'avais à vous dire. »

Vite, elles quittèrent le tombeau, remplies à la fois de crainte et d'une grande joie, et elles coururent porter la nouvelle à ses disciples.

Et voici que Jésus vint à leur rencontre et leur dit : « Je vous salue. » Elles s'approchèrent, lui saisirent les pieds et se prosternèrent devant lui. Alors Jésus leur dit : « Soyez sans crainte, allez annoncer à mes frères qu'ils doivent se rendre en Galilée : c'est là qu'ils me verront. »

HOMÉLIE

LITURGIE BAPTISMALE

• S'il n'y a pas de baptême à la Vigile pascale et si l'on ne doit pas non plus bénir de l'eau baptismale pour les baptêmes qui auront lieu pendant le Temps pascal, on passe directement à la bénédiction de l'eau comme indiqué à la p. 300.

• Nous donnons ci-dessous la célébration telle qu'elle se déroule lorsqu'elle comporte des baptêmes d'adultes. Les textes sont ceux de l'édition 1997 du Rituel de l'initiation chrétienne des adultes.

On invite ceux qui vont être baptisés à s'approcher de la vasque baptismale avec leurs parrains et marraines. Le prêtre s'adresse à l'assemblée, en disant par exemple :
Chers frères et sœurs, implorons la miséricorde de Dieu le Père tout-puissant pour N. et N. qui demandent le baptême. C'est lui qui les a appelés et les a conduits jusqu'à cette nuit. Qu'il leur accorde la lumière et la force, pour qu'ils s'attachent au Christ de tout leur cœur et professent la foi de l'Église ; et qu'il leur donne d'être renouvelés par l'Esprit Saint que nous allons invoquer sur cette eau.

Les catéchumènes peuvent s'agenouiller pendant les litanies. Les ministres et l'assemblée restent debout, comme c'est l'usage pendant le Temps pascal.

LITANIES

Seigneur, prends pitié.	**Seigneur, prends pitié.**
Ô Christ, prends pitié.	**Ô Christ, prends pitié.**
Seigneur, prends pitié.	**Seigneur, prends pitié.**
Sainte Marie, Mère de Dieu,	**priez pour nous.**
Saint Michel,	**priez pour nous.**
Saints Anges de Dieu,	**priez pour nous.**
Saint Jean Baptiste,	**priez pour nous.**
Saint Joseph,	**priez pour nous.**
Saint Pierre et saint Paul,	**priez pour nous.**
Saint André,	**priez pour nous.**
Saint Jean,	**priez pour nous.**

Sainte Marie Madeleine, **priez pour nous.**
Saint Étienne, **priez pour nous.**
Saint Ignace d'Antioche, **priez pour nous.**
Saint Laurent, **priez pour nous.**
Sainte Perpétue et sainte Félicité, **priez pour nous.**
Sainte Agnès, **priez pour nous.**
Saint Grégoire, **priez pour nous.**
Saint Augustin, **priez pour nous.**
Saint Athanase, **priez pour nous.**
Saint Basile, **priez pour nous.**
Saint Martin, **priez pour nous.**
Saint Benoît, **priez pour nous.**
Saint François et saint Dominique, **priez pour nous.**
Saint François Xavier, **priez pour nous.**
Saint Jean-Marie Vianney, **priez pour nous.**
Sainte Catherine de Sienne, **priez pour nous.**
Sainte Thérèse d'Avila, **priez pour nous.**

On peut ajouter d'autres noms, en particulier les saints patrons des nouveaux baptisés.

Vous tous, saints et saintes de Dieu, **priez pour nous.**
Montre-toi favorable, **délivre-nous, Seigneur.**
De tout mal, **délivre-nous, Seigneur.**
De tout péché, **délivre-nous, Seigneur.**
De la mort éternelle, **délivre-nous, Seigneur.**
Par ton incarnation, **délivre-nous, Seigneur.**
Par ta mort et ta résurrection, **délivre-nous, Seigneur.**
Par le don de l'Esprit Saint, **délivre-nous, Seigneur.**
Nous qui sommes pécheurs, **de grâce, écoute-nous.**

On peut ajouter ici d'autres intentions. S'il y a des baptêmes :
Pour qu'il te plaise de faire vivre de ta vie par la grâce du baptême ceux que tu as appelés, **de grâce, écoute-nous.**

Si l'on ne célèbre pas de baptême :
Pour qu'il te plaise de sanctifier cette eau d'où naîtront pour toi de nouveaux enfants, **de grâce, écoute-nous.**

On continue:

Jésus, Fils du Dieu vivant, **de grâce, écoute-nous.**

Ô Christ, écoute-nous. **Ô Christ, écoute-nous.**
Ô Christ, exauce-nous. **Ô Christ, exauce-nous.**

Dieu éternel et tout-puissant, viens agir dans les mystères qui révèlent ton amour, viens agir dans le sacrement du baptême; envoie ton Esprit pour enfanter les peuples nouveaux qui vont naître pour toi de la fontaine baptismale: fais que les gestes de notre humble ministère deviennent efficaces par ta puissance. Par Jésus, le Christ, notre Seigneur. **Amen.**

Les catéchumènes se relèvent et l'on procède à la bénédiction de l'eau. Le rituel donne le choix entre plusieurs formules de bénédiction qui peuvent être entrecoupées par un refrain chanté.

• Dieu, dont la puissance invisible accomplit des merveilles par les sacrements, tu as voulu, au cours des temps, que l'eau, ta créature, révèle ce que serait la grâce du baptême.

Dès les commencements du monde, c'est ton Esprit qui planait sur les eaux, pour qu'elles reçoivent en germe la force de sanctifier. **(Refrain)**

Par les flots du déluge, tu annonçais le baptême qui fait renaître, puisque l'eau y préfigurait à la fois la fin de tout péché et le début de toute justice. **(Refrain)**

Aux enfants d'Abraham, tu as fait passer la mer Rouge à pied sec, pour que le peuple d'Israël, libéré de la servitude, préfigure le peuple des baptisés. **(Refrain)**

Ton Fils bien-aimé, baptisé par Jean dans les eaux du Jourdain, consacré par l'onction de ton Esprit, suspendu au bois de la croix, laissa couler de son côté ouvert du sang et de l'eau et quand il fut ressuscité, il dit à ses disciples: « Allez, enseignez toutes les nations, et baptisez-les au nom du Père, et du Fils, et du Saint-Esprit. » **(Refrain)**

Maintenant, Seigneur notre Dieu, regarde avec amour ton Église et fais jaillir en elle la source du baptême.

Que cette eau reçoive de l'Esprit Saint la grâce de ton Fils unique, afin que l'homme, créé à ta ressemblance, et lavé par le baptême des souillures qui déforment cette image, puisse renaître de l'eau et de l'Esprit pour la vie nouvelle d'enfant de Dieu.

Nous t'en prions, Seigneur notre Dieu : Par la grâce de ton Fils, que vienne sur cette eau la puissance de l'Esprit Saint, afin que tout homme qui sera baptisé, enseveli dans la mort avec le Christ, ressuscite avec le Christ pour la vie, car il est vivant pour les siècles des siècles.
Amen.

ou bien :
Béni sois-tu, Père tout-puissant, notre Créateur et notre Dieu : tu nous donnes l'eau qui purifie et qui fait vivre.
Béni sois-tu, Seigneur ! *(ou une autre acclamation)*

Béni sois-tu, Fils unique du Père, Jésus Christ, notre Dieu : pour que naisse l'Église dans le mystère de ta mort et de ta Résurrection, tu laissas couler de ton côté ouvert l'eau et le sang.
Béni sois-tu, Seigneur !

Béni sois-tu, Esprit-Saint, notre Dieu : pour que nous soyons tous baptisés en toi, tu as consacré Jésus quand il fut baptisé dans les eaux du Jourdain.
Béni sois-tu, Seigneur !

Pour que renaissent par l'Esprit Saint ceux que tu as appelés, et pour qu'ils soient de ton peuple, Seigneur, sanctifie cette eau.
Exauce-nous, Seigneur !

• *Dans les églises et chapelles qui ne sont pas destinées à la célébration du baptême, le prêtre bénit l'eau pour l'aspersion :*

Demandons au Seigneur de bénir cette eau ; nous allons en être aspergés en souvenir de notre baptême : que Dieu nous garde fidèles à l'Esprit que nous avons reçu.

Seigneur, Dieu tout-puissant, écoute les prières de ton peuple qui veille en cette nuit très sainte ; alors que nous célébrons la merveille de notre création et la merveille plus grande encore de notre rédemption, daigne bénir cette eau. Tu l'as créée pour féconder la terre et donner à nos corps fraîcheur et pureté. Tu en as fait aussi l'instrument de ta miséricorde ; par elle tu as libéré ton peuple de la servitude et tu as étanché sa soif dans le désert ; par elle les prophètes ont annoncé la nouvelle Alliance que tu voulais sceller avec les hommes ; par elle enfin, eau sanctifiée quand Jésus fut baptisé au Jourdain, tu as renouvelé notre nature pécheresse dans le bain de la nouvelle naissance. Que cette eau, maintenant, nous rappelle notre baptême, et nous fasse participer à la joie de nos frères les baptisés de Pâques. Par Jésus, le Christ, notre Seigneur. **Amen.**

RENONCIATION ET PROFESSION DE FOI

Pour la renonciation au mal et la profession de foi, le prêtre pose chaque question à ceux qui vont être baptisés. Lorsqu'ils ont répondu à une question (Je le rejette ou Je crois), le prêtre se tourne vers l'assemblée et repose la même question à laquelle l'assemblée répond.

On peut aussi procéder maintenant à la renonciation et à la profession de foi de ceux qui vont être baptisés et procéder plus tard à celles de l'assemblée, juste avant de faire sur elle l'aspersion avec l'eau baptismale.

On peut choisir entre les formules suivantes :

Renoncez-vous à Satan, au péché et à tout ce qui conduit au péché ?

J'y renonce.

• *Ou bien*

Pour vivre dans la liberté des enfants de Dieu, rejetez-vous le péché ?

Oui, je le rejette.

Pour échapper au pouvoir du péché, rejetez-vous ce qui conduit au mal ?

Oui, je le rejette.

Pour suivre Jésus Christ, rejetez-vous Satan qui est l'auteur du péché ?

Oui, je le rejette.

• *Ou bien*

Renoncez-vous aux séductions du monde, elles étouffent la parole de Dieu semée en vous ?

Je renonce.

Renoncez-vous au péché, il empêche la parole de Dieu de porter du fruit ?

Je renonce.

Renoncez-vous à Satan, votre ennemi, il sème l'ivraie au milieu du bon grain ?

Je renonce.

Croyez-vous en Dieu, le Père tout-puissant, créateur du ciel et de la terre ?

Je crois.

Croyez-vous en Jésus Christ, son Fils unique, notre Seigneur, qui est né de la Vierge Marie, a souffert la passion, a été enseveli, est ressuscité d'entre les morts, et qui est assis à la droite du Père ?

Je crois.

Croyez-vous en l'Esprit Saint, à la sainte Église catholique, à la communion des saints, au pardon des péchés, à la résurrection de la chair, et à la Vie éternelle ?

Je crois.

Oraison dite quand il n'y a pas de baptême :

Que Dieu tout-puissant, Père de notre Seigneur Jésus Christ, qui nous a fait renaître par l'eau et l'Esprit Saint, et qui nous a accordé le pardon de tout péché, nous garde encore par sa grâce dans le Christ Jésus notre Seigneur pour la vie éternelle. **Amen.**

Baptême et confirmation

Puis le prêtre baptise chacun des catéchumènes.

N., je te baptise au nom du Père, et du Fils, et du Saint-Esprit.

Il peut leur remettre un vêtement blanc :

Vous avez revêtu le Christ...

et il leur donne un cierge allumé :

La lumière du Christ Jésus…

Normalement, l'évêque – ou le prêtre – qui baptise des adultes leur donne aussi la confirmation.

Il impose les mains aux nouveaux baptisés :

Dieu très bon… donne-leur en plénitude l'Esprit qui reposait sur ton Fils Jésus…

Puis, avec le saint chrême, il trace le signe de la croix sur le front de chacun des confirmands en disant :

N., sois marqué de l'Esprit Saint, le don de Dieu.

La confirmation des nouveaux baptisés étant achevée, le prêtre descend dans l'allée centrale pour asperger tous les participants qui tiennent leur cierge allumé.

S'il n'y a pas eu de baptêmes, aussitôt après la bénédiction de l'eau, tout le peuple renouvelle sa profession de foi baptismale.

Frères bien-aimés, par le mystère pascal nous avons été mis au tombeau avec le Christ dans le baptême, afin que nous vivions d'une vie nouvelle. C'est pourquoi, après avoir terminé l'entraînement du Carême, renouvelons notre profession de foi au Dieu vivant et vrai et à son Fils, Jésus Christ, dans la sainte Église catholique.

Renonciation et profession de foi, p. 301-302.

Puis, le prêtre va asperger l'assemblée avec l'eau bénite.

Après l'aspersion, le prêtre revient au siège. On omet le Credo. On fait la Prière universelle, à laquelle les nouveaux baptisés participent pour la première fois.

LITURGIE EUCHARISTIQUE

Prière sur les offrandes

Avec ces offrandes, Seigneur, reçois les prières de ton peuple; fais que le sacrifice inauguré dans le mystère pascal nous procure la guérison éternelle. Par Jésus.

Préface

Vraiment il est juste et bon de te glorifier, Seigneur, en tout temps, mais plus encore en cette nuit [aujourd'hui] où le Christ, notre Pâque, a été immolé.

Car il est l'Agneau véritable qui a enlevé le péché du monde: en mourant, il a détruit notre mort; en ressuscitant, il nous a rendu la vie.

C'est pourquoi le peuple des baptisés, rayonnant de la joie pascale, exulte par toute la terre, tandis que les anges, dans le ciel, chantent sans fin l'hymne de ta gloire: **Saint!...**

Dans les prières eucharistiques, il y a des textes propres à la fête de Pâques. Il y a aussi des textes propres pour ceux qui viennent d'être baptisés et confirmés.

Au moment de la communion, on appelle les nouveaux baptisés avec leurs parrains et marraines. Ils sont accompagnés éventuellement par leurs conjoints. En cette nuit ils communient au Corps et au Sang du Christ.

Prière après la communion

Pénètre-nous, Seigneur, de ton esprit de charité, afin que soient unis par ton amour ceux que tu as nourris du sacrement pascal. Par Jésus.

Bénédiction solennelle

Que demeure en vous la grâce de Dieu, la grâce pascale qu'il vous offre aujourd'hui: qu'elle vous protège de l'oubli et du doute. **Amen.** (*ou:* **Alléluia, Amen.**)

Par la résurrection de son Fils, il vous a fait déjà renaître : qu'il vous rappelle toujours à cette joie que rien, pas même la mort, ne pourra vous ravir. **Amen.**

Ils sont finis, les jours de la Passion, suivez maintenant les pas du Ressuscité : suivez-le désormais jusqu'à son Royaume, où vous posséderez enfin la joie parfaite. **Amen.**

Et que Dieu tout-puissant vous bénisse...

Renvoi

Allez, dans la paix du Christ, alléluia, alléluia !
Nous rendons grâce à Dieu, alléluia, alléluia !

Voici la nuit

« Voici la nuit,
L'immense nuit qui s'illumine,
Et rien n'existe hormis Jésus,
Hormis Jésus où tout culmine :
En s'arrachant à nos tombeaux,
Dieu conduisait au jour nouveau,
La Terre où il était vaincu. »

Didier Rimaud, SNPLS

Messe du jour de Pâques 16 avril 2017

« LE CHRIST, MON ESPÉRANCE, EST RESSUSCITÉ ! »

« **C'était encore les ténèbres** », entendons-nous dans l'évangile de Jean, au début du récit de la résurrection (*évangile*). Mais en précisant qu'il s'agissait du « premier jour de la semaine », l'évangéliste annonce déjà une aube nouvelle, un commencement. Car « la pierre qu'ont rejetée les bâtisseurs est devenue la pierre d'angle » (*psaume*).

Rapidement, le rythme s'accélère : Marie Madeleine *court* trouver Pierre et l'autre disciple, qui eux-mêmes *courent* pour se rendre au tombeau. Mais le tombeau est vide... Le mystère de l'intervention de Dieu dans l'histoire des hommes est préservé. Pourtant, « il vit, et il crut. » Ce qu'il voit, ce premier croyant, ce disciple bien-aimé, c'est la pierre enlevée du tombeau, les linges posés à plat, ainsi que le suaire « roulé à part à sa place ». Ce qu'il croit, c'est que le corps de Jésus n'a pas été enlevé ; Jésus s'en est allé, vivant ! « Dieu l'a ressuscité le troisième jour » (*première lecture*).

Plus tard, Marie Madeleine ne reconnaîtra pas son Seigneur, le confondant avec un jardinier, jusqu'à ce que Jésus l'appelle par son nom. Une nouvelle relation s'instaure entre Jésus et ses disciples. Les « yeux de la chair » sont incapables de le reconnaître : c'est l'écoute de la parole de Dieu qui nous fait désormais disciples, assoiffés de découvrir et d'aimer Jésus, le Christ. De la même manière, c'est à la fraction du pain que s'ouvrent les yeux des disciples d'Emmaüs (*évangile du soir de Pâques*). Rechercher « les réalités d'en haut » (*deuxième lecture*), ce n'est pas fuir le monde mais choisir la vie nouvelle inaugurée par la Résurrection, jusqu'à la venue du Christ « dans la gloire ».

Arrivés au terme de cette Semaine sainte particulièrement consacrée à rendre vivante la mémoire du Seigneur, nous comprenons mieux ce que l'affirmation qui ouvre l'évangile de Jean a de prodigieux et de bouleversant : « Et le Verbe s'est fait chair, il a habité parmi nous » (Jn 1, 14).

Suggestions pour la célébration

• CHANTER • Les propositions qui suivent permettent d'unifier le Temps pascal en conservant un même ordinaire de la messe.

Pour l'aspersion, ***J'ai vu l'eau vive*** **I 132-1 CNA 191** ou **481**, ***Approchez-vous du Seigneur Jésus*** **I 14-65-1 CNA 671**, ***Sauvés des mêmes eaux*** **ID 20-72.**

Si l'on retient une préparation pénitentielle autre que l'aspersion, on pourra chanter : ***Kyrie pour le Temps pascal*** **AL 56-29**, ***Seigneur Jésus, par ton mystère pascal*** **USC 664 CNA 176.**

Pour le ***Gloire à Dieu***, **AL 51-69** ou **AL 61-96** conviendra pour tout le Temps pascal.

On chantera l'***Alléluia pascal*** avec une cantillation des versets, par exemple **CNA 215-38.**

On retiendra aussi un même ***Saint le Seigneur*** jusqu'au dimanche de la Pentecôte : **AL 20, AL 25-00, AL 44-03, AL 55-53.**

Il en sera de même pour l'***Agneau de Dieu :*** **C 582, D 548, AL 200** (strophes 4 et 5).

Pour la messe du jour de Pâques, on peut retenir comme chant d'entrée : ***Jour du vivant*** **IP 34-92-8 CNA 561**, ***Chrétiens, chantons*** **I 36 CNA 485**, ***Jésus Christ, soleil de Pâques*** **I 133**, ***Chantez au Seigneur*** **I 82 CNA 483.**

Pendant la communion, ***De la table du Seigneur*** **D 80 CNA 324**, ***Voici le pain que donne Dieu*** **D 50-07-2**, ***Nous qui mangeons le pain*** **D 215 CNA 337.**

Pour l'action de grâce, ***Vainqueur de nos ténèbres*** **I 27-43**, ***Tu as triomphé de la mort*** **IP 165 CNA 594**, ***Chantez au Seigneur*** **Y 82**, ***Le Christ est vivant*** **I 214 CNA 493**, ***Louez, serviteurs du Seigneur*** **ZL 112.**

Si on célèbre la messe du soir de Pâques, plusieurs chants feront écho aux lectures : ***Reste avec nous, Seigneur Jésus*** **IP 123 CNA 815**, ***Que cherchez-vous au soir tombant ?*** **I 78.**

• PRIER • **POUR LA PRÉPARATION PÉNITENTIELLE**

L'aspersion d'eau bénite fait mémoire de notre baptême. Ce rite est particulièrement significatif le jour de Pâques, où il rappelle l'eau du salut à celles et ceux qui n'ont pu renouveler les engagements de leur baptême au cours de la Vigile pascale.

Pour la prière universelle

Dans la joie de la résurrection, nous confions à Dieu :
- les chefs d'État et les responsables des affaires publiques : que l'Esprit Saint guide leurs décisions vers la paix et la liberté de tous ;
- celles et ceux qui ne connaissent pas la joie d'être disciple du Christ : que l'Esprit Saint leur donne le bonheur de le reconnaître ;
- les frères et sœurs d'autres confessions chrétiennes ; que l'Esprit Saint ouvre entre nous des chemins de dialogue et d'unité ;
- les nouveaux baptisés de cette nuit pascale ; que l'Esprit Saint les guide et les soutienne sur leur route à la suite du Christ ;
- notre communauté ; que l'Esprit Saint l'aide à être toujours témoin de l'amour du Christ ressuscité, au service des pauvres et des souffrants.

Prière d'ouverture

Aujourd'hui, Dieu notre Père, tu nous ouvres la vie éternelle par la victoire de ton Fils sur la mort, et nous fêtons sa résurrection. Que ton Esprit fasse de nous des hommes nouveaux pour que nous ressuscitions avec le Christ dans la lumière de la vie. Lui qui règne.

1re lecture

« Dieu l'a ressuscité le troisième jour » ; nous en sommes témoins

Lecture du livre des Actes des Apôtres — 10, 34a.37-43

En ces jours-là, quand Pierre arriva à Césarée chez un centurion de l'armée romaine, il prit la parole et dit :« Vous savez ce qui s'est passé à travers tout le pays des Juifs, depuis les commencements en Galilée, après le baptême proclamé par Jean : Jésus de Nazareth, Dieu lui a donné l'onction d'Esprit Saint et de puissance. Là où il passait, il faisait le bien et guérissait tous ceux qui étaient sous le pouvoir du diable, car Dieu était avec lui. Et nous, nous sommes témoins de tout ce qu'il a fait dans le pays des Juifs et à Jérusalem. Celui qu'ils ont supprimé en le suspendant au bois du supplice, Dieu l'a ressuscité le troisième jour. Il lui a donné de se manifester, non pas à tout le peuple, mais à des témoins que Dieu avait choisis d'avance, à nous qui avons mangé et bu avec lui après sa résurrection d'entre les morts. Dieu nous a chargés d'annoncer au peuple et de témoigner que lui-même l'a établi Juge des vivants et des morts. C'est à Jésus que tous les prophètes rendent ce témoignage : Quiconque croit en lui reçoit par son nom le pardon de ses péchés. »

PSAUME 117

R/ **Voici le jour que fit le Seigneur,**
qu'il soit pour nous jour de fête et de joie !

Rendez grâce au Seigneur : Il est bon !
Éternel est son amour !
Oui, que le dise Israël :
Éternel est son amour !

Le bras du Seigneur se lève,
le bras du Seigneur est fort !
Non, je ne mourrai pas, je vivrai,
pour annoncer les actions du Seigneur.

La pierre qu'ont rejetée les bâtisseurs
est devenue la pierre d'angle :
c'est là l'œuvre du Seigneur,
la merveille devant nos yeux.

2e LECTURE *« Recherchez les réalités d'en haut, là où est le Christ »*

Lecture de la lettre de saint Paul apôtre aux Colossiens 3, 1-4

Frères, si vous êtes ressuscités avec le Christ, recherchez les réalités d'en haut : c'est là qu'est le Christ, assis à la droite de Dieu. Pensez aux réalités d'en haut, non à celles de la terre. En effet, vous êtes passés par la mort, et votre vie reste cachée avec le Christ en Dieu. Quand paraîtra le Christ, votre vie, alors vous aussi, vous paraîtrez avec lui dans la gloire.

ou bien

« Vous êtes le pain de la Pâque »

Lecture de la première lettre de saint Paul apôtre aux Corinthiens 5, 6b-8

F**rères,** ne savez-vous pas qu'un peu de levain suffit pour que fermente toute la pâte ? Purifiez-vous donc des vieux ferments, et vous serez une pâte nouvelle, vous qui êtes le pain de la Pâque, celui qui n'a pas fermenté. Car notre agneau pascal a été immolé : c'est le Christ. Ainsi, célébrons la Fête, non pas avec de vieux ferments, non pas avec ceux de la perversité et du vice, mais avec du pain non fermenté, celui de la droiture et de la vérité.

SÉQUENCE

À la Victime pascale,
chrétiens, offrez le sacrifice de louange.

L'Agneau a racheté les brebis ;
le Christ innocent a réconcilié
l'homme pécheur avec le Père.

La mort et la vie s'affrontèrent
en un duel prodigieux.
Le Maître de la vie mourut ; vivant, il règne.

« Dis-nous, Marie Madeleine,
qu'as-tu vu en chemin ? »

« J'ai vu le sépulcre du Christ vivant,
j'ai vu la gloire du Ressuscité.

J'ai vu les anges ses témoins,
le suaire et les vêtements.

Le Christ, mon espérance, est ressuscité !
Il vous précédera en Galilée. »

Nous le savons : le Christ
est vraiment ressuscité des morts.

Roi victorieux,
prends-nous tous en pitié !
Amen.

Alléluia. Alléluia. Notre Pâque immolée, c'est le Christ ! Célébrons la Fête dans le Seigneur ! **Alléluia.**

ÉVANGILE *« Il vit, et il crut »*

Évangile de Jésus Christ selon saint Jean 20, 1-9

Le premier jour de la semaine, Marie Madeleine se rend au tombeau de grand matin ; c'était encore les ténèbres. Elle s'aperçoit que la pierre a été enlevée du tombeau. Elle court donc trouver Simon-Pierre et l'autre disciple, celui que Jésus aimait, et elle leur dit : « On a enlevé le Seigneur de son tombeau, et nous ne savons pas où on l'a déposé. » Pierre partit donc avec l'autre disciple pour se rendre au tombeau. Ils couraient tous les deux ensemble, mais l'autre disciple courut plus vite que Pierre et arriva le premier au tombeau. En se penchant, il s'aperçoit que les linges sont posés à plat ; cependant il n'entre pas. Simon-Pierre, qui le suivait, arrive à son tour. Il entre dans le tombeau ; il aperçoit les linges, posés à plat, ainsi que le suaire qui avait entouré la tête de Jésus, non pas posé avec les linges, mais roulé à part à sa place. C'est alors qu'entra l'autre disciple, lui qui était arrivé le premier au tombeau. Il vit, et il crut. Jusque-là, en effet, les disciples n'avaient pas compris que, selon l'Écriture, il fallait que Jésus ressuscite d'entre les morts.

À la messe du soir de Pâques, on peut lire :

Les disciples d'Emmaüs

Évangile de Jésus Christ selon saint Luc 24, 13-35

Le même jour (c'est-à-dire le premier jour de la semaine), deux disciples faisaient route vers un village appelé Emmaüs, à deux heures de marche de Jérusalem, et ils parlaient entre eux de tout ce qui s'était passé.

Or, tandis qu'ils s'entretenaient et s'interrogeaient, Jésus lui-même s'approcha, et il marchait avec eux. Mais leurs yeux étaient empêchés de le reconnaître. Jésus leur dit : « De quoi discutez-vous en marchant ? » Alors, ils s'arrêtèrent, tout tristes. L'un des deux, nommé Cléophas, lui répondit : « Tu es bien le seul étranger résidant à Jérusalem qui ignore les événements de ces jours-ci. » Il leur dit : « Quels événements ? » Ils lui répondirent : « Ce qui est arrivé à Jésus de Nazareth, cet homme qui était un prophète puissant par ses actes et ses paroles devant Dieu et devant tout le peuple : comment les grands prêtres et nos chefs l'ont livré, ils l'ont fait condamner à mort et ils l'ont crucifié. Nous, nous espérions que c'était lui qui allait délivrer Israël. Mais avec tout cela, voici déjà le troisième jour qui passe depuis que c'est arrivé. À vrai dire, des femmes de notre groupe nous ont remplis de stupeur. Quand, dès l'aurore, elles sont allées au tombeau, elles n'ont pas trouvé son corps ; elles sont venues nous dire qu'elles avaient même eu une vision : des anges, qui disaient qu'il est vivant. Quelques-uns de nos compagnons sont allés au tombeau, et ils ont trouvé les choses comme les femmes l'avaient dit ; mais lui, ils ne l'ont pas vu. » Il leur dit alors : « Esprits sans intelligence ! Comme votre cœur est lent à croire tout ce que les prophètes ont dit ! Ne fallait-il pas que le Christ souffrît cela pour entrer dans sa gloire ? » Et, partant de Moïse et de tous les Prophètes, il leur interpréta, dans toute l'Écriture, ce qui le concernait.

Quand ils approchèrent du village où ils se rendaient, Jésus fit semblant d'aller plus loin. Mais ils s'efforcèrent de le retenir : « Reste avec nous, car le soir approche et déjà le jour baisse. » Il entra donc pour rester avec eux.

Quand il fut à table avec eux, ayant pris le pain, il prononça la bénédiction et, l'ayant rompu, il le leur donna. Alors leurs yeux s'ouvrirent, et ils le reconnurent, mais il disparut à leurs regards. Ils se dirent l'un à l'autre : « Notre cœur n'était-il pas brûlant en nous, tandis qu'il nous parlait sur la route et nous ouvrait les Écritures ? » À l'instant même, ils se levèrent et retournèrent à Jérusalem. Ils y trouvèrent réunis les onze Apôtres et leurs compagnons, qui leur dirent : « Le Seigneur est réellement ressuscité : il est apparu à Simon-Pierre. » À leur tour, ils racontaient ce qui s'était passé sur la route, et comment le Seigneur s'était fait reconnaître par eux à la fraction du pain.

Prière sur les offrandes

Dans la joie de Pâques, Seigneur, nous t'offrons ce sacrifice : c'est par lui que ton Église, émerveillée de ta puissance, naît à la vie et reçoit sa nourriture. Par Jésus.

Préface de Pâques, p. 304.

Prière après la communion

Dieu de toute bonté, ne cesse pas de veiller sur ton Église : déjà les sacrements de la Pâque nous ont régénérés en nous obtenant ton pardon, en nous faisant communier à ta vie ; donne-nous d'entrer dans la lumière de la résurrection. Par Jésus.

Bénédiction solennelle, p. 304.

Renvoi

Allez, dans la paix du Christ, alléluia, alléluia !
Nous rendons grâce à Dieu, alléluia, alléluia !

La Pâque merveilleuse

« La nuit immense et obscure a été engloutie, les sombres ténèbres ont été détruites dans cette lumière, et l'ombre triste de la mort est rentrée dans l'ombre. La vie s'est étendue sur tous les êtres, et tous les êtres sont remplis d'une large lumière ; [...] le grand Christ brille sur tous les êtres plus que le soleil. C'est pourquoi, pour nous tous qui croyons en lui, s'instaure un jour de lumière, long, éternel, qui ne s'éteint pas, la Pâque mystique, [...] la Pâque merveilleuse, prodige de la divine vertu et œuvre de la divine puissance, fête véritable et éternel mémorial, impassibilité qui sort de la Passion et immortalité qui sort de la mort, Vie qui sort du tombeau et guérison qui sort de la plaie, résurrection qui sort de la chute et ascension qui sort de la descente. »

Une homélie inspirée du Traité sur la Pâque d'Hippolyte,
dans *Homélies pascales*, t. 1, Paris, éd. du Cerf,
Collection « Sources chrétiennes », p. 116-118.

Calendrier liturgique

Di 16	**DIMANCHE DE PÂQUES, RÉSURRECTION DU SEIGNEUR.** *Liturgie des Heures : Psautier semaine propre.* Tous les jours de cette semaine ont une messe propre l'emportant sur toute autre fête.
Lu 17	Ac 2,14-32 ; Ps 15 ; Mt 28,8-15.
Ma 18	Ac 2, 36-41 ; Ps 32 ; Jn 20,11-18.
Me 19	Ac 3,1-10 ; Ps 104 ; Lc 24,13-35.
Je 20	Ac 3,11-26 ; Ps 8 ; Lc 24,35-48.
Ve 21	Ac 4,1-12 ; Ps 117 ; Jn 21,1-14. *S. Anselme, évêque de Cantorbéry, docteur de l'Église, † 1109.*
Sa 22	Ac 4,13-21 ; Ps 117 ; Mc 16,9-15.

Bonne fête ! 16 : Benoît-Joseph. 17 : Étienne. 18 : Parfait. 19 : Emma. 20 : Odette, Giraud. 21 : Anselme, Selma. 22 : Alexandre.

Pour mémoire : ce dimanche 16 avril, fête de Pâques chez les Orthodoxes qui se basent sur le calendrier grégorien (pour ceux qui utilisent le calendrier julien, le 29 avril).

Pour prier avec l'Évangile : Dieu vivant, Dieu sauveur, tu as relevé ton Fils de la mort. Plonge-nous dans cette fête pascale pour que nous ressuscitions avec lui et qu'en nous, tout soit neuf de la nouveauté éternelle de ton Esprit.

LA NOUVELLE INOUÏE DE LA RÉSURRECTION

Si nous vivons le Carême comme une montée vers Pâques, il ne faudrait pas que la cinquantaine pascale nous paraisse être une douce descente vers le Temps ordinaire. Il s'agit plutôt de prendre le temps de faire écho à la nouvelle inouïe de la résurrection du Seigneur, lui qui a pris notre condition humaine et donc mortelle. Tout au long de ces dimanches, et jusqu'à la Pentecôte, nous entendrons la prédication apostolique redire à temps et à contretemps : celui que vous aviez exécuté en le crucifiant, il est ressuscité, nous en sommes témoins.

Il nous faut bien cinquante jours pour nous déshabituer de l'incroyable événement : un homme qui était mort est ressuscité ! Il nous faut bien tout ce temps pour saisir que notre vie doit en être transformée, transfigurée. Nous sommes appelés à vivre de cette intervention de Dieu qui a révolutionné l'histoire de l'humanité. Si nous avons accès à la vie éternelle, si nous sommes destinés à vivre en pleine communion les uns avec les autres et avec Dieu, alors notre vie sur la terre doit déjà en être marquée.

Le témoignage des Actes des Apôtres nous en livre le récit : les croyants se considèrent comme frères et sœurs. Ce qui pourrait nous sembler anodin, en fait, bouleverse les structures de la société. La hiérarchie sociale, avec les patriciens, les hommes libres et les esclaves doit faire place à la fraternité au Nom de Jésus : « Les frères étaient assidus à l'enseignement des Apôtres et à la communion fraternelle, à la fraction du pain et aux prières » (Actes 2, 42).

Pour que se réalise cette fraternité, les Apôtres et les premiers disciples vont à la source de la communion, en célébrant le « repas du Seigneur ». C'est par ce sacrement de l'eucharistie que se garde vive la mémoire du Seigneur. Les mots et les gestes de Jésus lors de son dernier repas sont les symboles du don de sa vie pour la multitude. Les Apôtres ont bien compris qu'ils devaient continuellement s'y référer pour être fidèles à leur maître. Le jour de la Pentecôte, le don de l'Esprit Saint viendra confirmer l'universalité de la mission : « Chacun d'eux entendait dans son propre dialecte ceux qui parlaient » (Actes 2, 11).

É.B.

2e dimanche de Pâques ou de la divine Miséricorde

23 avril 2017

LA MISÉRICORDE DU CHRIST POUR SES DISCIPLES

« **Avoir la foi de saint Thomas** » ! Cette expression bien connue renvoie à l'évangile de ce jour que nous réduisons souvent à l'attitude de cet Apôtre.

Il serait plus opportun, pour les croyants que nous sommes, de porter d'abord notre regard sur le Christ qui se manifeste à ses disciples le soir de sa résurrection. Un souhait (« la paix soit avec vous »), un envoi en mission et le don de l'Esprit Saint « pour la rémission des péchés » confirment les Onze dans leur vocation d'Apôtres.

De nouveau, la semaine suivante, le premier jour de la semaine, que nous appellerons plus tard « le jour du Seigneur », Jésus ressuscité apparaît aux Apôtres en présence de Thomas. Regardons la miséricorde du Christ à l'égard de ce disciple : ses mots ne contiennent ni reproche ni condamnation mais une invitation à croire en cet événement inouï. Au lieu de s'exécuter en touchant le corps de Jésus ou de considérer cette apparition comme une illusion, Thomas reconnaît en Jésus ressuscité son maître qui accueille les hommes tels qu'ils sont. C'est à cette attitude que Jésus se fait reconnaître : il rejoint dans leur réalité ceux qui cherchent le Messie, même avec leur manque de foi. Ainsi Thomas est-il saisi par le Christ dans la profondeur de son cœur. C'est là, à l'intime de nous-mêmes, que nous pouvons rencontrer notre Sauveur ressuscité et peu à peu nous laisser imprégner de son esprit.

Ainsi l'apôtre Paul peut chanter la miséricorde de Dieu *(deuxième lecture)* ; elle nous fait participer à la résurrection de son Fils, nouvelle vie déjà commencée mais qui attend de connaître son plein épanouissement. Les chrétiens y trouvent leur joie, même s'ils traversent les épreuves inhérentes à la condition humaine.

La même force venant de l'Esprit Saint animait les premiers chrétiens selon le livre des Actes des Apôtres : nous découvrons la description d'une communauté idéale, vers laquelle nous devons tendre, empreinte de l'écoute de la Parole, du partage fraternel, de la communion eucharistique et de la prière *(première lecture)*. Tels sont les vivres dont nous avons besoin, pour continuer notre route de croyants à la suite du Christ ressuscité et accomplir, comme lui, les œuvres de miséricorde.

Suggestions pour la célébration

• CHANTER • Les propositions faites pour le jour de Pâques conviendront. Si l'on souhaite faire écho aux textes de ce dimanche, les chants suivants peuvent être retenus : ***Sans avoir vu* I 168 CNA 494, *Joie nouvelle pour tout l'univers* I 57-83, *Le Christ est vivant* I 214 CNA 493, *Quand il disait à ses amis* I 165 ou IP 36-37-4.**

Après la communion : ***Celui qui a mangé de ce pain* D 140-2 CNA 321** ou, pour souligner la démarche de la miséricorde, ***Il a pour nom Miséricorde***, répertoire de Lourdes ; ***Misericordias Domini*** (répertoire des Pueri Cantores ou de Taizé).

• PRIER •

Pour la préparation pénitentielle

Aujourd'hui et aux autres dimanches du Temps pascal, il est bon de faire la préparation pénitentielle sous la forme de l'aspersion d'eau bénite, en souvenir de notre baptême.

Pour la prière universelle

En ce dimanche de la Miséricorde divine, nous ne manquerons pas de porter dans notre prière :
– les hommes et les femmes qui pratiquent la miséricorde : qu'ils continuent à rendre visible le visage du Christ autour d'eux ;
– les personnes qui sont en proie au doute dans leur vie spirituelle : qu'elles entendent la parole du Ressuscité les invitant à la foi de l'Église ;
– les ministres du sacrement de réconciliation : qu'ils révèlent la miséricorde du Père par leurs paroles et leurs attitudes ;
– pour les chrétiens engagés dans leurs communautés d'Église : qu'ils soient acteurs de paix et de communion.

• CÉLÉBRER • Pour marquer le Temps pascal on pourra :

– prendre le rite de l'aspersion comme préparation pénitentielle ;

– solliciter les néophytes pour proclamer les lectures ;

– mettre en évidence le cierge pascal, symbole du Christ ressuscité, par un beau fleurissement et par son encensement au début de la messe.

En référence à l'évangile, on soignera le geste de paix avant la fraction du pain par son introduction et en prenant le temps de ce signe de fraternité qui nous vient du Seigneur.

PRIÈRE D'OUVERTURE

Dieu de miséricorde infinie, tu ranimes la foi de ton peuple par les célébrations pascales ; augmente en nous ta grâce pour que nous comprenions toujours mieux quel baptême nous a purifiés, quel Esprit nous a fait renaître, et quel sang nous a rachetés. Par Jésus Christ.

1re LECTURE

« Tous les croyants vivaient ensemble, et ils avaient tout en commun »

Lecture du livre des Actes des Apôtres — 2, 42-47

Les frères étaient assidus à l'enseignement des Apôtres et à la communion fraternelle, à la fraction du pain et aux prières. La crainte de Dieu était dans tous les cœurs à la vue des nombreux prodiges et signes accomplis par les Apôtres.

Tous les croyants vivaient ensemble, et ils avaient tout en commun ; ils vendaient leurs biens et leurs possessions, et ils en partageaient le produit entre tous en fonction des besoins de chacun.

Chaque jour, d'un même cœur, ils fréquentaient assidûment le Temple, ils rompaient le pain dans les maisons, ils prenaient leurs repas avec allégresse et simplicité de cœur ; ils louaient Dieu et avaient la faveur du peuple tout entier. Chaque jour, le Seigneur leur adjoignait ceux qui allaient être sauvés.

Psaume 117

R/ Rendez grâce au Seigneur : Il est bon !
Éternel est son amour !
ou **: Alléluia.**

Oui, que le dise Israël :
Éternel est son amour !
Que le dise la maison d'Aaron :
Éternel est son amour !
Qu'ils le disent, ceux qui craignent le Seigneur :
Éternel est son amour !

On m'a poussé, bousculé pour m'abattre ;
mais le Seigneur m'a défendu.
Ma force et mon chant, c'est le Seigneur ;
il est pour moi le salut.
Clameurs de joie et de victoire
sous les tentes des justes.

La pierre qu'ont rejetée les bâtisseurs
est devenue la pierre d'angle ;
c'est là l'œuvre du Seigneur,
la merveille devant nos yeux.
Voici le jour que fit le Seigneur,
qu'il soit pour nous jour de fête et de joie !

2e LECTURE

« Il nous a fait renaître pour une vivante espérance grâce à la résurrection de Jésus Christ d'entre les morts »

Lecture de la première lettre de saint Pierre apôtre 1, 3-9

Béni soit Dieu, le Père de notre Seigneur Jésus Christ : dans sa grande miséricorde, il nous a fait renaître pour une vivante espérance grâce à la résurrection de Jésus Christ d'entre les morts, pour un héritage qui ne connaîtra ni corruption, ni souillure, ni flétrissure. Cet héritage vous est réservé dans les cieux, à vous que la puissance de Dieu garde par la foi, pour un salut prêt à se révéler dans les derniers temps. Aussi vous exultez de joie, même s'il faut que vous soyez affligés, pour un peu de temps encore, par toutes sortes d'épreuves ; elles vérifieront la valeur de votre foi qui a bien plus de prix que l'or – cet or voué à disparaître et pourtant vérifié par le feu –, afin que votre foi reçoive louange, gloire et honneur quand se révélera Jésus Christ. Lui, vous l'aimez sans l'avoir vu ; en lui, sans le voir encore, vous mettez votre foi, vous exultez d'une joie inexprimable et remplie de gloire, car vous allez obtenir le salut des âmes qui est l'aboutissement de votre foi.

Alléluia. Alléluia. Thomas, parce que tu m'as vu, tu crois, dit le Seigneur. Heureux ceux qui croient sans avoir vu ! **Alléluia.**

ÉVANGILE *La deuxième apparition de Jésus à ses Apôtres*

Évangile de Jésus Christ selon saint Jean 20, 19-31

C**'était après la mort de Jésus.** Le soir venu, en ce premier jour de la semaine, alors que les portes du lieu où se trouvaient les disciples étaient verrouillées par crainte des Juifs, Jésus vint, et il était là au milieu d'eux. Il leur dit : « La paix soit avec vous ! » Après cette parole, il leur montra ses mains et son côté. Les disciples furent remplis de joie en voyant le Seigneur. Jésus leur dit de nouveau : « La paix soit avec vous ! De même que le Père m'a envoyé, moi aussi, je vous envoie. » Ayant ainsi parlé, il souffla sur eux et il leur dit : « Recevez l'Esprit Saint. À qui vous remettrez ses péchés, ils seront remis ; à qui vous maintiendrez ses péchés, ils seront maintenus. »

Or, l'un des Douze, Thomas, appelé Didyme (c'est-à-dire Jumeau), n'était pas avec eux quand Jésus était venu. Les autres disciples lui disaient : « Nous avons vu le Seigneur ! » Mais il leur déclara : « Si je ne vois pas dans ses mains la marque des clous, si je ne mets pas mon doigt dans la marque des clous, si je ne mets pas la main dans son côté, non, je ne croirai pas ! »

Huit jours plus tard, les disciples se trouvaient de nouveau dans la maison, et Thomas était avec eux. Jésus vient, alors que les portes étaient verrouillées, et il était là au milieu d'eux. Il dit : « La paix soit avec vous ! » Puis il dit à Thomas : « Avance ton doigt ici, et vois mes mains ; avance ta main, et mets-la dans mon côté : cesse d'être incrédule, sois croyant. » Alors Thomas lui dit : « Mon Seigneur et mon Dieu ! » Jésus lui dit : « Parce que tu m'as vu, tu crois. Heureux ceux qui croient sans avoir vu. » Il y a encore beaucoup d'autres signes que Jésus a faits en présence des disciples et qui ne sont pas écrits dans ce livre. Mais ceux-là ont été écrits pour que vous croyiez que Jésus est le Christ, le Fils de Dieu, et pour qu'en croyant, vous ayez la vie en son nom.

Prière sur les offrandes

Accueille avec bonté, Seigneur, les offrandes de tes fidèles (et de tous ceux qui viennent de renaître dans le Christ) ; renouvelés par la foi et le baptême, qu'ils parviennent au bonheur sans fin. Par Jésus.

Préface de Pâques I, au choix, p. 25 (ou p. 304 Vigile pascale).

Dans les prières eucharistiques, on prend les textes propres à la fête de Pâques.

Prière après la communion

Nous t'en prions, Dieu tout-puissant : que le mystère pascal accueilli dans cette communion ne cesse jamais d'agir en nos cœurs. Par Jésus.

On peut prendre la bénédiction solennelle de Pâques, p. 304.

Renvoi

Allez, dans la paix du Christ, alléluia, alléluia !
Nous rendons grâce à Dieu, alléluia, alléluia !

« Une communauté de foi »

« Cette "expérience" de la foi qui se hâte vers le but espéré, le chrétien la fait essentiellement dans la communauté de l'Église. La première lecture ne dit pas autre chose. Thomas était, comme sceptique, devenu un isolé par rapport à la communauté des disciples. Jésus le réintègre dans cette communauté. C'est une communauté de "prière unanime", de repas pris en commun, et même de possession commune des biens matériels. Au plus profond, cette communauté dans la foi de Jésus Christ est tenue ensemble par l'eucharistie célébrée en commun ; car ici les croyants comprennent définitivement que cette communauté n'est pas formée par eux-mêmes sur un plan purement humain, mais qu'elle est une fondation du Seigneur. »

Hans Urs von Balthasar, *Lumière de la Parole*,
Culture et vérité, 1987, p. 70.

Calendrier liturgique

Di 23	**2e dimanche de Pâques ou de la Divine Miséricorde.** *Liturgie des Heures : Psautier semaine II.* *[S. Georges, martyr à Lod en Palestine, 3e-4e siècle.* *S. Adalbert, évêque de Prague, martyr, † 997 près de Gdansk].*
Lu 24	*S. Fidèle de Sigmaringen, capucin, martyr à Seewis (Suisse), † 1622.*
Ma 25	S. MARC, évangéliste. Lectures propres : 1 P 5,5-14 ; Mc 16,15-20.
Je 27	[En Suisse, S. Pierre Canisius, prêtre jésuite, † 21 décembre 1597 à Fribourg (Suisse). Ailleurs, mémoire le 21 décembre].
Ve 28	*S. Pierre Chanel, prêtre mariste français, premier martyr de l'Océanie, † 1841 à Futuna.* *S. Louis-Marie Grignion de Montfort, prêtre, fondateur de congrégations religieuses, † 1716 à Saint-Laurent-sur-Sèvre (Vendée).*
Sa 29	Ste CATHERINE DE SIENNE, vierge, tertiaire dominicaine, docteur de l'Église, † 1380 à Rome, patronne de l'Europe. En Europe, lectures propres : 1 Jn 1,5–2, 2 ; Lc 10,38-42.

Bonne fête ! 23 : Georges, Georgina, Youri, Fortunat. 24 : Fidèle, Euphrasie. 25 : Marc. 26 : Alida, Clet. 27 : Zita. 28 : Louis-Marie, Vital. 29 : Catherine.

Pour mémoire : le 29 avril, fête de Pâques chez les Orthodoxes qui se basent sur le calendrier julien.

Pour prier avec l'Évangile : Dieu de Jésus Christ, ne laisse pas l'incrédulité fermer les portes de notre cœur, mais ouvre-les toutes grandes à la présence de ton Fils. En ce premier jour de la semaine, qu'il vienne au milieu de nous et nous remplisse de sa joie.

DIMANCHE, JOUR DU RESSUSCITÉ

« À l'heure où commençait à poindre le premier jour de la semaine... » (Mt 28,1) ; « De grand matin, le premier jour de la semaine » (Mc 16, 2) ; « Le premier jour de la semaine, à la pointe de l'aurore... » (Lc 24, 1) ; « Le premier jour de la semaine... » (Jn 20, 1).

Les quatre évangiles situent au premier jour de la semaine la découverte du tombeau vide et la manifestation de Jésus ressuscité. Le jour du sabbat juif, septième jour, jour du repos sacré (samedi) est passé, dépassé même. Place à un jour nouveau, une semaine nouvelle, une création nouvelle peut-on dire, si l'on se réfère au récit de la Création. Ce premier jour, Jour du Seigneur, est assurément un commencement ! Depuis lors, pour les disciples du Christ, le dimanche est le plus important des jours de la semaine. Il est aussi appelé *huitième jour.*

« Il est placé, par rapport à la succession septénaire des jours, dans une position unique et transcendante, qui évoque non seulement le commencement du temps, mais encore son terme, dans le "siècle à venir" [...] La célébration du dimanche projette le chrétien vers le but qui est la vie éternelle » (Jean-Paul II, *Dies Domini* 26). « L'Église célèbre le mystère pascal, en vertu d'une tradition apostolique dont l'origine remonte jusqu'au jour même de la résurrection du Christ, l'Église célèbre le mystère pascal chaque huitième jour, qui est nommé à juste titre jour du Seigneur ou jour dominical. Ce jour-là, en effet, les fidèles doivent se rassembler pour entendre la Parole de Dieu et participer à l'Eucharistie, et faire ainsi mémoire de la passion, de la résurrection et de la gloire du Seigneur Jésus, en rendant grâce à Dieu qui les a "régénérés pour une vivante espérance par la résurrection de Jésus Christ d'entre les morts" (1 P 1, 3). Aussi le jour dominical est-il le jour de fête primordial qu'il faut proposer avec insistance à la piété des fidèles », dit la Constitution sur la liturgie du Concile Vatican II (S.C. 106).

Dès l'origine, selon le récit des évangiles, c'est ce premier jour de la semaine (ou huitième) que le Seigneur ressuscité apparaît au milieu de ses disciples. Il les rejoint, leur explique les Écritures, partage avec eux le repas (Lc 24). Il envoie sur eux l'Esprit et les envoie (Jn 20, 22). La messe du dimanche reste et restera au cœur de la vie de l'Église. En faisant mémoire du Christ ressuscité, l'Église puise sa vitalité dans la présence, la parole et le pain du Seigneur, qui la rassemble et l'envoie.

J.-L.H.

3e dimanche de Pâques 30 avril 2017

ACCUEILLIR LE CHRIST RESSUSCITÉ

Comme aux disciples d'Emmaüs, un seul signe nous est donné pour reconnaître le Christ : l'eucharistie où il continue à nous donner sa vie *(évangile)*. En commentant cette rencontre du soir de Pâques, rapportée seulement par saint Luc, les Pères de l'Église soulignent, non pas la tonalité eucharistique, mais l'hospitalité que ces compagnons de route réservaient au Christ. C'est au prix de cet accueil que leurs yeux ont pu s'ouvrir en reconnaissant les quatre gestes du Christ : « Ayant pris le pain, il prononça la bénédiction et, l'ayant rompu, il le leur donna ».

Ces quatre gestes sont repris par le prêtre à chaque eucharistie quand il présente le pain et le vin, quand il rend grâce par les mots de la prière eucharistique, quand il rompt l'hostie au moment de l'*Agneau de Dieu* et quand il donne la communion. Accueillir le Christ suppose non seulement de le reconnaître dans le pain consacré mais aussi de l'accueillir dans les frères qui sont les membres de son corps. Désormais, c'est nous qui formons l'Église lors du rassemblement eucharistique dominical.

Aujourd'hui, comme les disciples d'Emmaüs, nous entendrons la parole de Dieu nous présenter les miracles et les prodiges accomplis par Jésus, et la prévenance de Dieu pour son Fils qu'il n'a pas abandonné dans la mort *(première lecture)*. Ainsi s'accomplissaient les Écritures selon l'interprétation que l'apôtre Pierre fait du psaume 15 : « Tu ne peux m'abandonner à la mort, ni laisser ton ami voir la corruption » *(psaume)*.

Le repas d'Emmaüs, que saint Luc nomme « fraction du pain » selon l'appellation traditionnelle de l'Église ancienne pour désigner l'eucharistie, comporte aussi une référence sacrificielle en raison des propos échangés sur le chemin : « Les grands prêtres et nos chefs l'ont livré, ils l'ont fait condamner à mort et ils l'ont crucifié ». Ayant connu la souffrance, le Christ nous a obtenu d'avoir Dieu pour Père et il nous fait participer à sa résurrection (*deuxième lecture*).

Suggestions pour la célébration

• **CHANTER** • Aux propositions faites au dimanche de Pâques pour tout le Temps pascal, on peut ajouter : *Le Seigneur a libéré son peuple* I 123 CNA 492, *Depuis l'aube où sur la terre* I 29 CNA 489, *Sur les routes d'Emmaüs* I 26-29.

Après l'homélie, *Reste avec nous, Seigneur Jésus* IP 123 CNA 815.

Pendant la communion, *Venez, approchons-nous de la table du Christ*, Chants de l'Emmanuel 19-19.

Après la communion, *Celui qui a mangé de ce pain* D 140-2 CNA 321, *Pâque nouvelle* I 26-19, *Christ est Seigneur, Alléluia* I 41-13, *Depuis l'aube* I 29 CNA 489.

• **PRIER** • POUR LA PRIÈRE UNIVERSELLE

Rassemblés en Église, présentons au Seigneur :
- ceux qui annoncent la parole de Dieu avec l'audace qui animait déjà les Apôtres ;
- ceux qui accueillent le Christ jour après jour en méditant les Écritures ;
- ceux qui ne peuvent pas prendre part à la table de l'eucharistie ;
- les étrangers qui attendent des gestes d'accueil.

• **CÉLÉBRER** • L'évangile de ce jour structure le déroulement de la messe : ouverture, écoute de la parole de Dieu, action de grâce eucharistique et envoi. On pourra le rappeler à l'assemblée par une ou plusieurs monitions avant chacune de ces parties comme le prévoit la Présentation générale du Missel (n° 31), y compris avant la préface.

PRIÈRE D'OUVERTURE

Garde à ton peuple sa joie, Seigneur, toi qui refais ses forces et sa jeunesse ; tu nous as rendu la dignité de fils de Dieu, affermis-nous dans l'espérance de la résurrection. Par Jésus Christ.

1re LECTURE *La première prédication de Pierre*

Lecture du livre des Actes des Apôtres 2, 14.22b-33

Le jour de la Pentecôte, Pierre, debout avec les onze autres Apôtres, éleva la voix et leur fit cette déclaration : « Vous, Juifs, et vous tous qui résidez à Jérusalem, sachez bien ceci, prêtez l'oreille à mes paroles. Il s'agit de Jésus le Nazaréen, homme que Dieu a accrédité auprès de vous en accomplissant par lui des miracles, des prodiges et des signes au milieu de vous, comme vous le savez vous-mêmes. Cet homme, livré selon le dessein bien arrêté et la prescience de Dieu, vous l'avez supprimé en le clouant sur le bois par la main des impies. Mais Dieu l'a ressuscité en le délivrant des douleurs de la mort, car il n'était pas possible qu'elle le retienne en son pouvoir. En effet, c'est de lui que parle David dans le psaume :

Je voyais le Seigneur devant moi sans relâche :
il est à ma droite, je suis inébranlable.
C'est pourquoi mon cœur est en fête,
et ma langue exulte de joie ;
ma chair elle-même reposera dans l'espérance :
tu ne peux m'abandonner au séjour des morts
ni laisser ton fidèle voir la corruption.
Tu m'as appris des chemins de vie,
tu me rempliras d'allégresse par ta présence.

Frères, il est permis de vous dire avec assurance, au sujet du patriarche David, qu'il est mort, qu'il a été enseveli, et que son tombeau est encore aujourd'hui chez nous. Comme il était prophète, il savait que Dieu lui avait juré de *faire asseoir sur son trône un homme issu de lui.* Il a vu d'avance la résurrection du Christ, dont il a parlé ainsi :

Il n'a pas été abandonné à la mort,
et sa chair n'a pas vu la corruption.

Ce Jésus, Dieu l'a ressuscité; nous tous, nous en sommes témoins. Élevé par la droite de Dieu, il a reçu du Père l'Esprit Saint qui était promis, et il l'a répandu sur nous, ainsi que vous le voyez et l'entendez.

PSAUME 15

R/ Tu m'apprends, Seigneur, le chemin de la vie.
ou : **Alléluia.**

Garde-moi, mon Dieu :
j'ai fait de toi mon refuge.
J'ai dit au Seigneur : « Tu es mon Dieu !
Seigneur, mon partage et ma coupe :
de toi dépend mon sort. »

Je bénis le Seigneur qui me conseille :
même la nuit mon cœur m'avertit.
Je garde le Seigneur devant moi sans relâche ;
il est à ma droite : je suis inébranlable.

Mon cœur exulte, mon âme est en fête,
ma chair elle-même repose en confiance :
tu ne peux m'abandonner à la mort
ni laisser ton ami voir la corruption.

Tu m'apprends le chemin de la vie :
devant ta face, débordement de joie !
À ta droite, éternité de délices !

2e LECTURE *Tous sauvés par le sang du Christ*

Lecture de la première lettre de saint Pierre apôtre 1, 17-21

Bien-aimés, si vous invoquez comme Père celui qui juge impartialement chacun selon son œuvre, vivez donc dans la crainte de Dieu, pendant le temps où vous résidez ici-bas en étrangers. Vous le savez : ce n'est pas par des biens corruptibles, l'argent ou l'or, que vous avez été rachetés de la conduite superficielle héritée de vos pères ; mais c'est par un sang précieux, celui d'un agneau sans défaut et sans tache, le Christ. Dès avant la fondation du monde, Dieu l'avait désigné d'avance et il l'a manifesté à la fin des temps à cause de vous. C'est bien par lui que vous croyez en Dieu, qui l'a ressuscité d'entre les morts et qui lui a donné la gloire ; ainsi vous mettez votre foi et votre espérance en Dieu.

Alléluia. Alléluia. Seigneur Jésus, ouvre-nous les Écritures ! Que notre cœur devienne brûlant tandis que tu nous parles. **Alléluia.**

ÉVANGILE *Apparition aux disciples d'Emmaüs*

Évangile de Jésus Christ selon saint Luc 24, 13-35

Le même jour (c'est-à-dire le premier jour de la semaine), deux disciples faisaient route vers un village appelé Emmaüs, à deux heures de marche de Jérusalem, et ils parlaient entre eux de tout ce qui s'était passé.

Or, tandis qu'ils s'entretenaient et s'interrogeaient, Jésus lui-même s'approcha, et il marchait avec eux. Mais leurs yeux étaient empêchés de le reconnaître. Jésus leur dit : « De quoi discutez-vous en marchant ? » Alors, ils s'arrêtèrent, tout tristes. L'un des deux, nommé Cléophas, lui répondit : « Tu es bien le seul étranger résidant à Jérusalem qui ignore les événements de ces jours-ci. » Il leur dit : « Quels événements ? » Ils lui répondirent : « Ce qui est arrivé à Jésus de Nazareth, cet homme qui était un prophète puissant par ses actes et ses paroles devant Dieu et devant tout le peuple : comment les grands prêtres et nos chefs l'ont livré, ils l'ont fait condamner à mort et ils l'ont crucifié. Nous, nous espérions que c'était lui qui allait délivrer Israël. Mais avec tout cela, voici déjà le troisième jour qui passe depuis que c'est arrivé. À vrai dire, des femmes de notre groupe nous ont remplis de stupeur. Quand, dès l'aurore, elles sont allées au tombeau, elles n'ont pas trouvé son corps ; elles sont venues nous dire qu'elles avaient même eu une vision : des anges, qui disaient qu'il est vivant. Quelques-uns de nos compagnons sont allés au tombeau, et ils ont trouvé les choses comme les femmes l'avaient dit ; mais lui, ils ne l'ont pas vu. » Il leur dit alors : « Esprits sans intelligence ! Comme votre cœur est lent à croire tout ce que les prophètes ont dit ! Ne fallait-il pas que le Christ souffrît cela pour entrer dans sa gloire ? » Et, partant de Moïse et de tous les Prophètes, il leur interpréta, dans toute l'Écriture, ce qui le concernait.

Quand ils approchèrent du village où ils se rendaient, Jésus fit semblant d'aller plus loin. Mais ils s'efforcèrent de le retenir : « Reste avec nous, car le soir approche et déjà le jour baisse. » Il entra donc pour rester avec eux.

Quand il fut à table avec eux, ayant pris le pain, il prononça la bénédiction et, l'ayant rompu, il le leur donna. Alors leurs yeux s'ouvrirent, et ils le reconnurent, mais il disparut à leurs regards. Ils se dirent l'un à l'autre : « Notre cœur n'était-il pas brûlant en nous, tandis qu'il nous parlait sur la route et nous ouvrait les Écritures ? » À l'instant même, ils se levèrent et retournèrent à Jérusalem. Ils y trouvèrent réunis les onze Apôtres et leurs compagnons, qui leur dirent : « Le Seigneur est réellement ressuscité : il est apparu à Simon-Pierre. » À leur tour, ils racontaient ce qui s'était passé sur la route, et comment le Seigneur s'était fait reconnaître par eux à la fraction du pain.

Prière sur les offrandes

Accueille, Seigneur, les dons de ton Église en fête : tu es à l'origine d'un si grand bonheur, qu'il s'épanouisse en joie éternelle. Par Jésus.

Préface de Pâques, au choix, p. 25.

Prière après la communion

Regarde avec bonté, Seigneur, le peuple que tu as rénové par tes sacrements : accorde-nous de parvenir à la résurrection bienheureuse, toi qui nous as destinés à connaître ta gloire. Par Jésus.

« Jésus qui m'as brûlé le cœur »

« Jésus qui m'as brûlé le cœur
Au carrefour des Écritures,
Ne permets pas que leur blessure
En moi se ferme :
Tourne mes sens à l'intérieur,
Force mes pas à l'aventure,
Pour que le feu de ton bonheur
À d'autres prenne !

La Table où tu voulus t'asseoir,
Pour la fraction qui te révèle,
Je la revois : elle étincelle
De toi, seul Maître !
Fais que je sorte dans le soir
Où trop des miens sont sans nouvelle,
Et par ton nom dans mon regard,
Fais-toi connaître !

Leurs yeux ne t'ont jamais trouvé,
Tu n'entres plus dans leur auberge,
Et chacun dit : Où donc irai-je
Si Dieu me manque ?
Mais ton printemps s'est réveillé
Dans mes sarments à bout de sève,
Pour que je sois cet étranger
Brûlant de Pâques ! »

Didier Rimaud s.j. (1922-2003), SNPLS, *Liturgie des Heures.*

Calendrier liturgique

Di 30	**3e dimanche de Pâques A.** *Liturgie des Heures : Psautier semaine III.* *[S. Pie V, pape, † 1572 à Rome].* En Afrique du Nord, **NOTRE-DAME D'AFRIQUE.**
Lu 1er	*S. Joseph travailleur.*
Ma 2	S. Athanase, évêque d'Alexandrie, docteur de l'Église, † 373.
Me 3	S. PHILIPPE et S. JACQUES, Apôtres. Lectures propres : 1 Co 15,1-8 ; Jn 14,6-14.

Bonne fête ! 30 : Robert, Robin, Rosemonde. 1er : Tamara, Jérémie, Brieuc. 2 : Athanase, Antonin, Boris, Zoé. 3 : Jacques, James, Jim, Juvénal, Philippe. 4 : Florian, Sylvain. 5 : Ange, Judith. 6 : Prudence.

Pour mémoire : Aujourd'hui, dernier dimanche d'avril, souvenir des déportés. Le 1er mai, fête du travail.

Pour prier avec l'Évangile : Dieu notre Père, ton Fils nous rejoint sur nos chemins, et sa Parole nous provoque. Qu'il nous ouvre le sens des Écritures et nous rompe le pain.

4e dimanche de Pâques

7 mai 2017

À LA SUITE DU BON BERGER

En se présentant sous la figure du bon berger *(évangile)*, Jésus fait plus que garantir la sécurité de ceux qui le suivent. Les brebis ont besoin d'un berger parce qu'elles vivent hors de la bergerie ; il en est de même pour nous qui devons assumer dans le monde nos existences humaines. Là se situe l'enjeu de notre vie chrétienne : vivre, en accord avec le message évangélique, notre condition d'hommes, avec nos responsabilités professionnelles, familiales, sociales.

En écoutant la voix du bon berger et en mettant en pratique ses paroles, nous nous manifesterons comme enfants de Dieu, par l'action du Saint-Esprit. C'est la vocation des baptisés, chacun appelé par son nom, chacun connu de Dieu dans son histoire, son tempérament, ses capacités et ses limites. L'apôtre Pierre, d'une certaine manière, le prêchait déjà : il nous exhorte à nous détourner des actions mauvaises dans notre vie quotidienne pour agir selon le salut apporté par le Christ *(première lecture)*.

Mais plus qu'une doctrine à suivre, il s'agit pour nous de choisir le Christ comme le guide de nos vies. Par le symbole de la porte, Jésus indique la vraie liberté, celle des enfants de Dieu : ils ne sont pas cantonnés dans un espace clos, telle une bergerie. Nous avons tous vu des moutons conduits par leur berger : ils vont et viennent, broutant à droite ou à gauche, mais se rassemblant à sa voix.

Notre vie à la suite du Christ, le bon berger, ne nous épargnera pas forcément les épreuves ; peut-être nous est-il arrivé de traverser « les ravins de la mort » *(psaume)*. Au contraire, si nous imitons la vie du maître, si nous suivons ses traces, nous connaîtrons aussi les difficultés inéluctables à tout disciple du Christ *(deuxième lecture)*. Mais, parce que Jésus a été vainqueur du mal, nous pourrons aussi vivre selon la justice et demeurer avec le berger qui veille sur nous et nous mène près des eaux tranquilles.

Suggestions pour la célébration

• CHANTER • En écho à l'évangile et en ce dimanche où nous sommes invités à prier pour les vocations, nous pouvons chanter pour la procession d'ouverture : *Peuple de prêtres* Y 49 CNA 577 (couplets 6 et 7), *Dieu nous a tous appelés* I 14-56-1 CNA 571, *Si le Père vous appelle* T 154-1 CNA 721.

Après la Parole, *Voici le bon berger* U 163, *Il est l'Agneau et le Pasteur* ZL 22-2 CNA 556.

Après la communion, *Tenons en éveil* C 243-1 CNA 591, *L'Agneau est notre pasteur* D 37-96, *Pâque nouvelle* I 26-13, *Je vous ai choisis* DEV 44-63.

On peut terminer la célébration par un chant à Marie en ce début du mois de mai.

• PRIER • POUR LA PRIÈRE UNIVERSELLE

Nous pouvons prier :
- pour les chrétiens qui accompagnent les parents vers le baptême des petits enfants : qu'ils montrent le visage accueillant de l'Église ;
- pour les jeunes : qu'ils ouvrent leur cœur aux appels du Christ et répondent à leur propre vocation ;
- pour les chrétiens qui souffrent de persécution et ne connaissent pas la vraie liberté ;
- pour les baptisés qui s'engagent dans la société : qu'ils écoutent la voix du Christ qui les conduit sur un bon chemin.

PRIÈRE D'OUVERTURE

Dieu éternel et tout-puissant, guide-nous jusqu'au bonheur du ciel ; que le troupeau parvienne, malgré sa faiblesse, là où son Pasteur est entré victorieux. Lui qui règne.

1re LECTURE *Appel à la conversion le jour de Pentecôte*

Lecture du livre des Actes des Apôtres 2, 14a.36-41

Le jour de la Pentecôte, Pierre, debout avec les onze autres Apôtres, éleva la voix et fit cette déclaration : « Que toute la maison d'Israël le sache donc avec certitude : Dieu l'a fait Seigneur et Christ, ce Jésus que vous aviez crucifié. » Les auditeurs furent touchés au cœur ; ils dirent à Pierre et aux autres Apôtres : « Frères, que devons-nous faire ? »

Pierre leur répondit : « Convertissez-vous, et que chacun de vous soit baptisé au nom de Jésus Christ pour le pardon de ses péchés ; vous recevrez alors le don du Saint-Esprit. Car la promesse est pour vous, pour vos enfants et pour tous ceux qui sont loin, aussi nombreux que le Seigneur notre Dieu les appellera. »

Par bien d'autres paroles encore, Pierre les adjurait et les exhortait en disant : « Détournez-vous de cette génération tortueuse, et vous serez sauvés. »

Alors, ceux qui avaient accueilli la parole de Pierre furent baptisés. Ce jour-là, environ trois mille personnes se joignirent à eux.

PSAUME 22

R/ **Le Seigneur est mon berger :**
rien ne saurait me manquer.
ou : **Alléluia.**

Le Seigneur est mon berger :
je ne manque de rien.
Sur des prés d'herbe fraîche,
il me fait reposer.

Il me mène vers les eaux tranquilles
et me fait revivre ;
il me conduit par le juste chemin
pour l'honneur de son nom.

Si je traverse les ravins de la mort,
je ne crains aucun mal,
car tu es avec moi :
ton bâton me guide et me rassure.

Tu prépares la table pour moi
devant mes ennemis ;
tu répands le parfum sur ma tête,
ma coupe est débordante.

Grâce et bonheur m'accompagnent
tous les jours de ma vie ;
j'habiterai la maison du Seigneur
pour la durée de mes jours.

2e LECTURE — *Jésus, le bon berger, a souffert pour notre salut*

Lecture de la première lettre de saint Pierre apôtre 2, 20b-25

Bien-aimés, si vous supportez la souffrance pour avoir fait le bien, c'est une grâce aux yeux de Dieu. C'est bien à cela que vous avez été appelés, car c'est pour vous que le Christ, lui aussi, a souffert ; il vous a laissé un modèle afin que vous suiviez ses traces. Lui n'a pas commis de péché ; dans sa bouche, on n'a pas trouvé de mensonge. Insulté, il ne rendait pas l'insulte, dans la souffrance, il ne menaçait pas, mais il s'abandonnait à Celui qui juge avec justice. Lui-même a porté nos péchés, dans son corps, sur le bois, afin que, morts à nos péchés, nous vivions pour la justice. Par ses blessures, nous sommes guéris. Car vous étiez errants comme des brebis ; mais à présent vous êtes retournés vers votre berger, le gardien de vos âmes.

Alléluia. Alléluia. Je suis le bon Pasteur, dit le Seigneur ; je connais mes brebis et mes brebis me connaissent. **Alléluia.**

ÉVANGILE *Jésus est le bon pasteur qui donne sa vie*

Évangile de Jésus Christ selon saint Jean 10, 1-10

En ce temps-là, Jésus déclara : « Amen, amen, je vous le dis : celui qui entre dans l'enclos des brebis sans passer par la porte, mais qui escalade par un autre endroit, celui-là est un voleur et un bandit. Celui qui entre par la porte, c'est le pasteur, le berger des brebis. Le portier lui ouvre, et les brebis écoutent sa voix. Ses brebis à lui, il les appelle chacune par son nom, et il les fait sortir. Quand il a poussé dehors toutes les siennes, il marche à leur tête, et les brebis le suivent, car elles connaissent sa voix. Jamais elles ne suivront un étranger, mais elles s'enfuiront loin de lui, car elles ne connaissent pas la voix des étrangers. »

Jésus employa cette image pour s'adresser aux pharisiens, mais eux ne comprirent pas de quoi il leur parlait. C'est pourquoi Jésus reprit la parole : « Amen, amen, je vous le dis : Moi, je suis la porte des brebis. Tous ceux qui sont venus avant moi sont des voleurs et des bandits ; mais les brebis ne les ont pas écoutés. Moi, je suis la porte. Si quelqu'un entre en passant par moi, il sera sauvé ; il pourra entrer ; il pourra sortir et trouver un pâturage. Le voleur ne vient que pour voler, égorger, faire périr. Moi, je suis venu pour que les brebis aient la vie, la vie en abondance. »

PRIÈRE SUR LES OFFRANDES

Donne-nous, Seigneur, de te rendre grâce toujours par ces mystères de Pâques : ils continuent en nous ton œuvre de rédemption, qu'ils nous soient une source intarissable de joie. Par Jésus.

Préface de Pâques, au choix, p. 25.

PRIÈRE APRÈS LA COMMUNION

Père tout-puissant et Pasteur plein de bonté, veille sur tes enfants avec tendresse ; tu nous as sauvés par le sang de ton Fils : ouvre-nous une demeure dans le Royaume des cieux. Par Jésus.

« Jésus, le bon pasteur »

« Jésus est le Bon Pasteur annoncé à l'avance par les prophètes (cf. Ez 34), celui qui connaît ses brebis une par une, qui offre sa vie pour elles et qui veut les rassembler toutes comme un seul troupeau avec un seul pasteur (cf. Jn 10, 11-16). Il est le pasteur, venu non "pour être servi, mais pour servir" (Mt 20, 28), qui, dans le geste pascal du lavement des pieds (cf. Jn 13, 1-20), laisse aux siens le modèle du service qu'ils devront se rendre les uns aux autres, et qui s'offre librement comme "agneau innocent" immolé pour notre rédemption (cf. Jn 1, 36 ; Ap 5, 6-12).

Par le sacrifice de la Croix unique et définitif, Jésus confère à tous ses disciples la dignité et la mission de prêtres de la nouvelle et éternelle Alliance. Ainsi s'accomplit la promesse que Dieu avait faite à Israël : "Je vous tiendrai pour un royaume de prêtres, une nation sainte" (Ex 19, 6). C'est tout le peuple de la Nouvelle Alliance – écrit saint Pierre – qui est constitué comme un "édifice spirituel", "un sacerdoce saint, en vue d'offrir des sacrifices spirituels, agréables à Dieu par Jésus Christ" (1 P 2, 5). Les baptisés sont les "pierres vivantes" qui construisent l'édifice spirituel, faisant corps avec le Christ, "pierre vivante, [...] choisie, précieuse auprès de Dieu" (1 P 2, 4). Le nouveau peuple sacerdotal, qui est l'Église, non seulement a dans le Christ son image propre et authentique, mais aussi reçoit de Lui une participation réelle et ontologique à son éternel et unique sacerdoce, auquel il doit conformer toute sa vie. »

Jean-Paul II, Exhortation apostolique *Pastores dabo vobis*,
éd. du Cerf, 1992, n° 13.

Calendrier liturgique

Di 7	**4e dimanche de Pâques A.** *Liturgie des Heures : Psautier semaine IV.*
Ma 9	*En France : Ste Louise de Marillac, fondatrice des Filles de la Charité, † 1660 à Paris.*
Me 10	*En Belgique :* S. Damien, prêtre, religieux des Sacrés-Cœurs, apôtre des lépreux, † 1889 (15 avril) à Molokaï (archipel des Hawaï).
Ve 12	*S. Nérée et S. Achille, martyrs, † 304-305 à Rome.* *S. Pancrace, martyr, † 304-305 à Rome.*
Sa 13	*Notre-Dame de Fatima (1917).*

Bonne fête ! 7 : Flavie. 8 : Désiré. 9 : Pacôme, Isaïe. 10 : Solange. 11 : Mayeul, Estelle, Stella. 12 : Achille, Nérée, Simon. 13 : Rolande.

Pour mémoire : Aujourd'hui, quatrième dimanche de Pâques, dimanche du Bon Pasteur, journée des vocations.
IL Y A 100 ANS, le 13 mai 1917, la Vierge Marie apparaissait à trois enfants de Fatima, petit village du centre du Portugal. Elle leur apparaîtra encore cinq autres fois jusqu'au 13 octobre de la même année. Lors de la troisième apparition, la Vierge leur a révélé un message qu'elle leur a demandé de ne pas divulguer (il le sera partiellement en 1952, puis en 2000). Paul VI, Jean-Paul II et Benoît XVI se sont rendus à Fatima pour se recueillir dans le sanctuaire marial.

Pour prier avec l'Évangile : Père, tu nous donnes Jésus, notre Sauveur, pour être le pasteur de ton peuple. Nous t'en prions : que ton Esprit nous apprenne à écouter la voix de ce berger qui nous guide vers toi.

5e dimanche de Pâques 14 mai 2017

JÉSUS : UN CHEMIN POUR SES DISCIPLES

Il est bien difficile de croire en Dieu qu'on ne voit pas. Le problème semble vrai aussi pour les Apôtres, et pourtant ils voient Jésus et ses œuvres. Alors qu'ils ont foi en Jésus, ils doivent faire le passage de la foi en Dieu *(évangile)*.

Pour cela, un chemin leur est indiqué par le Christ, chemin qui passe par la connaissance du Fils. Mais, dans la Bible, connaître, c'est aimer de manière intime, chercher jour après jour à entrer dans le mystère de la personne que l'on aime. C'est cet amour qui unit le Père et le Fils et qui resplendit sur la face du Christ. Aussi celui-ci peut-il dire à Philippe : « Celui qui m'a vu a vu le Père ». Portés par cet amour, nous pourrons alors demeurer avec le Christ et trouver la demeure qu'il nous aura préparée.

Il s'agit donc de suivre Jésus, lui qui est la pierre vivante rejetée par les hommes mais choisie par Dieu *(deuxième lecture)*. S'unir à lui nous est possible puisque nous sommes de ce peuple qui appartient à Dieu. Le Christ a fait de nous des pierres vivantes du royaume céleste. Notre vie terrestre s'inscrit dans cette perspective et nous avons été choisis par Dieu pour annoncer les merveilles du salut offert à tous les hommes.

Cette vocation missionnaire doit se manifester par une vie évangélique à la manière des premières communautés chrétiennes *(première lecture)*. Les Apôtres n'ont pas ignoré la plainte des frères venant du paganisme concernant la distribution des vivres pour les veuves de leur groupe. C'est pour plus de justice au sein de l'Église que sept hommes ont été appelés à ce service. Entendons-nous aujourd'hui cet appel à avoir une charité inventive, afin de répondre aux nouvelles situations qui réclament plus d'égalité et de justice ?

Ainsi, en ce Temps pascal, la joie de la résurrection se conjugue avec la question de la foi en Jésus ressuscité : pour connaître la force de l'Esprit de Pâques, voulons-nous accueillir pleinement sa Parole et la mettre en pratique ?

Suggestions pour la célébration

• **CHANTER** • Pour ce dimanche, en plus des chants proposés pour le Temps pascal, on pourra retenir pour la procession d'ouverture : *Chantons avec toute l'Église* M 26-03, *Peuple de baptisés* K 106 CNA 573, *Pierres vivantes rassemblées* A 43-01.

Après la Parole, *Tu nous parles aujourd'hui par ton Fils* X 54-03.

Pour la communion, *Nous partageons le pain nouveau* D 184-4 CNA 335, *Devenez ce que vous recevez* Chants de l'Emmanuel n° 12-09, *Qui mange ma chair* D 290 CNA 343.

Après la communion, *Celui qui aime son frère* D 32-89, *La gloire de Dieu notre Père* D 383, *Tu es, Seigneur, notre résurrection* C 169, *Depuis l'aube* I 29 CNA 489.

• **PRIER** • POUR LA PRIÈRE UNIVERSELLE

À la suite des lectures de ce dimanche, nous pouvons prier :
- pour l'Église : qu'elle se fasse inventive dans ses ministères afin de répondre aux besoins des communautés ;
- pour les diacres : qu'ils manifestent la présence du Christ-serviteur dans le monde ;
- pour ceux qui sont inquiets face à la mort : qu'ils reçoivent les paroles du Christ à ses disciples ;
- pour ceux qui se sentent rejetés : qu'ils gardent l'espérance qui a animé le Christ.

PRIÈRE D'OUVERTURE

Dieu qui as envoyé ton Fils pour nous sauver et pour faire de nous tes enfants d'adoption, regarde avec bonté ceux que tu aimes comme un père; puisque nous croyons au Christ, accorde-nous la vraie liberté et la vie éternelle. Par Jésus Christ.

1re LECTURE — *L'appel au service des tables*

Lecture du livre des Actes des Apôtres — 6, 1-7

En ces jours-là, comme le nombre des disciples augmentait, les frères de langue grecque récriminèrent contre ceux de langue hébraïque, parce que les veuves de leur groupe étaient désavantagées dans le service quotidien. Les Douze convoquèrent alors l'ensemble des disciples et leur dirent : « Il n'est pas bon que nous délaissions la parole de Dieu pour servir aux tables. Cherchez plutôt, frères, sept d'entre vous, des hommes qui soient estimés de tous, remplis d'Esprit Saint et de sagesse, et nous les établirons dans cette charge. En ce qui nous concerne, nous resterons assidus à la prière et au service de la Parole. »

Ces propos plurent à tout le monde, et l'on choisit : Étienne, homme rempli de foi et d'Esprit Saint, Philippe, Procore, Nicanor, Timon, Parménas et Nicolas, un converti au judaïsme, originaire d'Antioche. On les présenta aux Apôtres, et après avoir prié, ils leur imposèrent les mains.

La parole de Dieu était féconde, le nombre des disciples se multipliait fortement à Jérusalem, et une grande foule de prêtres juifs parvenaient à l'obéissance de la foi.

PSAUME 32

R/ **Que ton amour, Seigneur, soit sur nous,**
comme notre espoir est en toi !
ou : **Alléluia.**

Criez de joie pour le Seigneur, hommes justes !
Hommes droits, à vous la louange !
Rendez grâce au Seigneur sur la cithare,
jouez pour lui sur la harpe à dix cordes.

Oui, elle est droite, la parole du Seigneur ;
il est fidèle en tout ce qu'il fait.
Il aime le bon droit et la justice ;
la terre est remplie de son amour.

Dieu veille sur ceux qui le craignent,
qui mettent leur espoir en son amour,
pour les délivrer de la mort,
les garder en vie aux jours de famine.

2e LECTURE

« Vous êtes une descendance choisie, un sacerdoce royal »

Lecture de la première lettre de saint Pierre apôtre 2, 4-9

Bien-aimés, approchez-vous du Seigneur Jésus : il est *la pierre vivante rejetée par les hommes,* mais choisie et précieuse devant Dieu. Vous aussi, comme pierres vivantes, entrez dans la construction de la demeure spirituelle, pour devenir le sacerdoce saint et présenter des sacrifices spirituels, agréables à Dieu, par Jésus Christ.

En effet, il y a ceci dans l'Écriture :

Je vais poser en Sion une pierre angulaire,
une pierre choisie, précieuse ;
celui qui met en elle sa foi
ne saurait connaître la honte.

Ainsi donc, honneur à vous les croyants, mais, pour ceux qui refusent de croire, il est écrit :

La pierre qu'ont rejetée les bâtisseurs
est devenue la pierre d'angle,
une pierre d'achoppement,
un rocher sur lequel on trébuche.

Ils achoppent, ceux qui refusent d'obéir à la Parole, et c'est bien ce qui devait leur arriver. Mais vous, vous êtes une descendance choisie, un sacerdoce royal, une nation sainte, un peuple destiné au salut, pour que vous annonciez les merveilles de celui qui vous a appelés des ténèbres à son admirable lumière.

Alléluia. Alléluia. Moi, je suis le Chemin, la Vérité et la Vie, dit le Seigneur. Personne ne va vers le Père sans passer par moi. **Alléluia.**

ÉVANGILE *« Je suis le Chemin, la Vérité et la Vie »*

Évangile de Jésus Christ selon saint Jean 14, 1-12

En ce temps-là, Jésus disait à ses disciples : « Que votre cœur ne soit pas bouleversé : vous croyez en Dieu, croyez aussi en moi. Dans la maison de mon Père, il y a de nombreuses demeures ; sinon, vous aurais-je dit : "Je pars vous préparer une place" ? Quand je serai parti vous préparer une place, je reviendrai et je vous emmènerai auprès de moi, afin que là où je suis, vous soyez, vous aussi. Pour aller où je vais, vous savez le chemin. »

Thomas lui dit : « Seigneur, nous ne savons pas où tu vas. Comment pourrions-nous savoir le chemin ? »

Jésus lui répond : « Moi, je suis le Chemin, la Vérité et la Vie ; personne ne va vers le Père sans passer par moi. Puisque vous me connaissez, vous connaîtrez aussi mon Père. Dès maintenant vous le connaissez, et vous l'avez vu. »

Philippe lui dit : « Seigneur, montre-nous le Père ; cela nous suffit. »

Jésus lui répond : « Il y a si longtemps que je suis avec vous, et tu ne me connais pas, Philippe ! Celui qui m'a vu a vu le Père. Comment peux-tu dire : "Montre-nous le Père" ? Tu ne crois donc pas que je suis dans le Père et que le Père est en moi ! Les paroles que je vous dis, je ne les dis pas de moi-même ; le Père qui demeure en moi fait ses propres œuvres. Croyez-moi : je suis dans le Père, et le Père est en moi ; si vous ne me croyez pas, croyez du moins à cause des œuvres elles-mêmes. Amen, amen, je vous le dis : celui qui croit en moi fera les œuvres que je fais. Il en fera même de plus grandes, parce que je pars vers le Père »

PRIÈRE SUR LES OFFRANDES

Seigneur notre Dieu, dans l'admirable échange du sacrifice eucharistique, tu nous fais participer à ta propre nature divine : puisque nous avons la connaissance de ta vérité, accorde-nous de lui être fidèles par toute notre vie. Par Jésus.

Préface de Pâques, au choix, p. 25.

PRIÈRE APRÈS LA COMMUNION

Dieu très bon, reste auprès de ton peuple, car sans toi notre vie tombe en ruine : fais passer à une vie nouvelle ceux que tu as initiés aux sacrements de ton Royaume. Par Jésus.

« Avançons par le chemin qu'est le Christ »

« Entrons dans ce chemin, attachons-nous à la vérité, suivons la vie. Le chemin est ce qui conduit, la vérité est ce qui affermit, la vie est ce qui se donne de soi-même. Et pour que nous comprenions bien ce qu'il veut, il ajoutera plus loin : "Père, ceux que tu m'as donnés, je veux que là où je suis, eux aussi soient avec moi, pour qu'ils contemplent ma gloire" (Jn 17, 24). Il est beau de voir que ce qu'il avait promis auparavant, maintenant il le demande. [...]
Nous te suivons, Seigneur Jésus. Mais pour que nous te suivions, appelle-nous, parce que, sans toi, nul ne montera vers toi. Car tu es le chemin, la vérité, la vie. Tu es aussi notre secours, notre foi, notre récompense. »

Ambroise de Milan, « Du bien de la mort », 12, 52-55,
dans *Les Pères de l'Église commentent l'Évangile*, Brepols, 1991, p. 65.

Calendrier liturgique

Di 14	**5e dimanche de Pâques A.** *Liturgie des Heures : Psautier semaine I.* [S. MATTHIAS, Apôtre].
Je 18	*S. Jean Ier, pape et martyr, † 526 à Ravenne.*
Ve 19	*En France, S. Yves, prêtre et juge, † 1303 à Tréguier.*
Sa 20	*S. Bernardin de Sienne, prêtre, franciscain, † 1444 à L'Aquila (Italie).*

Bonne fête ! 14 : Matthias. 15 : Denise, Victorin. 16 : Honoré. 17 : Pascal. 18 : Éric, Corinne, Coralie. 19 : Yves, Yvon, Yvonne, Célestin, Erwin. 20 : Bernardin.

Pour mémoire : Aujourd'hui, en Belgique, fête des mères.

IL Y A 800 ANS, en 1217, vu l'afflux des vocations, les Frères mineurs, compagnons et disciples de François d'Assise, décidaient de se structurer. Le 14 mai, jour de la Pentecôte, ils se rassemblèrent dans la campagne d'Assise, près de la petite église de la Portioncule et, malgré les réticences du fondateur, convinrent de se répartir en provinces, ayant chacune à sa tête un ministre provincial. On décida aussi d'envoyer des groupes de frères en mission en Terre sainte.

Pour prier avec l'Évangile : Seigneur notre Dieu, c'est vers toi que nous allons. Que ton Fils nous prépare une demeure en ta maison et nous guide vers le Royaume, puisqu'il est le chemin qui mène à la vie.

6e dimanche de Pâques

21 mai 2017

ÊTRE TÉMOINS PAR LA FORCE DE L'ESPRIT SAINT

Tout au long du Temps pascal, à travers les récits des Actes des Apôtres, nous voyons se manifester les « hauts faits de Dieu » *(psaume)* et c'est la raison pour laquelle l'Église se réjouit. La prédication de Philippe aux Samaritains en est un bon exemple : la puissance de l'Esprit Saint reçu par ce disciple (les Apôtres lui ont imposé les mains) lui permet de dépasser le clivage ancien qui opposait Juifs et Samaritains. Alors, les signes de salut qu'il accomplit parmi eux provoquent de nombreuses conversions. À leur tour, ces Samaritains recevront l'Esprit Saint par le geste apostolique de Pierre et de Jean, ce que Luc se plaît à souligner.

Ainsi se réalise, dans les premiers temps de l'Église, la promesse de Jésus à ses disciples : ils recevront un autre Défenseur, l'Esprit de vérité *(évangile)*. C'est lui qui permet de « voir » Jésus vivant, alors qu'il aura disparu aux yeux du monde, parce que c'est une vision dans la foi. C'est aussi dans la foi, fruit de l'Esprit Saint, que les croyants peuvent saisir quelle communion relie le Père et le Fils. Dans la foi également, ils pourront faire à leur tour l'expérience de cette communion. Une seule attitude est réclamée pour les disciples : rester fidèle aux commandements du Seigneur, c'est-à-dire à sa Parole. Voilà qui invite à méditer l'Écriture et à la mettre en pratique.

L'apôtre Pierre exhorte les premiers chrétiens à rendre explicite leur foi et à agir en conséquence, en se conduisant avec douceur et respect *(deuxième lecture)*. Comme au temps de l'Église ancienne, ce sont les signes du Christ présent en nous ; il est celui que nous voulons imiter. Dans des cas extrêmes, hier comme aujourd'hui, des chrétiens sont allés jusqu'au martyre : leur chair a porté la trace de leur fidélité à la parole du Christ. Quelle que soit la situation qui est la nôtre, nous avons vocation à manifester que le Christ est vivant dans notre monde : ainsi nous serons fidèles au commandement du Seigneur.

Suggestions pour la célébration

• **CHANTER** • En écho aux lectures, on pourra retenir pour la procession d'ouverture : *Au cœur de ce monde* A 238, *Dieu qui nous appelles à vivre* K 158 CNA 547.

Après la Parole, *Celui qui aime* D 18-13 CNA 537.

Pendant la communion, *Ouvriers de la paix* XW 13-92-1 CNA 488, *Pour accomplir les œuvres du Père* K 234-2, *Aimer, il suffit d'aimer* D 600, *À l'image de ton amour* D 218 CNA 529.

• **PRIER** • Pour la prière universelle

En ce dimanche du Temps pascal, nous élargissons notre prière :
- pour que notre Église soit attentive à la charité comme l'était la première communauté ;
- pour les diacres qui ont été choisis pour le service de la charité ;
- pour ceux qui sont désemparés à l'approche de la mort de l'un des leurs ;
- pour que notre communauté vive dans la joie de l'Évangile.

• **CÉLÉBRER** • En écho à l'évangile de ce jour, on pourra invoquer l'Esprit Saint par le chant d'épiclèse au cours de la prière eucharistique.

Prière d'ouverture

Dieu tout-puissant, accorde-nous, en ces jours de fête, de célébrer avec ferveur le Christ ressuscité : que le mystère de Pâques dont nous faisons mémoire reste présent dans notre vie et la transforme. Par Jésus Christ.

1re lecture — *Évangélisation de la Samarie*

Lecture du livre des Actes des Apôtres — 8, 5-8.14-17

En ces jours-là, Philippe, l'un des Sept, arriva dans une ville de Samarie, et là il proclamait le Christ. Les foules, d'un même cœur, s'attachaient à ce que disait Philippe, car elles entendaient parler des signes qu'il accomplissait, ou même les voyaient. Beaucoup de possédés étaient délivrés des esprits impurs, qui sortaient en poussant de grands cris. Beaucoup de paralysés et de boiteux furent guéris. Et il y eut dans cette ville une grande joie.

Les Apôtres, restés à Jérusalem, apprirent que la Samarie avait accueilli la parole de Dieu. Alors ils y envoyèrent Pierre et Jean. À leur arrivée, ceux-ci prièrent pour ces Samaritains afin qu'ils reçoivent l'Esprit Saint ; en effet, l'Esprit n'était encore descendu sur aucun d'entre eux : ils étaient seulement baptisés au nom du Seigneur Jésus. Alors Pierre et Jean leur imposèrent les mains, et ils reçurent l'Esprit Saint.

Psaume 65

R/ **Terre entière, acclame Dieu,**
chante le Seigneur !
ou : **Alléluia.**

Acclamez Dieu, toute la terre ;
fêtez la gloire de son nom,
glorifiez-le en célébrant sa louange.
Dites à Dieu : « Que tes actions sont redoutables ! »

Toute la terre se prosterne devant toi,
elle chante pour toi, elle chante pour ton nom.
Venez et voyez les hauts faits de Dieu,
ses exploits redoutables pour les fils des hommes.

Il changea la mer en terre ferme :
ils passèrent le fleuve à pied sec.
De là, cette joie qu'il nous donne.
Il règne à jamais par sa puissance.

Venez, écoutez, vous tous qui craignez Dieu :
je vous dirai ce qu'il a fait pour mon âme ;
Béni soit Dieu qui n'a pas écarté ma prière,
ni détourné de moi son amour !

2e LECTURE *Prêcher par la parole et par l'exemple*

Lecture de la première lettre de saint Pierre apôtre 3, 15-18

Bien-aimés, *honorez* dans vos cœurs *la sainteté du Seigneur*, le Christ. Soyez prêts à tout moment à présenter une défense devant quiconque vous demande de rendre raison de l'espérance qui est en vous ; mais faites-le avec douceur et respect. Ayez une conscience droite, afin que vos adversaires soient pris de honte sur le point même où ils disent du mal de vous pour la bonne conduite que vous avez dans le Christ. Car mieux vaudrait souffrir en faisant le bien, si c'était la volonté de Dieu, plutôt qu'en faisant le mal. Car le Christ, lui aussi, a souffert pour les péchés, une seule fois, lui, le juste, pour les injustes, afin de vous introduire devant Dieu ; il a été mis à mort dans la chair ; mais vivifié dans l'Esprit.

Alléluia. Alléluia. Si quelqu'un m'aime, il gardera ma parole, dit le Seigneur ; mon Père l'aimera, et nous viendrons vers lui. **Alléluia**

ÉVANGILE *Promesse de la venue de l'Esprit Saint*

Évangile de Jésus Christ selon saint Jean 14, 15-21

En ce temps-là, Jésus disait à ses disciples : « Si vous m'aimez, vous garderez mes commandements. Moi, je prierai le Père, et il vous donnera un autre Défenseur qui sera pour toujours avec vous : l'Esprit de vérité, lui que le monde ne peut recevoir, car il ne le voit pas et ne le connaît pas ; vous, vous le connaissez, car il demeure auprès de vous, et il sera en vous. Je ne vous laisserai pas orphelins, je reviens vers vous. D'ici peu de temps, le monde ne me verra plus, mais vous, vous me verrez vivant, et vous vivrez aussi. En ce jour-là, vous reconnaîtrez que je suis en mon Père, que vous êtes en moi, et moi en vous. Celui qui reçoit mes commandements et les garde, c'est celui-là qui m'aime ; et celui qui m'aime sera aimé de mon Père ; moi aussi, je l'aimerai, et je me manifesterai à lui. »

Prière sur les offrandes

Que nos prières montent vers toi, Seigneur, avec ces offrandes pour le sacrifice ; dans ta bonté, purifie-nous, et nous correspondrons davantage aux sacrements de ton amour. Par Jésus.

Préface de Pâques, au choix, p. 25.

Prière après la communion

Dieu tout-puissant, dans la résurrection du Christ, tu nous recrées pour la vie éternelle ; multiplie en nous les fruits du sacrement pascal : fais-nous prendre des forces neuves à cette nourriture qui apporte le salut. Par Jésus.

« Le Paraclet »

« Pour mieux comprendre le rôle de l'Esprit dans l'évangile de Jean, il faut regarder dans l'Ancien Testament les figures charismatiques qui viennent relayer un personnage important pour prolonger sa mission : Josué qui prend le relais de Moïse, Élisée d'Élie, Jésus de Jean Baptiste. L'Esprit, dans l'évangile de Jean, semble jouer un rôle semblable par rapport à Jésus.
Jean est le seul à utiliser le mot "Paraclet" pour désigner l'Esprit. C'est la forme passive du verbe *parakaleô* : celui qui est appelé, celui qui vient au secours, celui qui est témoin de la défense (la traduction liturgique opte pour le mot "Défenseur"). Au sens actif, c'est l'intercesseur, le médiateur, le consolateur. Dans l'évangile de Jean, le Paraclet est le témoin de Jésus, l'interprète de son message devant ses ennemis, en particulier au procès, le consolateur des disciples, en lieu et place de Jésus, l'enseignant et le guide pour les disciples et donc leur aide. »

Alain Marchadour, *L'évangile de Jean*, Centurion, 1992, p. 196.

Calendrier liturgique

Di 21 **6e dimanche de Pâques A.**
Liturgie des Heures : Psautier semaine II.
[S. Christophe Magallanès, prêtre, et ses compagnons, martyrs au Mexique, † 1926-1928].

Lu 22 *Ste Rita de Cascia, religieuse augustine, † 1453 à Cascia (Italie).*

Je 25	**ASCENSION DU SEIGNEUR**, p. 352.
	[S. Bède le Vénérable, prêtre, bénédictin, docteur de l'Église, † 735 à Jarrow (Angleterre).
	S. Grégoire VII, pape, † 1085 à Salerne (Italie).
	Ste Marie-Madeleine de Pazzi, vierge, carmélite, † 1607 à Florence.]
Ve 26	S. Philippe Neri, prêtre, fondateur de l'Oratoire, † 1595 à Rome.
Sa 27	*S. Augustin, évêque de Cantorbéry, † 604 ou 605*

Bonne fête ! 21 : Christophe, Constantin. 22 : Émilie, Rita. 23 : Didier. 24 : Donatien, Rogatien. 25 : Bède, Sophie. 26 : Béranger, Bérangère. 27 : Augustin.

Pour mémoire : Il y a 500 ans, le 25 mai 1517, par la Bulle *Ite et vos*, le pape Léon X divisait les Franciscains entre Conventuels et Mineurs de l'Observance.
Il y a 100 ans, le 27 mai 1917, le pape Benoît XV promulguait le nouveau Code de droit canonique, préparé par Pie X.
Dans la communauté musulmane, le 27 mai, début du Ramadan.

Pour prier avec l'Évangile : Dieu, Père de Jésus Christ, nous recevons en ton Fils la grâce de reconnaître l'amour dont tu nous as aimés. Que vienne ton Esprit pour prendre notre défense et accomplir tes promesses comme ton Fils lui-même le demande dans sa prière.

Ascension du Seigneur 25 mai 2017

L'ASCENSION : UN MYSTÈRE DU SEIGNEUR

Avec la fête de l'Ascension, il semble que le Temps pascal nous met face à un grand vide : le Christ disparaît aux yeux de ses disciples et n'apparaîtra plus sur terre, tandis que l'Esprit Saint n'est pas encore donné à l'Église. Pourtant Jésus a promis à ses Apôtres sa présence invisible, condition nécessaire, semble-t-il, à leur mission de baptiser dans le monde entier *(évangile)*. Aussi leur promet-il la force de son Esprit *(première lecture)*. C'est le message que Luc adresse dans les Actes des Apôtres à « ce cher Théophile », un destinataire peut-être imaginaire, dans lequel nous pouvons nous reconnaître, puisque ce prénom signifie « ami de Dieu ».

L'Ascension fait partie des « mystères du Seigneur » et c'est donc à partir du Christ qu'il faut comprendre le sens de cette fête. Les mystères du Seigneur sont des moments de la vie de Jésus qui nous introduisent dans le salut. En montant au ciel, le Fils est exalté, c'est-à-dire qu'il reçoit la place qui lui revient : être assis à la droite du Père dans les cieux et partager sa gloire pour siéger à la tête de l'Église *(deuxième lecture)*. C'est pour nous un signe du salut parce que nous sommes destinés à être auprès du Christ, donc dans la gloire du Père.

Ce vaste plan de salut voulu par Dieu ne se perd pas dans une éternité insaisissable puisque le retour du Christ, qui marque la fin des temps, est annoncé par deux hommes « vêtus de blanc » comme le sont les anges.

Ainsi, le sens de la fête de l'Ascension du Seigneur consiste à nous indiquer le chemin qui nous mènera vers le Père : après notre vie terrestre, nous serons appelés à vivre avec lui, dans cet espace divin que nous appelons le ciel.

Suggestions pour la célébration

• **CHANTER** • Pour la procession d'ouverture, *Le Seigneur monte au ciel* I 35, *Christ est entré dans la gloire* PM 46-19, *Entré dans la gloire* JP 15-25-5.

Pendant la communion, *Christ est monté aux cieux* D 24-72-1, *Nous formons un même corps* D 105 CNA 570.

Après la communion, *Dans la puissance de l'Esprit* K 26-29 CNA 488 *Vers ton Père et notre Père* IX 49-15, *Allez par toute la terre* TL 20-76 CNA 533.

• **PRIER** • POUR LA PRIÈRE UNIVERSELLE

En cette fête de l'Ascension, nous pouvons prier :
- pour ceux qui sont les témoins du Christ près de nous et jusqu'aux extrémités de la terre ;
- pour ceux qui ont besoin d'être défendus et qui attendent la venue du Saint-Esprit ;
- pour ceux qui doutent de la présence invisible du Christ malgré sa promesse ;
- pour les communautés chrétiennes qui sont le signe de Dieu pour le monde.

• **CÉLÉBRER** • Il est opportun de choisir la prière eucharistique I, II ou III qui comportent toutes une référence explicite à l'Ascension du Seigneur.

PRIÈRE D'OUVERTURE

Dieu qui élèves le Christ au-dessus de tout, ouvre-nous à la joie et à l'action de grâce, car l'Ascension de ton Fils est déjà notre victoire : nous sommes les membres de son corps, il nous a précédés dans la gloire auprès de toi, et c'est là que nous vivons en espérance. Par Jésus Christ.

1re LECTURE — *L'Ascension du Seigneur*

Commencement du livre des Actes des Apôtres 1, 1-11

Cher Théophile, dans mon premier livre j'ai parlé de tout ce que Jésus a fait et enseigné depuis le moment où il commença, jusqu'au jour où il fut enlevé au ciel, après avoir, par l'Esprit Saint, donné ses instructions aux Apôtres qu'il avait choisis. C'est à eux qu'il s'est présenté vivant après sa Passion ; il leur en a donné bien des preuves, puisque, pendant quarante jours, il leur est apparu et leur a parlé du royaume de Dieu.

Au cours d'un repas qu'il prenait avec eux, il leur donna l'ordre de ne pas quitter Jérusalem, mais d'y attendre que s'accomplisse la promesse du Père. Il déclara : « Cette promesse, vous l'avez entendue de ma bouche : alors que Jean a baptisé avec l'eau, vous, c'est dans l'Esprit Saint que vous serez baptisés d'ici peu de jours. » Ainsi réunis, les Apôtres l'interrogeaient : « Seigneur, est-ce maintenant le temps où tu vas rétablir le royaume pour Israël ? » Jésus leur répondit : « Il ne vous appartient pas de connaître les temps et les moments que le Père a fixés de sa propre autorité. Mais vous allez recevoir une force quand le Saint-Esprit viendra sur vous ; vous serez alors mes témoins à Jérusalem, dans toute la Judée et la Samarie, et jusqu'aux extrémités de la terre. » Après ces paroles, tandis que les Apôtres le regardaient, il s'éleva, et une nuée vint le soustraire à leurs yeux. Et comme ils fixaient encore le ciel où Jésus s'en allait, voici que, devant eux, se tenaient deux hommes en vêtements blancs, qui leur dirent : « Galiléens, pourquoi restez-vous là à regarder vers le ciel ? Ce Jésus qui a été enlevé au ciel d'auprès de vous, viendra de la même manière que vous l'avez vu s'en aller vers le ciel. »

PSAUME 46

R/ **Dieu s'élève parmi les ovations,**
le Seigneur, aux éclats du cor.
ou : **Alléluia.**

Tous les peuples, battez des mains,
acclamez Dieu par vos cris de joie !
Car le Seigneur est le Très-Haut, le redoutable,
le grand roi sur toute la terre.

Dieu s'élève parmi les ovations,
le Seigneur, aux éclats du cor.
Sonnez pour notre Dieu, sonnez,
sonnez pour notre roi, sonnez !

Car Dieu est le roi de la terre :
que vos musiques l'annoncent !
Il règne, Dieu, sur les païens,
Dieu est assis sur son trône sacré.

2e LECTURE — *Héritiers de la gloire du Christ*

Lecture de la lettre de saint Paul apôtre aux Éphésiens 1, 17-23

Frères, que le Dieu de notre Seigneur Jésus Christ, le Père dans sa gloire, vous donne un esprit de sagesse qui vous le révèle et vous le fasse vraiment connaître. Qu'il ouvre à sa lumière les yeux de votre cœur, pour que vous sachiez quelle espérance vous ouvre son appel, la gloire sans prix de l'héritage que vous partagez avec les fidèles, et quelle puissance incomparable il déploie pour nous, les croyants : c'est l'énergie, la force, la vigueur qu'il a mise en œuvre dans le Christ quand il l'a ressuscité d'entre les morts et qu'il l'a fait asseoir à sa droite dans les cieux. Il l'a établi au-dessus de tout être céleste : Principauté, Souveraineté, Puissance et Domination, au-dessus de tout nom que l'on puisse nommer, non seulement dans le monde présent mais aussi dans le monde à venir. Il a tout mis sous ses pieds et, le plaçant plus haut que tout, il a fait de lui la tête de l'Église qui est son corps, et l'Église, c'est l'accomplissement total du Christ, lui que Dieu comble totalement de sa plénitude.

Alléluia. Alléluia. Allez ! De toutes les nations faites des disciples, dit le Seigneur. Moi, je suis avec vous tous les jours jusqu'à la fin du monde. **Alléluia.**

ÉVANGILE — *Ultime envoi en mission*

Évangile de Jésus Christ selon saint Matthieu 28, 16-20

En ce temps-là, les onze disciples s'en allèrent en Galilée, à la montagne où Jésus leur avait ordonné de se rendre. Quand ils le virent, ils se prosternèrent, mais certains eurent des doutes. Jésus s'approcha d'eux et leur adressa ces paroles : « Tout pouvoir m'a été donné au ciel et sur la terre. Allez ! De toutes les nations faites des disciples : baptisez-les au nom du Père, et du Fils, et du Saint-Esprit, apprenez-leur à observer tout ce que je vous ai commandé. Et moi, je suis avec vous tous les jours jusqu'à la fin du monde. »

Prière sur les offrandes

Seigneur, nous te présentons humblement ce sacrifice pour fêter l'Ascension de ton Fils auprès de toi : que cet échange mystérieux nous fasse vivre avec le Christ ressuscité. Lui qui règne.

Préface

Vraiment, il est juste et bon de te rendre gloire, de t'offrir notre action de grâce, toujours et en tout lieu, à toi, Père très saint, Dieu éternel et tout-puissant.

Car le Seigneur Jésus, vainqueur du péché et de la mort, est aujourd'hui ce Roi de gloire devant qui s'émerveillent les anges ; il s'élève au plus haut des cieux, pour être le Juge du monde et le Seigneur des seigneurs, seul médiateur entre Dieu et les hommes ; il ne s'évade pas de notre condition humaine : mais en entrant le premier dans le Royaume, il donne aux membres de son corps l'espérance de le rejoindre un jour.

C'est pourquoi le peuple des baptisés, rayonnant de la joie pascale, exulte par toute la terre, tandis que les anges dans le ciel chantent sans fin l'hymne de ta gloire : **Saint !...**

On peut prendre aussi la préface de la p. 362.

Au cours des prières eucharistiques, il y a des textes propres.

Prière après la communion

Dieu qui nous donnes les biens du ciel alors que nous sommes encore sur la terre, mets en nos cœurs un grand désir de vivre avec le Christ en qui notre nature humaine est déjà près de toi. Lui qui règne.

Bénédiction solennelle

Que le Seigneur tout-puissant vous bénisse : il élève aujourd'hui son Fils dans la gloire et vous offre ainsi le chemin du ciel. **Amen.**

Après sa résurrection d'entre les morts, Jésus s'est manifesté tout proche de ses disciples : qu'il ait pour vous un visage de paix quand il viendra juger le monde. **Amen.**

Vous savez qu'il est assis à la droite du Père ; mais cherchez-le, trouvez-le aussi près de vous, jusqu'à la fin, comme il l'a promis. **Amen.**

Et que Dieu tout-puissant vous bénisse...

Montons vers le Seigneur

« Il [le Christ] est ressuscité, en effet, pour nous donner l'assurance que ce qui meurt ressuscite ; pour nous enlever, à la mort, cette pensée désespérante que toute notre vie se termine au trépas. Nous étions inquiets pour notre âme, et voici qu'en ressuscitant il nous rassure même pour notre corps. Il est donc monté ! Mais qui ? Celui qui est descendu ; descendu pour te guérir, il est monté pour te relever. Si c'est toi qui essayes de te relever, tu tombes ; et si c'est lui qui te relève, tu te maintiens debout. En haut donc le cœur, mais vers le Seigneur : là est notre refuge. Mais si nous le tenons en haut, non tourné vers le Seigneur, cela, c'est de l'orgueil. »

Augustin d'Hippone, sermon 261,
dans *Les plus beaux sermons de saint Augustin*,
réunis et traduits par Georges Humeau,
Études augustiniennes, 1986, t. 3, p. 142.

Pour prier avec l'Évangile : Dieu que nos yeux n'ont jamais vu, mais qui nous as envoyé ton Fils, nous t'en prions : prends soin de nous, maintenant que ton Fils, lui aussi, échappe à nos regards. Que l'Esprit Saint affermisse notre foi jusqu'au jour où nous te verrons face à face, toi qui nous appelles à entrer dans ta gloire.

7e dimanche de Pâques

28 mai 2017

LA COMMUNION AU CŒUR DE NOTRE VIE DE DISCIPLES

C'est dans sa prière que le Christ révèle, de manière éminente, la communion qui l'unit au Père. L'évangile de ce dimanche nous rapporte les mots que Jésus lui adresse en son heure ultime, où il peut regarder l'œuvre qu'il a accomplie. Sa mission a consisté à faire connaître Dieu en vérité parce qu'il est la Parole même du Père. Ceux qui ont accueilli sa Parole sont vraiment ses disciples et n'appartiennent plus au monde puisqu'ils appartiennent au Christ.

Nous qui sommes croyants appartenons aussi au Christ, mais nous savons par expérience que la difficulté est de tenir ferme dans la foi. Pour cela, les Apôtres nous indiquent une voie sûre : se tenir réunis tous ensemble dans la prière *(première lecture)*. C'est ainsi que nous est présenté le groupe des Onze qui, associé à quelques femmes proches de Jésus, obéit à l'ordre du Seigneur de rester à Jérusalem pour y recevoir le Saint-Esprit. En adressant à Dieu leur prière, ils rejoignent le Christ, bien qu'ils restent dans le monde : à leur tour, ils porteront la parole de Dieu aux hommes, comme nous l'entendrons dans le grand discours de Pierre à la Pentecôte.

La communion avec le Christ fait aussi connaître la communion à ses souffrances *(deuxième lecture)*. Les Apôtres, qui dans leur grande majorité connaîtront le martyre, en sont conscients. L'opposition à Jésus, que Jean nomme « le monde », rejaillit sur ses disciples mais ceux qui se savent habités par l'Esprit Saint n'en éprouvent ni crainte, ni honte : la force d'en-haut, selon la promesse de Jésus, leur fera connaître la gloire réservée à ceux qui seront restés fidèles.

Ainsi, approchant de la fin du Temps pascal, nous découvrons que la vie du disciple se fonde sur la communion avec le Christ, qui nous a révélé le Père par sa Parole. Nous pouvons en être les témoins grâce à la force du Saint-Esprit.

Suggestions pour la célébration

• CHANTER • Pour la procession d'ouverture, ***À ce monde que tu fais*** **T 146-1 CNA 526,** ***Envoie ton Esprit Saint*** **K 47-40 CNA 502,** ***Pour accomplir les œuvres du Père*** **K 234-2.**

Après la Parole, ***Ouvrez vos cœurs*** **K 79-1 CNA 812,** ***Amour qui nous attends*** **E 173-1.**

Après la communion, ***Dans la puissance de l'Esprit*** **K 26-29 CNA 488,** ***Flamme jaillie*** **KLH 108,** ***Envoie ton Esprit*** **SYL P 325,** ***Chantons à Dieu*** **MP 30-79 CNA 538,** ***Aimer c'est tout donner*** **Communauté des Béatitudes.**

On pourra terminer la célébration par un chant à Marie.

• PRIER • **POUR LA PRIÈRE UNIVERSELLE**

Dans l'attente de la venue du Saint-Esprit, prions :
- pour ceux qui rendent visible l'Église en prière par la célébration des sacrements et de la liturgie des Heures ;
- pour les chrétiens persécutés : qu'ils unissent leurs souffrances à celles du Christ mort et ressuscité ;
- en cette journée chrétienne de la communication, pour ceux qui travaillent dans les médias : afin qu'ils transmettent des informations de qualité et qu'ils favorisent le développement culturel de tous ;
- pour les mères de famille, fêtées en France aujourd'hui : qu'elles soient soutenues par leur entourage et qu'elles aient à cœur de transmettre la foi chrétienne à leurs enfants ;
- pour les adultes et les jeunes qui seront confirmés prochainement : qu'ils s'ouvrent totalement aux dons du Saint-Esprit.

• CÉLÉBRER • L'introduction au Notre Père pourra faire référence à l'évangile de ce jour qui nous rapporte la prière de Jésus à son Père.

PRIÈRE D'OUVERTURE

Entends notre prière, Seigneur : nous croyons que le Sauveur des hommes est auprès de toi dans la gloire ; fais-nous croire aussi qu'il est encore avec nous jusqu'à la fin des temps, comme il nous l'a promis. Lui qui règne.

1re LECTURE *« Tous, d'un même cœur, étaient assidus à la prière »*

Lecture du livre des Actes des Apôtres 1, 12-14

Les Apôtres, après avoir vu Jésus s'en aller vers le ciel, retournèrent à Jérusalem depuis le lieu-dit « mont des Oliviers » qui en est proche, – la distance de marche ne dépasse pas ce qui est permis le jour du sabbat. À leur arrivée, ils montèrent dans la chambre haute où ils se tenaient habituellement ; c'était Pierre, Jean, Jacques et André, Philippe et Thomas, Barthélemy et Matthieu, Jacques fils d'Alphée, Simon le Zélote, et Jude fils de Jacques.

Tous, d'un même cœur, étaient assidus à la prière, avec des femmes, avec Marie la mère de Jésus, et avec ses frères.

PSAUME 26

R/ J'en suis sûr, je verrai les bontés du Seigneur
sur la terre des vivants.
ou : **Alléluia.**

Le Seigneur est ma lumière et mon salut ;
de qui aurais-je crainte ?
Le Seigneur est le rempart de ma vie ;
devant qui tremblerais-je ?

J'ai demandé une chose au Seigneur,
la seule que je cherche :
habiter la maison du Seigneur
tous les jours de ma vie,
pour admirer le Seigneur dans sa beauté
et m'attacher à son temple.

Écoute, Seigneur, je t'appelle !
Pitié ! Réponds-moi !
Mon cœur m'a redit ta parole :
« Cherchez ma face. »

2e LECTURE *Heureux de souffrir avec le Christ*

Lecture de la première lettre de saint Pierre apôtre 4, 13-16

Bien-aimés, dans la mesure où vous communiez aux souffrances du Christ, réjouissez-vous, afin d'être dans la joie et l'allégresse quand sa gloire se révélera. Si l'on vous insulte pour le nom du Christ, heureux êtes-vous, parce que l'Esprit de gloire, l'Esprit de Dieu, repose sur vous. Que personne d'entre vous, en effet, n'ait à souffrir comme meurtrier, voleur, malfaiteur, ou comme agitateur. Mais si c'est comme chrétien, qu'il n'ait pas de honte, et qu'il rende gloire à Dieu pour ce nom-là.

Alléluia. Alléluia. Je ne vous laisserai pas orphelins, dit le Seigneur ; je reviens vers vous, et votre cœur se réjouira. **Alléluia.**

ÉVANGILE *L'ultime prière du Christ*

Évangile de Jésus Christ selon saint Jean 17, 1b-11a

En ce temps-là, Jésus leva les yeux au ciel et dit : « Père, l'heure est venue. Glorifie ton Fils afin que le Fils te glorifie. Ainsi, comme tu lui as donné pouvoir sur tout être de chair, il donnera la vie éternelle à tous ceux que tu lui as donnés. Or, la vie éternelle, c'est qu'ils te connaissent, toi le seul vrai Dieu, et celui que tu as envoyé, Jésus Christ.

Moi, je t'ai glorifié sur la terre en accomplissant l'œuvre que tu m'avais donnée à faire. Et maintenant, glorifie-moi auprès de toi, Père, de la gloire que j'avais auprès de toi avant que le monde existe. J'ai manifesté ton nom aux hommes que tu as pris dans le monde pour me les donner. Ils étaient à toi, tu me les as donnés, et ils ont gardé ta parole. Maintenant, ils ont reconnu que tout ce que tu m'as donné vient de toi, car je leur ai donné les paroles que tu m'avais données : ils les ont reçues, ils ont vraiment reconnu que je suis sorti de toi, et ils ont cru que tu m'as envoyé.

Moi, je prie pour eux ; ce n'est pas pour le monde que je prie, mais pour ceux que tu m'as donnés, car ils sont à toi. Tout ce qui est à moi est à toi, et ce qui est à toi est à moi ; et je suis glorifié en eux.

Désormais, je ne suis plus dans le monde ; eux, ils sont dans le monde, et moi, je viens vers toi. »

Prière sur les offrandes

Avec ces offrandes, Seigneur, reçois les prières de tes fidèles ; que cette liturgie célébrée avec amour nous fasse passer à la gloire du ciel. Par Jésus.

Préface

Vraiment, il est juste et bon de te rendre gloire, de t'offrir notre action de grâce, toujours et en tout lieu, à toi, Père très saint, Dieu éternel et tout-puissant, par le Christ, notre Seigneur.

Car il s'est manifesté après sa résurrection, en apparaissant à tous ses disciples, et, devant leurs yeux, il est monté au ciel pour nous rendre participants de sa divinité.

C'est pourquoi le peuple des baptisés, rayonnant de la joie pascale, exulte par toute la terre, tandis que les anges dans le ciel chantent sans fin l'hymne de ta gloire : **Saint !...**

On peut prendre la préface de la p. 356.

Prière après la communion

Exauce-nous, Dieu notre Sauveur : que notre communion au mystère du salut nous confirme dans cette assurance que tu glorifieras tout le corps de l'Église comme tu as glorifié son chef, Jésus, le Christ. Lui qui règne.

« Prier avec le Christ »

« Prier, c'est prier avec le Christ priant, c'est participer à la prière du Christ, le grand Orant écouté de Dieu. Il ne s'agit pas de faire effort pour prier, mais d'être assez creusé pour accueillir du mieux que nous pouvons la prière de Jésus, qui nous envahit et nous submerge. Le mystère de la prière de Jésus nous fascine mais seul un attrait du Père peut nous faire entrer dans cette prière. Et à force de garder la mémoire du Christ priant et de la méditer dans notre cœur, nous entrons peu à peu dans sa prière qui nous révèle le fond de notre être, l'immensité de son amour. Quand nous essayons de résumer l'enseignement de Jésus sur la prière, nous nous trouvons devant quelques affirmations très simples. Il ne rejette rien de la prière traditionnelle d'Israël, il s'accorde à ce qu'ont dit les maîtres de tous les temps. Mais sa prière est dépouillée de toute formule abstraite ; je dirais qu'elle coule de source ! »

Cardinal Roger Etchegaray, dans *Trésors de la prière des moines*, Bayard, 2006, p. 270.

Calendrier liturgique

Di 28	**7e dimanche de Pâques A.** *Liturgie des Heures : Psautier semaine III.*
Ma 30	En France : Ste Jeanne d'Arc, vierge, patronne secondaire de la France, † 1431 à Rouen.
Me 31	VISITATION DE LA VIERGE MARIE. Lectures propres : So 3, 14-18 ou Rm 12, 9-16 ; Lc 1, 39-56.
Je 1er	S. Justin, philosophe, martyr, † vers 165 à Rome.
Ve 2	*S. Marcellin et S. Pierre, martyrs, † 304 à Rome* *En France : S. Pothin, évêque de Lyon, Ste Blandine, vierge, et leurs compagnons, martyrs, † 177.*
Sa 3	S. Charles Lwanga et ses compagnons, martyrs en Ouganda, † 1886.

Bonne fête ! 28 : Germain. 29 : Aymar, Maximin. 30 : Ferdinand, Lorraine. 31 : Pétronille, Perrette, Perrine. 1er : Justin, Roman. 2 : Marcellin, Blandine, Vital. 3 : Kévin.

Pour mémoire : ce 7e dimanche de Pâques, journée chrétienne de la communication.
Aujourd'hui, dernier dimanche de mai, en France, fête des mères.
IL Y A 10 ANS, le 3 juin 2007, le pape Benoît XVI canonisait Sœur Marie-Eugénie Milleret (1817-1898), fondatrice des religieuses de l'Assomption. Sainte Marie-Eugénie est fêtée le 10 mars.

Pour prier avec l'Évangile : Dieu unique et véritable, tu as manifesté ta gloire en ressuscitant Jésus d'entre les morts. Fais reposer sur nous son Esprit et garde-nous dans sa Parole, pour que nous vivions dès aujourd'hui de la vie dont il veut nous combler.

Dimanche de la Pentecôte 4 juin 2017

VIE NOUVELLE ET DON DE L'ESPRIT

L'entrée dans la vie nouvelle et l'accueil de l'Esprit Saint sont liés. Quand Jésus, sur la croix, aime jusqu'au bout en se confiant sans réserve au Père et en pardonnant même à ses bourreaux, il pose un acte d'amour infini : c'est une extase d'amour, a dit un théologien. Tout son être vibre de son amour envers le Père et envers tous les hommes. Dans cette ouverture totale, l'Esprit de Dieu vient se répandre en lui en plénitude. Fils unique de Dieu devenu homme, il a été conçu par l'Esprit Saint dans la Vierge Marie ; il a reçu à son baptême l'Esprit qui l'envoie en mission ; par l'offrande totale qu'il fit de lui-même sur la croix, il s'est ouvert en son humanité à la plénitude l'Esprit de Dieu. En mourant, il entre avec toute son humanité dans la vie de Dieu : c'est ce que l'on appelle sa résurrection. En même temps, elle est accueil du don de Dieu qui est l'Esprit d'amour. Alors Jésus devient, pour les autres, source d'où jaillit l'Esprit (*évangile de la veille*).

Ainsi, Jésus ressuscité communique l'Esprit Saint dès sa première rencontre avec ses disciples, le soir de Pâques (*évangile du jour*) : les disciples sont alors constitués ministres du pardon des péchés, dont Jésus est l'acteur principal par son offrande sur la croix. Une autre effusion de l'Esprit, capitale pour le développement de l'Église, a lieu cinquante jours après Pâques, lors de la Pentecôte juive. Les disciples assemblés dans la maison reçoivent l'Esprit qui leur donne de parler dans d'autres langues. Les Juifs venus de partout à Jérusalem pour la fête les comprennent, chacun dans son propre dialecte (*première lecture du jour*). Bientôt les merveilles de Dieu accomplies dans le Christ vont être annoncées dans leurs différents pays. Et c'est dans l'unique Esprit qu'ils pourront être baptisés pour former un seul corps (*deuxième lecture du jour*), le Corps du Christ qu'est l'Église. La Pentecôte, c'est la fête de l'Église.

Suggestions pour la célébration

• CHANTER • Pour la procession d'ouverture : ***Jour du vivant*** **I 34-92-8 CNA 561** (dont les strophes prennent en compte tout le Temps pascal jusqu'à la fête de la Pentecôte). On peut aussi choisir un chant à l'Esprit Saint : ***Souffle imprévisible*** **K 28-44 CNA 688, *Viens, Esprit de sainteté* Ky 231 CNA 690, *Esprit de Pentecôte* K 138, *Litanies à l'Esprit Saint* K 18-17 CNA 685.**

Après la 2e lecture, on chante la ***Séquence de la Pentecôte*** **KL 29-79** ou **AL 29-79-2, *Viens, Esprit de Dieu* K 235 CNA 691, *Veni Sancte Spiritus* CNA 689** ou **grégorien CNA 506.**

Après la Parole, ***Ouvrez vos cœurs*** **K 79-1 CNA 812, *Viens, Esprit de Dieu* KX 55-62-1, *Esprit Saint, tu es l'amour* Ky 53-82.**

Pour la procession de communion, ***Nous formons un même corps*** **CNA 570, *Devenez ce que vous recevez* IEV 12-09.**

Pour l'action de grâce, ***Envoie ton Esprit Saint*** **K 47-40 CNA 502, *Dans la puissance de l'Esprit* K 26-29 CNA 488, *Flamme jaillie d'auprès de Dieu* KP 108, *Celui qui a mangé de ce pain* CNA 321 (strophes 1 à 5), *Tu es la source* K 48-66 ; *Jubilez, tous les peuples* T 25-91.**

Pour la procession aux fonts baptismaux, ***Allez dire à tous les hommes*** **U 132-1 CNA 532, *Laudate Dominum* (Taizé) CNA 689.**

• PRIER • POUR LA PRÉPARATION PÉNITENTIELLE

Seigneur Jésus, de ton cœur transpercé sur la croix
une source a jailli pour le salut du monde,
prends pitié de nous.
Ô Christ, le soir de Pâques,
tu as fait de tes disciples des ministres du pardon,
prends pitié de nous.
Seigneur, au jour de la Pentecôte,
tu as envoyé ton Esprit pour tous les peuples,
prends pitié de nous.

Pour la prière universelle

Nous ne savons pas prier comme il faut, mais l'Esprit intercède pour nous (2e *lecture de la veille*).
– Esprit Saint, accorde aux nouveaux baptisés et à tous les membres de l'Église de témoigner que Jésus est Seigneur ;
– Esprit Saint, donne à tous les peuples de mieux se comprendre pour bâtir la paix ;
– Esprit Saint, viens au secours de notre faiblesse et aide-nous à prier.

• **CÉLÉBRER** • *La messe de la veille au soir* peut être célébrée selon la manière habituelle avec une seule première lecture (choisie parmi les quatre qui sont proposées), la deuxième lecture et l'évangile. Mais il est bon de la célébrer, quand c'est possible, sous la forme développée. Dans ce cas, après le *Kyrie*, le prêtre dit une prière d'ouverture, puis fait une monition introduisant à la liturgie de la Parole. Ensuite, on lit les quatre premières lectures (par ailleurs proposées au choix), chacune étant suivie par un psaume responsorial ou par un temps de silence, puis par une oraison. Après la quatrième lecture, on chante le *Gloire à Dieu ;* puis viennent une oraison, la deuxième lecture, et la suite comme aux messes habituelles.

Le dimanche soir, le Temps pascal étant terminé, on éteint le cierge pascal qu'il convient de garder avec honneur au baptistère, afin que, lors des célébrations du baptême, les cierges des nouveaux baptisés soient allumés à sa flamme.

Messe de la veille au soir

Prière d'ouverture

• Dieu éternel et tout-puissant, tu as voulu que la célébration du mystère de Pâques dure cinquante jours et s'achève avec la Pentecôte ; fais que les hommes, en proie aux divisions de toute sorte, soient rassemblés par l'Esprit Saint pour que chacun dans sa langue te rende gloire. Par Jésus Christ.

• Réponds à notre prière, Dieu tout-puissant, et comme au jour de la Pentecôte, que le Christ, lumière de lumière, envoie sur ton Église l'Esprit de feu : qu'il éclaire le cœur de ceux que tu as fait renaître et les confirme dans ta grâce. Par Jésus Christ.

Quatre textes au choix : Genèse, Exode, Ézékiel, Joël.

1re LECTURE (1) — *L'unité perdue à Babel*

Lecture du livre de la Genèse — 11, 1-9

Toute la terre avait alors la même langue et les mêmes mots. Au cours de leurs déplacements du côté de l'orient, les hommes découvrirent une plaine en Mésopotamie, et s'y établirent. Ils se dirent l'un à l'autre : « Allons ! fabriquons des briques et mettons-les à cuire ! » Les briques leur servaient de pierres, et le bitume, de mortier. Ils dirent : « Allons ! bâtissons-nous une ville, avec une tour dont le sommet soit dans les cieux. Faisons-nous un nom, pour ne pas être disséminés sur toute la surface de la terre. » Le Seigneur descendit pour voir la ville et la tour que les hommes avaient bâties. Et le Seigneur dit : « Ils sont un seul peuple, ils ont tous la même langue : s'ils commencent ainsi, rien ne les empêchera désormais de faire tout ce qu'ils décideront. Allons ! descendons, et là, embrouillons leur langue : qu'ils ne se comprennent plus les uns les autres. » De là, le Seigneur les dispersa sur toute la surface de la terre. Ils cessèrent donc de bâtir la ville. C'est pourquoi on l'appela Babel, car c'est là que le Seigneur embrouilla la langue des habitants de toute la terre ; et c'est de là qu'il les dispersa sur toute la surface de la terre.

Si on prend les quatre lectures :

PSAUME 32, 10-11, 12-13, 14-15

R/ **Heureux le peuple**
que le Seigneur s'est choisi pour domaine.

PRIÈRE

Nous t'en prions, Dieu tout-puissant, accorde à ton Église d'être toujours ce peuple saint qui tient son unité de celle de la Trinité ; qu'elle soit pour le monde le sacrement de ton unité et de ta sainteté, et qu'elle le conduise à la plénitude de ta charité. Par Jésus.

1re LECTURE (2) — *La Loi sur des tables de pierre*

Lecture du livre de l'Exode — 19, 3-8a.16-20b

En ces jours-là Moïse monta vers Dieu. Le Seigneur l'appela du haut de la montagne : « Tu diras à la maison de Jacob, et tu annonceras aux fils d'Israël : Vous avez vu ce que j'ai fait à l'Égypte, comment je vous ai portés comme sur les ailes d'un aigle et vous ai amenés jusqu'à moi. Maintenant donc, si vous écoutez ma voix et gardez mon alliance, vous serez mon domaine particulier parmi tous les peuples car toute la terre m'appartient ; mais vous, vous serez pour moi un royaume de prêtres, une nation sainte. Voilà ce que tu diras aux fils d'Israël. » Moïse revint et convoqua les anciens du peuple, il leur exposa tout ce que le Seigneur avait ordonné. Le peuple tout entier répondit, unanime : « Tout ce que le Seigneur a dit, nous le mettrons en pratique. »

Le troisième jour, dès le matin, il y eut des coups de tonnerre, des éclairs, une lourde nuée sur la montagne, et une puissante sonnerie de cor ; dans le camp, tout le peuple trembla. Moïse fit sortir le peuple hors du camp, à la rencontre de Dieu, et ils restèrent debout au pied de la montagne. La montagne du Sinaï était toute fumante, car le Seigneur y était descendu dans le feu ; la fumée montait, comme la fumée d'une fournaise, et toute la montagne tremblait violemment. La sonnerie du cor était de plus en plus puissante. Moïse parlait, et la voix de Dieu lui répondait. Le Seigneur descendit sur le sommet du Sinaï, il appela Moïse sur le sommet de la montagne.

CANTIQUE DE DANIEL 32, 52, 53, 54, 55, 56 p. 381

R/ **À toi, louange et gloire éternellement !**

ou bien

PSAUME 18 (19), 8, 9, 10, 11

R/ **Seigneur, tu as les paroles de la vie éternelle.**

PRIÈRE

Seigneur, notre Dieu, dans les éclairs et le feu, sur la montagne du Sinaï, tu as donné à Moïse l'ancienne loi, et dans le feu de l'Esprit, au jour de Pentecôte, tu as révélé l'Alliance nouvelle : accorde-nous de toujours brûler de cet Esprit que tu as répandu mystérieusement sur tes Apôtres, et donne à l'Israël nouveau, rassemblé de toutes les nations, d'accueillir avec joie l'éternel commandement de ton amour. Par Jésus.

1re LECTURE (3) *L'Esprit rend la vie aux morts*

Lecture du livre d'Ézékiel 37, 1-14

En ces jours-là, la main du Seigneur se posa sur moi, par son esprit il m'emporta et me déposa au milieu d'une vallée ; elle était pleine d'ossements. Il me fit circuler parmi eux ; le sol de la vallée en était couvert, et ils étaient tout à fait desséchés. Alors le Seigneur me dit : « Fils d'homme, ces ossements peuvent-ils revivre ? » Je lui répondis : « Seigneur Dieu, c'est toi qui le sais ! » Il me dit alors : « Prophétise sur ces ossements. Tu leur diras : Ossements desséchés, écoutez la parole du Seigneur : Ainsi parle le Seigneur Dieu à ces ossements : Je vais faire entrer en vous l'esprit, et vous vivrez. Je vais mettre sur vous des nerfs, vous couvrir de chair, et vous revêtir de peau ; je vous donnerai l'esprit, et vous vivrez. Alors vous saurez que Je suis le Seigneur. » Je prophétisai, comme j'en avais reçu l'ordre. Pendant que je prophétisais, il y eut un bruit, puis une violente secousse, et les ossements se rapprochèrent les uns des autres. Je vis qu'ils se couvraient de nerfs, la chair repoussait, la peau les recouvrait, mais il n'y avait pas d'esprit en eux.

Le Seigneur me dit alors : « Adresse une prophétie à l'esprit, prophétise, fils d'homme. Dis à l'esprit : Ainsi parle le Seigneur Dieu : Viens des quatre vents, esprit ! » Souffle sur ces morts, et qu'ils vivent ! » Je prophétisai, comme il m'en avait donné l'ordre, et l'esprit entra en eux ; ils revinrent à la vie, et ils se dressèrent sur leurs pieds : c'était une armée immense !

Puis le Seigneur me dit : « Fils d'homme, ces ossements, c'est toute la maison d'Israël. Car ils disent : "Nos ossements sont desséchés, notre espérance est détruite, nous sommes perdus !" C'est pourquoi, prophétise. Tu leur diras : Ainsi parle le Seigneur Dieu : Je vais ouvrir vos tombeaux et je vous en ferai remonter, ô mon peuple, et je vous ramènerai sur la terre d'Israël. Vous saurez que Je suis le Seigneur, quand j'ouvrirai vos tombeaux et vous en ferai remonter, ô mon peuple ! Je mettrai en vous mon esprit, et vous vivrez ; je vous donnerai le repos sur votre terre. Alors vous saurez que Je suis le Seigneur : j'ai parlé et je le ferai – oracle du Seigneur. »

PSAUME 106, 2-3, 4-5, 8-9

R/ **Rendez grâce au Seigneur !**
Éternel et son amour !
ou : **Alléluia !**

PRIÈRE

Seigneur, Dieu puissant et fort, toi qui relèves ce qui est déchu, toi qui protèges ce que tu as relevé, fais grandir le peuple de ceux que tu renouvelles en leur donnant de sanctifier ton nom : que soient toujours guidés par ton souffle ceux que purifie le sacrement du baptême. Par Jésus.

1re LECTURE (4) — *L'Esprit répandu sur toute créature*

Lecture du livre de Joël — 3, 1-5a

Ainsi parle le Seigneur : Je répandrai mon esprit sur tout être de chair, vos fils et vos filles prophétiseront, vos anciens seront instruits par des songes, et vos jeunes gens par des visions. Même sur les serviteurs et sur les servantes je répandrai mon esprit en ces jours-là. Je ferai des prodiges au ciel et sur la terre : du sang, du feu, des nuages de fumée. Le soleil sera changé en ténèbres, et la lune sera changée en sang, avant que vienne le jour du Seigneur, jour grand et redoutable. Alors, quiconque invoquera le nom du Seigneur sera sauvé.

PSAUME 103

R/ **Ô Seigneur, envoie ton Esprit**
qui renouvelle la face de la terre !
ou : **Alléluia.**

Bénis le Seigneur, ô mon âme ;
Seigneur mon Dieu, tu es si grand !
Revêtu de magnificence,
tu as pour manteau la lumière !

Quelle profusion dans tes œuvres, Seigneur !
Tout cela, ta sagesse l'a fait ;
la terre s'emplit de tes biens.
Bénis le Seigneur, ô mon âme !

Tous, ils comptent sur toi
pour recevoir leur nourriture au temps voulu.
Tu donnes : eux, ils ramassent ;
tu ouvres la main : ils sont comblés.

Tu reprends leur souffle, ils expirent
et retournent à leur poussière.
Tu envoies ton souffle : ils sont créés ;
tu renouvelles la face de la terre.

2e LECTURE *L'Esprit intercède pour nous*

Lecture de la lettre de saint Paul Apôtre aux Romains 8, 22-27

Frères, nous le savons bien, la création tout entière gémit, elle passe par les douleurs d'un enfantement qui dure encore. Et elle n'est pas seule. Nous aussi, en nous-mêmes, nous gémissons ; nous avons commencé à recevoir l'Esprit Saint, mais nous attendons notre adoption et la rédemption de notre corps.

Car nous avons été sauvés, mais c'est en espérance ; voir ce qu'on espère, ce n'est plus espérer : ce que l'on voit, comment peut-on l'espérer encore ? Mais nous, qui espérons ce que nous ne voyons pas, nous l'attendons avec persévérance. Bien plus, l'Esprit Saint vient au secours de notre faiblesse, car nous ne savons pas prier comme il faut. L'Esprit lui-même intercède pour nous par des gémissements inexprimables. Et Dieu, qui scrute les cœurs, connaît les intentions de l'Esprit puisque c'est selon Dieu que l'Esprit intercède pour les fidèles.

Alléluia. Alléluia. Viens, Esprit Saint ! Emplis le cœur de tes fidèles ! Allume en eux le feu de ton amour ! **Alléluia.**

ÉVANGILE *La promesse du don de l'Esprit*

Évangile de Jésus Christ selon saint Jean 7, 37-39

Au jour solennel où se terminait la fête des Tentes, Jésus, debout, s'écria : « Si quelqu'un a soif, qu'il vienne à moi, et qu'il boive, celui qui croit en moi ! Comme dit l'Écriture : *De son cœur couleront des fleuves d'eau vive.* »

En disant cela, il parlait de l'Esprit Saint qu'allaient recevoir ceux qui croiraient en lui. En effet, il ne pouvait y avoir l'Esprit puisque Jésus n'avait pas encore été glorifié.

PRIÈRE SUR LES OFFRANDES

Sur nos offrandes, Seigneur, répands la bénédiction de l'Esprit : que ton Église en reçoive cette charité qui fera d'elle, au milieu du monde, le signe visible du salut. Par Jésus.

Préface de la Pentecôte, p. 376.

Dans les prières eucharistiques, il y a des textes propres à la fête de la Pentecôte.

Prière après la communion

Que cette communion, Seigneur, nous donne la ferveur de l'Esprit dont tu as comblé tes Apôtres, dès les premiers jours de l'Église. Par Jésus.

Messe du jour

Prière d'ouverture

Aujourd'hui, Seigneur, par le mystère de la Pentecôte, tu sanctifies ton Église chez tous les peuples et dans toutes les nations : répands les dons du Saint-Esprit sur l'immensité du monde, et continue dans les cœurs des croyants l'œuvre d'amour que tu as entreprise au début de la prédication évangélique. Par Jésus Christ.

1re lecture — *Tous remplis de l'Esprit Saint*

Lecture du livre des Actes des Apôtres — 2, 1-11

Quand arriva le jour de la Pentecôte, au terme des cinquante jours après Pâques, ils se trouvaient réunis tous ensemble. Soudain un bruit survint du ciel comme un violent coup de vent : la maison où ils étaient assis en fut remplie tout entière. Alors leur apparurent des langues qu'on aurait dites de feu, qui se partageaient, et il s'en posa une sur chacun d'eux. Tous furent remplis d'Esprit Saint : ils se mirent à parler en d'autres langues, et chacun s'exprimait selon le don de l'Esprit.

Or, il y avait, résidant à Jérusalem, des Juifs religieux, venant de toutes les nations sous le ciel. Lorsque ceux-ci entendirent la voix qui retentissait, ils se rassemblèrent en foule. Ils étaient en pleine confusion parce que chacun d'eux entendait dans son propre dialecte ceux qui parlaient. Dans la stupéfaction et l'émerveillement, ils disaient : « Ces gens qui parlent ne sont-ils pas tous Galiléens ? Comment se fait-il que chacun de nous les entende dans son propre dialecte, sa langue maternelle ? Parthes, Mèdes et Élamites, habitants de la Mésopotamie, de la Judée et de la Cappadoce, de la province du Pont et de celle d'Asie, de la Phrygie et de la Pamphylie, de l'Égypte et des contrées de Libye proches de Cyrène, Romains de passage, Juifs de naissance et convertis, Crétois et Arabes, tous nous les entendons parler dans nos langues des merveilles de Dieu. »

Psaume 103

R/ **Ô Seigneur, envoie ton Esprit**
qui renouvelle la face de la terre !
ou : **Alléluia.**

Bénis le Seigneur, ô mon âme ;
Seigneur mon Dieu, tu es si grand !
Quelle profusion dans tes œuvres, Seigneur !
la terre s'emplit de tes biens.

Tu reprends leur souffle, ils expirent
et retournent à leur poussière.
Tu envoies ton souffle : ils sont créés ;
tu renouvelles la face de la terre.

Gloire au Seigneur à tout jamais !
Que Dieu se réjouisse en ses œuvres !
Que mon poème lui soit agréable ;
moi, je me réjouis dans le Seigneur.

2e LECTURE

« C'est dans un unique Esprit que nous tous avons été baptisés pour former un seul corps »

Lecture de la première lettre de saint Paul apôtre aux Corinthiens 12, 3b-7.12-13

Frères, personne n'est capable de dire : « Jésus est Seigneur » sinon dans l'Esprit Saint. Les dons de la grâce sont variés, mais c'est le même Esprit. Les services sont variés, mais c'est le même Seigneur. Les activités sont variées, mais c'est le même Dieu qui agit en tout et en tous. À chacun est donnée la manifestation de l'Esprit en vue du bien.

Prenons une comparaison : le corps ne fait qu'un, il a pourtant plusieurs membres ; et tous les membres, malgré leur nombre, ne forment qu'un seul corps. Il en est ainsi pour le Christ. C'est dans un unique Esprit, en effet, que nous tous, Juifs ou païens, esclaves ou hommes libres, nous avons été baptisés pour former un seul corps. Tous, nous avons été désaltérés par un unique Esprit.

SÉQUENCE

Viens, Esprit Saint, en nos cœurs
et envoie du haut du ciel
un rayon de ta lumière.

Viens en nous, père des pauvres,
viens, dispensateur des dons,
viens, lumière de nos cœurs.

Consolateur souverain,
hôte très doux de nos âmes,
adoucissante fraîcheur.

Dans le labeur, le repos ;
dans la fièvre, la fraîcheur ;
dans les pleurs, le réconfort.

Ô lumière bienheureuse,
viens remplir jusqu'à l'intime
le cœur de tous tes fidèles.

Sans ta puissance divine,
il n'est rien en aucun homme,
rien qui ne soit perverti.

Lave ce qui est souillé,
baigne ce qui est aride,
guéris ce qui est blessé.

Assouplis ce qui est raide,
réchauffe ce qui est froid,
rends droit ce qui est faussé.

À tous ceux qui ont la foi
et qui en toi se confient
donne tes sept dons sacrés.

Donne mérite et vertu,
donne le salut final,
donne la joie éternelle. Amen

Alléluia. Alléluia. Viens, Esprit Saint ! Emplis le cœur de tes fidèles ! Allume en eux le feu de ton amour ! **Alléluia.**

ÉVANGILE

« De même que le Père m'a envoyé, moi aussi je vous envoie : recevez l'Esprit Saint »

Évangile de Jésus Christ selon saint Jean 20, 19-23

C**'était après la mort de Jésus** ; le soir venu, en ce premier jour de la semaine, alors que les portes du lieu où se trouvaient les disciples étaient verrouillées par crainte des Juifs, Jésus vint, et il était là au milieu d'eux. Il leur dit : « La paix soit avec vous ! » Après cette parole, il leur montra ses mains et son côté. Les disciples furent remplis de joie en voyant le Seigneur.

Jésus leur dit de nouveau : « La paix soit avec vous ! De même que le Père m'a envoyé, moi aussi, je vous envoie. » Ayant ainsi parlé, il souffla sur eux et il leur dit : « Recevez l'Esprit Saint. À qui vous remettrez ses péchés, ils seront remis ; à qui vous maintiendrez ses péchés, ils seront maintenus. »

PRIÈRE SUR LES OFFRANDES

Dieu notre Père, réponds à notre attente, souviens-toi de la promesse de ton Fils : que l'Esprit Saint nous fasse pénétrer plus avant dans l'intelligence du mystère eucharistique et nous ouvre à la vérité tout entière. Par Jésus.

PRÉFACE

Vraiment, il est juste et bon de te rendre gloire, de t'offrir notre action de grâce, toujours et en tout lieu, à toi, Père très saint, Dieu éternel et tout-puissant.

Pour accomplir jusqu'au bout le mystère de la Pâque, tu as répandu aujourd'hui l'Esprit Saint sur ceux dont tu as fait tes fils en les unissant à ton Fils unique. C'est ton Esprit qui a donné à tous les peuples, au commencement de l'Église, la connaissance du vrai Dieu, afin qu'ils confessent, chacun dans sa langue, une seule et même foi.

C'est pourquoi le peuple des baptisés, rayonnant de la joie pascale, exulte par toute la terre, tandis que les anges dans le ciel chantent sans fin l'hymne de ta gloire : **Saint !...**

Dans les prières eucharistiques, il y a des textes propres à la fête de Pentecôte.

Prière après la communion

Dieu qui accordes les biens du ciel à ton Église, protège la grâce que tu viens de lui donner : que le souffle de la Pentecôte agisse avec toujours plus de force ; que ce repas sanctifié par l'Esprit fasse progresser le monde vers le salut. Par Jésus.

Bénédiction solennelle

Aujourd'hui, Dieu le Père de toute lumière a envoyé l'Esprit Saint au cœur des disciples du Christ, il les a illuminés. Que ce même Esprit vous pénètre et sanctifie en vous ses dons. **Amen.**

Que le feu d'en haut venu sur les disciples consume tout mal au fond de vos cœurs et vous fasse porter au monde sa lumière. **Amen.**

C'est l'Esprit qui a rassemblé des hommes de toutes langues dans la profession de la même foi : qu'il vous garde fidèles à cette foi, et dans l'espérance du jour de Dieu. **Amen.**

Et que Dieu tout-puissant vous bénisse...

Renvoi

Allez, dans la paix du Christ, alléluia, alléluia !
Nous rendons grâce à Dieu, alléluia, alléluia !

Une confiance ferme en l'Esprit Saint

« Pour maintenir vive l'ardeur missionnaire, il faut une confiance ferme en l'Esprit Saint, car c'est lui qui "vient au secours de notre faiblesse" (Rm 8,26). Mais cette confiance généreuse doit s'alimenter et c'est pourquoi nous devons sans cesse l'invoquer. Il peut guérir tout ce qui nous affaiblit dans notre engagement missionnaire. Il est vrai que cette confiance en l'invisible peut nous donner le vertige : c'est comme se plonger dans une mer où nous ne savons pas ce que nous allons rencontrer. Moi-même j'en ai fait l'expérience plusieurs fois. Toutefois, il n'y a pas de plus grande liberté que de se laisser guider par l'Esprit, en renonçant à vouloir calculer et contrôler tout, et de permettre à l'Esprit de nous éclairer, de nous guider, de nous orienter, et de nous conduire là où il veut. Il sait bien ce dont nous avons besoin à chaque époque et à chaque instant. On appelle cela être mystérieusement féconds ! »

Pape François, *La joie de l'évangile*, 24 novembre 2013, nº 280.

Calendrier liturgique

Di 4 **DIMANCHE DE PENTECÔTE.**
Liturgie des Heures : Psautier semaine I.
[En France, Ste Clotilde, reine des Francs, † 545 à Tours].

Lu 5 9e semaine du Temps ordinaire.
S. Boniface, évêque de Mayence, martyr, † 754.

Ma 6 *S. Norbert, évêque de Magdebourg, fondateur des Prémontrés, † 1134.*

Ve 9 *S. Éphrem, diacre, docteur de l'Église, † 373 à Édesse (Urfa, Turquie).*

Bonne fête ! 4 : Clotilde. 5 : Boniface, Igor. 6 : Norbert, Claude. 7: Gilbert, Maïté. 8: Médard, Armand. 9: Éphrem, Diane, Anne-Marie, Félicien. 10: Landry.

Pour mémoire : IL Y A 300 ANS, le 9 juin 1717, Madame Guyon (née Jeanne-Marie Bouvier de La Motte, épouse de Jacques Guyon) mourait à Blois. Veuve à l'âge de 28 ans, elle chercha à servir l'Église et à répandre la doctrine du « pur amour », c'est-à-dire d'un amour de Dieu désintéressé, allant jusqu'à l'indifférence à son propre salut. Dans son *Moyen court et très facile pour l'oraison*, elle propose une voie d'accès à Dieu excluant toute démarche de l'esprit et toute action. Elle définissait l'oraison comme « l'application du cœur à Dieu et l'exercice intérieur de l'amour ». Elle fut soutenue dans son action par Fénelon, archevêque de Cambrai, mais sa doctrine anti-intellectualiste suscita l'hostilité de Bossuet, évêque de Meaux, et lui valut d'être emprisonnée à plusieurs reprises à La Bastille.

Pour prier avec l'Évangile : Dieu d'amour et de paix, envoie sur nous le Souffle de l'Esprit, et renouvelle ton Église : qu'elle ne cesse de proclamer au milieu des nations les merveilles que tu fais pour les hommes.

La Sainte Trinité

11 juin 2017

DIEU AMOUR, LA GRÂCE PAR LE FILS, LA COMMUNION DANS L'ESPRIT

À notre époque, quand on parle des religions monothéistes, c'est souvent pour les critiquer en bloc. C'est oublier que le christianisme, quelles qu'aient été plusieurs de ses dérives historiques, est un monothéisme d'une espèce toute particulière. Il ne renie rien de l'unicité et de l'unité de Dieu, le Seigneur devant lequel se prosterna Moïse (*première lecture*). Mais il refuse de partir d'une idée abstraite de Dieu, fabriquée *a priori* par l'esprit humain en quête d'absolu. Son point de départ, c'est la figure concrète de Jésus, Christ et Fils de Dieu, qui, d'entrée de jeu, se révèle comme un Dieu d'amour venu rencontrer l'homme : « Dieu a tellement aimé le monde qu'il a donné son Fils unique, afin que quiconque croit en lui ait la vie éternelle » (*évangile*).

Cette mission du Fils envoyé par le Père pour sauver le monde montre qu'il est une personne, distincte de celui qui l'envoie, mais qui est aussi en relation avec lui selon une intensité incomparable. Sans cette mission du Christ, les hommes n'auraient pas su que le Dieu unique se décline en trois personnes : le Fils envoyé, le Père qui l'envoie, et l'Esprit, lien d'amour entre eux. Ce lien d'amour entre les personnes divines établit aussi avec les personnes humaines une communion sans pareille. Merveille de la Trinité ! Ô bienheureuse Trinité !

À tous les chercheurs d'absolu, on peut adresser ce souhait de Paul, souvent prononcé au début de l'eucharistie : « Que la grâce du Seigneur Jésus Christ, l'amour de Dieu et la communion du Saint-Esprit soient avec vous tous ! » (*deuxième lecture*)

Suggestions pour la célébration

• **CHANTER** • Pour la procession d'ouverture, *Dieu notre Père, amour puissant* MP 31-44, *Père adorable* M 28-50-4 CNA 516, *Gloire et louange à toi, Seigneur* L 37-33.

Après la Parole, *Très haut Seigneur, Trinité bienheureuse* SYL Z 700, *Nul n'a jamais vu Dieu* L 27-18-3.

Pour la communion, *La Sagesse a dressé une table* SYL F 502 CNA 332, *En marchant vers toi, Seigneur* D 380 CNA 326.

Après la communion, *Chantons à Dieu* L 30-79 CNA 538, *Ô Seigneur, à toi la gloire* Z 503 CNA 788, *Peuples, criez de joie* MY 27 CNA 579, *Par la musique et par nos voix* Y 43-38 CNA 572.

• **PRIER** • **POUR LA PRÉPARATION PÉNITENTIELLE**

Seigneur Jésus, donné aux hommes par le Dieu d'amour,
prends pitié de nous.
Ô Christ, Fils unique envoyé par le Père pour sauver le monde,
prends pitié de nous.
Seigneur, dont l'Esprit crée la communion des hommes avec Dieu,
prends pitié de nous.

POUR LA PRIÈRE UNIVERSELLE

Adressons notre prière au Père par son Fils et dans l'Esprit :
– pour les membres de l'Église, unis dans la communion de l'Esprit Saint, source de joie et de paix ;
– pour les chrétiens séparés mais qui croient profondément en Dieu Père, Fils et Saint-Esprit ;
– pour ceux qui se disent croyants et se réclament de Dieu pour justifier les violences qu'ils commettent ;
– pour les athées, qui ignorent le vrai visage de Dieu révélé dans le Christ qui nous aime jusqu'au bout.

• **CÉLÉBRER** • Il convient de choisir la première forme de salutation prévue dans le Missel, qui reprend la deuxième lecture du jour (2 Co 13, 13).

On peut attirer l'attention sur le geste du signe de la croix qui marque sur notre corps l'empreinte de la Trinité.

Prière d'ouverture

Dieu notre Père, tu as envoyé dans le monde ta Parole de vérité et ton Esprit de sainteté pour révéler aux hommes ton admirable mystère ; donne-nous de professer la vraie foi en reconnaissant la gloire de l'éternelle Trinité, en adorant son Unité toute-puissante. Par Jésus Christ.

1re lecture

« Le Seigneur, le Seigneur, Dieu tendre et miséricordieux »

Lecture du livre de l'Exode 34, 4b-6.8-9

En **ces jours-là,** Moïse se leva de bon matin, et il gravit la montagne du Sinaï comme le Seigneur le lui avait ordonné. Il emportait les deux tables de pierre.

Le Seigneur descendit dans la nuée et vint se placer là, auprès de Moïse. Il proclama son nom qui est : Le Seigneur. Il passa devant Moïse et proclama : « Le Seigneur, Le Seigneur, Dieu tendre et miséricordieux, lent à la colère, plein d'amour et de vérité. »

Aussitôt Moïse s'inclina jusqu'à terre et se prosterna. Il dit : « S'il est vrai, mon Seigneur, que j'ai trouvé grâce à tes yeux, daigne marcher au milieu de nous. Oui, c'est un peuple à la nuque raide ; mais tu pardonneras nos fautes et nos péchés, et tu feras de nous ton héritage. »

Cantique de Daniel

R/ **À toi, louange et gloire éternellement !**

Béni sois-tu, Seigneur, Dieu de nos pères :
R/ **À toi, louange et gloire éternellement !**

Béni soit le nom très saint de ta gloire :
R/ **À toi, louange et gloire éternellement !**

Béni sois-tu dans ton saint temple de gloire :
R/ **À toi, louange et gloire éternellement !**

Béni sois-tu sur le trône de ton règne :
R/ **À toi, louange et gloire éternellement !**

Béni sois-tu, toi qui sondes les abîmes :
R/ **À toi, louange et gloire éternellement !**

Toi qui sièges au-dessus des Kéroubim :
R/ **À toi, louange et gloire éternellement !**

Béni sois-tu au firmament, dans le ciel,
R/ **À toi, louange et gloire éternellement !**

2e LECTURE *Que le Père, le Fils et l'Esprit soient avec vous*

Lecture de la deuxième lettre de saint Paul apôtre aux Corinthiens 13, 11-13

Frères, soyez dans la joie, cherchez la perfection, encouragez-vous, soyez d'accord entre vous, vivez en paix, et le Dieu d'amour et de paix sera avec vous. Saluez-vous les uns les autres par un baiser de paix. Tous les fidèles vous saluent.

Que la grâce du Seigneur Jésus Christ, l'amour de Dieu et la communion du Saint-Esprit soient avec vous tous.

Alléluia. Alléluia. Gloire au Père, et au Fils, et au Saint-Esprit : au Dieu qui est, qui était et qui vient ! **Alléluia.**

ÉVANGILE *« Dieu a aimé tellement le monde qu'il a donné son Fils »*

Évangile de Jésus Christ selon saint Jean 3, 16-18

Dieu a tellement aimé le monde qu'il a donné son Fils unique, afin que quiconque croit en lui ne se perde pas, mais obtienne la vie éternelle. Car Dieu a envoyé son Fils dans le monde, non pas pour juger le monde, mais pour que, par lui, le monde soit sauvé. Celui qui croit en lui échappe au Jugement ; celui qui ne croit pas est déjà jugé, du fait qu'il n'a pas cru au nom du Fils unique de Dieu.

Prière sur les offrandes

Sanctifie, Seigneur notre Dieu, le sacrifice sur lequel nous invoquons ton nom très saint ; et, par cette eucharistie, fais de nous-mêmes une éternelle offrande à ta gloire. Par Jésus.

Préface

Vraiment, il est juste et bon de te rendre gloire, de t'offrir notre action de grâce, toujours et en tout lieu, à toi, Père très saint, Dieu éternel et tout-puissant.

Avec ton Fils unique et le Saint-Esprit, tu es un seul Dieu, tu es un seul Seigneur, dans la trinité des personnes et l'unité de leur nature.

Ce que nous croyons de ta gloire, parce que tu l'as révélé, nous le croyons pareillement, et de ton Fils et du Saint-Esprit ; et quand nous proclamons notre foi au Dieu éternel et véritable, nous adorons en même temps chacune des personnes, leur unique nature, leur égale majesté.

C'est ainsi que les anges et les archanges, et les plus hautes puissances des cieux, ne cessent de chanter d'une même voix : **Saint !...**

Prière après la communion

Puissions-nous trouver, Seigneur, le salut de l'âme et du corps dans le sacrement que nous avons reçu, tandis que nous affirmons notre foi en la Trinité, éternelle et sainte, comme en son indivisible Unité. Par Jésus.

Le don amoureux de Dieu

« L'amour de Dieu ne connaît pas de limites. Le Père ne retient rien, le Fils ne refuse rien, l'Esprit se laisse entièrement donner. Le don de soi entre les personnes divines est absolu et n'est arrêté par aucun obstacle, ne souffre aucun reste. Ce que l'homme ne peut faire parfaitement, Dieu le peut : se donner soi-même absolument. »

X. Morales, *Dieu en personnes*, éd. du Cerf, 2015, p. 172.

Calendrier liturgique

Di 11 **LA SAINTE TRINITÉ.**
Liturgie des Heures : Psautier semaine II.
[S. Barnabé, Apôtre].

Lu 12 10e semaine du Temps ordinaire.

Ma 13 S. Antoine de Padoue, prêtre, franciscain portugais, docteur de l'Église, † 1231 à Padoue.

Bonne fête ! 11 : Barnabé, Yolande. 12 : Guy. 13 : Antoine, Rambert. 14 : Élisée, Valère, Rufin. 15 : Germaine. 16 : Jean-François, Régis, Aurélien, Ferréol. 17 : Hervé, Rainier.

Pour prier avec l'Évangile : Tu es saint, Dieu notre Père, et, dans la sainteté de l'Esprit, tu nous renouvelles à l'image de ton Fils. Que notre vie fraternelle témoigne de notre communion avec toi, avec ton Fils, et dans l'Esprit, Dieu unique et digne de toutes louanges.

Le Saint-Sacrement du Corps et du Sang du Christ

18 juin 2017

LE PAIN VIVANT OFFERT PAR LE CHRIST

La vie humaine n'est pas un long fleuve tranquille. Dans son cheminement, jour après jour, l'être humain rencontre des épreuves de toute sorte. Ainsi, à peine délivré de l'esclavage d'Égypte, le peuple de Dieu connut, pendant quarante ans, l'épreuve du désert, « pays de la sécheresse et de la soif », pays où il ressentit la faim (*première lecture*). La Bible raconte que Dieu lui donna la manne pour apaiser sa faim corporelle. Elle dit aussi que ce fut l'occasion de découvrir que « l'homme ne vit pas seulement de pain mais de tout ce qui vient de la bouche de Dieu ». Car la parole de Dieu est, elle aussi, une nourriture mais d'un autre ordre. Déjà donc cette traversée du désert était le signe d'un itinéraire spirituel.

Il en va de même dans la vie chrétienne. Là non plus, les épreuves ne manquent pas : les souffrances communes à la condition humaine, mais aussi les difficultés à vivre chaque jour selon l'Évangile. Pour que le chrétien en ait la force, le Christ lui donne une nourriture spirituelle : sa parole vivante. De plus, il lui propose une nourriture extraordinaire, à savoir lui-même, en sa « chair donnée pour la vie du monde. » Au grand scandale de ses auditeurs, qui n'y comprennent rien, il leur déclare : « Si vous ne mangez pas la chair du Fils de l'homme, et si vous ne buvez pas son sang, vous n'avez pas la vie en vous » (*évangile*). Et il précise : « Celui qui mange ce pain vivra éternellement ». La vie chrétienne est en effet celle qui est animée par la vie nouvelle déjà commencée lors de la résurrection du Christ. Et pour subsister dans les déserts d'ici-bas, elle a besoin d'un aliment nouveau : le corps du Christ donné en communion, avec la coupe de son sang (*deuxième lecture*).

Cette participation au seul et même corps du Christ réalise entre les chrétiens une unité très profonde : leur assemblée, leur *« Église »*, nourrie par le sacrement du corps du Christ, devient elle-même le Corps du Christ, qui témoigne de son amour au milieu du monde sauvé par lui.

Suggestions pour la célébration

• **CHANTER** • Pour la procession d'ouverture, *Nous formons un même corps* C 105, *Dieu nous accueille* A 174 CNA 545, *Qui donc a mis la table* B 121.

Après la 2ᵉ lecture, on chante la Séquence de la solennité du Corps et du Sang du Christ IN 60-79.

Après l'homélie, *En mémoire de toi* CNA 325, *Qui mange ma chair* CNA 343.

Pour accompagner la procession des dons, *Dieu notre Père, voici le pain* B 57-30, *Préparons la table* CNA 232.

Pour la procession de communion, *Approchons-nous de la table* D 19-30, *Donne-nous aujourd'hui* SYL K 054, *Recevez le Corps du Christ* D 585, *Pain véritable* D 103 CNA 340.

Après la communion, *Tenons en éveil* Y 243-1 CNA 591, *Celui qui a mangé de ce pain* D 140 CNA 321, *En mémoire du Seigneur* CNA 327.

Pour accompagner la procession eucharistique, *C'est toi, Seigneur, le pain rompu* D 293 CNA 322, *Je suis le pain de vie* D 329.

• **PRIER** •

Pour la préparation pénitentielle

Seigneur Jésus, tu es le pain vivant descendu du ciel,
prends pitié de nous.
Ô Christ, tu offres ta chair pour le salut du monde,
prends pitié de nous.
Seigneur, tu demeures en celui qui reçoit ton corps,
prends pitié de nous.

Pour la prière universelle

Prions le Père qui a envoyé son Fils, pain vivant pour le salut du monde :
- pour les Églises chrétiennes avec lesquelles nous ne pouvons pas encore partager le repas du Seigneur ;
- pour les ministres de l'Eucharistie et pour toutes les personnes qui les assistent afin que les célébrations soient belles et priantes ;
- pour les enfants et les adultes qui vont communier pour la première fois ou qui s'y préparent ;
- pour les personnes qui participent à l'Eucharistie sans pouvoir communier.

• **CÉLÉBRER** • En cette solennité du Saint-Sacrement, il est bon de proposer aux fidèles de communier non seulement au corps mais aussi au sang du Seigneur, en expliquant les modalités de ce rite.

De façon générale, le Missel Romain recommande de donner aux fidèles des hosties consacrées à la messe en train d'être célébrée et non pas provenant de la réserve eucharistique. En cette fête, c'est l'occasion de revoir nos pratiques.

Prière d'ouverture

Seigneur Jésus Christ, dans cet admirable sacrement, tu nous as laissé le mémorial de ta passion ; donne-nous de vénérer d'un si grand amour le mystère de ton corps et de ton sang, que nous puissions recueillir sans cesse le fruit de ta rédemption. Toi qui règnes.

1re LECTURE — *La nourriture donnée par Dieu*

Lecture du livre du Deutéronome — 8, 2-3.14b-16a

Moïse disait au peuple d'Israël : « Souviens-toi de la longue marche que tu as faite pendant quarante années dans le désert ; le Seigneur ton Dieu te l'a imposée pour te faire passer par la pauvreté ; il voulait t'éprouver et savoir ce que tu as dans le cœur : allais-tu garder ses commandements, oui ou non ? Il t'a fait passer par la pauvreté, il t'a fait sentir la faim, et il t'a donné à manger la manne – cette nourriture que ni toi ni tes pères n'aviez connue – pour que tu saches que l'homme ne vit pas seulement de pain, mais de tout ce qui vient de la bouche du Seigneur. N'oublie pas le Seigneur ton Dieu qui t'a fait sortir du pays d'Égypte, de la maison d'esclavage. C'est lui qui t'a fait traverser ce désert, vaste et terrifiant, pays des serpents brûlants et des scorpions, pays de la sécheresse et de la soif. C'est lui qui, pour toi, a fait jaillir l'eau de la roche la plus dure. C'est lui qui, dans le désert, t'a donné la manne – cette nourriture inconnue de tes pères. »

Psaume 147

R/ Glorifie le Seigneur, Jérusalem !

Glorifie le Seigneur, Jérusalem !
Célèbre ton Dieu, ô Sion !
Il a consolidé les barres de tes portes,
dans tes murs il a béni tes enfants.

Il fait régner la paix à tes frontières,
et d'un pain de froment te rassasie.
Il envoie sa parole sur la terre :
rapide, son verbe la parcourt.

Il révèle sa parole à Jacob,
ses volontés et ses lois à Israël.
Pas un peuple qu'il ait ainsi traité ;
nul autre n'a connu ses volontés.

2e lecture — *La communion au corps et au sang du Christ*

Lecture de la première lettre de saint Paul apôtre aux Corinthiens — 10, 16-17

Frères, la coupe de bénédiction que nous bénissons, n'est-elle pas communion au sang du Christ ? Le pain que nous rompons, n'est-il pas communion au corps du Christ ? Puisqu'il y a un seul pain, la multitude que nous sommes est un seul corps, car nous avons tous part à un seul pain.

Séquence

Cette séquence (ad libitum) peut être dite intégralement ou sous une forme abrégée à partir de : « Le voici, le pain des anges ».

Sion, célèbre ton Sauveur,
chante ton chef et ton pasteur
par des hymnes et des chants.

Tant que tu peux, tu dois oser,
car il dépasse tes louanges,
tu ne peux trop le louer.

Le Pain vivant, le Pain de vie,
il est aujourd'hui proposé
comme objet de tes louanges.

Au repas sacré de la Cène,
il est bien vrai qu'il fut donné
au groupe des douze frères.

Louons-le à voix pleine et forte,
que soit joyeuse et rayonnante
l'allégresse de nos cœurs !

C'est en effet la journée solennelle
où nous fêtons de ce banquet divin
la première institution.

À ce banquet du nouveau Roi,
la Pâque de la Loi nouvelle
met fin à la Pâque ancienne.

L'ordre ancien le cède au nouveau,
la réalité chasse l'ombre,
et la lumière, la nuit.

Ce que fit le Christ à la Cène,
il ordonna qu'en sa mémoire
nous le fassions après lui.

Instruits par son précepte saint,
nous consacrons le pain, le vin,
en victime de salut.

C'est un dogme pour les chrétiens
que le pain se change en son corps,
que le vin devient son sang.

Ce qu'on ne peut comprendre et voir,
notre foi ose l'affirmer,
hors des lois de la nature.

L'une et l'autre de ces espèces,
qui ne sont que de purs signes,
voilent un réel divin.

Sa chair nourrit, son sang abreuve,
mais le Christ tout entier demeure
sous chacune des espèces.

On le reçoit sans le briser,
le rompre ni le diviser ;
il est reçu tout entier.

Qu'un seul ou mille communient,
il se donne à l'un comme aux autres,
il nourrit sans disparaître.

Bons et mauvais le consomment,
mais pour un sort bien différent,
pour la vie ou pour la mort.

Mort des pécheurs, vie pour les justes ;
vois : ils prennent pareillement ;
quel résultat différent !

Si l'on divise les espèces,
n'hésite pas, mais souviens-toi
qu'il est présent dans un fragment
aussi bien que dans le tout.

Le signe seul est partagé,
le Christ n'est en rien divisé,
ni sa taille ni son état
n'ont en rien diminué.

* Le voici, le pain des anges,
il est le pain de l'homme en route,
le vrai pain des enfants de Dieu,
qu'on ne peut jeter aux chiens.

D'avance il fut annoncé
par Isaac en sacrifice,
par l'agneau pascal immolé,
par la manne de nos pères.

Ô bon Pasteur, notre vrai pain,
ô Jésus, aie pitié de nous,
nourris-nous et protège-nous,
fais-nous voir les biens éternels
dans la terre des vivants.

Toi qui sais tout et qui peux tout,
toi qui sur terre nous nourris,
conduis-nous au banquet du ciel
et donne-nous ton héritage,
en compagnie de tes saints.
Amen.

Alléluia. Alléluia. Moi, je suis le pain vivant, qui est descendu du ciel, dit le Seigneur ; si quelqu'un mange de ce pain, il vivra éternellement. **Alléluia.**

ÉVANGILE *« Celui qui mange de ce pain vivra éternellement »*

Évangile de Jésus Christ selon saint Jean 6, 51-58

En ce temps-là, Jésus disait aux foules des Juifs : « Moi, je suis le pain vivant, qui est descendu du ciel : si quelqu'un mange de ce pain, il vivra éternellement. Le pain que je donnerai, c'est ma chair, donnée pour la vie du monde. » Les Juifs se querellaient entre eux : « Comment celui-là peut-il nous donner sa chair à manger ? »

Jésus leur dit alors : « Amen, amen, je vous le dis : si vous ne mangez pas la chair du Fils de l'homme, et si vous ne buvez pas son sang, vous n'avez pas la vie en vous. Celui qui mange ma chair et boit mon sang a la vie éternelle ; et moi, je le ressusciterai au dernier jour. En effet, ma chair est la vraie nourriture, et mon sang est la vraie boisson. Celui qui mange ma chair et boit mon sang demeure en moi, et moi, je demeure en lui. De même que le Père, qui est vivant, m'a envoyé, et que moi je vis par le Père, de même celui qui me mange, lui aussi vivra par moi. Tel est le pain qui est descendu du ciel : il n'est pas comme celui que les pères ont mangé. Eux, ils sont morts ; celui qui mange ce pain vivra éternellement. »

PRIÈRE SUR LES OFFRANDES

Accorde, Seigneur, à ton Église les biens de l'unité et de la paix, dont nos offrandes sont le signe dans le mystère eucharistique. Par Jésus.

Préface

Vraiment, il est juste et bon de te rendre gloire, de t'offrir notre action de grâce, toujours et en tout lieu, à toi, Père très saint, Dieu éternel et tout-puissant, par le Christ, notre Seigneur.

Dans le dernier repas qu'il prit avec ses Apôtres, afin que toutes les générations fassent mémoire du salut par la croix, il s'est offert à toi, comme l'Agneau sans péché, et tu as accueilli son sacrifice de louange.

Quand tes fidèles communient à ce sacrement, tu les sanctifies pour que tous les hommes, habitant le même univers, soient éclairés par la même foi et réunis par la même charité. Nous venons à la table d'un si grand mystère nous imprégner de ta grâce et connaître déjà la vie du Royaume.

Voilà pourquoi le ciel et la terre t'adorent ; ils chantent le cantique de l'Alliance nouvelle, et nous-mêmes, unissant notre voix à celle des anges, nous t'acclamons : **Saint !...**

On peut prendre la préface du Jeudi saint, p. 253.

Prière après la communion

Fais que nous possédions, Seigneur Jésus, la jouissance éternelle de ta divinité, car nous en avons ici-bas l'avant-goût lorsque nous recevons ton corps et ton sang. Toi qui règnes.

Le corps humain, nourri du corps et du sang du Christ

« Quand le vin coupé d'eau et le pain reçoivent la parole de Dieu et deviennent l'Eucharistie, c'est-à-dire le corps et le sang du Christ, et quand notre propre nature trouve en eux sa force et sa consistance, comment peut-on affirmer que le corps est incapable de recevoir le don de Dieu, c'est-à-dire la vie éternelle, alors qu'il est nourri du corps et du sang de notre Seigneur, et qu'il est désormais une part de lui-même ? »

S. Irénée de Lyon (+ 202), *Contre les hérésies*,
V, 2, 3, trad. Fr. Quéré-Jaulmes.

Calendrier liturgique

Di 18 **LE SAINT-SACREMENT DU CORPS ET DU SANG DU CHRIST.**
Liturgie des Heures : Psautier semaine III.

Lu 19 11e semaine du Temps ordinaire.
S. Romuald, abbé, fondateur des Camaldules, † 1027 à Camaldoli (Italie).

Me 21 S. Louis de Gonzague, étudiant jésuite, † 1591 à Rome

Jeu 22 *S. Paulin (Bordelais), évêque de Nole (Italie), † 431.*
S. Jean Fisher, évêque de Rochester, et S. Thomas More, chancelier d'Angleterre, martyrs à Londres, † 1535

Ve 23 **SACRE-CŒUR DE JESUS, p. 394.**

Sa 24 **NATIVITÉ DE S. JEAN BAPTISTE**. Lectures propres : Is 49,1-6 ; Ac 13,22-26 ; Lc 1,57-66.80.

Bonne fête ! 18 : Léonce. 19 : Romuald, Gervais. 20 : Silvère. 21 : Gonzague, Rodolphe, Rudy, Loïs. 22 : Paulin, Alban. 23 : Audrey. 24 : Jean-Baptiste, Johnny, Yann, Yannick.

Pour mémoire : Il y a 50 ans, le 18 juin 1967, le pape Paul VI rétablissait le diaconat permanent par le motu proprio *Sacrum diaconatus ordinem*.

Pour prier avec l'Évangile : Dieu notre Père, tu nous as rassemblés autour de ton Fils pour écouter sa parole donnée et recevoir son corps livré. Que son Évangile soit la force qui nous fait vivre selon toi, et son corps, la nourriture qui nous fait vivre de toi.

LA COMMUNION FRATERNELLE

« Ils étaient assidus à l'enseignement des Apôtres et à la communion fraternelle, à la fraction du pain et aux prières » (Ac 2, 42).

Au cours de la messe, la communauté eucharistique, qui réunit des hommes et des femmes de tous âges et de toutes conditions, devient, à la suite du Christ mort et ressuscité, un seul corps (1 Co 10,17). La communion fraternelle n'est donc pas une option. Pourtant, nos rassemblements dominicaux sont-ils réellement signe de cette communion ? Une personne extérieure à notre communauté dira-t-elle, à la fin de la messe : « Voyez comme ils s'aiment » (Tertullien, *Apologétique*) ?

La réponse à cette question tient sans doute dans la compréhension que nous avons de l'Eucharistie comme fraction du pain. « C'est de la division de ce pain que naît et se renouvelle la capacité de partager aussi la vie et les biens, de porter le poids les uns des autres, d'être accueillants et de donner l'hospitalité » (Benoît XVI, 10 juin 2012). Sur le plan liturgique, il peut être utile de rappeler que le chant *Agneau de Dieu*, qui reprend les mots de Jean Baptiste pour désigner Jésus (Jn 1, 29), accompagne la fraction ; l'essentiel n'est donc pas l'animateur – qui chantera de préférence sans diriger et tourné vers l'autel – mais le geste du prêtre qui rompt le pain.

À la messe, « il ne suffit pas que les disciples du Christ prient individuellement et fassent mémoire intérieurement, dans le secret de leur cœur, de la mort et de la résurrection du Christ », nous dit Jean-Paul II dans sa lettre apostolique *Dies Domini*. Ceux qui ont reçu la grâce du baptême ne sont pas seulement sauvés à titre individuel, mais comme membres du Corps du Christ. Cela est particulièrement explicite dans la prière du *Notre Père ;* le prêtre (ou le chantre) veillera à ne pas couvrir, par la sonorisation, la participation active des fidèles.

Dans cette même perspective, on accordera une attention particulière au choix du chant de communion. Au long des siècles, les prières eucharistiques ont toujours utilisé la première personne du pluriel comme sujet « opérateur » de l'action liturgique : « rendons grâce à Dieu ». Et la Présentation Générale du Missel Romain précise que ce chant doit « mettre en lumière le caractère "communautaire" de la procession qui conduit à la réception de l'Eucharistie » (n° 86). Pour qu'il accompagne justement le rite de la communion, le chant devra impérativement tenir compte de cette dimension communautaire. Le « nous » eucharistique n'est pas une somme de « je » mais une seule personne collective, exerçant un sacerdoce commun.

F.B.

Sacré-Cœur de Jésus 23 juin 2017

« Nous ne savons pas ton mystère,
Amour infini ;
Mais tu as un cœur,
Toi qui cherches le fils perdu,
Et tu tiens contre toi
Cet enfant difficile
Qu'est le monde des humains.

Nous ne voyons pas ton visage,
Amour infini ;
Mais tu as des yeux,
Car tu pleures dans l'opprimé,
Et tu poses sur nous
Ce regard de lumière
Qui révèle ton pardon.

Nous ne voyons pas ton ouvrage,
Amour infini ;
Mais tu as des mains
Qui allègent notre labeur,
Et tu peines avec nous
Pour tracer sur la terre
Un chemin vers ton repos.

Nous ne savons pas ton langage,
Amour infini ;
Mais tu es le cri
Que nos frères lancent vers nous,
Et l'appel du pécheur
S'élevant de l'abîme
Vers le Dieu de liberté. »

CFC (Sr Ch.) **P** 221

CHANTER ***Litanies du Sacré-Cœur* Y 22-83 CNA 787, *J'ai vu l'eau vive* I 132-1 CNA 191.**

PRIÈRE D'OUVERTURE Seigneur notre Père, en vénérant le Cœur de ton Fils bien-aimé, nous disons les merveilles de ton amour pour nous ; fais que nous recevions de cette source divine une grâce plus abondante. Par Jésus Christ.

LECTURES

Première lecture :

Dt 7,6-11 — *Le peuple que Dieu aime.*

Psaume 102 : — *L'amour du Seigneur, sur ceux qui le craignent, est de toujours à toujours..*

Deuxième lecture :

1 Jn 4,7-16 — *« Dieu nous a aimés le premier ».*

Évangile : Mt 11,25-30 — *« Je suis doux et humble de cœur »*

Évangile

« Je suis doux et humble de cœur »

Évangile de Jésus Christ selon saint Matthieu 11, 25-30

En ce temps-là, Jésus prit la parole et dit : « Père, Seigneur du ciel et de la terre, je proclame ta louange : ce que tu as caché aux sages et aux savants, tu l'as révélé aux tout-petits. Oui, Père, tu l'as voulu ainsi dans ta bienveillance. Tout m'a été remis par mon Père ; personne ne connaît le Fils, sinon le Père, et personne ne connaît le Père, sinon le Fils, et celui à qui le Fils veut le révéler.

Venez à moi, vous tous qui peinez sous le poids du fardeau, et moi, je vous procurerai le repos. Prenez sur vous mon joug, devenez mes disciples, car je suis doux et humble de cœur, et *vous trouverez le repos pour votre âme*. Oui, mon joug est facile à porter, et mon fardeau, léger. »

PRÉFACE Vraiment, il est juste et bon de te rendre gloire, de t'offrir notre action de grâce, toujours et en tout lieu, à toi, Père très saint, Dieu éternel et tout-puissant, par le Christ, notre Seigneur.

Dans son immense amour, quand il fut élevé sur la croix, il s'est offert lui-même pour nous ; et de son côté transpercé, laissant jaillir le sang et l'eau, il fit naître les sacrements de l'Église, pour que tous les hommes, attirés vers son cœur, viennent puiser la joie aux sources vives du salut.

C'est pourquoi, avec les anges et tous les saints, nous chantons l'hymne de ta gloire et sans fin nous proclamons : Saint !...

Pour prier avec l'Évangile

Dieu, ami des hommes, tu nous as donné ton Fils ; en se laissant transpercer le cœur sur la croix, il révèle avec quelle passion tu nous aimes. Rends notre cœur assez pur pour accueillir ton amour et assez généreux pour en vivre.

12e dimanche 25 juin 2017

FIDÈLES AU CHRIST MALGRÉ L'HOSTILITÉ

Les persécutions antichrétiennes ne sont pas un phénomène réservé aux premiers siècles de l'Église. Certains historiens pensent même que le 20e siècle a été le siècle où le plus grand nombre de chrétiens ont été persécutés et ont payé de leur vie leur attachement au Christ. Et cela continue à notre époque.

Déjà Jérémie fut l'objet de vives critiques et de mauvais traitements (*première lecture*) parce que, sur l'ordre de Dieu, il prédisait à ses compatriotes un avenir sombre dont ils ne voulaient pas entendre parler.

À ses disciples qu'il envoie en mission, Jésus ne promet pas qu'ils seront bien accueillis partout, mais qu'ils seront comme des brebis au milieu des loups (Mt 10,16). Il dresse un tableau sombre des traitements qu'ils subiront. Mais en même temps, il les invite fermement à se confier en Dieu et à lui rendre témoignage (*évangile*).

À plusieurs reprises, il leur demande de ne pas céder à la crainte. Il donne deux raisons. D'abord, les persécuteurs qui tuent le corps ne sont pas les plus dangereux, car l'Adversaire qui fait aussi périr l'âme est bien plus dangereux encore : la mort spirituelle est plus grave que la mort corporelle, selon l'échelle de valeurs qu'implique la foi.

Et c'est encore la foi que Jésus leur demande quand il les invite à garder, malgré tout, leur confiance en Dieu. Il les compare à des moineaux qui font l'objet de la sollicitude du Créateur. Cet argument peut nous déconcerter. Nous pouvons cependant y voir un rappel de la puissance de Dieu qui maintient dans l'existence le monde et tous ses habitants. Or ce Dieu-là est non seulement le Père de Jésus mais aussi le Père de chacun d'entre nous. Gardons confiance en notre Père, quels que soient les dangers, la persécution, le harcèlement ou, plus fréquemment, l'indifférence qui peuvent nous accabler. Comme les martyrs d'hier et d'aujourd'hui qui ont témoigné jusqu'au bout, soyons fidèles à Jésus qui nous a aimés jusqu'au bout.

Suggestions pour la célébration

• CHANTER • Pour la procession d'ouverture, *Dieu nous éveille à la foi* IA 20.70.3 CNA 546, *Peuple rassemblé, ton Église en fête* A 58-10, *Jubilez, criez de joie* U 52-42, *Dieu nous accueille* A 174 CNA 545, *Pour avancer ensemble* KD 20-38 CNA 524.

Après la Parole, *N'ayons pas peur de vivre au monde* T 72.

Pour la communion, *Partageons le pain du Seigneur* D 39-31 CNA 342, *En mémoire du Seigneur* D 304-1 CNA 327.

Après la communion, *Écoute la voix du Seigneur* A 148 CNA 761, *En accueillant l'amour* DP 379 CNA 325.

• PRIER •

Pour la préparation pénitentielle

Seigneur Jésus, tu nous donnes confiance dans le Père,
prends pitié de nous.
Ô Christ, tu espères notre fidélité à ton amour,
prends pitié de nous.
Seigneur, tu nous promets la force de l'Esprit Saint,
prends pitié de nous.

Pour la prière universelle

Si pas même un seul moineau n'est indifférent aux yeux du Seigneur, nous pouvons le prier avec confiance :
- pour la fidélité des chrétiens persécutés dans le monde ;
- pour la conversion de leurs persécuteurs ;
- pour que partout soient mieux respectés les droits de l'Homme et la liberté religieuse ;
- pour que nous ayons le courage de vivre selon l'Évangile, quelle que soit l'attitude de ceux qui nous entourent.

• CÉLÉBRER • On pourrait inviter à un partage, après la célébration, avec des réfugiés chrétiens qui ont été victimes de persécution. On pourrait aussi y inviter des personnes qui ont accueilli des réfugiés.

Prière d'ouverture

Fais-nous vivre à tout moment, Seigneur, dans l'amour et le respect de ton saint nom, toi qui ne cesses jamais de guider ceux que tu enracines solidement dans ton amour. Par Jésus Christ.

1re LECTURE *« Il a délivré le malheureux de la main des méchants »*

Lecture du livre du prophète Jérémie 20, 10-13

Moi **Jérémie,** j'entends les calomnies de la foule : « Dénoncez-le ! Allons le dénoncer, celui-là, l'Épouvante-de-tous-côtés. » Tous mes amis guettent mes faux pas, ils disent : « Peut-être se laissera-t-il séduire... Nous réussirons, et nous prendrons sur lui notre revanche ! » Mais le Seigneur est avec moi, tel un guerrier redoutable : mes persécuteurs trébucheront, ils ne réussiront pas. Leur défaite les couvrira de honte, d'une confusion éternelle, inoubliable. Seigneur de l'univers, toi qui scrutes l'homme juste, toi qui vois les reins et les cœurs, fais-moi voir la revanche que tu leur infligeras, car c'est à toi que j'ai remis ma cause.

Chantez le Seigneur, louez le Seigneur : il a délivré le malheureux de la main des méchants.

Psaume 68

R/ **Dans ton grand amour, Dieu, réponds-moi.**

C'est pour toi que j'endure l'insulte,
que la honte me couvre le visage :
je suis un étranger pour mes frères,
un inconnu pour les fils de ma mère.
L'amour de ta maison m'a perdu ;
on t'insulte, et l'insulte retombe sur moi.

Et moi, je te prie, Seigneur :
c'est l'heure de ta grâce ;
dans ton grand amour, Dieu, réponds-moi,
par ta vérité sauve-moi.

Réponds-moi, Seigneur,
car il est bon, ton amour ;
dans ta grande tendresse, regarde-moi

Les pauvres l'ont vu, ils sont en fête :
« Vie et joie, à vous qui cherchez Dieu ! »
Car le Seigneur écoute les humbles,
il n'oublie pas les siens emprisonnés.
Que le ciel et la terre le célèbrent,
les mers et tout leur peuplement.

2e LECTURE

« Le don gratuit de Dieu et la faute n'ont pas la même mesure »

Lecture de la lettre de saint Paul apôtre aux Romains 5, 12-15

Frères, nous savons que par un seul homme, le péché est entré dans le monde, et que par le péché est venue la mort ; et ainsi, la mort est passée en tous les hommes, étant donné que tous ont péché. Avant la loi de Moïse, le péché était déjà dans le monde, mais le péché ne peut être imputé à personne tant qu'il n'y a pas de loi. Pourtant, depuis Adam jusqu'à Moïse, la mort a établi son règne, même sur ceux qui n'avaient pas péché par une transgression semblable à celle d'Adam. Or, Adam préfigure celui qui devait venir. Mais il n'en va pas du don gratuit comme de la faute. En effet, si la mort a frappé la multitude par la faute d'un seul, combien plus la grâce de Dieu s'est-elle répandue en abondance sur la multitude, cette grâce qui est donnée en un seul homme, Jésus Christ.

Alléluia. Alléluia. L'Esprit de vérité rendra témoignage en ma faveur, a dit le Seigneur ; vous aussi, vous allez rendre témoignage. **Alléluia.**

ÉVANGILE *« Ne craignez pas ceux qui tuent le corps »*

Évangile de Jésus Christ selon saint Matthieu 10, 26-33

En ce temps-là, Jésus disait à ses Apôtres : « Ne craignez pas les hommes ; rien n'est voilé qui ne sera dévoilé, rien n'est caché qui ne sera connu. Ce que je vous dis dans les ténèbres, dites-le en pleine lumière ; ce que vous entendez au creux de l'oreille, proclamez-le sur les toits. Ne craignez pas ceux qui tuent le corps sans pouvoir tuer l'âme ; craignez plutôt celui qui peut faire périr dans la géhenne l'âme aussi bien que le corps. Deux moineaux ne sont-ils pas vendus pour un sou ? Or, pas un seul ne tombe à terre sans que votre Père le veuille. Quant à vous, même les cheveux de votre tête sont tous comptés. Soyez donc sans crainte : vous valez bien plus qu'une multitude de moineaux. Quiconque se déclarera pour moi devant les hommes, moi aussi je me déclarerai pour lui devant mon Père qui est aux cieux. Mais celui qui me reniera devant les hommes, moi aussi je le renierai devant mon Père qui est aux cieux. »

PRIÈRE SUR LES OFFRANDES

Accepte, Seigneur, le sacrifice de louange et de pardon, afin que nos cœurs, purifiés par sa puissance, t'offrent un amour qui réponde à ton amour. Par Jésus.

PRIÈRE APRÈS LA COMMUNION

Renouvelés par le corps et le sang de ton Fils, nous implorons ta bonté, Seigneur : fais qu'à jamais rachetés, nous possédions dans ton Royaume ce que nous célébrons en chaque eucharistie. Par Jésus.

Chrétiens persécutés aujourd'hui

« Le nombre de chrétiens persécutés dans le monde oscille entre 100 et 150 millions. Ce nombre, en hausse constante, fait du christianisme la religion la plus persécutée au monde. »

Cardinal Jean-Louis Tauran, déclaration d'octobre 2013,
dans *Le livre noir de la condition des chrétiens dans le monde*,
ouvrage coordonné par S. Liéven, Paris, éd. XO, 2014, p. 13.

« Je sais beaucoup de choses sur ces persécutions mais il me semble plus prudent de ne pas les raconter ici pour ne blesser personne. Il y a néanmoins des lieux où il est interdit d'avoir une bible, d'enseigner le catéchisme ou de porter une croix... Je suis convaincu que les persécutions qui frappent aujourd'hui les chrétiens sont plus fortes que lors des premiers siècles de l'Église. Il y a aujourd'hui plus de chrétiens martyrs qu'à cette époque. Et ce n'est pas une invention, les chiffres le prouvent. »

Pape François, Interview à *La Vanguardia*, 13 juin 2014, *loc. cit.*, p. 154.

Calendrier liturgique

Di 25	**12e dimanche A.** *Liturgie des Heures : Psautier semaine IV.*
Ma 27	*S. Cyrille, évêque d'Alexandrie, docteur de l'Église, † 444.*
Me 28	S. Irénée, évêque de Lyon et martyr, † vers 202.
Je 29	**S. PIERRE et S. PAUL, Apôtres**. Lectures propres : Veille au soir : Ac 3,1-10 ; Ga 1,11-20 ; Jn 21,15-19 ; jour : Ac 12,1-11 ; 1Tm4, 6-8.17-18 ; Mt 16,13-19.
Ve 30	*Les premiers martyrs de l'Église de Rome, † 64.*

Bonne fête ! 25 : Léonore, Prosper, Nora, Salomon. 26 : Anthelme. 27 : Cyrille, Fernand. 28 : Irénée. 29 : Pierre, Paul, Pablo, Peter. 30 : Martial. 1er : Thierry, Dietrich, Servan, Esther.

Pour mémoire : *En France,* le 1er juillet, premier samedi de juillet, « La Nuit des églises » est organisée par Narthex, service de la Conférence des évêques, pour favoriser la visite des églises et la découverte de leur patrimoine artistique.

Pour prier avec l'Évangile : Seigneur de l'univers, Dieu notre Père, tu nous connais mieux que nous-mêmes, et toi seul peux nous rendre libres : délivre-nous de la peur qui réduit au silence, et nous pourrons annoncer la Parole que tu nous as confiée.

13e dimanche 2 juillet 2017

VIVANTS POUR DIEU EN JÉSUS CHRIST

L'évangile de Matthieu est structuré par cinq discours de Jésus. Le premier et le plus connu est le sermon sur la montagne (Mt 5 – 7). Le deuxième est le discours de mission (Mt 10) dont un extrait a été lu dimanche dernier. Aujourd'hui est proclamée la dernière partie de ce discours adressé par Jésus aux disciples qui vont partir en mission (*évangile*). Même si elles ont une portée plus large, les exigences qui y sont formulées par le Christ concernent d'abord les missionnaires envoyés loin de chez eux. S'ils aiment leur père ou leur mère plus que le Christ, ils ne partiront pas. S'ils veulent une vie facile, sans croix d'aucune sorte, ils ne suivront pas Jésus sur la route, qui sera jalonnée d'embûches. Ils doivent être prêts à perdre leur vie à cause du Christ. Quant aux personnes qui auront la joie de les accueillir, elles doivent savoir qu'en eux elles accueillent le Christ lui-même. Ceux qui parlent au nom du Christ sont de nouveaux prophètes, qui devraient être aussi bien accueillis qu'Élisée par la femme de Sunam (*première lecture*). Le moindre geste d'hospitalité à leur égard aura une valeur décuplée, ne serait-ce qu'un verre d'eau.

Sans que tous soient des missionnaires engagés en permanence, les chrétiens ont le devoir de témoigner du Christ partout où ils sont : Vatican II l'a rappelé et le pape François le rappelle sans cesse. Cela signifie qu'ils doivent faire des choix et avoir des priorités afin de pouvoir témoigner du Christ, quelle que soit leur situation familiale ou professionnelle. Car cette exigence radicale est liée à leur condition de baptisés. Or, comme l'explique Paul aux Corinthiens (*deuxième lecture*), le baptême nous unit au mystère pascal du Christ, à sa mort et à sa résurrection : le rite de l'immersion le montre à merveille. Être unis à sa mort implique des renoncements, proportionnés à la condition de chacun, mais réels. Être uni à sa résurrection donne de participer à sa vie nouvelle, immortelle, source intarissable de la joie que donne la proximité avec Dieu.

Suggestions pour la célébration

• CHANTER • Pour la procession d'ouverture, *Dieu nous éveille à la foi* IA 20-70-3 CNA 546, *Pour avancer ensemble* KD 20-38 CNA 524, *Peuple rassemblé, ton Église en fête* A 58-10, *Peuple de baptisés* K 106 CNA 573.

Après la Parole, *Seigneur, tu as vaincu la mort* X 11 CNA 587, *Baptisés dans la lumière de Jésus* I 297 CNA 672.

Après la communion, *En accueillant l'amour* DP 379 CNA 325, *Ouvriers de la paix* XW 61 CNA 522, *Les mots que tu nous dis* EP 164.

• PRIER • POUR LA PRÉPARATION PÉNITENTIELLE

Seigneur Jésus, tu nous proposes de t'aimer par-dessus tout,
prends pitié de nous.
Ô Christ, tu nous dis de te suivre en portant nos croix quotidiennes,
prends pitié de nous.
Seigneur, tu nous appelles à témoigner sans cesse de toi,
prends pitié de nous.

POUR LA PRIÈRE UNIVERSELLE

Nous pouvons prier :
- pour les ministres de l'Église et pour leur mission au service de l'Évangile ;
- pour ceux qui ont choisi de suivre le Christ comme missionnaires et pour toutes les personnes consacrées à Dieu ;
- pour les communautés chrétiennes : qu'elles soient accueillantes à l'égard de ceux qui leur annoncent l'Évangile ;
- pour tous les baptisés, afin qu'ils portent leurs croix quotidiennes en union avec celle du Christ.

• CÉLÉBRER • En lien avec la deuxième lecture, on pourrait mettre particulièrement en valeur les fonts baptismaux (éclairage, fleurs...).

Prière d'ouverture

Tu as voulu, Seigneur, qu'en recevant ta grâce nous devenions des fils de lumière ; ne permets pas que l'erreur nous plonge dans la nuit, mais accorde-nous d'être toujours rayonnants de ta vérité. Par Jésus Christ.

1re lecture *Dieu récompense la femme qui héberge son prophète*

Lecture du deuxième livre des Rois 4, 8-11.14-16a

Un jour, le prophète Élisée passait à Sunam ; une femme riche de ce pays insista pour qu'il vienne manger chez elle. Depuis, chaque fois qu'il passait par là, il allait manger chez elle. Elle dit à son mari : « Écoute, je sais que celui qui s'arrête toujours chez nous est un saint homme de Dieu. Faisons-lui une petite chambre sur la terrasse ; nous y mettrons un lit, une table, un siège et une lampe, et quand il viendra chez nous, il pourra s'y retirer. »

Le jour où il revint, il se retira dans cette chambre pour y coucher. Puis il dit à son serviteur : « Que peut-on faire pour cette femme ? » Le serviteur répondit : « Hélas, elle n'a pas de fils, et son mari est âgé. » Élisée lui dit : « Appelle-la. » Le serviteur l'appela et elle se présenta à la porte. Élisée lui dit : « À cette même époque, au temps fixé pour la naissance, tu tiendras un fils dans tes bras. »

Psaume 88

R/ **Ton amour, Seigneur,**
sans fin je le chante !

L'amour du Seigneur, sans fin je le chante ;
ta fidélité, je l'annonce d'âge en âge.
Je le dis : C'est un amour bâti pour toujours ;
ta fidélité est plus stable que les cieux.

Heureux le peuple qui connaît l'ovation !
Seigneur, il marche à la lumière de ta face ;
tout le jour, à ton nom il danse de joie,
fier de ton juste pouvoir.

Tu es sa force éclatante ;
ta grâce accroît notre vigueur.
Oui, notre roi est au Seigneur ;
notre bouclier, au Dieu saint d'Israël.

2e LECTURE

Unis, par le baptême, à la mort et à la résurrection du Christ

Lecture de la lettre de saint Paul apôtre aux Romains 6, 3-4.8-11

Frères, ne le savez-vous pas ? Nous tous qui par le baptême avons été unis au Christ Jésus, c'est à sa mort que nous avons été unis par le baptême. Si donc, par le baptême qui nous unit à sa mort, nous avons été mis au tombeau avec lui, c'est pour que nous menions une vie nouvelle, nous aussi, comme le Christ qui, par la toute-puissance du Père, est ressuscité d'entre les morts.

Et si nous sommes passés par la mort avec le Christ, nous croyons que nous vivrons aussi avec lui. Nous le savons en effet : ressuscité d'entre les morts, le Christ ne meurt plus ; la mort n'a plus de pouvoir sur lui. Car lui qui est mort, c'est au péché qu'il est mort une fois pour toutes ; lui qui est vivant, c'est pour Dieu qu'il est vivant. De même, vous aussi, pensez que vous êtes morts au péché, mais vivants pour Dieu en Jésus Christ.

Alléluia. Alléluia. Descendance choisie, sacerdoce royal, nation sainte, annoncez les merveilles de Celui qui vous a appelés des ténèbres à son admirable lumière. **Alléluia.**

ÉVANGILE

Se donner pleinement à l'annonce du Christ

Évangile de Jésus Christ selon saint Matthieu 10, 37-42

En ce temps-là, Jésus disait à ses Apôtres : « Celui qui aime son père ou sa mère plus que moi n'est pas digne de moi ; celui qui aime son fils ou sa fille plus que moi n'est pas digne de moi ; celui qui ne prend pas sa croix et ne me suit pas n'est pas digne de moi. Qui a trouvé sa vie la perdra ; qui a perdu sa vie à cause de moi la gardera. Qui vous accueille m'accueille ; et qui m'accueille

accueille Celui qui m'a envoyé. Qui accueille un prophète en sa qualité de prophète recevra une récompense de prophète ; qui accueille un homme juste en sa qualité de juste recevra une récompense de juste. Et celui qui donnera à boire, même un simple verre d'eau fraîche, à l'un de ces petits en sa qualité de disciple, amen, je vous le dis : non, il ne perdra pas sa récompense. »

Prière sur les offrandes

Dieu qui agis avec puissance dans tes sacrements, fais que le peuple assemblé pour te servir soit accordé à la sainteté de tes propres dons. Par Jésus.

Prière après la communion

Que le corps et le sang de Jésus Christ, offert en sacrifice et reçu en communion, nous donnent la vie, Seigneur : reliés à toi par une charité qui ne passera jamais, nous porterons des fruits qui demeurent. Par Jésus.

Nous sommes tous des disciples missionnaires

« La nouvelle évangélisation doit impliquer que chaque baptisé soit protagoniste d'une façon nouvelle. Cette conviction se transforme en un appel adressé à chaque chrétien, pour que personne ne renonce à son engagement pour l'évangélisation, car s'il a vraiment fait l'expérience de l'amour de Dieu qui le sauve, il n'a pas besoin de beaucoup de temps de préparation pour aller l'annoncer, il ne peut pas attendre d'avoir reçu beaucoup de leçons ou de longues instructions. Tout chrétien est missionnaire dans la mesure où il a rencontré l'amour de Dieu en Jésus Christ ; nous ne disons plus que nous sommes "disciples" et "missionnaires", mais toujours que nous sommes "disciples missionnaires". »

Pape François, *La joie de l'évangile,* 24 novembre 2013, n° 120.

Calendrier liturgique

Di 2	**13e dimanche A.** *Liturgie des Heures : Psautier semaine I.*
Lu 3	S. THOMAS, Apôtre. Lectures propres : Ep 2,19-22 ; Jn 20,24-49.
Ma 4	*Ste Élisabeth, reine du Portugal, † 1336.*
Me 5	*S. Antoine-Marie Zaccaria, fondateur des Barnabites, † 1539 à Crémone (Italie).*
Je 6	*Ste Maria Goretti, vierge et martyre, † 1902 à Nettuno (Italie).*

Bonne fête ! 2 : Martinien. 3 : Thomas. 4 : Florian, Berthe, Élian, Éliane, Élisabeth. 5 : Antoine-Marie. 6 : Mariette. 7 : Ralf, Raoul. 8 : Thibault, Edgar.

Pour prier avec l'Évangile : Dieu d'amour, toi qui ne cesses de nous envoyer tes prophètes, ouvre nos oreilles et nos cœurs. Dans la lumière de l'Esprit, nous accueillerons Jésus, ta Parole ; par le chemin de sa croix, c'est vers ton Royaume qu'il nous entraîne.

HOSPITALITÉ DIVINE

Si le dimanche est bien le jour du Seigneur et le jour du rassemblement des chrétiens, l'église est à la fois la maison de Dieu et la maison où se rassemblent les chrétiens convoqués par l'Esprit. Au nom d'un Dieu qui appelle et accueille tous les hommes, l'Église à son tour appelle et accueille ceux qui sont prêts à l'entendre. Pour le repas de l'Eucharistie, tous les baptisés sont reçus autour de la table où s'offre le Christ, sans distinction d'âge, de langue, de race, de sexe ni de fortune. Idéalement debout autour de l'autel comme le dit l'antique Canon romain, les fidèles forment la grande famille de Dieu. Ils reçoivent du Créateur le pain et le vin que le Christ, vivant au milieu d'eux, offre avec eux, et qui, par la puissance de l'Esprit, deviennent Corps et Sang du Sauveur. La disposition de l'autel, au cœur de l'église, manifeste l'accueil que Dieu réserve à tous ceux qui s'approchent de sa table avec un cœur humble et doux comme celui de son Fils.

C'est au nom de cette même hospitalité offerte par Dieu à tous les hommes que les églises sont ouvertes à la visite des passants et des étrangers, autant que le permettent les mesures de sécurité. Elles offrent calme et silence à ceux qui ont besoin de faire une pause dans une vie fatigante ou éprouvante. En ville, les paroissiens se relayent souvent pour faire découvrir à leurs hôtes les productions de l'art et de l'architecture nées de la foi dans le Christ. Peintures, sculptures, vitraux, mobilier... Les surfaces et les volumes font vivre les images et les formes, les mots et les musiques qui célèbrent l'amour de Dieu, le mystère pascal et la créativité inépuisable de l'Esprit. Même quand l'église est vide, la beauté du lieu et son dispositif intérieur disent à chacun qu'il est attendu, que sa visite est la bienvenue, et que la table de l'Eucharistie lui est ouverte.

IRC

14e dimanche

9 juillet 2017

DOUX ET HUMBLE DE CŒUR

Dimanche dernier, nous avons entendu les exigences requises par Jésus de ceux qu'il envoie en mission. Il nous est bon d'entendre aujourd'hui de sa bouche que son joug reste facile à porter, et son fardeau, léger (*évangile*). D'abord, il lève le voile sur sa relation au Père, dans un style qui annonce celui du quatrième évangile. Entre le Père et le Fils, il y a une connaissance profonde, à nulle autre pareille. Et c'est le Fils qui est seul à révéler le Père. Toute la connaissance qu'à notre tour nous pouvons avoir du Père, et donc de Dieu, passe par Jésus qui veut bien la transmettre, et de préférence aux tout-petits, à ceux qui reconnaissent leur ignorance et aussi leur désir de Dieu. À l'inverse, chez les sages et les savants, il y a le risque de prétendre tout savoir et de n'éprouver aucun besoin de Dieu. Il faut qu'eux-mêmes deviennent des petits selon l'Évangile.

Ces petits ne le sont ni par l'âge ni par la taille, mais par l'humilité, la pauvreté, la douceur. Comme Jésus lui-même, « doux et humble de cœur ». Comme le roi annoncé par le prophète Zacharie, un roi « pauvre et monté sur un âne, qui proclamera la paix aux nations » (*première lecture*). Dans ce contexte, il y a équivalence entre humilité et pauvreté, car la pauvreté dont il s'agit est d'abord celle du cœur, comme dans les béatitudes. Et il en va de même pour la douceur.

La tonalité des béatitudes est communiquée par l'Esprit Saint à ceux qui vivent sous son emprise et non pas sous l'emprise de la chair (*deuxième lecture*). Cet Esprit est l'Esprit de Dieu, qui a ressuscité Jésus, en venant le vivifier après sa mort. Il est donc aussi l'Esprit du Christ. Par le baptême, cet Esprit vient habiter dans les disciples de Jésus, et c'est désormais de ce centre vital que doit découler tout comportement chrétien. De la sorte, nous pouvons mener une vie où fleurissent les béatitudes et où notre âme trouve le repos.

Suggestions pour la célébration

• CHANTER • Pour la procession d'ouverture, *Jubilez, criez de joie* U 52-42, *Dieu très haut qui fais merveille* YP 57-32-2 ou CNA 548, *Dieu nous accueille* A 174 CNA 545.

Après la Parole, *Vous tous qui peinez* U 13-21 CNA 700, *Dieu de bonté* MY 32-91.

Pour la procession de communion, *Partageons le pain du Seigneur* D 39-31 CNA 342, *Venez prendre le corps* D 50-06-2.

Après la communion, *Seigneur du ciel et de la terre* XY 48-47, *Heureux les pauvres* WP 106 CNA 650, *Béni sois-tu, Dieu notre Père* M 27-22.

• PRIER • **POUR LA PRÉPARATION PÉNITENTIELLE**

Seigneur Jésus, tu es doux et humble de cœur,
prends pitié de nous.
Ô Christ, tu viens révéler le Père aux tout-petits,
prends pitié de nous.
Seigneur, tu donnes à tes disciples le repos véritable,
prends pitié de nous.

POUR LA PRIÈRE UNIVERSELLE

Nous pouvons prier :
- pour les responsables de l'Église : que dans l'exercice de leurs charges ils soient, comme leur Maître, doux et humbles de cœur ;
- pour ceux qui pratiquent la violence au nom de leurs convictions religieuses, afin qu'ils se convertissent ;
- pour les vacanciers, afin qu'ils trouvent le repos véritable, pour le corps et pour l'âme ;
- pour les jeunes qui sont appelés par le Christ, afin qu'ils découvrent que son joug est facile à porter.

• CÉLÉBRER • En ces mois d'été, où beaucoup prennent des vacances, il serait bon d'attirer l'attention sur ce qui repose vraiment l'homme. L'industrie vacancière fait miroiter un grand nombre de possibilités : le bonheur est à votre portée, à condition de payer. L'Évangile propose une autre sorte de bonheur, celui des béatitudes. Il serait utile de se demander : qu'est-ce qui me procure la joie la plus profonde ? Les vacances peuvent être une occasion de réfléchir à cette question.

Prière d'ouverture

Dieu qui as relevé le monde par les abaissements de ton Fils, donne à tes fidèles une joie sainte : tu les as tirés de l'esclavage du péché ; fais-leur connaître le bonheur impérissable. Par Jésus Christ.

1re lecture — *Le roi pauvre*

Lecture du livre du prophète Zacharie 9, 9-10

Ainsi parle le Seigneur : « Exulte de toutes tes forces, fille de Sion ! Pousse des cris de joie, fille de Jérusalem ! Voici ton roi qui vient à toi : il est juste et victorieux, pauvre et monté sur un âne, un ânon, le petit d'une ânesse. Ce roi fera disparaître d'Éphraïm les chars de guerre, et de Jérusalem les chevaux de combat ; il brisera l'arc de guerre, et il proclamera la paix aux nations. Sa domination s'étendra d'une mer à l'autre, et de l'Euphrate à l'autre bout du pays. »

Psaume 144

R/ Mon Dieu, mon Roi,
je bénirai ton nom toujours et à jamais !
ou **: Alléluia.**

Je t'exalterai, mon Dieu, mon Roi ;
je bénirai ton nom toujours et à jamais !
Chaque jour je te bénirai,
je louerai ton nom toujours et à jamais.

Le Seigneur est tendresse et pitié,
lent à la colère et plein d'amour.
La bonté du Seigneur est pour tous,
sa tendresse, pour toutes ses œuvres.

Que tes œuvres, Seigneur, te rendent grâce
et que tes fidèles te bénissent !
Ils diront la gloire de ton règne,
ils parleront de tes exploits,

Le Seigneur est vrai en tout ce qu'il dit,
fidèle en tout ce qu'il fait.
Le Seigneur soutient tous ceux qui tombent,
il redresse tous les accablés.

2e LECTURE — *« L'Esprit de Dieu habite en vous »*

Lecture de la lettre de saint Paul apôtre aux Romains — 8, 9.11-13

Frères, vous, vous n'êtes pas sous l'emprise de la chair, mais sous celle de l'Esprit, puisque l'Esprit de Dieu habite en vous. Celui qui n'a pas l'Esprit du Christ ne lui appartient pas. Mais si l'Esprit de celui qui a ressuscité Jésus d'entre les morts habite en vous, celui qui a ressuscité Jésus, le Christ, d'entre les morts donnera aussi la vie à vos corps mortels par son Esprit qui habite en vous. Ainsi donc, frères, nous avons une dette, mais elle n'est pas envers la chair pour devoir vivre selon la chair. Car si vous vivez selon la chair, vous allez mourir ; mais si, par l'Esprit, vous tuez les agissements de l'homme pécheur, vous vivrez.

Alléluia. Alléluia. Tu es béni, Père, Seigneur du ciel et de la terre, tu as révélé aux tout-petits les mystères du Royaume ! **Alléluia.**

ÉVANGILE — *« Je suis doux et humble de cœur »*

Évangile de Jésus Christ selon saint Matthieu 11, 25-30

En ce temps-là, Jésus prit la parole et dit : « Père, Seigneur du ciel et de la terre, je proclame ta louange : ce que tu as caché aux sages et aux savants, tu l'as révélé aux tout-petits. Oui, Père, tu l'as voulu ainsi dans ta bienveillance. Tout m'a été remis par mon Père ; personne ne connaît le Fils, sinon le Père, et personne ne connaît le Père, sinon le Fils, et celui à qui le Fils veut le révéler.

Venez à moi, vous tous qui peinez sous le poids du fardeau, et moi, je vous procurerai le repos. Prenez sur vous mon joug, devenez mes disciples, car je suis doux et humble de cœur, et *vous trouverez le repos pour votre âme.* Oui, mon joug est facile à porter, et mon fardeau, léger. »

PRIÈRE SUR LES OFFRANDES

Puissions-nous être purifiés, Seigneur, par l'offrande qui t'est consacrée : qu'elle nous conduise, jour après jour, au Royaume où nous vivrons avec toi. Par Jésus.

PRIÈRE APRÈS LA COMMUNION

Comblés d'un si grand bien, nous te supplions, Seigneur : fais que nous en retirions des fruits pour notre salut, et que jamais nous ne cessions de chanter ta louange. Par Jésus.

La source de l'action évangélique

« C'est seulement grâce à cette rencontre – ou nouvelle rencontre – avec l'amour de Dieu, qui se convertit en heureuse amitié, que nous sommes délivrés de notre conscience isolée et de l'autoréférence. Nous parvenons à être pleinement humains quand nous sommes plus qu'humains, quand nous permettons à Dieu de nous conduire au-delà de nous-mêmes pour que nous parvenions à notre être le plus vrai. Là se trouve la source de l'action évangélique. Parce que, si quelqu'un a accueilli cet amour qui lui redonne le sens de la vie, comment peut-il retenir le désir de le communiquer aux autres ? »

Pape François, *La joie de l'évangile,* 24 novembre 2013, nº 8.

Calendrier liturgique

Di 9	**14e dimanche A.** *Liturgie des Heures : Psautier semaine II.* *[S. Augustin Zhao Rong, prêtre, et les martyrs de Chine † 1648-1930].*
Lu 10	*En Afrique du Nord, Ste Marcienne, vierge et martyre, à Cherchel † vers 303.*
Ma 11	S. BENOÎT, abbé, patron de l'Europe, † 547 au Mont-Cassin (Italie). En Europe, fête. Lectures propres : Pr 2,1-9 ; Mt 19,27-29.
Je 13	*S. Henri, empereur d'Allemagne, † 1024 à Bamberg.* Au Luxembourg, S. Henri et Ste Cunégonde, son épouse, † 1033 ou 1039.
Ve 14	*S. Camille de Lellis, prêtre, fondateur des Camilliens, religieux hospitaliers, † 1614 à Rome.*
Sa 15	S. Bonaventure, évêque d'Albano et cardinal, franciscain, docteur de l'Église, † 1274 à Lyon pendant le concile.

Bonne fête ! 9 : Amandine, Irma, Marianne, Hermine. 10 : Ulrich. 11 : Benoît, Olga. 12 : Olivier. 13 : Henri, Harry, Joël, Eugène. 14 : Camille. 15 : Bonaventure, Donald, Vladimir.

Pour mémoire : IL Y A 1200 ANS, le 10 juillet 817, le synode d'Aix-la-Chapelle imposait à tous les monastères d'Europe occidentale de suivre la règle de Benoît de Nursie (6e s.), unifiant ainsi les différents styles de vie monastique dans l'Empire carolingien.

IL Y A 100 ANS, en 1917, le bienheureux Columba Marmion, Abbé de Maredsous (Belgique), publiait *Le Christ, vie de l'âme*, un ouvrage dans lequel le cardinal Mercier a salué « une synthèse profondément humaine autant que surnaturelle, parfaitement adaptée aux orientations de la piété catholique ».

Pour prier avec l'Évangile : Seigneur du ciel et de la terre, toi qui fais des merveilles, tu révèles ton Nom aux tout-petits, pour qu'ils te connaissent et chantent ta gloire. Rends-nous doux et humbles : que nous puissions, nous aussi, proclamer ta louange, en Jésus, le Christ.

15e dimanche

16 juillet 2017

ABONDANCE

Pendant trois dimanches (15e, 16e et 17e), la liturgie nous donne à entendre les sept paraboles que Matthieu met dans la bouche de Jésus comme autant de perles à enfiler pour constituer un précieux collier. Ces paraboles sont des paroles – le mot français vient du même mot grec *parabolè* – qui ont le pouvoir de se comprendre à un double niveau : le sens littéral, matériel, accessible à tous car ancré dans la réalité la plus concrète de notre vie quotidienne, et le sens spirituel, accessible seulement à ceux qui cherchent à comprendre. Il ne s'agit donc pas d'un discours réservé par principe à un petit nombre d'élus ou à une élite, mais c'est un récit qui, malgré sa simplicité ou à cause d'elle, a besoin d'une grande attention pour être compris en profondeur. Remarquons que dans la symbolique biblique le nombre 7 est lié à la plénitude de la création matérielle. C'est en effet dans la réalité visible que Jésus se place pour donner accès, à partir d'elle, à la réalité invisible.

La parabole du semeur que nous entendons aujourd'hui est un magnifique récit qui, dans sa concision, expose le cœur de l'Évangile et de ce que notre assemblée est justement en train de vivre : c'est une parabole sur la parole de Dieu. Que nous apprend-elle ? Que Jésus vient offrir sa parole à tous les hommes, qu'il est la parole de Dieu comme nous le proclamons chaque dimanche après avoir entendu la lecture de l'évangile ; qu'il dépend de chacun de nous qu'elle porte du fruit car sa fécondité dépend de l'accueil qui lui est fait dans le cœur des auditeurs ; enfin, que la Parole accueillie, aimée et vécue, fructifie dans des proportions inimaginables. Voilà une excellente, une merveilleuse nouvelle, dont nos communautés ont certainement déjà fait l'expérience. L'Esprit nous donne de comprendre que cette Parole est déjà à l'œuvre dans le monde, et nous sommes capables de rendre grâce avec le Christ pour la moisson qui lève.

Suggestions pour la célébration

• **CHANTER** • Pour accompagner la procession d'entrée, on pourra prendre *Seigneur, que ta Parole* CNA 212 ou *Dieu nous éveille à la foi* IA 20-70-3 CNA 546, *Habités par la même espérance* A 55-96, *Évangile de Dieu* X 48-67, *Peuple où s'avance le Seigneur* K 82 CNA 578 ou encore *Écoute la voix du Seigneur* CNA 761.

Pour la préparation pénitentielle, on peut chanter *De ton peuple rassemblé par ta Parole* CNA 171.

Après la Parole, *Le semeur est sorti pour semer* X 55-09.

Pour la procession de communion, *Voici le pain que donne Dieu* D 50-07-3, *La Sagesse a dressé une table* SYL F 502 CNA 332.

Après la communion *Pain de Dieu, pain rompu* D 284 CNA 338, *Celui qui a mangé ce pain* D 140-2 CNA 321, *Goûtez la Parole* X 56-94, *Vous tous qui peinez* U 13-21 CNA 700.

• **PRIER** •

Pour la préparation pénitentielle

Seigneur Jésus, sans te lasser tu sèmes la parole de Dieu
dans les cœurs durs, happés par le Mauvais qui sème la zizanie,
béni sois-tu, prends pitié de nous.
Ô Christ, sans te lasser tu sèmes la parole de Dieu
dans les cœurs séduits par les richesses du monde,
béni sois-tu, prends pitié de nous.
Seigneur, sans te lasser tu sèmes la parole de Dieu
dans les cœurs futiles et frivoles,
béni sois-tu, prends pitié de nous.

Pour la prière universelle

Nous pouvons prier :
– pour l'Église qui se nourrit continuellement de la parole de Dieu, afin que Dieu fasse germer sa parole dans le cœur de tous les chrétiens ;
– pour que les gouvernants ne se réfèrent pas seulement à des chartes, des constitutions ou des lois, mais aussi à la parole de Dieu qui protège les plus faibles et les plus petits ;

– pour nos contemporains qui cherchent un sens à leur vie, afin que l'Esprit les aide à comprendre le sens des paroles de Jésus ;
– pour que notre communauté entende la parole de Dieu et la fasse fructifier.

• **CÉLÉBRER** • La parabole met l'accent sur la parole de Dieu. Il convient que l'Évangéliaire ou, à défaut, le lectionnaire, soit apporté en procession dès l'entrée, durant le chant. Après l'homélie, quand la Parole aura été proclamée et commentée, on pourra fermer le livre, car c'est alors dans le cœur des fidèles qu'elle se trouve. Le livre, si vénérable soit-il, n'est qu'un support matériel au service de la Parole, qui est le Seigneur lui-même, le Verbe de Dieu.

Nous sommes pour quelques semaines en période estivale. Les vacances amènent nos communautés à se composer de manière nouvelle et changent leur physionomie. Il est important d'en tenir compte. L'accueil doit être particulièrement soigné, adapté à chaque lieu et aux populations d'estivants ou de touristes. Le prêtre et des laïcs peuvent se tenir à la porte de l'église et saluer les gens, surtout ceux qui sont étrangers à la paroisse. Si le prêtre est lui-même de passage, il peut le signaler dans son mot d'accueil en saluant les fidèles.

Dans les célébrations où il y a beaucoup d'enfants, souvent amenés à la messe par leurs grands-parents, on aura soin d'adapter des espaces pour eux, par exemple à la sacristie ou devant l'autel, et de leur réserver des gestes à faire, par exemple dans la procession des offrandes ou pour la récitation du Notre Père.

L'été est une période propice pour redécouvrir et faire découvrir les églises et les œuvres d'art qu'elles contiennent, source d'émerveillement et de catéchèse. Il peut être opportun dans certains lieux de proposer une visite de l'église avant la messe. La célébration n'en sera que plus signifiante et plus belle. On peut aussi annoncer à la fin de la messe une visite de l'église prévue dans l'après-midi.

Prière d'ouverture

Dieu qui montres aux égarés la lumière de ta vérité pour qu'ils puissent reprendre le bon chemin, donne à tous ceux qui se déclarent chrétiens de rejeter ce qui est indigne de ce nom, et de rechercher ce qui lui fait honneur. Par Jésus Christ.

1re LECTURE — *La parole de Dieu donne vie*

Lecture du livre du prophète Isaïe — 55, 10-11

Ainsi parle le Seigneur : « La pluie et la neige qui descendent des cieux n'y retournent pas sans avoir abreuvé la terre, sans l'avoir fécondée et l'avoir fait germer, donnant la semence au semeur et le pain à celui qui doit manger ; ainsi ma parole, qui sort de ma bouche, ne me reviendra pas sans résultat, sans avoir fait ce qui me plaît, sans avoir accompli sa mission. »

PSAUME 64

R/ **Tu visites la terre et tu l'abreuves, Seigneur,**
tu bénis les semailles.

Tu visites la terre et tu l'abreuves,
tu la combles de richesses ;
les ruisseaux de Dieu regorgent d'eau,
tu prépares les moissons.

Ainsi, tu prépares la terre,
tu arroses les sillons ;
tu aplanis le sol, tu le détrempes sous les pluies,
tu bénis les semailles.

Tu couronnes une année de bienfaits,
sur ton passage, ruisselle l'abondance.
Au désert, les pâturages ruissellent,
les collines débordent d'allégresse.

Les herbages se parent de troupeaux
et les plaines se couvrent de blé.
Tout exulte et chante !

2e LECTURE — *La création est en train d'enfanter*

Lecture de la lettre de saint Paul apôtre aux Romains 8, 18-23

Frères, j'estime qu'il n'y a pas de commune mesure entre les souffrances du temps présent et la gloire qui va être révélée pour nous. En effet la création attend avec impatience la révélation des fils de Dieu. Car la création a été soumise au pouvoir du néant, non pas de son plein gré, mais à cause de celui qui l'a livrée à ce pouvoir. Pourtant, elle a gardé l'espérance d'être, elle aussi, libérée de l'esclavage de la dégradation, pour connaître la liberté de la gloire donnée aux enfants de Dieu. Nous le savons bien, la création tout entière gémit, elle passe par les douleurs d'un enfantement qui dure encore. Et elle n'est pas seule. Nous aussi, en nous-mêmes, nous gémissons ; nous avons commencé à recevoir l'Esprit Saint, mais nous attendons notre adoption et la rédemption de notre corps.

Alléluia. Alléluia. La semence est la parole de Dieu ; le semeur est le Christ ; celui qui le trouve demeure pour toujours. **Alléluia.**

ÉVANGILE — *« Le semeur sortit pour semer »*

Évangile de Jésus Christ selon saint Matthieu 13, 1-23

La lecture du texte entre crochets est facultative.

Ce jour-là, Jésus était sorti de la maison, et il était assis au bord de la mer. Auprès de lui se rassemblèrent des foules si grandes qu'il monta dans une barque où il s'assit ; toute la foule se tenait sur le rivage.

Il leur dit beaucoup de choses en paraboles : « Voici que le semeur sortit pour semer. Comme il semait, des grains sont tombés au bord du chemin, et les oiseaux sont venus tout manger. D'autres sont tombés sur le sol pierreux, où ils n'avaient pas beaucoup de terre ; ils ont levé aussitôt, parce que la terre était peu profonde. Le soleil s'étant levé, ils ont brûlé et, faute de racines, ils ont séché. D'autres sont tombés dans les ronces ; les ronces ont poussé et les ont étouffés. D'autres sont tombés dans la bonne terre, et ils ont donné du fruit à raison de cent, ou soixante, ou trente pour un. Celui qui a des oreilles, qu'il entende ! »

[Les disciples s'approchèrent de Jésus et lui dirent : « Pourquoi leur parles-tu en paraboles ? » Il leur répondit : « À vous il est donné de connaître les mystères du royaume des Cieux, mais ce n'est pas donné à ceux-là. À celui qui a, on donnera, et il sera dans l'abondance ; à celui qui n'a pas, on enlèvera même ce qu'il a. Si je leur parle en paraboles, c'est parce qu'ils regardent sans regarder, et qu'ils écoutent sans écouter ni comprendre. Ainsi s'accomplit pour eux la prophétie d'Isaïe :

Vous aurez beau écouter, vous ne comprendrez pas. Vous aurez beau regarder, vous ne verrez pas. Le cœur de ce peuple s'est alourdi : ils sont devenus durs d'oreille, ils se sont bouché les yeux, de peur que leurs yeux ne voient, que leurs oreilles n'entendent, que leur cœur ne comprenne, qu'ils ne se convertissent, – et moi, je les guérirai.

Mais vous, heureux vos yeux puisqu'ils voient, et vos oreilles puisqu'elles entendent ! Amen, je vous le dis : beaucoup de prophètes et de justes ont désiré voir ce que vous voyez, et ne l'ont pas vu, entendre ce que vous entendez, et ne l'ont pas entendu.

Vous donc, écoutez ce que veut dire la parabole du semeur. Quand quelqu'un entend la parole du Royaume sans la comprendre, le Mauvais survient et s'empare de ce qui est semé dans son cœur : celui-là, c'est le terrain ensemencé au bord du chemin. Celui qui a reçu la semence sur un sol pierreux, c'est celui qui entend la Parole et la reçoit aussitôt avec joie ; mais il n'a pas de racines en lui, il est l'homme d'un moment : quand vient la détresse ou la persécution à cause de la Parole, il trébuche aussitôt. Celui qui a reçu la semence dans les ronces, c'est celui qui entend la Parole ; mais le souci du monde et la séduction de la richesse étouffent la Parole, qui ne donne pas de fruit. Celui qui a reçu la semence dans la bonne terre, c'est celui qui entend la Parole et la comprend : il porte du fruit à raison de cent, ou soixante, ou trente pour un. »]

Prière sur les offrandes

Regarde, Seigneur, les dons de ton Église en prière : accorde à tes fidèles qui vont les recevoir la grâce d'une sainteté plus grande. Par Jésus.

Prière après la communion

Nourris de ton eucharistie, nous te supplions, Seigneur : chaque fois que nous célébrons ce mystère, fais grandir en nous ton œuvre de salut. Par Jésus.

Présence du Christ

« Il [le Christ] est là présent dans sa parole car c'est lui qui parle tandis qu'on lit dans l'Église les Saintes Écritures (Vatican II, *Constitution sur la Sainte Liturgie* n° 7).
Lorsqu'on lit dans l'Église la Sainte Écriture, c'est Dieu lui-même qui parle à son peuple et c'est le Christ, présent dans sa parole, qui annonce l'Évangile. »

Présentation générale du Missel romain n° 29

« Comme un arbre témoigne devant le ciel
De la lumière investie dans la terre,
Ma voix d'homme témoigne devant le Seigneur
De sa descente au sein de la création. »

P. de La Tour du Pin, extrait du psaume du « Concert des semailles »,
Une somme de Poésie III, p. 312

Calendrier liturgique

Di 16	**15e dimanche A.** *Liturgie des Heures : Psautier semaine III.* *[Notre-Dame du Mont Carmel].*
Je 20	*S. Apollinaire, évêque de Ravenne et martyr, † 2e siècle.*
Ve 21	*S. Laurent de Brindisi, prêtre, capucin, docteur de l'Église, † 1619 à Lisbonne.*
Sa 22	Ste Marie Madeleine, disciple du Seigneur. Lecture propre : Jn 20,1.11-18.

Bonne fête ! 16 : Carmen, Elvire. 17 : Charlotte, Carole. 18 : Arnould, Frédéric, Frida. 19 : Arsène. 20 : Apollinaire, Élie, Marina, Marguerite, Maggy. 21 : Victor. 22 : Marie-Madeleine, Marlène, Maddy.

Pour prier avec l'Évangile : Seigneur notre Dieu, ton Fils a proclamé au milieu de nous la Bonne Nouvelle du salut et elle ne cesse de résonner dans ton Église. Viens renouveler la foi de tes enfants : par la puissance de l'Esprit, que ta Parole prenne racine en nous et donne du fruit en abondance.

16e dimanche

23 juillet 2017

L'ESPÉRANCE AU CŒUR DU MONDE

Les trois paraboles que Matthieu met dans la bouche de Jésus, et que nous entendons dans *l'évangile* de ce jour, sont trois perles rares dont la finesse a traversé les siècles de l'histoire de l'Église pour nous faire comprendre qui est notre Dieu et quel est son Royaume. Le bon grain mêlé à l'ivraie, la minuscule graine de moutarde et le levain enfoui dans la pâte parlent d'un Dieu caché agissant par la seule force de sa faiblesse. Ces images révèlent un Dieu patient attendant autant qu'il faut la conversion du pécheur, un Dieu de tendresse et de pitié, lent à la colère et plein d'amour, un Dieu fidèle en tout ce qu'il fait, comme le chantent aussi le livre de la Sagesse et le psaume. Car si Dieu n'a pas exterminé les païens idolâtres qui pratiquaient la magie et les sacrifices humains, au grand dam des Hébreux, c'est à cause de la force de son amour et de la confiance qu'il place dans la capacité de l'homme pécheur à se convertir (*première lecture*).

Dans le court passage de l'épître aux Romains (*deuxième lecture*), comme dans les lignes qui le précèdent et que nous avons entendues dimanche dernier, Paul met l'accent sur le salut qui est en train de se réaliser à travers les multiples difficultés et les oppositions, l'Esprit Saint venant au secours de la faiblesse des hommes. Lui seul connaît le désir de Dieu, lui seul est la cause et la garantie de l'efficacité de la prière chrétienne.

Nous sommes avec Jésus dans le temps de la patience de Dieu et de l'espérance des hommes, confiants dans la force du Royaume semé au plus profond de la terre où nous vivons, puisque Jésus, le semeur, est avec nous en attente de la moisson, malgré la présence de l'ivraie (en grec *zizania*). L'Esprit nous permet d'entrevoir les réalités cachées, d'admirer en nous et autour de nous les graines d'amour qui travaillent et de les faire grandir. Nous pouvons rendre grâce à Dieu pour l'espérance enfouie comme une semence au cœur de ce monde.

Suggestions pour la célébration

• **CHANTER** • Aux chants proposés pour le 15e dimanche, on peut ajouter pour la procession d'ouverture *Ouvriers de la paix* T 13-92-1 CNA 522, *Peuple choisi* K 64 CNA 543 (couplets 2, 4, 5, 10, 13), *Appelés pour bâtir le Royaume* TK 52-32.

Après la Parole, *Malgré l'ivraie* XP 48-43, *Qui donc est Dieu ?* MP 26-92, *Tu es le Dieu fidèle* CNA 346, *Dieu mon allégresse* L 96 CNA 544.

Après la communion, *Tenons en éveil* Y 243-1 CNA 591, *Dieu est à l'œuvre en cet âge* CNA 541, *Laissons-nous transformer* N 47-99, *Que vienne ton règne* EDIT 16-03.

• **PRIER** • POUR LA PRÉPARATION PÉNITENTIELLE

Seigneur Jésus envoyé par le Père
pour manifester à tous les hommes sa tendresse et sa fidélité,
béni sois-tu, prends pitié de nous.
Ô Christ, venu dans le monde
semer l'espérance au cœur de l'humanité,
béni sois-tu, prends pitié de nous.
Seigneur, élevé dans la gloire du Père
où tu prépares l'avènement de son Royaume,
béni sois-tu, prends pitié de nous.
Ou bien chanter **Tendresse du Père CNA 185d**

POUR LA PRIÈRE UNIVERSELLE

Introduction : Que l'Esprit Saint vienne en aide à notre prière, lui seul nous donne de prier en vérité pour nos frères.
Nous pouvons prier :
– pour ceux qui possèdent puissance et pouvoir, afin qu'ils mettent leur force au service de la justice et de la réconciliation entre les personnes et les peuples ;
– pour que l'Église sache montrer aux hommes et aux femmes de notre temps le visage d'un Dieu de tendresse et qu'elle leur donne des raisons d'espérer ;
– pour les personnes qui souffrent de leur faiblesse ou d'une image dégradée d'elles-mêmes : qu'elles découvrent qu'elles ont du prix aux yeux de Dieu et retrouvent confiance en elles ;

– pour notre communauté chrétienne, qu'elle fasse fructifier en son sein les graines de sainteté semées dans le cœur des fidèles le jour de leur baptême.

• CÉLÉBRER • POUR UNE MONITION D'OUVERTURE : Croire à la vie, voilà l'invitation que Dieu nous adresse aujourd'hui. Fidèlement, patiemment, il conduit notre monde vers le temps de la moisson. N'ayons pas peur de vivre au monde, Dieu nous a devancés. Ouvrons notre cœur à sa Parole, elle nous invite à l'espérance.

On mettra en valeur comme dimanche dernier le livre de la Parole, soit dans une procession si l'assemblée est nombreuse, soit au cœur de l'assistance si l'assemblée est réduite à cause des vacances.

La 4e proposition de la Prière eucharistique pour des circonstances particulières évoque bien ce Dieu de tendresse et de pitié dont parlent les textes.

PRIÈRE D'OUVERTURE

Sois favorable à tes fidèles, Seigneur, et multiplie les dons de ta grâce : entretiens en eux la foi, l'espérance et la charité, pour qu'ils soient attentifs à garder tes commandements. Par Jésus Christ.

1re LECTURE — *Patience de Dieu*

Lecture du livre de la Sagesse 12, 13.16-19

Il n'y a pas d'autre dieu que toi, qui prenne soin de toute chose : tu montres ainsi que tes jugements ne sont pas injustes. Ta force est à l'origine de ta justice, et ta domination sur toute chose te permet d'épargner toute chose. Tu montres ta force si l'on ne croit pas à la plénitude de ta puissance, et ceux qui la bravent sciemment, tu les réprimes. Mais toi qui disposes de la force, tu juges avec indulgence, tu nous gouvernes avec beaucoup de ménagement, car tu n'as qu'à vouloir pour exercer ta puissance. Par ton exemple tu as enseigné à ton peuple que le juste doit être humain ; à tes fils tu as donné une belle espérance : après la faute tu accordes la conversion.

Psaume 85

R/ **Toi qui es bon et qui pardonnes,**
écoute ma prière, Seigneur.

Toi qui es bon et qui pardonnes,
plein d'amour pour tous ceux qui t'appellent,
écoute ma prière, Seigneur,
entends ma voix qui te supplie.

Toutes les nations, que tu as faites,
viendront se prosterner devant toi,
car tu es grand et tu fais des merveilles,
toi, Dieu, le seul.

Toi, Seigneur, Dieu de tendresse et de pitié,
lent à la colère, plein d'amour et de vérité !
Regarde vers moi,
prends pitié de moi.

2e LECTURE *C'est l'Esprit qui nous fait prier*

Lecture de la lettre de saint Paul apôtre aux Romains 8, 26-27

Frères, l'Esprit Saint vient au secours de notre faiblesse, car nous ne savons pas prier comme il faut. L'Esprit lui-même intercède pour nous par des gémissements inexprimables. Et Dieu, qui scrute les cœurs, connaît les intentions de l'Esprit puisque c'est selon Dieu que l'Esprit intercède pour les fidèles.

Alléluia. Alléluia. Tu es béni, Père, Seigneur du ciel et de la terre, tu as révélé aux tout-petits les mystères du Royaume ! **Alléluia.**

ÉVANGILE *Le bon grain et l'ivraie, la graine de moutarde et le levain*

Évangile de Jésus Christ selon saint Matthieu 13, 24-43

La lecture du texte entre crochets est facultative.

En ce temps-là, Jésus proposa cette parabole à la foule : « Le royaume des Cieux est comparable à un homme qui a semé du bon grain dans son champ. Or, pendant que les gens dormaient, son ennemi survint ; il sema de l'ivraie au milieu du blé et s'en alla. Quand la tige poussa et produisit l'épi, alors l'ivraie apparut aussi. Les serviteurs du maître vinrent lui dire : "Seigneur, n'est-ce pas du bon grain que tu as semé dans ton champ ? D'où vient donc qu'il y a de l'ivraie ?" Il leur dit : "C'est un ennemi qui a fait cela." Les serviteurs lui disent : "Veux-tu donc que nous allions l'enlever ?" Il répond : "Non, en enlevant l'ivraie, vous risquez d'arracher le blé en même temps. Laissez-les pousser ensemble jusqu'à la moisson ; et, au temps de la moisson, je dirai aux moissonneurs : Enlevez d'abord l'ivraie, liez-la en bottes pour la brûler ; quant au blé, ramassez-le pour le rentrer dans mon grenier". »

[Il leur proposa une autre parabole : « Le royaume des Cieux est comparable à une graine de moutarde qu'un homme a prise et qu'il a semée dans son champ. C'est la plus petite de toutes les semences, mais, quand elle a poussé, elle dépasse les autres plantes potagères et devient un arbre, si bien que les oiseaux du ciel viennent et font leurs nids dans ses branches. » Il leur dit une autre parabole : « Le royaume des Cieux est comparable au levain qu'une femme a pris et qu'elle a enfoui dans trois mesures de farine, jusqu'à ce que toute la pâte ait levé. »

Tout cela, Jésus le dit aux foules en paraboles, et il ne leur disait rien sans parabole, accomplissant ainsi la parole du prophète : *J'ouvrirai la bouche pour des paraboles, je publierai ce qui fut caché* depuis la fondation du monde.

Alors, laissant les foules, il vint à la maison. Ses disciples s'approchèrent et lui dirent : « Explique-nous clairement la parabole de l'ivraie dans le champ. » Il leur répondit : « Celui qui sème le bon grain, c'est le Fils de l'homme ; le champ, c'est le monde ; le bon grain, ce sont les fils du Royaume ; l'ivraie, ce sont les fils du

Mauvais. L'ennemi qui l'a semée, c'est le diable ; la moisson, c'est la fin du monde ; les moissonneurs, ce sont les anges. De même que l'on enlève l'ivraie pour la jeter au feu, ainsi en sera-t-il à la fin du monde. Le Fils de l'homme enverra ses anges, et ils enlèveront de son Royaume toutes les causes de chute et ceux qui font le mal ; ils les jetteront dans la fournaise : là, il y aura des pleurs et des grincements de dents. Alors les justes resplendiront comme le soleil dans le royaume de leur Père.

Celui qui a des oreilles, qu'il entende ! »]

Prière sur les offrandes

Dans l'unique et parfait sacrifice de la croix, tu as porté à leur achèvement, Seigneur, les sacrifices de l'ancienne loi ; reçois cette offrande des mains de tes fidèles et daigne la sanctifier comme tu as béni les présents d'Abel : que les dons offerts par chacun pour te glorifier servent au salut de tous. Par Jésus.

Prière après la communion

Dieu très bon, reste auprès de ton peuple, car sans toi notre vie tombe en ruine ; fais passer à une vie nouvelle ceux que tu as initiés aux sacrements de ton Royaume. Par Jésus.

« Ton Christ a signé son passage
dans tous les temps comme aujourd'hui ;
il a l'oreille du ciel et de la terre
qui ne s'entendent pas sans lui ;
il est la bouche de leur alliance
et le cœur qui fait tout accord ;
il est l'Homme que nous ne sommes pas encore,
nous qui sommes déjà de lui.
Et les arbres, le ciel et les pierres elles-mêmes
entrent dans le concert où nous le disons Dieu
et où nous appelons son Règne. »

P. de La Tour du Pin, « Concert eucharistique des vergers »,
Une Somme de Poésie III, p. 378.

Calendrier liturgique

Di 23	**16e dimanche A.** *Liturgie des Heures : Psautier semaine IV.* [Ste BRIGITTE DE SUÈDE, patronne de l'Europe, mère de famille, puis religieuse, † 1373 à Rome].
Lu 24	*S. Charbel Makhlouf, prêtre, moine au Liban, † 24 décembre 1898.*
Ma 25	S. JACQUES, Apôtre. Lectures propres : 2 Co 4,7-15 ; Mt 20,20-28.
Me 26	S. Joachim et Ste Anne, parents de la Vierge Marie.
Sa 29	Ste Marthe, disciple du Seigneur. Lecture propre : Lc 10,38-42 ou Jn 11,19-27.

Bonne fête ! 23 : Brigitte. 24 : Christine, Ségolène. 25 : Jacques, Valentine. 26 : Anne, Annick, Annie, Anaïs, Nancy, Joachim. 27 : Nathalie. 28 : Samson. 29 : Marthe, Lazare, Loup.

Pour mémoire : IL Y A 50 ANS, le 24 juillet 1967, le cardinal Joseph Cardijn mourait à Louvain, à l'âge de 84 ans. Il avait fondé la JOC (*Jeunesse Ouvrière Chrétienne*) en 1924. Il soumit l'année suivante ses initiatives au pape Pie XI, qui prononça à cette occasion le mot resté célèbre : « Le plus grand scandale du 19e siècle, c'est qu'en fait l'Église ait perdu la classe ouvrière ». Il fut l'un des principaux acteurs de l'engagement social de l'Église dans la première moitié du 20e siècle.
IL Y A 50 ANS, le 25 juillet 1967, le pape Paul VI, en voyage à Istanbul, rencontrait le patriarche de Constantinople Athénagoras Ier. C'est la première fois que les deux primats se rencontraient après s'être accordés pour révoquer les décrets d'excommunication mutuelle prononcés lors du grand Schisme de 1054.

Pour prier avec l'Évangile : Dieu d'amour, tu es juge, un juge très patient, et tu offres ta Parole aux justes et aux pécheurs. Alors que déjà grandit ton Royaume, donne-nous d'accomplir notre tâche avec confiance jusqu'au jour où le Christ révélera ta miséricorde.

17e dimanche

30 juillet 2017

CHOISIR LE ROYAUME : TOUT PERDRE POUR TOUT GAGNER

Le trésor, la perle et le filet... Les trois paraboles que nous entendons aujourd'hui dans *l'évangile* complètent la série des sept paraboles que Matthieu met dans la bouche de Jésus pour inciter les chrétiens à vivre sous l'impulsion de l'Esprit et à gagner le royaume de Dieu comme on gagne un nouveau monde. Vendre tout ce qu'on possède pour acquérir un trésor caché, et découvrir la joie ; trouver la perle rare et tout abandonner pour la posséder. Dans le premier cas, la découverte est fortuite – un coup de chance –, dans le second cas, elle est recherchée, fruit du travail du négociant. Dans les deux cas, la réaction est immédiate, totale et sans retour ; dans les deux cas, le Royaume (perle, trésor) est déjà là, parmi les biens de ce monde auxquels il demande d'être préféré. Invisible et présent, il attend d'être découvert et conquis. Quant au filet de pêche, comme dans la parabole du bon grain et de l'ivraie, il ramasse tout et on trie ensuite le bon du mauvais.

Après avoir écouté les sept paraboles sur le Royaume et grâce aux explications qu'ils ont reçues, les disciples disent avoir compris le sens de ces paroles si neuves de Jésus. C'est pourquoi le maître leur donne le titre de « scribe ». Pour Matthieu-Lévi, les Juifs à qui il s'adresse disposent à la fois de la tradition de leurs Pères, avec l'« Ancien » Testament, et de l'enseignement « nouveau » de Jésus. Le premier n'est pas périmé, mais le second mérite qu'on prenne tous les risques pour lui.

Le jeune Salomon a choisi la Sagesse et renoncé au reste (*première lecture*), mais le reste lui sera donné par surcroît (cf. Mt 6, 33).

Pour Paul (*deuxième lecture*), le dessein de Dieu est de partager sa gloire avec ceux qui se laissent guider par l'Esprit Saint. Dans son projet de salut universel et d'amour, il veut rendre les hommes conformes à l'image de son Fils. Avec le Fils, nous rendons grâce au Père de nous ouvrir son Royaume.

Suggestions pour la célébration

• **CHANTER** • Pour la procession d'ouverture, *Jour du Seigneur* A 32-11, *Dieu nous a tous appelés* KD 14-56-1 CNA 571, *Appelés pour bâtir le Royaume* TK51-32.

Après la Parole, *Goûtez la Parole* X 56-94, *Dieu qui nous appelles à vivre* CNA 547, *Dieu très haut qui fais merveille* CNA 548, *Le semeur est sorti pour semer* X 55-09.

Après la communion, *Tenons en éveil* Y 243-1 CNA 591, *Louez Dieu, tous les peuples* U 622, *Que vienne ton règne* EDIT 16-03, *Allez dire à tous les hommes* U 132-1 CNA 532.

• **PRIER** • **Pour la préparation pénitentielle**

Seigneur Jésus, Sagesse du Père,
tu nous offres les trésors de ton pardon,
béni sois-tu, prends pitié de nous.
Ô Christ, Fils bien-aimé du Père,
tu es venu nous révéler les mystères du Royaume,
béni sois-tu, prends pitié de nous.
Seigneur, Premier-né d'une multitude de frères,
béni sois-tu, prends pitié de nous.
Pour préparation pénitentielle, on peut aussi prendre la **litanie CNA 185g** qui convient bien.

Pour la prière universelle

« Demande-moi ce que tu veux et je te le donnerai », dit le Seigneur à Salomon. Adressons au Père avec confiance nos demandes pour nos frères.
Nous pouvons prier :
– pour l'Église qui est le signe du royaume de Dieu : qu'elle garde et partage largement le trésor de l'Évangile dans la fidélité et l'accueil de la nouveauté ;
– pour ceux qui dirigent le monde de la finance et de l'économie : qu'ils recherchent la perle de la justice et qu'ils soient remplis de l'esprit de discernement ;

– pour les plus riches : que la solidarité avec les plus pauvres et les démunis leur fasse découvrir une véritable fraternité ;
– pour notre communauté : qu'elle vive l'accueil de la Promesse et cherche toujours le royaume de Dieu.
En conclusion : Seigneur, notre Dieu, tu appelles tous les hommes dans ton Royaume. Fais-leur découvrir sa richesse et ils te chanteront dans la joie.

• CÉLÉBRER • Le vrai trésor, c'est la parole de Dieu. On fera une procession d'entrée avec le lectionnaire et on encensera le livre juste avant la proclamation de l'Évangile.

Dans la prière eucharistique, on pourra choisir la préface n° 6 du Temps ordinaire : « La vie éternelle est déjà commencée, nous vivons dans l'espérance que s'accomplisse en nous le mystère de Pâques ».

Avant la fraction du Pain, on peut faire référence à Rm 8, 29 (« Il est le Fils aîné d'une multitude de frères ») pour introduire le geste de paix.

Prière d'ouverture

Tu protèges, Seigneur, ceux qui comptent sur toi ; sans toi rien n'est fort et rien n'est saint ; multiplie pour nous tes gestes de miséricorde afin que, sous ta conduite, en faisant un bon usage des biens qui passent, nous puissions déjà nous attacher à ceux qui demeurent. Par Jésus Christ.

1re lecture — *La sagesse de Salomon*

Lecture du premier livre des Rois 3, 5.7-12

En ces jours-là, à Gabaon, pendant la nuit, le Seigneur apparut en songe à Salomon. Dieu lui dit : « Demande ce que je dois te donner. » Salomon répondit : « Ainsi donc, Seigneur mon Dieu, c'est toi qui m'as fait roi, moi, ton serviteur, à la place de David, mon père ; or, je suis un tout jeune homme, ne sachant comment se comporter, et me voilà au milieu du peuple que tu as élu ; c'est un peuple nombreux, si nombreux qu'on ne peut ni l'évaluer ni le compter. Donne à ton serviteur un cœur attentif pour qu'il sache gouverner ton peuple et discerner le bien et le mal ; sans cela, comment gouverner ton peuple, qui est si important ? »

Cette demande de Salomon plut au Seigneur, qui lui dit : « Puisque c'est cela que tu as demandé, et non pas de longs jours, ni la richesse, ni la mort de tes ennemis, mais puisque tu as demandé le discernement, l'art d'être attentif et de gouverner, je fais ce que tu as demandé : je te donne un cœur intelligent et sage, tel que personne n'en a eu avant toi et que personne n'en aura après toi. »

Psaume 118

R/ **De quel amour j'aime ta loi, Seigneur !**

Mon partage, Seigneur, je l'ai dit,
c'est d'observer tes paroles.
Mon bonheur, c'est la loi de ta bouche,
plus qu'un monceau d'or ou d'argent.

Que j'aie pour consolation ton amour
selon tes promesses à ton serviteur !
Que vienne à moi ta tendresse, et je vivrai :
ta loi fait mon plaisir.

Aussi j'aime tes volontés,
plus que l'or le plus précieux.
Je me règle sur chacun de tes préceptes,
je hais tout chemin de mensonge.

Quelle merveille, tes exigences,
aussi mon âme les garde !
Déchiffrer ta parole illumine
et les simples comprennent.

2e LECTURE *Les hommes sont appelés à devenir l'image du Fils*

Lecture de la lettre de saint Paul apôtre aux Romains 8, 28-30

Frères, nous le savons, quand les hommes aiment Dieu, lui-même fait tout contribuer à leur bien, puisqu'ils sont appelés selon le dessein de son amour. Ceux que, d'avance, il connaissait, il les a aussi destinés d'avance à être configurés à l'image de son Fils, pour que ce Fils soit le premier-né d'une multitude de frères. Ceux qu'il avait destinés d'avance, il les a aussi appelés ; ceux qu'il a appelés, il en a fait des justes ; et ceux qu'il a rendus justes, il leur a donné sa gloire.

Alléluia. Alléluia. Tu es béni, Père, Seigneur du ciel et de la terre, tu as révélé aux tout-petits les mystères du Royaume ! **Alléluia.**

ÉVANGILE *Le trésor caché et la perle, le filet*

Évangile de Jésus Christ selon saint Matthieu 13, 44-52

La lecture du texte entre crochets est facultative.

En ce temps-là, Jésus disait à la foule ces paraboles : « Le royaume des Cieux est comparable à un trésor caché dans un champ ; l'homme qui l'a découvert le cache de nouveau. Dans sa joie, il va vendre tout ce qu'il possède, et il achète ce champ.

Ou encore : Le royaume des Cieux est comparable à un négociant qui recherche des perles fines. Ayant trouvé une perle de grande valeur, il va vendre tout ce qu'il possède, et il achète la perle.

[Le royaume des Cieux est encore comparable à un filet que l'on jette dans la mer, et qui ramène toutes sortes de poissons. Quand il est plein, on le tire sur le rivage, on s'assied, on ramasse dans des paniers ce qui est bon, et on rejette ce qui ne vaut rien. Ainsi en sera-t-il à la fin du monde : les anges sortiront pour séparer les méchants du milieu des justes et les jetteront dans la fournaise : là, il y aura des pleurs et des grincements de dents. »

« Avez-vous compris tout cela ? » Ils lui répondent : « Oui ». Jésus ajouta : « C'est pourquoi tout scribe devenu disciple du royaume des Cieux est comparable à un maître de maison qui tire de son trésor du neuf et de l'ancien. »]

Prière sur les offrandes

Accepte, Seigneur, ces offrandes prélevées pour toi sur tes propres largesses ; que ces mystères très saints, où ta grâce opère avec puissance, sanctifient notre vie de tous les jours et nous conduisent aux joies éternelles. Par Jésus.

Prière après la communion

Nous avons communié, Seigneur, à ce sacrement, mémorial de la passion de ton Fils ; fais servir à notre salut le don que lui-même nous a légué dans son immense amour. Lui qui règne.

« Crée-nous, Seigneur, car dans ta création
toute la nuit humaine
n'est pas levée au joint de l'esprit et du corps
par son jour de résurrection ;
nous cherchons l'âge d'or et non pas l'ère d'amour,
notre foi demeure à la peine
sans porter tous les fruits que tu aimes
à l'Amour que tu es. »

P. de La Tour du Pin, « Concert eucharistique des vergers »,
Une Somme de Poésie III, p. 378.

Calendrier liturgique

Di 30	**17e dimanche A.** *Liturgie des Heures : Psautier semaine I.* *[S. Pierre Chrysologue, évêque de Ravenne, docteur de l'Église, † vers 451].*
Lu 31	S. Ignace de Loyola, prêtre, fondateur des Jésuites, † 1556 à Rome.
Ma 1er	S. Alphonse Marie de Liguori, évêque, fondateur des Rédemptoristes, docteur de l'Église, † 1787 à Nocera dei Pagani (Italie).
Me 2	*S. Eusèbe, évêque de Verceil (Italie) † 371.* *S. Pierre-Julien Eymard, prêtre, fondateur des Prêtres du Saint-Sacrement et d'une congrégation de religieuses, † 1868 à La Mure (Isère).*
Ve 4	S. Jean-Marie Vianney, prêtre, curé d'Ars (Ain), † 1859.
Sa 5	*Dédicace de la basilique Sainte-Marie Majeure, à Rome vers 435.*

Bonne fête ! 30 : Juliette. 31 : Ignace, Germain. 1er : Alphonse, Éléazar. 2 : Eusèbe, Julien, Eymard. 3 : Lydie. 4 : Jean-Marie, Vianney. 5 : Abel, Oswald.

Pour mémoire : IL Y A 100 ANS, le 1er août 1917, le pape Benoît XV appelait à une « paix blanche » – sans vainqueur ni vaincu, c'est-à-dire sans annexion ni indemnité – entre les belligérants de la Première Guerre mondiale. Cette exhortation, trop vite rendue publique par les journalistes, suscita une vive opposition.

Pour prier avec l'Évangile : Dieu notre Père, en ton Fils Jésus, tu nous fais connaître la plénitude de la joie. Donne-nous l'audace de tout perdre pour acquérir le vrai trésor et découvrir la liberté de tes enfants.

Transfiguration du Seigneur 6 août 2017

LA GLOIRE DU FILS DE L'HOMME

La suite des dimanches ordinaires s'interrompt et l'Église célèbre la Transfiguration du Seigneur. Quarante jours avant la fête de la Croix glorieuse le 14 septembre, la fête de la Transfiguration tombe cette année un dimanche. C'est un événement rare dans le calendrier liturgique. En plein mois d'août, au cœur des vacances, nous retrouvons cet épisode de l'évangile que nous entendons chaque année pendant le Carême, et nous sommes plongés dans le mystère pascal. En effet, si Jésus mène Pierre, Jacques et Jean sur la montagne, c'est d'abord pour les préparer à comprendre sa passion – qu'il vient d'annoncer – et l'inouï de sa résurrection. Avant de s'engager sur le chemin de Jérusalem vers le dénouement dramatique de sa vie, il dévoile aux trois hommes qui seront les plus influents du groupe de ses disciples une dimension secrète de sa personne : sa familiarité mystérieuse avec Dieu et sa place unique dans l'histoire du salut. Il leur révèle sa face cachée qui est sa face lumineuse.

Mais la Transfiguration n'est pas seulement un encouragement donné « en ce temps-là » à la foi des Apôtres. Elle a pour but de nous faire voir aujourd'hui le sens et les dimensions de la tâche qui nous est confiée. Sur la montagne du Thabor, la réalité charnelle de Jésus qui cachait le rayonnement de sa puissance divine est devenue pour quelques instants perméable à cette puissance et l'a rendue perceptible. Après la Résurrection, sa puissance habite désormais dans son corps nouveau qu'est l'Église. C'est là, sur la face visible des événements, que doivent apparaître les signes qui manifesteront cette présence lumineuse encore invisible.

Il nous incombe, à nous croyants, d'essayer de donner au monde et à l'histoire, dans les multiples dimensions qu'ils revêtent, un visage qui puisse faire pressentir la présence du Christ. Et de le célébrer dans l'Eucharistie, sous l'action de l'Esprit Saint.

Suggestions pour la célébration

• **CHANTER** • Pendant la procession d'ouverture, ***Lumière des hommes*** **GX 128,** *Venez, montons à la montagne* A 35-16, *Ô Jésus, splendeur du Père* GA 200, *Lumière des hommes* CNA 608 ou 422, *Joyeuse lumière* CNA 477, *Peuple de baptisés* CNA 573.

Méditation après l'évangile, ***Qui regarde vers Dieu resplendira*** (Taizé).

Pendant la procession de communion, ***Mendiant du jour*** **D 150-4 CNA 334.**

Après la communion, *Tu es la vraie lumière* D 86 CNA 595, *Fais paraître ton jour* Y 53 CNA 552, *Tu as triomphé de la mort* ILH 165 CNA 594.

• **PRIER** •

Pour la préparation pénitentielle

Seigneur Jésus, transfiguré sur la montagne pour éclairer nos ténèbres,

béni sois-tu, prends pitié de nous !

Ô Christ, Fils bien-aimé du Père qui fais de nous des fils,

béni sois-tu, prends pitié de nous !

Seigneur, Fils de l'homme ressuscité d'entre les morts,

béni sois-tu, prends pitié de nous !

Pour la prière universelle

Nous pouvons prier :

- pour ceux qui peinent à trouver une lumière dans leur vie et pour ceux qui éclairent leurs frères ;
- pour ceux qui ne savent pas voir les signes annonciateurs de la résurrection et pour ceux qui témoignent de la résurrection déjà à l'œuvre dans le monde ;
- pour ceux qui ont peur des autres et peur d'eux-mêmes, peur de mourir et peur de vivre, peur de Dieu et peur de son absence, et pour ceux qui les rassurent, les relèvent, les aident à aimer et à se savoir aimés.

Prière d'ouverture

Seigneur, dans la transfiguration de ton Christ, tu as confirmé par le témoignage de Moïse et d'Élie la vérité des mystères de la foi, et tu as annoncé notre merveilleuse adoption ; accorde-nous d'écouter la voix de ton Fils bien-aimé, afin de pouvoir un jour partager avec lui son héritage. Lui qui règne.

1re lecture

« Je voyais venir avec les nuées du ciel comme un Fils d'homme »

Lecture du livre du prophète Daniel — 7, 9-10.13-14

La nuit, au cours d'une vision, moi, Daniel, je regardais : des trônes furent disposés, et un Vieillard prit place ; son habit était blanc comme la neige, et les cheveux de sa tête, comme de la laine immaculée ; son trône était fait de flammes de feu, avec des roues de feu ardent. Un fleuve de feu coulait, qui jaillissait devant lui. Des milliers de milliers le servaient, des myriades de myriades se tenaient devant lui. Le tribunal prit place et l'on ouvrit des livres.

Je regardais, au cours des visions de la nuit, et je voyais venir, avec les nuées du ciel, comme un Fils d'homme ; il parvint jusqu'au Vieillard, et on le fit avancer devant lui. Et il lui fut donné domination, gloire et royauté ; tous les peuples, toutes les nations et les gens de toutes langues le servirent. Sa domination est une domination éternelle, qui ne passera pas, et sa royauté, une royauté qui ne sera pas détruite.

Psaume 96

R/ **Le Seigneur est roi,**
le Très-Haut sur toute la terre !

Le Seigneur est roi ! Exulte la terre !
Joie pour les îles sans nombre !
Ténèbre et nuée l'entourent,
justice et droit sont l'appui de son trône.

Quand ses éclairs illuminèrent le monde,
la terre le vit et s'affola ;
les montagnes fondaient comme cire devant le Seigneur,
devant le Maître de toute la terre.

Les cieux ont proclamé sa justice,
et tous les peuples ont vu sa gloire.
Tu es, Seigneur, le Très-Haut sur toute la terre,
tu domines de haut tous les dieux.

2e LECTURE — *Pierre, témoin de la Transfiguration*

Lecture de la deuxième lettre de saint Pierre apôtre — 1, 16-19

Frères, ce n'est pas en ayant recours à des récits imaginaires sophistiqués que nous vous avons fait connaître la puissance et la venue de notre Seigneur Jésus Christ, mais c'est pour avoir été les témoins oculaires de sa grandeur. Car il a reçu de Dieu le Père l'honneur et la gloire quand, depuis la Gloire magnifique, lui parvint une voix qui disait : *Celui-ci est mon Fils, mon bien-aimé ; en lui j'ai toute ma joie.*

Cette voix venant du ciel, nous l'avons nous-mêmes entendue quand nous étions avec lui sur la montagne sainte. Et ainsi se confirme pour nous la parole prophétique ; vous faites bien de fixer votre attention sur elle, comme sur une lampe brillant dans un lieu obscur jusqu'à ce que paraisse le jour et que l'étoile du matin se lève dans vos cœurs.

Alléluia. Alléluia. Celui-ci est mon Fils bien-aimé, en qui je trouve ma joie : écoutez-le ! **Alléluia.**

ÉVANGILE — *Vision de Jésus transfiguré*

Évangile de Jésus Christ selon saint Matthieu — 17, 1-9

En ce temps-là, Jésus prit avec lui Pierre, Jacques et Jean son frère, et il les emmena à l'écart, sur une haute montagne. Il fut transfiguré devant eux ; son visage devint brillant comme le soleil, et ses vêtements, blancs comme la lumière. Voici que leur apparurent Moïse et Élie, qui s'entretenaient avec lui.

Pierre alors prit la parole et dit à Jésus : « Seigneur, il est bon que nous soyons ici ! Si tu le veux, je vais dresser ici trois tentes, une pour toi, une pour Moïse, et une pour Élie. »

Il parlait encore, lorsqu'une nuée lumineuse les couvrit de son ombre, et voici que, de la nuée, une voix disait : « Celui-ci est mon Fils bien-aimé, en qui je trouve ma joie : écoutez-le ! »

Quand ils entendirent cela, les disciples tombèrent face contre terre et furent saisis d'une grande crainte. Jésus s'approcha, les toucha et leur dit : « Relevez-vous et soyez sans crainte ! » Levant les yeux, ils ne virent plus personne, sinon lui, Jésus, seul.

En descendant de la montagne, Jésus leur donna cet ordre : « Ne parlez de cette vision à personne, avant que le Fils de l'homme soit ressuscité d'entre les morts. »

Prière sur les offrandes

Sanctifie nos offrandes, Seigneur, par le mystère de ton Fils transfiguré en gloire ; et, dans le rayonnement de sa lumière, purifie-nous de la lèpre du péché. Par Jésus.

Préface

Vraiment, il est juste et bon de te rendre gloire, de t'offrir notre action de grâce, toujours et en tout lieu, à toi, Père très saint, Dieu éternel et tout-puissant, Par le Christ, notre Seigneur.

Car il a montré sa gloire aux témoins qu'il avait choisis, le jour où son corps semblable au nôtre fut revêtu d'une grande lumière ; il préparait ainsi le cœur de ses disciples à surmonter le scandale de la croix, il laissait transparaître en sa chair la clarté dont resplendira le corps de son Église.

C'est pourquoi, avec les anges dans le ciel, nous pouvons te bénir sur la terre et t'adorer en (disant) chantant : Saint !...

Prière après la communion

Transforme-nous, Seigneur, par cette nourriture venue de toi : qu'elle nous fasse ressembler davantage à celui dont tu as révélé la splendeur dans le mystère de la transfiguration. Lui qui règne.

Hymne pour la Transfiguration du Seigneur

« Dans cette intime communion
Avec la vie de l'avenir,
Les yeux fermés, nous te suivons ;
Un jour, tu les feras s'ouvrir...
C'est la nouvelle création.

Ceux qui te croient sans t'avoir vu,
Tu les as dits vraiment heureux !
Nous n'étions pas de tes élus
Qui ont pu te voir tout en feu :
Bien plus au cœur, tu es venu.

Et le signe de la lumière
Est plus stupéfiant qu'autrefois !
Tu es le soleil et la terre
De l'avenir, tout est en toi,
Tout est pour toi dans l'univers. »

Patrice de La Tour du Pin, dans *Prière du temps présent*, p. 1275.

Calendrier liturgique

Di 6 **Transfiguration du Seigneur.**
Liturgie des Heures : Psautier semaine II.

Lu 7 *S. Sixte II, pape, et ses compagnons, martyrs à Rome, † 258.*
S. Gaétan, prêtre, fondateur des Théatins, † 1547 à Naples.
En Belgique, Ste Julienne du Mont Cornillon, vierge, † 1258.

Ma 8 S. Dominique, prêtre, fondateur des Frères Prêcheurs, † 1221 à Bologne.

Me 9	Ste Thérèse-Bénédicte de la Croix (Édith Stein), carmélite, martyre, patronne de l'Europe, † 1942 à Auschwitz. En Europe, fête. Lectures propres : Os 2,16-22 ; Mt 25,1-13.
Je 10	S. LAURENT, diacre, martyr à Rome, † 258. Lectures propres : 2 Co 9,6-10 ; Jn 12, 24-26.
Ve 11	Ste Claire, vierge, fondatrice des Pauvres Dames ou Clarisses, † 1253 à Assise. *Au Luxembourg, Bx Schecelin, ermite, † 1138 ou 1139.*
Sa 12	*Ste Jeanne-Françoise de Chantal, mère de famille puis religieuse, fondatrice de la Visitation à Annecy, † 1641 à Moulins.*

Bonne fête ! 6 : Octavien. 7 : Gaétan, Julienne. 8 : Dominique, Cyriaque. 9 : Amour. 10 : Laurent, Laure, Laurence, Dieudonné. 11 : Claire, Géry, Gilberte, Suzanne. 12 : Jeanne, Chantal, Clarisse.

Pour mémoire : IL Y A 900 ANS, en 1117, mourait Robert d'Arbrissel, fondateur de l'Abbaye et de l'Ordre de Fontevraud. Les monastères de cet Ordre présentaient la particularité d'être des monastères doubles, rassemblant des moines et des moniales vivant dans des bâtiments séparés, mais placés les uns comme les autres sous l'autorité d'une abbesse. Pendant tout le XIIe siècle, l'Ordre de Fontevraud n'en finit pas de s'étendre en France, puis en Espagne et en Angleterre. L'Ordre fut supprimé à la Révolution française ; l'Abbaye est inscrite au patrimoine mondial de l'Unesco depuis 2000.

Pour prier avec l'Évangile : Dieu de lumière, aujourd'hui, tu as manifesté ta gloire et ta sainteté en Jésus, le désignant comme ton Fils et notre Seigneur. Que l'Esprit nous éclaire : nous pourrons alors marcher en enfants de lumière et rayonner de ta vérité.

19e dimanche 13 août 2017

CONFIANCE

Sur la montagne où il a été transfiguré, Jésus était accompagné de Moïse et d'Élie, représentant respectivement la Loi et les Prophètes, les deux piliers de la foi d'Israël. Tous les deux ont vécu une rencontre intime avec Dieu. Dans l'épisode que nous lisons aujourd'hui, Élie arrive sur la montagne de l'Horeb, dont le nom veut dire « désolation », après une longue série d'épreuves où sa vie était en danger (*première lecture*). Comme Moïse, Élie assiste à de violentes manifestations naturelles, mais au contraire de ce qu'a vécu Moïse, Dieu ne s'y trouve pas. Élie rencontre un Dieu tout en douceur, présent seulement dans « le murmure d'une brise légère ». Le Peuple de la Bible, au terme d'une longue évolution spirituelle, est donc passé de l'image terrible d'un Dieu de l'orage, héritier des dieux païens, à un Dieu tout proche, qui ne s'impose pas à la liberté humaine. Seulement perceptible dans le bruissement d'un souffle ténu, ou encore comme une voix de fin silence, Dieu réconforte Élie et l'envoie en mission.

C'est une autre rencontre mystique que raconte *l'évangile*. Après la multiplication des pains, les disciples ont lutté contre la tempête toute la nuit sur le lac pendant que Jésus priait dans la montagne. Il vient alors vers eux en marchant sur les eaux, et ces hommes épuisés et terrorisés vivent une expérience pascale, le Seigneur leur apparaissant et les sauvant d'une parole et d'un geste de la main. Quand Jésus monte dans la barque battue par les flots, image de l'Église en proie aux persécutions, la mer s'apaise. C'est cette relation au Christ que Paul souffre de ne pas pouvoir faire partager à ses frères juifs (*deuxième lecture*).

Dans les difficultés et les épreuves de la vie, le prophète biblique et le disciple du Christ font l'expérience d'un Dieu proche et pacifiant dont la présence réclame de l'attention et de la vigilance. Le *psaume* chante cette paix qui est le signe de la présence de Dieu au cœur de ceux qui le cherchent. Reconnaissant en Jésus celui qui sauve, nous faisons monter avec lui vers le Père l'action de grâce de l'Église.

Suggestions pour la célébration

• **CHANTER** • Du 19e au 22e dimanche, les textes de l'évangile se suivent. On aura donc tout intérêt à utiliser un répertoire commun.

Pendant le processionnal d'entrée, ***Peuple de Dieu, marche joyeux*** **K 180 CNA 574 (couplets à choisir),** ***Dieu nous éveille à la foi*** **IA 20-70-3 CNA 546,** ***Jour du Seigneur*** **M 26-04,** ***Écoute la voix du Seigneur*** **X 548 CNA 761,** ***Pour avancer ensemble*** **K 20-38 CNA 524.**

Après l'homélie, ***Le Seigneur passe*** **DLH 110,** ***Dieu présent dans la brise légère*** **X 48-37.**

Pendant la procession de communion, ***Corps livré, sang versé*** **D 54-18,** ***Les pauvres mangeront*** **SYL F 501.**

Après la communion, ***Celui qui a mangé de ce pain*** **D 140-2 CNA 321,** ***Jésus ma joie*** (Taizé), ***Prenons la main*** **T 42-2 CNA 580,** ***Chantons sans fin le nom du Seigneur*** **EDIT 15-85,** ***Chantons à Dieu*** **L 30-79 CNA 538,** ***Tu as triomphé de la mort*** **ILH 165 CNA 594.**

• **PRIER** •

POUR LA PRÉPARATION PÉNITENTIELLE

Seigneur Jésus, dans le vent et la tempête qui bouleversent nos vies,
tu es là et tu nous sauves, **béni sois-tu, prends pitié de nous.**
Ô Christ, tu nous demandes de croire en toi et de te faire confiance,
tu es là et tu nous sauves, **béni sois-tu, prends pitié de nous.**
Seigneur, Fils de Dieu dans l'intimité du Père,
tu es là et tu nous sauves, **béni sois-tu, prends pitié de nous.**

POUR LA PRIÈRE UNIVERSELLE

Comme l'Apôtre Pierre, tournons-nous vers Dieu avec confiance et prions :
- pour les hommes et les femmes qui consacrent leur vie à la prière : qu'ils soient pour le monde un signe de la présence de Dieu ;
- pour ceux qui sombrent dans le désespoir, le doute ou la peur : qu'ils gardent confiance ;
- pour ceux qui écoutent les signes de l'Esprit agissant dans le monde : qu'ils soient des prophètes de la paix, de l'amour et de la vérité ;

– pour nos communautés : qu'elles cherchent toujours le vrai visage de Dieu et abandonnent toutes leurs idoles.

• **CÉLÉBRER** • Créer un climat de paix et de sérénité au milieu des bruits des vacances. Soigner le silence pendant la célébration : c'est là que Dieu se fait entendre.

Pour la prière eucharistique, on suggère la troisième préface des dimanches ordinaires : « Dieu met en œuvre sa puissance afin de secourir tous les hommes... » Ou, encore mieux, la prière pour des circonstances particulières avec la préface et l'intercession IV.

Prière d'ouverture

Dieu éternel et tout-puissant, toi que nous pouvons déjà appeler notre Père, fais grandir en nos cœurs l'esprit filial, afin que nous soyons capables d'entrer un jour dans l'héritage qui nous est promis. Par Jésus Christ.

1re lecture

Le Seigneur présent dans le murmure d'une brise légère

Lecture du premier livre des Rois 19, 9a.11-13a

En ces jours-là, lorsque le prophète Élie fut arrivé à l'Horeb, la montagne de Dieu, il entra dans une caverne et y passa la nuit. Le Seigneur dit : « Sors et tiens-toi sur la montagne devant le Seigneur, car il va passer. » À l'approche du Seigneur, il y eut un ouragan, si fort et si violent qu'il fendait les montagnes et brisait les rochers, mais le Seigneur n'était pas dans l'ouragan ; et après l'ouragan, il y eut un tremblement de terre, mais le Seigneur n'était pas dans le tremblement de terre ; et après ce tremblement de terre, un feu, mais le Seigneur n'était pas dans ce feu ; et après ce feu, le murmure d'une brise légère. Aussitôt qu'il l'entendit, Élie se couvrit le visage avec son manteau, il sortit et se tint à l'entrée de la caverne.

Psaume 84

R/ **Fais-nous voir, Seigneur, ton amour,
et donne-nous ton salut.**

J'écoute : Que dira le Seigneur Dieu ?
Ce qu'il dit, c'est la paix pour son peuple.
Son salut est proche de ceux qui le craignent,
et la gloire habitera notre terre.

Amour et vérité se rencontrent,
justice et paix s'embrassent ;
la vérité germera de la terre
et du ciel se penchera la justice.

Le Seigneur donnera ses bienfaits,
et notre terre donnera son fruit.
La justice marchera devant lui,
et ses pas traceront le chemin.

2e lecture

Souffrance de Paul à cause des Juifs qui refusent le Christ

Lecture de la lettre de saint Paul apôtre aux Romains 9, 1-5

Frères, c'est la vérité que je dis dans le Christ, je ne mens pas, ma conscience m'en rend témoignage dans l'Esprit Saint : j'ai dans le cœur une grande tristesse, une douleur incessante. Moi-même, pour les Juifs, mes frères de race, je souhaiterais être anathème, séparé du Christ : ils sont en effet Israélites, ils ont l'adoption, la gloire, les alliances, la législation, le culte, les promesses de Dieu ; ils ont les patriarches, et c'est de leur race que le Christ est né, lui qui est au-dessus de tout, Dieu béni pour les siècles. Amen.

Alléluia. Alléluia. J'espère le Seigneur, et j'attends sa parole. **Alléluia.**

Évangile

« Confiance ! c'est moi »

Évangile de Jésus Christ selon saint Matthieu 14, 22-33

Aussitôt après avoir nourri la foule dans le désert, Jésus obligea les disciples à monter dans la barque et à le précéder sur l'autre rive, pendant qu'il renverrait les foules. Quand il les eut renvoyées, il gravit la montagne, à l'écart, pour prier. Le soir venu, il était là, seul.

La barque était déjà à une bonne distance de la terre, elle était battue par les vagues, car le vent était contraire. Vers la fin de la nuit, Jésus vint vers eux en marchant sur la mer. En le voyant marcher sur la mer, les disciples furent bouleversés. Ils dirent : « C'est un fantôme. » Pris de peur, ils se mirent à crier. Mais aussitôt Jésus leur parla : « Confiance ! c'est moi ; n'ayez plus peur ! » Pierre prit alors la parole : « Seigneur, si c'est bien toi, ordonne-moi de venir vers toi sur les eaux. » Jésus lui dit : « Viens ! » Pierre descendit de la barque et marcha sur les eaux pour aller vers Jésus. Mais, voyant la force du vent, il eut peur et, comme il commençait à enfoncer, il cria : « Seigneur, sauve-moi ! » Aussitôt, Jésus étendit la main, le saisit et lui dit : « Homme de peu de foi, pourquoi as-tu douté ? » Et quand ils furent montés dans la barque, le vent tomba. Alors ceux qui étaient dans la barque se prosternèrent devant lui, et ils lui dirent : « Vraiment, tu es le Fils de Dieu ! »

Prière sur les offrandes

Seigneur, tu as donné ces présents à ton Église pour qu'elle puisse te les offrir ; daigne les accueillir favorablement : qu'ils deviennent, par ta puissance, le sacrement de notre salut. Par Jésus.

Prière après la communion

Que cette communion à ton sacrement, Seigneur, soit notre délivrance et nous enracine dans ta vérité. Par Jésus.

« On ne saisit pas ce qui vous saisit. »

P. de La Tour du Pin, *Une Somme de Poésie* III, p. 256.

Calendrier liturgique

Di 13	**19e dimanche A.** *Liturgie des Heures : Psautier semaine III.* *[S. Pontien, pape, et S. Hippolyte, prêtre romain, martyrs, † v. 235 en Sardaigne]*
Lu 14	S. Maximilien Kolbe, prêtre, frère mineur conventuel, martyr, † 1941 à Auschwitz.
Ma 15	**Assomption de la Vierge Marie**, patronne principale de la France, p. 450.
Me 16	*S. Étienne, roi de Hongrie, † 1038.*
Ve 19	*S. Jean Eudes, prêtre, fondateur des Eudistes, † 1680 à Caen.*

Bonne fête ! 13 : Hippolyte. 14 : Maximilien, Arnold. 15 : Marie, Maria, Marlène, Maryse, Muriel, Mireille, Myriam, Assomption. 16 : Alfred, Roch, Armel. 17 : Hyacinthe. 18 : Hélène, Mylène, Laetitia, Nelly. 19 : Eudes, Guerric.

Pour prier avec l'Évangile : Dieu notre Père, créateur de toute vie, par la résurrection de ton Fils, nous avons connu ta victoire sur les forces de la mort. Viens au secours de notre peu de foi et guide-nous jusqu'aux rives de ton Royaume.

Assomption de la Vierge Marie — 15 août 2017

BÉNIE ENTRE TOUTES LES FEMMES !

La solennité de l'Assomption est un rendez-vous important au cœur de l'été, occasion de pèlerinages séculaires profondément inscrits dans le cœur du peuple chrétien et dans la mémoire collective. C'est l'une des fêtes les plus anciennes, puisqu'elle est célébrée à Rome depuis au moins le 7e siècle, et l'une des plus récentes puisqu'elle a été instituée par Pie XII en 1950.

« Heureux ceux qui écoutent la parole de Dieu et qui la gardent », lance Jésus à une femme qui, dans la foule, s'écrie : « Heureuse la mère qui t'a porté » (*évangile de la veille*). « Bienheureuse celle qui a cru ! », s'écrie Élisabeth accueillant sa jeune cousine enceinte (*évangile*). Enceinte elle-même, Élisabeth reçoit prophétiquement cette visite comme l'accomplissement des promesses faites par Dieu au Peuple de l'Alliance. Les enfants qu'elles portent se reconnaissent *in utero*, et la continuité de l'histoire du salut passe, en douceur et dans l'émerveillement, de l'Ancien au Nouveau Testament : le cantique de Marie est une reprise du cantique d'Anne, mère de Samuel (1 S 1, 1-10), truffé d'autres citations bibliques. Il chante la fidélité de Dieu aux petits et aux humbles dont Marie fait partie, dont il faut faire partie pour entrer au royaume des Cieux. Par son « oui », Marie va donner naissance au Fils de Dieu qui sera définitivement vainqueur de la mort par sa résurrection (*deuxième lecture*). Avec elle, toute l'humanité accueille ce Fils à qui elle a donné chair. C'est en elle seule, en effet, que le Fils accède à l'humanité que Dieu épouse en une belle histoire d'amour (*psaume*). Pour elle, le Fils ouvre les Cieux et par lui, avec elle, l'humanité accède à la divinité. « L'admirable échange » évoqué par saint Léon dans l'oraison de Noël trouve son aboutissement dans l'assomption de Marie.

Ce beau mot d'« assomption » ressemble à l'« ascension » avec qui beaucoup le confondent. Les deux évoquent une montée au ciel. Dans le langage biblique, cela veut dire que Marie est introduite dans la gloire de la résurrection. Marie dans son corps de chair fait le trait d'union entre la terre et le ciel, elle est « terre passée à l'état de lumière » selon la belle expression du poète La Tour du Pin. Marie est l'avenir de l'humanité.

Suggestions pour la célébration

• CHANTER • Les chants à la Vierge Marie ne manquent pas. N'oublions pas cependant que c'est Dieu que nous célébrons, et que le mystère de Marie, comme le mystère de l'Église, ne se comprend qu'à l'intérieur du mystère du Christ.

Pour la procession d'ouverture, ***Béni sois-tu, Seigneur*** **V 24 CNA 617**, chant très connu, loue Dieu « en l'honneur de la Vierge Marie ». On peut aussi s'adresser à la Vierge avec la stance ***Comme une aurore qui surgit dans la ténèbre*** **V 289-1 CNA 619**, avec les ***Litanies de la Sainte Mère de Dieu*** **VY 298** ou **MNA 53-2**, ou d'autres cantiques comme ***Vierge sainte*** **V 136**, ***Marie dans la gloire du ciel*** **V 18-46**, ***Vierge de lumière*** **V 223 CNA 631**. Si l'on veut faire porter l'attention sur Marie comme figure de l'Église, ***Église du Seigneur*** **K 128 CNA 662** conviendra bien.

Après l'évangile ou après l'homélie, on peut chanter le Magnificat, sans antienne en faisant alterner les versets entre la chorale et l'assemblée, ou avec antienne comme ***Magnifique est le Seigneur*** **V 159**. Plusieurs versions existent, cf. **CNA p. 188** ou **190** ainsi que le ***Magnificat*** (Taizé). Rappelons que le Cantique de Marie n'est pas un chant *à* Marie, mais un chant *de* Marie auquel nous nous joignons individuellement ou en Église. On peut chanter aussi ***Toi qui ravis le cœur de Dieu*** **VP 136-2 CNA 372**.

Pendant la communion, ***Approchons-nous de la table*** **D 19-90** ou ***Le Verbe s'est fait chair*** **D 31-15**, ***De la table du Seigneur*** **D 80 CNA 324**.

Après la communion, on prendra le Magnificat si on ne l'a pas encore chanté, ou ***Mon âme chante le Seigneur*** **V 193 CNA 626**, ***Nous te saluons, notre Dame*** **SYL S 071**, ***Pleine de grâce, réjouis-toi*** **V 68**, ***Toi qui ravis le cœur de Dieu*** **VLH 136 CNA 372**, ***Toi, notre Dame*** **V 153**, ***Pleine de grâce, nous te louons*** **V 68**, ***Couronnée d'étoiles*** **V 44-58**, ***Source pure*** **V 244**, ***Gloire à toi, Marie*** **V 21 CNA 620**.

La célébration peut se conclure par ***Que bondisse mon cœur plein de joie*** **V 114**, par l'Angélus, ou par un chant traditionnel ou local à la Vierge Marie.

• PRIER • **POUR LA PRÉPARATION PÉNITENTIELLE**

Seigneur Jésus, né de Marie que tu nous donnes pour mère,
béni sois-tu, prends pitié de nous !
Ô Christ, premier-né d'une humanité nouvelle,
béni sois-tu, prends pitié de nous !
Seigneur, élevé auprès de Dieu où tu nous appelles à te suivre,

béni sois-tu, prends pitié de nous !

Pour la prière universelle

Nous pouvons prier le Père :
- pour l'Église dont Marie est la figure rayonnante : qu'elle s'abandonne confiante en son modèle pour être toujours davantage signe de l'amour de Dieu ;
- pour nos frères orthodoxes si attachés à la Mère de Dieu dont ils célèbrent aujourd'hui la Dormition qui clôture leur année liturgique : qu'ils restent fermes dans leur foi en l'Incarnation de Jésus ;
- pour les parents qui souffrent à cause de leurs enfants : qu'ils se reconnaissent dans Marie au pied de la croix ;
- pour ceux qui mettent leur confiance en Marie : que l'Esprit leur donne paix et réconfort ;
- pour notre communauté rassemblée autour du banquet de l'Eucharistie comme à Cana : qu'elle sache entendre Marie qui lui dit de faire tout ce que Jésus dira.

• CÉLÉBRER • Ce jour est particulier : beaucoup de fidèles vont à la messe le 15 août qui n'y vont guère pendant l'année. D'autres sont en vacances, de passage. On soignera donc particulièrement l'accueil, comme Élisabeth accueillant Marie. Beauté et propreté de l'église, soin apporté à la nappe de l'autel et à la place des objets, marqueront ce souci d'une hospitalité évangélique. On pourra mettre en évidence une belle statue de la Vierge à l'Enfant ou une icône de la *Théotokos*, la mère de Dieu, fleurie avec sobriété. Marie renvoie toujours à son Fils. C'est pourquoi la statue peut être dans le chœur, mais avec discrétion, en contrebas et sur le côté. Un vitrail ou une peinture de la Visitation disponible dans l'église peut servir de point de départ ou d'illustration à la prédication.

N'oublions pas qu'il s'agit d'une fête très populaire, et que la célébration sera plus parlante pour ceux qui ne viennent pas souvent à la messe si elle remet en usage certains éléments disponibles dans la mémoire priante de l'Église, par exemple une procession autour de l'église : c'est la plus ancienne dévotion connue pour le 15 août.

Messe de la veille au soir

Prière d'ouverture

Seigneur, tu t'es penché sur ton humble servante, la bienheureuse Vierge Marie : tu lui as donné la grâce et l'honneur de devenir la mère de ton Fils unique et tu l'as couronnée, en ce jour, d'une gloire sans pareille ; à sa prière, accorde-nous, puisque nous sommes rachetés et sauvés, d'être élevés avec elle dans ta gloire. Par Jésus Christ.

1re lecture — *Marie, arche d'Alliance*

Lecture du premier livre des Chroniques — 15, 3-4.15-16 ; 16, 1-2

En ces jours-là, David rassembla tout Israël à Jérusalem pour faire monter l'arche du Seigneur jusqu'à l'emplacement préparé pour elle. Il réunit les fils d'Aaron et les Lévites. Les Lévites transportèrent l'arche de Dieu, au moyen de barres placées sur leurs épaules, comme l'avait ordonné Moïse, selon la parole du Seigneur. David dit aux chefs des Lévites de mettre en place leurs frères, les chantres, avec leurs instruments, harpes, cithares, cymbales, pour les faire retentir avec force en signe de joie. Ils amenèrent donc l'arche de Dieu et l'installèrent au milieu de la tente que David avait dressée pour elle. Puis on présenta devant Dieu des holocaustes et des sacrifices de paix. Quand David eut achevé d'offrir les holocaustes et les sacrifices de paix, il bénit le peuple au nom du Seigneur.

Psaume 131

R/ **Monte, Seigneur, vers le lieu de ton repos,**
toi, et l'arche de ta force !

Entrons dans la demeure de Dieu,
prosternons-nous aux pieds de son trône.
Monte, Seigneur, vers le lieu de ton repos,
toi, et l'arche de ta force !

Que tes prêtres soient vêtus de justice,
que tes fidèles crient de joie !
Pour l'amour de David, ton serviteur,
ne repousse pas la face de ton messie.

Car le Seigneur a fait choix de Sion ;
elle est le séjour qu'il désire :
« Voilà mon repos à tout jamais,
c'est le séjour que j'avais désiré. »

2e LECTURE — *Jésus, victorieux de la mort*

Lecture de la première lettre de saint Paul apôtre
aux Corinthiens 15, 54b-57

Frères, quand cet être mortel aura revêtu l'immortalité, alors se réalisera la parole de l'Écriture : *La mort a été engloutie dans la victoire. Ô Mort, où est ta victoire ? Ô Mort, où est-il, ton aiguillon ?* L'aiguillon de la mort, c'est le péché ; ce qui donne force au péché, c'est la Loi. Rendons grâce à Dieu qui nous donne la victoire par notre Seigneur Jésus Christ.

Alléluia. Alléluia. Heureux ceux qui écoutent la parole de Dieu, et qui la gardent ! **Alléluia**.

ÉVANGILE — *Heureuse celle qui a entendu la parole de Dieu !*

Évangile de Jésus Christ selon saint Luc 11, 27-28

En ce temps-là, comme Jésus était en train de parler, une femme éleva la voix au milieu de la foule pour lui dire : « Heureuse la mère qui t'a porté en elle, et dont les seins t'ont nourri ! » Alors Jésus lui déclara : « Heureux plutôt ceux qui écoutent la parole de Dieu, et qui la gardent ! »

Prière sur les offrandes

Nous t'en prions, Seigneur, reçois le sacrifice de louange et de paix que nous t'offrons aujourd'hui pour fêter l'Assomption de la sainte Mère de Dieu ; qu'il nous obtienne ton pardon et nous garde toujours dans l'action de grâce. Par Jésus.

Préface, p. 458.

Prière après la communion

Après avoir participé à la table du ciel, nous implorons ta bonté, Seigneur : puisque nous célébrons l'Assomption de la Mère de Dieu, délivre-nous de toute menace du mal. Par Jésus.

Messe du jour

Prière d'ouverture

Dieu éternel et tout-puissant, toi qui as fait monter jusqu'à la gloire du ciel, avec son âme et son corps, Marie, la Vierge immaculée, mère de ton Fils : fais que nous demeurions attentifs aux choses d'en haut pour obtenir de partager sa gloire. Par Jésus Christ.

1re lecture — *Le signe de la Femme dans le ciel*

Lecture de l'Apocalypse de saint Jean — 11, 19a ; 12, 1-6a.10ab

Le sanctuaire de Dieu, qui est dans le ciel, s'ouvrit, et l'arche de son Alliance apparut dans le Sanctuaire. Un grand signe apparut dans le ciel : une Femme, ayant le soleil pour manteau, la lune sous les pieds, et sur la tête une couronne de douze étoiles. Elle est enceinte, elle crie, dans les douleurs et la torture d'un enfantement.

Un autre signe apparut dans le ciel : un grand dragon, rouge feu, avec sept têtes et dix cornes, et, sur chacune des sept têtes, un diadème. Sa queue, entraînant le tiers des étoiles du ciel, les précipita sur la terre. Le Dragon vint se poster devant la femme qui allait enfanter, afin de dévorer l'enfant dès sa naissance. Or, elle mit au monde un fils, un enfant mâle, celui qui sera le berger de toutes les nations, les conduisant avec un sceptre de fer. L'enfant fut enlevé jusqu'auprès de Dieu et de son Trône, et la Femme s'enfuit au désert, où Dieu lui a préparé une place. Alors j'entendis dans le ciel une voix forte, qui proclamait : « Maintenant voici le salut, la puissance et le règne de notre Dieu, voici le pouvoir de son Christ ! »

PSAUME 44

R/ Debout, à la droite du Seigneur,
se tient la reine, toute parée d'or.

Écoute, ma fille, regarde et tends l'oreille ;
oublie ton peuple et la maison de ton père :
le roi sera séduit par ta beauté.

Il est ton Seigneur : prosterne-toi devant lui.
Alors, les plus riches du peuple,
chargés de présents, quêteront ton sourire.

Fille de roi, elle est là, dans sa gloire,
vêtue d'étoffes d'or ;
on la conduit, toute parée, vers le roi.

Des jeunes filles, ses compagnes, lui font cortège ;
on les conduit parmi les chants de fête :
elles entrent au palais du roi.

2e LECTURE — *Le Christ, premier-né d'entre les morts*

Lecture de la première lettre de saint Paul apôtre
aux Corinthiens 15, 20-27a

Frères, le Christ est ressuscité d'entre les morts, lui, premier ressuscité parmi ceux qui se sont endormis. Car, la mort étant venue par un homme, c'est par un homme aussi que vient la résurrection des morts. En effet, de même que tous les hommes meurent en Adam, de même c'est dans le Christ que tous recevront la vie, mais chacun à son rang : en premier, le Christ, et ensuite, lors du retour du Christ, ceux qui lui appartiennent. Alors, tout sera achevé, quand le Christ remettra le pouvoir royal à Dieu son Père, après avoir anéanti, parmi les êtres célestes, toute Principauté, toute Souveraineté et Puissance. Car c'est lui qui doit régner jusqu'au jour où Dieu *aura mis sous ses pieds tous ses ennemis.* Et le dernier ennemi qui sera anéanti, c'est la mort, car *il a tout mis sous ses pieds.*

Alléluia. Alléluia. Aujourd'hui s'est ouverte la porte du paradis : Marie est entrée dans la gloire de Dieu ; exultez dans le ciel, tous les anges ! **Alléluia.**

ÉVANGILE — *Magnifique est le Seigneur !*

Évangile de Jésus Christ selon saint Luc — 1, 39-56

En ces jours-là, Marie se mit en route et se rendit avec empressement vers la région montagneuse, dans une ville de Judée. Elle entra dans la maison de Zacharie et salua Élisabeth. Or, quand Élisabeth entendit la salutation de Marie, l'enfant tressaillit en elle. Alors, Élisabeth fut remplie d'Esprit Saint, et s'écria d'une voix forte : « Tu es bénie entre toutes les femmes, et le fruit de tes entrailles est béni. D'où m'est-il donné que la mère de mon Seigneur vienne jusqu'à moi ? Car, lorsque tes paroles de salutation sont parvenues à mes oreilles, l'enfant a tressailli d'allégresse en moi. Heureuse celle qui a cru à l'accomplissement des paroles qui lui furent dites de la part du Seigneur. »

Marie dit alors : « Mon âme exalte le Seigneur, exulte mon esprit en Dieu, mon Sauveur ! Il s'est penché sur son humble servante ; désormais tous les âges me diront bienheureuse. Le Puissant fit pour moi des merveilles ; Saint est son nom ! Sa miséricorde s'étend d'âge en âge sur ceux qui le craignent. Déployant la force de son bras, il disperse les superbes. Il renverse les puissants de leurs trônes, il élève les humbles. Il comble de biens les affamés, renvoie les riches les mains vides. Il relève Israël son serviteur, il se souvient de son amour, de la promesse faite à nos pères, en faveur d'Abraham et sa descendance à jamais. » Marie resta avec Élisabeth environ trois mois, puis elle s'en retourna chez elle.

Prière sur les offrandes

Que s'élève jusqu'à toi, Seigneur, notre fervent sacrifice, et tandis qu'intercède pour nous la très sainte Vierge Marie, emportée au ciel, que nos cœurs, brûlants de charité, aspirent toujours à monter vers toi. Par Jésus.

Préface

Vraiment, il est juste et bon de te rendre gloire, de t'offrir notre action de grâce, toujours et en tout lieu, à toi, Père très saint, Dieu éternel et tout-puissant, par le Christ, notre Seigneur.

Aujourd'hui la Vierge Marie, la Mère de Dieu, est élevée dans la gloire du ciel : parfaite image de l'Église à venir, aurore de l'Église triomphante, elle guide et soutient l'espérance de ton peuple encore en chemin. Tu as préservé de la dégradation du tombeau le corps qui avait porté ton propre Fils et mis au monde l'auteur de la vie.

C'est pourquoi, avec tous les anges du ciel, pleins de joie, nous chantons (disons) : **Saint !...**

Dans les prières eucharistiques, il y a des textes propres à la fête de l'Assomption.

Prière après la communion

Après nous avoir donné, Seigneur, le sacrement qui nous sauve, accorde-nous, par l'intercession de Marie, la Vierge bienheureuse élevée au ciel, de parvenir à la gloire de la résurrection. Par Jésus.

Pour prier avec l'Évangile : Béni sois-tu, notre Dieu, en l'honneur de la Vierge Marie ! Par elle, ton Fils est venu au monde ; il lui donne, aujourd'hui, d'entrer dans le monde nouveau de ta gloire. Viens semer ta vie en nos corps pour qu'un jour nous entrions, nous aussi, dans ton Royaume.

20e dimanche

20 août 2017

TOUS ÉLUS !

Au retour de l'Exil, après la longue épreuve loin de Jérusalem et la délivrance par Cyrus roi des Perses, les Juifs se sont posé la question : comment cohabiter avec toutes sortes d'étrangers qu'ils trouvaient en Judée à leur retour ? Ils comprennent que leur élection comme Peuple de l'Alliance n'exclut pas les non-Juifs qui observent le droit et pratiquent la justice, comme les prophètes le demandent (*première lecture*). Cet oracle d'Isaïe, d'une extraordinaire ouverture, prépare l'affirmation de Paul : « Il n'y a plus ni Juifs ni Grecs, seulement des croyants » (Ga 3, 27-29). La communauté nouvelle ne sera plus ethnique : elle sera composée de tous ceux qui accueillent le Salut et la Justice de Dieu. Alors le Temple sera « maison de prière pour tous les peuples ».

Paul dans l'épître aux Romains (*deuxième lecture*) enseigne que tous les hommes sont rachetés s'ils accueillent la miséricorde de Dieu dans la foi. L'« Apôtre des païens » souhaite aussi avec impatience la conversion à Jésus Christ des fils d'Israël, ses frères par le sang. Car le salut est universel.

Jésus aussi, dans *l'évangile*, est confronté à la question de l'accueil de l'étranger. Ce court récit admirablement composé montre comment, se trouvant en pays païen, Jésus est interpellé par une Cananéenne. Canaan était un peuple idolâtre avec qui les Juifs ne devaient pas frayer car il était considéré comme impur et maudit (Gn 9, 25). D'où le sobriquet de « chiens » que Jésus adoucit en « petits chiens ». C'est une femme qui oblige Jésus à passer outre au principe d'une mission exclusive envers Israël. Avec le cri de cette femme : *Kyrie eleison*, puis sa prosternation et sa dernière invocation : « Seigneur, viens à mon secours », Matthieu donne à son récit les caractères d'une scène liturgique. Les scrupules qui retenaient Jésus sont balayés par la profondeur de la foi de cette femme qu'il admire. Il finit par l'accueillir et par sauver sa fille.

Comment ne pas rendre grâce à Dieu qui dans sa tendresse a envoyé Jésus pour faire de tous les peuples un seul corps ?

Suggestions pour la célébration

• CHANTER • Nous sommes encore en période de vacances. On retiendra, de préférence, des chants bien connus.

Pour la procession d'ouverture, ***Laisserons-nous à notre table ?*** **E 161 CNA 697**, ***Dieu nous a tous appelés*** **KD 14-16-1 CNA 571**, ***Dieu nous éveille à la foi*** **A 20-70-1 CNA 546**, ***Écoute la voix du Seigneur*** **A 548 CNA 761.**

Après la Parole, ***Aimer, il suffit d'aimer*** **D 600**, ***Qui donc est Dieu ?*** **L 26-92-4 CNA 582 ou L 82-3 CNA 583**, ***Pour avancer ensemble*** **K 20-36 CNA 524.**

Pendant la communion, ***Les pauvres mangeront*** **SYL F 501**, ***Nous formons un même corps*** **C 105 CNA 570.**

Après la communion, ***Celui qui a mangé de ce pain*** **D 140-2 CNA 321**, ***En accueillant l'amour*** **DHL 126 CNA 325**, ***Jésus ma joie (Taizé)***, ***Allez par toute la terre*** **TL 20-76 CNA 533.**

• PRIER • POUR LA PRÉPARATION PÉNITENTIELLE

On peut utiliser la litanie **CNA 185d.**
Tendresse du Père, manifestée aux hommes,
prends pitié de nous, sauve-nous !
Parole du Père, adressée à tous les peuples,
prends pitié de nous, sauve-nous !
Chemin vers le Père pour tous ceux qui le cherchent,
prends pitié de nous, sauve-nous !

POUR LA PRIÈRE UNIVERSELLE

À dire à deux voix :
– « Ma maison s'appellera « maison de prière pour tous les peuples ».
Prions le Seigneur pour son Église appelée à accueillir les chercheurs de Dieu et à partager sa foi avec tous les hommes.
– « Femme, grande est ta foi ».
Prions le Seigneur pour tous ceux qui sont dans la détresse et qui font monter vers Dieu leur supplication avec confiance.
– « Dieu fait miséricorde à tous les hommes ».

Prions le Seigneur pour ceux qui sont sur le chemin du repentir et de la réconciliation.
– « Que les nations chantent leur joie ».
Prions le Seigneur pour que l'Évangile soit porté par des chrétiens heureux de le servir .

• **CÉLÉBRER** • *La prière eucharistique* pour la réconciliation n° 2 avec la préface correspondante est bien adaptée aux accents de cette liturgie. Elle mentionne l'appel des peuples de tous pays et de toutes langues, de toute race et de toute culture à prendre place au banquet du Royaume. Et l'initiative en revient à l'Esprit Saint (préface).

Prière d'ouverture

Pour ceux qui t'aiment, Seigneur, tu as préparé des biens que l'œil ne peut voir : répands en nos cœurs la ferveur de ta charité, afin que t'aimant en toute chose et par-dessus tout, nous obtenions de toi l'héritage promis qui surpasse tout désir. Par Jésus Christ.

1re lecture *« Les étrangers, je les conduirai à ma montagne sainte »*

Lecture du livre du prophète Isaïe 56, 1.6-7

Ainsi parle le Seigneur : Observez le droit, pratiquez la justice, car mon salut approche, il vient, et ma justice va se révéler.

Les étrangers qui se sont attachés au Seigneur pour l'honorer, pour aimer son nom, pour devenir ses serviteurs, tous ceux qui observent le sabbat sans le profaner et tiennent ferme à mon alliance, je les conduirai à ma montagne sainte, je les comblerai de joie dans ma maison de prière, leurs holocaustes et leurs sacrifices seront agréés sur mon autel, car ma maison s'appellera « Maison de prière pour tous les peuples. »

Psaume 66

**R/ Que les peuples, Dieu, te rendent grâce ;
qu'ils te rendent grâce tous ensemble !**

Que Dieu nous prenne en grâce et nous bénisse,
que ton visage s'illumine pour nous ;
et ton chemin sera connu sur la terre,
ton salut, parmi toutes les nations.

Que les nations chantent leur joie,
car tu gouvernes le monde avec justice ;
tu gouvernes les peuples avec droiture
sur la terre, tu conduis les nations.

La terre a donné son fruit ;
Dieu, notre Dieu, nous bénit.
Que Dieu nous bénisse,
et que la terre tout entière l'adore !

2e lecture *Dieu fait miséricorde à tous les hommes, Juifs et païens*

Lecture de la lettre de saint Paul apôtre aux Romains 11, 13-15.29-32

Frères, je vous le dis à vous, qui venez des nations païennes : dans la mesure où je suis moi-même apôtre des nations, j'honore mon ministère, mais dans l'espoir de rendre jaloux mes frères selon la chair, et d'en sauver quelques-uns. Si en effet le monde a été réconcilié avec Dieu quand ils ont été mis à l'écart, qu'arrivera-t-il quand ils seront réintégrés ? Ce sera la vie pour ceux qui étaient morts !

Les dons gratuits de Dieu et son appel sont sans repentance. Jadis, en effet, vous avez refusé de croire en Dieu, et maintenant, par suite de leur refus de croire, vous avez obtenu miséricorde ; de même, maintenant, ce sont eux qui ont refusé de croire, par suite de la miséricorde que vous avez obtenue, mais c'est pour qu'ils obtiennent miséricorde, eux aussi. Dieu, en effet, a enfermé tous les hommes dans le refus de croire pour faire à tous miséricorde.

Alléluia. Alléluia. Jésus proclamait l'Évangile du Royaume, et guérissait toute maladie dans le peuple. **Alléluia.**

ÉVANGILE — *Jésus exauce la prière de la Cananéenne*

Évangile de Jésus Christ selon saint Matthieu 15, 21-28

En ce temps-là, partant de Génésareth, Jésus se retira dans la région de Tyr et de Sidon. Voici qu'une Cananéenne, venue de ces territoires, disait en criant : « Prends pitié de moi, Seigneur, fils de David ! Ma fille est tourmentée par un démon. » Mais il ne lui répondit pas un mot. Les disciples s'approchèrent pour lui demander : « Renvoie-la, car elle nous poursuit de ses cris ! » Jésus répondit : « Je n'ai été envoyé qu'aux brebis perdues de la maison d'Israël. » Mais elle vint se prosterner devant lui en disant : « Seigneur, viens à mon secours ! » Il répondit : « Il n'est pas bien de prendre le pain des enfants et de le jeter aux petits chiens. »

Elle reprit : « Oui, Seigneur ; mais justement, les petits chiens mangent les miettes qui tombent de la table de leurs maîtres. »

Jésus répondit : « Femme, grande est ta foi, que tout se passe pour toi comme tu le veux ! » Et, à l'heure même, sa fille fut guérie.

PRIÈRE SUR LES OFFRANDES

Accepte, Seigneur notre Dieu, ce que nous présentons pour cette eucharistie où s'accomplit un admirable échange : en offrant ce que tu nous as donné, puissions-nous te recevoir toi-même. Par Jésus.

PRIÈRE APRÈS LA COMMUNION

Par cette eucharistie, Seigneur, tu nous as unis davantage au Christ, et nous te supplions encore : accorde-nous de lui ressembler sur la terre et de partager sa gloire dans le ciel. Lui qui règne.

J'aime parce que j'aime

« L'amour se suffit à lui-même, il plaît par lui-même et pour lui-même. Il est à lui-même son mérite, il est à lui-même sa récompense. L'amour ne cherche hors de lui-même ni sa raison d'être ni son fruit. Son fruit, c'est l'amour même. J'aime parce que j'aime, j'aime pour aimer.

Saint Bernard, *Sermon sur le Cantique des cantiques*.

Calendrier liturgique

Di 20	**20e dimanche A.** *Liturgie des Heures : Psautier semaine IV.* [S. Bernard, abbé de Clairvaux, cistercien, docteur de l'Église, † 1153].
Lu 21	S. Pie X, pape, † 1914 à Rome.
Ma 22	La Vierge Marie, Reine.
Me 23	*Ste Rose de Lima, vierge, tertiaire dominicaine, † 1617, à Lima.* *En Afrique du Nord, Ste Émilie de Vialar, vierge, † 1856 à Marseille.*
Je 24	S. BARTHÉLEMY, Apôtre. Lectures propres : Ap 21,9-14 ; Jn 1,45-51.
Ve 25	*S. Louis, roi de France, † 1270 à Tunis.* *S. Joseph de Calasanz (Espagne), prêtre, fondateur d'ordre, † 1648 à Rome.*
Sa 26	*En France, S. Césaire, évêque d'Arles, † 542.*

Bonne fête ! 20 : Bernard, Philibert, Samuel, Samy. 21 : Grâce, Graziella, Privat. 22 : Fabrice, Siegfried, Symphorien, Reine. 23 : Rose, Rosita. 24 : Barthélemy, Nathanaël. 25 : Louis, Clovis, Ludwig. 26 : Césaire, César, Natacha, Tasha.

Pour mémoire : Il y a 400 ans, le 24 août 1617, Rose de Lima mourait à l'âge de 31 ans, au terme d'une vie faite de prière et de mortifications qu'elle offrait à Dieu pour le rachat des âmes du Purgatoire et le salut de tous les pécheurs. Elle fut canonisée en 1671, devenant ainsi la première sainte du Nouveau Monde. Patronne des Amériques, sainte Rose de Lima est fêtée le 23 août.

« Hors de la croix, on ne trouve pas de chemin pour monter au ciel. »
Sainte Rose de Lima

Pour prier avec l'Évangile : Dieu juste et bon, tu ne fais pas de différence entre les personnes, tu accueilles tous ceux qui te cherchent. Rends-nous capables de voir la misère de nos frères, d'écouter leurs cris et de nous émerveiller de leur foi.

21e dimanche

27 août 2017

LE FONDEMENT DE L'ÉGLISE

Il ne suffit pas de vivre dans la proximité de Jésus pour pouvoir dire en vérité qui il est. Jésus offre à ses disciples, encore incertains à son sujet, l'occasion de s'exprimer. Après leur avoir demandé ce que les gens pensent de lui, Jésus insiste : « Et vous, que dites-vous ? Pour vous, qui suis-je ? » (*évangile*). On connaît la réponse qui retentit de siècles en siècles : « Tu es le Christ, le Fils du Dieu vivant ! »

Celui qui la donne, « Simon fils de Yonas », ne la tient pas de son père de « chair et de sang » mais du Père céleste auquel Jésus vient nous donner accès. Aussi, en recevant de Jésus un nom nouveau, Simon-Pierre reçoit une promesse qui va bien au-delà de son existence propre : « Tu es Pierre et sur cette pierre je bâtirai mon Église ; et la puissance de la Mort ne l'emportera pas sur elle ».

Dans la Bible, le rocher qui soutient et sauve de la mort, est le symbole de Dieu qui accompagne son peuple. De la même façon, l'Église, grâce à la puissance de Dieu, ne sera jamais abandonnée aux forces de la mort.

Un autre symbole caractérise le pouvoir donné à Pierre : « les clés du royaume des Cieux » qui lui confèreront le pouvoir de lier et délier « sur la terre et dans les cieux », tel le serviteur Éliakim à qui est remise la clef avec laquelle il « ouvrira et fermera » l'accès « à la maison de son père » (*première lecture*). Les clés évoquent le pouvoir de pardonner les péchés. Pierre, chef de l'Église, recevra l'autorité pour pardonner les péchés et ouvrir l'accès au royaume des Cieux. Ainsi l'Église rassemble les pécheurs pardonnés, c'est-à-dire tous ceux qui accueillent la miséricorde de Dieu transmise par ceux qui en ont été institués les serviteurs. Pierre, fondement de l'Église, fit lui-même l'expérience de la miséricorde de Dieu (Jn 21, 15-1).

Devant un si grand amour, nous pouvons laisser monter sur nos lèvres notre louange à Dieu, lui dont les « décisions sont insondables, [et les] chemins, impénétrables ! » (*deuxième lecture*).

Suggestions pour la célébration

• CHANTER • Les chants suivants feront écho aux textes de ce dimanche.

Pour la procession d'ouverture, ***Peuple de baptisés*** K 106 **CNA 573**, ***Peuple du Dieu vivant*** K 42-70, ***Jour du Seigneur*** M 26-04.

Après la Parole, ***Les mots que tu nous dis*** E 164, ***Dis-nous les signes de l'Esprit*** E 216, ***Qui donc es-tu, Jésus de Nazareth ?*** X 48-46.

Pour la procession de communion, ***Tu es le Dieu fidèle*** D 163 **CNA 346.**

Après la communion, ***Nous qui mangeons le pain*** D 215 **CNA 337**, ***Jésus, le Christ, lumière intérieure*** D 86 **CNA 595**, ***Chantons sans fin le nom du Seigneur*** EDIT 15-95.

• PRIER •

Pour la préparation pénitentielle

Seigneur Jésus, Sagesse du Père,
prends pitié de nous.
Ô Christ, Fils du Dieu vivant,
prends pitié de nous.
Seigneur, ressuscité dans la gloire,
prends pitié de nous.

Pour la prière universelle

Nous pouvons prier :

– pour les pasteurs de notre Église : qu'ils vivent dans le souffle de l'Esprit pour accomplir la mission qui leur est confiée ;

– pour les personnes confrontées aux forces de mort, la guerre, l'exclusion, l'esclavage, la maladie grave : que la puissance de l'Esprit les assiste dans leur combat ;

– pour ceux qui cherchent Dieu : qu'ils se laissent guider par la lumière de l'Esprit ;

– pour ceux qui se préparent au baptême : que l'Esprit renouvelle leur intelligence et transforme leur cœur.

• **CÉLÉBRER** • L'évangile de ce dimanche est une invitation à confesser avec une attention renouvelée la foi de l'Église. On peut privilégier le Symbole des Apôtres en soulignant le lien avec la profession de foi de Pierre.

PRIÈRE D'OUVERTURE

Dieu qui peux mettre au cœur de tes fidèles un unique désir, donne à ton peuple d'aimer ce que tu commandes et d'attendre ce que tu promets ; pour qu'au milieu des changements de ce monde, nos cœurs s'établissent fermement là où se trouvent les vraies joies. Par Jésus Christ.

1re LECTURE

« Je mettrai sur mon épaule la clef de la maison de David »

Lecture du livre du prophète Isaïe 22, 19-23

Parole du Seigneur adressé à Shebna le gouverneur : « Je vais te chasser de ton poste, t'expulser de ta place. Et, ce jour-là, j'appellerai mon serviteur, Éliakim, fils d'Helcias. Je le revêtirai de ta tunique, je le ceindrai de ton écharpe, je lui remettrai tes pouvoirs : il sera un père pour les habitants de Jérusalem et pour la maison de Juda. Je mettrai sur son épaule la clef de la maison de David : s'il ouvre, personne ne fermera ; s'il ferme, personne n'ouvrira. Je le planterai comme une cheville dans un endroit solide ; il sera un trône de gloire pour la maison de son père. »

PSAUME 137

R/ **Seigneur, éternel est ton amour :**
n'arrête pas l'œuvre de tes mains.

De tout mon cœur, Seigneur, je te rends grâce :
tu as entendu les paroles de ma bouche.
Je te chante en présence des anges,
vers ton temple sacré, je me prosterne.

Je rends grâce à ton nom pour ton amour et ta vérité,
car tu élèves, au-dessus de tout, ton nom et ta parole.
Le jour où tu répondis à mon appel,
tu fis grandir en mon âme la force.

Si haut que soit le Seigneur, il voit le plus humble.
de loin, il reconnaît l'orgueilleux.
Seigneur, éternel est ton amour :
n'arrête pas l'œuvre de tes mains.

2e LECTURE *« Tout est de lui, et par lui, et pour lui »*

Lecture de la lettre de saint Paul apôtre aux Romains 11, 33-36

Quelle profondeur dans la richesse, la sagesse et la connaissance de Dieu ! Ses décisions sont insondables, ses chemins sont impénétrables !

Qui a connu la pensée du Seigneur ? Qui a été son conseiller ? Qui lui a donné en premier, et mériterait de recevoir en retour ?

Car tout est de lui, et par lui, et pour lui. À lui la gloire pour l'éternité ! Amen.

Alléluia. Alléluia. Tu es Pierre, et sur cette pierre je bâtirai mon Église ; et la puissance de la Mort ne l'emportera pas sur elle. **Alléluia.**

ÉVANGILE *« Je te donnerai les clés du royaume des Cieux »*

Évangile de Jésus Christ selon saint Matthieu 16, 13-20

En ce temps-là, Jésus, arrivé dans la région de Césarée-de-Philippe, demandait à ses disciples : « Au dire des gens, qui est le Fils de l'homme ? » Ils répondirent : « Pour les uns, Jean le Baptiste ; pour d'autres, Élie ; pour d'autres encore, Jérémie ou l'un des prophètes. » Jésus leur demanda : « Et vous, que dites-vous ? Pour vous, qui suis-je ? » Alors Simon-Pierre prit la parole et dit : « Tu es le Christ, le Fils du Dieu vivant ! »

Prenant la parole à son tour, Jésus lui dit : « Heureux es-tu, Simon fils de Yonas : ce n'est pas la chair et le sang qui t'ont révélé cela, mais mon Père qui est aux cieux. Et moi, je te le déclare : Tu es Pierre, et sur cette pierre je bâtirai mon Église ; et la puissance de la Mort ne l'emportera pas sur elle. Je te donnerai les clés du royaume des Cieux : tout ce que tu auras lié sur la terre sera lié dans les cieux, et tout ce que tu auras délié sur la terre sera délié dans les cieux. »

Alors, il ordonna aux disciples de ne dire à personne que c'était lui le Christ.

Prière sur les offrandes

Par l'unique sacrifice de la Croix, tu t'es donné, Père très bon, un peuple de fils ; accorde-nous, dans ton Église, la grâce de l'unité et de la paix. Par Jésus.

Prière après la communion

Que ta miséricorde, Seigneur, agisse en nous, et nous guérisse entièrement ; transforme-nous, par ta grâce, et rends-nous si généreux que nous puissions te plaire en toute chose. Par Jésus.

L'Église fondée sur le pardon

« L'Église est, dans son essence intime, le lieu du pardon et ainsi le chaos est banni en elle. Elle est rassemblée par le pardon et Pierre le représente pour toujours : elle n'est pas la communauté des parfaits mais la communauté des pécheurs qui ont besoin de pardon et qui le cherchent. Derrière la parole sur l'autorité, devient visible la puissance de Dieu en tant que miséricorde et donc comme pierre angulaire de l'Église. À l'arrière-plan, nous entendons la parole du Seigneur : "Ce ne sont pas les bien portants qui ont besoin du médecin, mais les malades ; je ne suis pas venu appeler les justes, mais les pécheurs" (Mc 2, 17). L'Église ne peut apparaître que là où l'homme accepte sa vérité, et cette vérité consiste précisément dans le fait qu'il a besoin de la grâce. Là où l'orgueil l'empêche d'accéder à cette connaissance, il ne trouve pas la route qui mène à Jésus. »

Cardinal Joseph Ratzinger, *Conférence à l'université pontificale Urbanienne de Rome sur la « Primauté de Pierre et l'unité de l'Église »*, avril 1991.

Calendrier liturgique

Di 27	**21e dimanche A.** *Liturgie des Heures : Psautier semaine I.* [Ste Monique, mère de S. Augustin, † vers 387 à Ostie (près de Rome). En Afrique du Nord, fête].
Lu 28	S. Augustin, évêque d'Hippone (Algérie), docteur de l'Église, † 430. En Afrique du Nord, solennité.
Ma 29	Martyre de S. Jean Baptiste. Lecture propre : Mc 6,17-29. Au Luxembourg, dédicace de la cathédrale.
Je 31	*En Belgique, la Vierge Marie Médiatrice.*

Bonne fête ! 27 : Monique. 28 : Augustin, Auguste, Hermès, Linda. 29 : Sabine, Sabrina. 30 : Fiacre, Sacha. 31 : Aristide. 1er : Gilles, Josué. 2 : Ingrid.

Pour mémoire : IL Y A 800 ANS, le 27 août 1217, le roi André II de Hongrie et le duc Léopold VI d'Autriche embarquaient avec leurs troupes à Spalatro sur l'Adriatique. C'était le début de la cinquième croisade. Après les premiers échecs en Terre sainte, les Croisés changèrent de stratégie et tentèrent de conquérir une partie de l'Égypte afin de l'échanger ensuite contre le royaume de Jérusalem. Les Croisés réussirent à s'emparer du port de Damiette, sur la côte égyptienne. C'est à ce moment que François d'Assise et un autre franciscain, le frère Pacifique, se rendirent auprès du sultan Al-Kamil avec l'espoir de le convertir au christianisme. Le sultan refusa le baptême mais laissa repartir les deux frères sains et saufs. Encouragé par cette entrevue, il accepta d'échanger Damiette contre Jérusalem, mais le légat pontifical qui dirigeait les Croisés repoussa la proposition, espérant l'arrivée de renforts qui auraient permis de conquérir toute l'Égypte. La croisade fut un échec.

Pour prier avec l'Évangile : Seigneur Dieu, ton Fils a choisi ses Apôtres pour fonder à jamais ton Église. Nous t'en prions : que notre foi, appuyée sur la leur, fasse de nous des pierres vivantes, édifiées par l'Esprit pour construire un temple saint.

22e dimanche 3 septembre 2017

LA VOIE DE LA CROIX

Quelle disproportion entre les aspirations humaines et la lumière de la révélation divine ! Pierre, que Jésus vient de féliciter pour s'être laissé éclairer par le Père (*évangile de dimanche dernier*), se fait maintenant vivement rabrouer : « Passe derrière moi, Satan ! » (*évangile*). En refusant l'annonce d'un messie souffrant, Pierre est assimilé au tentateur qui cherche à détourner les hommes de la mission que Dieu leur confie. Mais Jésus adresse des paroles radicales à ceux qui veulent être ses disciples : « Celui qui veut sauver sa vie la perdra, mais qui perd sa vie à cause de moi la gardera. » Jésus choisit l'amour du Père qui « vaut mieux que la vie » (*psaume*) ; ce choix a valeur d'enseignement. Nul ne peut se prétendre disciple du Christ s'il ne se dispose pas à renoncer à sa vie propre et se prépare à supporter les souffrances liées à ce renoncement : perdre sa vie à cause du Christ, c'est ne pas courir après les succès et la gloire de ce monde, c'est apprendre à « tout donner et se donner à Dieu » selon les paroles de sainte Thérèse de Lisieux. Le chemin de l'amour que Jésus est venu révéler aux hommes se découvre à ceux qui entrent dans le mystère de la croix.

Ce mystère est déjà vécu par le prophète Jérémie qui n'a jamais abandonné la mission reçue du Seigneur. En dépit des railleries dont il est l'objet, il reconnaît qu'il est vain de vouloir renoncer à annoncer la Parole ; malgré son désarroi, il garde confiance en celui qui l'a « séduit » et dont la Parole brûle comme un feu en son cœur (*première lecture*).

Nous aussi aujourd'hui, nous sommes invités à nous laisser saisir « par la tendresse de Dieu » sans craindre les façons de penser de notre monde : voilà l'offrande qui plaît au Seigneur, « la juste manière de lui rendre un culte » (*deuxième lecture*).

Suggestions pour la célébration

• **CHANTER** •Pour faire écho aux textes de ce dimanche, on peut chanter, pour la procession d'ouverture, ***Peuple du Dieu vivant*** **K 42-70** (couplets 2, 3 et 4), ***Dieu nous éveille à la foi*** **A 20-70-1 CNA 546,** ***Écoute la voix du Seigneur A*** **548 CNA 761.**

Après la Parole, ***Les mots que tu nous dis*** **E 164,** ***Nul n'est disciple*** **WP 214.**

Pour la procession de communion, ***Voici le pain que donne Dieu*** **D 50-07-2,** ***Partageons le pain du Seigneur*** **D 39-31 CNA 546.**

Après la communion, ***Pas de plus grand amour,*** **DL 265-1 CNA 452,** ***Pour aimer du plus grand amour*** **D 386,** ***Perdre sa vie*** **ULH 163.**

• **PRIER** •

Pour la préparation pénitentielle

Seigneur Jésus, venu révéler l'amour du Père,
prends pitié de nous.
Ô Christ, mort sur la croix pour nous donner la vie,
prends pitié de nous.
Seigneur, vivant à jamais dans la gloire de Dieu,
prends pitié de nous.

Pour la prière universelle

Nous pouvons prier :
- pour l'Église chargée d'être témoin de la tendresse de Dieu ;
- pour ceux et celles qui s'engagent à marcher à la suite du Christ ;
- pour les personnes qui défendent la vérité et la justice en s'exposant aux insultes et aux sarcasmes de notre monde ;
- pour tant d'hommes et de femmes qui cherchent à mener une vie juste et bonne en refusant la culture du déchet et de la consommation.

• **CÉLÉBRER :** •En cette période de rentrée, il est important de veiller à l'accueil des nouveaux venus sur la paroisse. C'est aussi le moment d'inviter les paroissiens à s'engager, chacun selon ses possibilités, au service de la vie paroissiale.

Prière d'ouverture

Dieu puissant, de qui vient tout don parfait, enracine en nos cœurs l'amour de ton nom ; resserre nos liens avec toi, pour développer ce qui est bon en nous ; veille sur nous avec sollicitude, pour protéger ce que tu as fait grandir. Par Jésus Christ.

1re lecture *« La parole du Seigneur attire sur moi l'insulte »*

Lecture du livre du prophète Jérémie 20, 7-9

Seigneur, tu m'as séduit, et j'ai été séduit ; tu m'as saisi, et tu as réussi. À longueur de journée je suis exposé à la raillerie, tout le monde se moque de moi. Chaque fois que j'ai à dire la parole, je dois crier, je dois proclamer : « Violence et dévastation ! » À longueur de journée, la parole du Seigneur attire sur moi l'insulte et la moquerie. Je me disais : « Je ne penserai plus à lui, je ne parlerai plus en son nom. » Mais elle était comme un feu brûlant dans mon cœur, elle était enfermée dans mes os. Je m'épuisais à la maîtriser, sans y réussir.

Psaume 62

R/ **Mon âme a soif de toi,**
Seigneur, mon Dieu.

Dieu, tu es mon Dieu, je te cherche dès l'aube :
mon âme a soif de toi ;
après toi languit ma chair,
terre aride, altérée, sans eau.

Je t'ai contemplé au sanctuaire,
j'ai vu ta force et ta gloire.
Ton amour vaut mieux que la vie :
tu seras la louange de mes lèvres !

Toute ma vie je vais te bénir,
lever les mains en invoquant ton nom.
Comme par un festin je serai rassasié ;
la joie sur les lèvres, je dirai ta louange.

Oui, tu es venu à mon secours :
je crie de joie à l'ombre de tes ailes.
Mon âme s'attache à toi,
ta main droite me soutient.

2e LECTURE

« Présentez votre corps en sacrifice vivant »

Lecture de la lettre de saint Paul apôtre aux Romains 12, 1-2

Je vous exhorte, frères, par la tendresse de Dieu, à lui présenter votre corps – votre personne tout entière –, en sacrifice vivant, saint, capable de plaire à Dieu : c'est là, pour vous, la juste manière de lui rendre un culte. Ne prenez pas pour modèle le monde présent, mais transformez-vous en renouvelant votre façon de penser pour discerner quelle est la volonté de Dieu : ce qui est bon, ce qui est capable de lui plaire, ce qui est parfait.

Alléluia. Alléluia. Que le Père de notre Seigneur Jésus Christ ouvre à sa lumière les yeux de notre cœur, pour que nous percevions l'espérance que donne son appel. **Alléluia.**

ÉVANGILE

« Si quelqu'un veut marcher à ma suite, qu'il renonce à lui-même »

Évangile de Jésus Christ selon saint Matthieu 16, 21-27

En ce temps-là, Jésus commença à montrer à ses disciples qu'il lui fallait partir pour Jérusalem, souffrir beaucoup de la part des anciens, des grands prêtres et des scribes, être tué, et le troisième jour ressusciter. Pierre, le prenant à part, se mit à lui faire de vifs reproches : « Dieu t'en garde, Seigneur ! cela ne t'arrivera pas. » Mais lui, se retournant, dit à Pierre : « Passe derrière moi, Satan ! Tu es pour moi une occasion de chute : tes pensées ne sont pas celles de Dieu, mais celles des hommes. »

Alors Jésus dit à ses disciples : « Si quelqu'un veut marcher à ma suite, qu'il renonce à lui-même, qu'il prenne sa croix et qu'il me suive. Car celui qui veut sauver sa vie la perdra, mais qui perd sa vie à cause de moi la gardera. Quel avantage, en effet, un homme aurat-il à gagner le monde entier, si c'est au prix de sa vie? Et que pourra-t-il donner en échange de sa vie? Car le Fils de l'homme va venir avec ses anges dans la gloire de son Père; alors il rendra à chacun selon sa conduite. »

PRIÈRE SUR LES OFFRANDES

Que l'offrande eucharistique, Seigneur, nous apporte toujours la grâce du salut; que ta puissance accomplisse elle-même ce que nous célébrons dans cette liturgie. Par Jésus.

PRIÈRE APRÈS LA COMMUNION

Rassasiés par le pain de la vie, nous te prions, Seigneur: que cette nourriture fortifie l'amour en nos cœurs, et nous incite à te servir dans nos frères. Par Jésus.

« Si quelqu'un veut marcher à ma suite ... »

« Jésus donne, encore une fois, toute liberté à ses disciples. "Si quelqu'un veut marcher à ma suite", dit-il. On ne peut forcer personne, on n'oblige à rien. Ce qui va être dit maintenant est terriblement radical. Aussi, avant que la loi d'obéissance ne soit annoncée, il faut que les disciples se voient donner toute liberté. »

Dietrich Bonhoeffer, *Le prix de la grâce*,
Delachaux et Niestlé, 1962, p. 53.

Calendrier liturgique

Di 3	**22e dimanche A.** *Liturgie des Heures: Psautier semaine II.* [S. Grégoire le Grand, pape, docteur de l'Église, † 604 (12 mars) à Rome.]
Ve 8	NATIVITÉ DE LA VIERGE MARIE. Lectures propres: Mi 5,1-4 ou Rm 8,28-30; Mt 1,1-16.18-23.
Sa 9	*S. Pierre Claver, prêtre, jésuite espagnol, apôtre des esclaves noirs, † 1654 à Carthagène en Colombie.*

Bonne fête ! 3 : Grégoire, Grégory, Graziella. 4 : Rosalie, Irma, Marien, Moïse. 5 : Raïssa. 6 : Bertrand, Évelyne, Éva. 7 : Régine, Reine, Réjane. 8 : Adrien. 9 : Alain, Omer.

Pour mémoire : IL Y A 300 ANS, le 8 septembre 1717, le moine arménien Mékhithar fondait un monastère dans l'île Saint-Lazare, à Venise. Il s'y consacra à l'édition de livres arméniens et à la traduction en arménien des grandes œuvres étrangères. Le monastère Saint-Lazare, siège de la congrégation des Pères mekhitaristes, a joué un rôle de premier plan dans le maintien et le renouveau de l'héritage culturel arménien. Il abrite une collection d'œuvres littéraires et artistiques unique au monde.
Le même jour, à Częstochowa, l'icône de la Vierge abritée dans le monastère de Jasna Góra était coiffée d'une couronne offerte par le pape Clément XI. Symbole de l'unité nationale face aux menées expansionnistes des Russes et des Prussiens, elle suscite jusqu'aujourd'hui une dévotion qui dépasse le cadre religieux.

Pour prier avec l'Évangile : Tu nous combles de ta vie, Dieu de tendresse et de pitié. Garde-nous de faire obstacle à ta volonté ; affermis notre courage pour qu'en suivant le chemin de la croix, nous puissions entrer dans la gloire de ton Fils.

23e dimanche

10 septembre 2017

LE PARDON, UN ACTE ECCLÉSIAL

Après avoir choisi Pierre comme fondement de son Église (*évangile du 21edimanche*), Jésus donne à ses disciples les principales règles de conduite. Ainsi, que faire à l'égard du pécheur ?

Déjà la tradition juive proposait, selon la parole des prophètes, d'avertir le méchant pour qu'il abandonne sa conduite (*première lecture*). Mais Jésus va plus loin en nous invitant à manifester une véritable solidarité à l'égard de celui qui a péché : il ne s'agira pas tant de s'attarder sur la faute commise, mais il faudra s'employer, avec patience et dans un esprit fraternel, à ramener le pécheur sur le chemin du bien (*évangile*). Cela se fera d'abord en privé, dans un cœur à cœur ; si ce frère n'écoute pas, il faudra alors le reprendre en présence de « deux ou trois témoins » et s'il refuse d'écouter, on s'en remettra à l'assemblée de l'Église. Certes, le succès n'est jamais garanti et le fautif peut être exclu de la communauté. Cependant Jésus veut que son Église manifeste la miséricorde de Dieu : l'Église, dans une maternelle sollicitude, doit offrir à tout homme pécheur le pardon de Dieu. Aussi Jésus étend-il le pouvoir de remettre les péchés qui avait été donné à Pierre ; il confie à ses disciples le ministère de la réconciliation : « Tout ce que vous aurez lié sur la terre sera lié dans le ciel, et tout ce que vous aurez délié sur la terre sera délié dans le ciel ». Aucun d'entre nous ne peut de lui-même pardonner. Le pardon est une grâce que Dieu donne. La communauté rassemblée pour prier le Seigneur se réjouit du pardon accordé aux pécheurs.

Rassemblés au nom de Jésus pour célébrer l'eucharistie, nous rendons grâce à Dieu pour son amour miséricordieux qui nous pardonne et fait de nous des créatures nouvelles. C'est cet amour qui nous porte à nous aimer les uns les autres, sans jamais nous enfermer dans notre péché ; l'amour, nous dit saint Paul, est « le plein accomplissement de la Loi » (*deuxième lecture*).

Suggestions pour la célébration

• CHANTER • Les chants suivants conviendront bien pour les trois dimanches qui viennent.

Pourront accompagner la procession d'ouverture, ***Dieu nous a tous appelés*** **A 14-56-1 CNA 571,** ***Peuple du Dieu vivant*** **K 42-70,** ***Seigneur, rassemble-nous*** **D 87 CNA 702,** ***Jour du Seigneur, jour de Pâques*** **A 32-11.**

Après la Parole, ***À l'image de ton amour*** **D 218 CNA 529,** ***Aimer, il suffit d'aimer*** **D 600,** ***Dieu plus grand que notre cœur*** **R 48-12.**

Pendant la procession de communion, ***Voici le corps et le sang du Seigneur*** **D 44-80,** ***Corps livré, sang versé*** **D 54-18,** ***Voici le pain partagé*** **D 14-42 CNA 348.**

Après la communion, ***Prenons la main*** **T 42-2 CNA 580,** ***Celui qui aime est né de Dieu*** **D 18-13 CNA 537,** ***Que soit parfaite notre unité*** **D 341-1,** ***Rendons gloire à notre Dieu*** **Y 35-33,** ***Par la musique et par nos voix*** **U 43-38 CNA 572.**

• PRIER • POUR LA PRÉPARATION PÉNITENTIELLE

Seigneur Jésus, toi qui accomplis parfaitement la Loi,
prends pitié de nous.
Ô Christ, toi qui réconcilies le monde avec Dieu,
prends pitié de nous.
Seigneur, toi qui intercèdes pour nous auprès du Père,
prends pitié de nous.

POUR LA PRIÈRE UNIVERSELLE

Nous pouvons prier :

- pour l'Église, appelée à être témoin de la miséricorde de Dieu ;
- pour ceux qui dans le monde se laissent aveugler par l'envie, la haine et les idéologies mensongères ;
- pour les personnes qui se mettent au service de leurs frères ;
- pour nos communautés invitées à vivre dans un amour fraternel.

• CÉLÉBRER • On peut, en lien avec les lectures de ce dimanche, mettre en valeur le geste de paix placé entre le *Notre Père* et la fraction du pain : lorsque nous répondons à l'invitation du diacre ou, à défaut du prêtre, en nous donnant la paix, nous recevons le don du Christ qui, par son sacrifice de la croix, « a mis dans notre bouche la parole de réconciliation » (*verset de l'Alléluia*). Il convient donc d'habiter ce geste qui, tout en restant sobre, ne doit pas rester formel.

Prière d'ouverture

Dieu qui as envoyé ton Fils pour nous sauver et pour faire de nous tes enfants d'adoption, regarde avec bonté ceux que tu aimes comme un père ; puisque nous croyons au Christ, accorde-nous la vraie liberté et la vie éternelle. Par Jésus Christ.

1re lecture — *« Fils d'homme, je fais de toi un guetteur »*

Lecture du livre du prophète Ézékiel — 33, 7-9

La parole du Seigneur me fut adressée : « Fils d'homme, je fais de toi un guetteur pour la maison d'Israël. Lorsque tu entendras une parole de ma bouche, tu les avertiras de ma part. Si je dis au méchant : 'Tu vas mourir', et que tu ne l'avertisses pas, si tu ne lui dis pas d'abandonner sa conduite mauvaise, lui, le méchant, mourra de son péché, mais à toi, je demanderai compte de son sang. Au contraire, si tu avertis le méchant d'abandonner sa conduite, et qu'il ne s'en détourne pas, lui mourra de son péché, mais toi, tu auras sauvé ta vie. »

Psaume 94

R/ **Aujourd'hui, ne fermez pas votre cœur,**
mais écoutez la voix du Seigneur !

Venez, crions de joie pour le Seigneur,
acclamons notre Rocher, notre salut !
Allons jusqu'à lui en rendant grâce,
par nos hymnes de fête acclamons-le !

Entrez, inclinez-vous, prosternez-vous,
adorons le Seigneur qui nous a faits.
Oui, il est notre Dieu ;
nous sommes le peuple qu'il conduit.

Aujourd'hui écouterez-vous sa parole ?
« Ne fermez pas votre cœur comme au désert,
où vos pères m'ont tenté et provoqué,
et pourtant ils avaient vu mon exploit. »

2e LECTURE

« Celui qui aime les autres a pleinement accompli la Loi »

Lecture de la lettre de saint Paul apôtre aux Romains 13, 8-10

Frères, n'ayez de dette envers personne, sauf celle de l'amour mutuel, car celui qui aime les autres a pleinement accompli la Loi. La Loi dit : *Tu ne commettras pas d'adultère, tu ne commettras pas de meurtre, tu ne commettras pas de vol, tu ne convoiteras pas.*

Ces commandements et tous les autres se résument dans cette *parole* : *Tu aimeras ton prochain comme toi-même.* L'amour ne fait rien de mal au prochain. Donc, le plein accomplissement de la Loi, c'est l'amour.

Alléluia. Alléluia. Dans le Christ, Dieu réconciliait le monde avec lui : il a mis dans notre bouche la parole de la réconciliation. **Alléluia.**

ÉVANGILE

« S'il t'écoute, tu as gagné ton frère »

Évangile de Jésus Christ selon saint Matthieu 18, 15-20

En ce temps-là, Jésus disait à ses disciples : « Si ton frère a commis un péché contre toi, va lui faire des reproches seul à seul. S'il t'écoute, tu as gagné ton frère. S'il ne t'écoute pas, prends en plus avec toi une ou deux personnes afin que toute l'affaire soit réglée sur la parole de deux ou trois témoins. S'il refuse de les écouter, dis-le à l'assemblée de l'Église ; s'il refuse encore d'écouter l'Église, considère-le comme un païen et un publicain. Amen, je vous le dis : tout ce que vous aurez lié sur la terre sera lié dans le ciel, et tout ce que vous aurez délié sur la terre sera délié dans le ciel.

Et pareillement, amen, je vous le dis, si deux d'entre vous sur la terre se mettent d'accord pour demander quoi que ce soit, ils l'obtiendront de mon Père qui est aux cieux. En effet, quand deux ou trois sont réunis en mon nom, je suis là, au milieu d'eux. »

Prière sur les offrandes

Dieu qui donnes la grâce de te servir avec droiture et de chercher la paix, fais que cette offrande puisse te glorifier, et que notre participation à l'eucharistie renforce les liens de notre unité. Par Jésus.

Prière après la communion

Par ta parole et ton pain, Seigneur, tu nourris et fortifies tes fidèles : accorde-nous de si bien profiter de ces dons que nous soyons associés pour toujours à la vie de ton Fils. Lui qui règne.

La grâce du pardon

« En tant qu'hommes nous pouvons aider un autre à vivre avec son péché, mais nous ne pouvons pas lui pardonner. Le pardon est un acte créateur, un nouveau commencement, qui ne peut venir du monde. En pardonnant et en nous réconciliant, nous faisons "quelque chose" que nous ne pouvons pas "faire", qui n'est pas en notre pouvoir et doit nous être donné. Dans le cadeau de la réconciliation dans lequel la vie commune dans la justice nous est redonnée, nous renvoyons à "quelque chose" de transcendant, nous offrons à l'autre "quelque chose" que nous "n'avons" pas, nous anticipons et transmettons ce qui, en théologie, s'appelle la grâce et ce que l'Écriture désigne comme la miséricorde infinie de Dieu. »

Cardinal Walter Kasper, *La Miséricorde*,
éd. des Béatitudes, avril 2015, p. 199.

Calendrier liturgique

Di 10	**23e dimanche A.** *Liturgie des Heures : Psautier semaine III.*
Ma 12	*Le Saint Nom de Marie.*
Me 13	S. Jean Chrysostome, évêque de Constantinople, docteur de l'Église, † 407.
Je 14	LA CROIX GLORIEUSE. Lectures propres : Nb 21,4-9 ou Ph 2,6-11 ; Jn 3,13-17.
Ve 15	Notre-Dame des Douleurs. Lectures propres : Jn 19,25-27 ou Lc 2,33-35.
Sa 16	S. Corneille, pape, martyr, † 253 à Civitavecchia, et S. Cyprien, évêque de Carthage, martyr, † 258. En Afrique du Nord, S. Cyprien, patron principal d'Afrique du Nord, solennité.

Bonne fête ! 10 : Aubert, Inès. 11 : Adelphe, Jean-Gabriel. 12 : Guy. 13 : Aimé, Amé. 14 : Materne. 15 : Dolorès, Roland, Lola, Lolita. 16 : Corneille, Cyprien, Édith, Ludmilla.

Pour mémoire : IL Y A 1500 ANS, en septembre 517, les évêques réunis en concile à Épaone (sans doute Albon dans la Drôme) fixèrent l'organisation de l'Église catholique du royaume burgonde, dont le nouveau souverain, Sigismond, avait abjuré l'arianisme, ce qui causa sa mort et le fit considérer comme un saint. Néanmoins, ses sujets suivirent peu à peu son exemple, et les sanctuaires ariens finirent par être désertés.

Pour prier avec l'Évangile : Dieu notre Père, sans te lasser tu nous offres ton pardon. Ouvre nos cœurs à ta Parole et donne-nous la force de nous pardonner les uns les autres, pour vivre ensemble dans la communauté de ton Esprit.

LE SENS SOCIAL DU DIMANCHE

Dans les pays de tradition chrétienne, le rythme social s'organisait pour tous autour de l'alternance entre les jours ordinaires de la semaine et le dimanche. À ce jour particulier s'attachaient des rites et des comportements, en premier lieu le fait d'assister à la messe, souvent aussi aux vêpres l'après-midi. En signe de fête, on servait un bon repas ou le gâteau du dimanche. Le langage en garde la trace : « s'endimancher » signifie revêtir ses plus beaux habits. En effet, jusqu'à une période récente, le travail était souvent physique, voire pénible, ce qui imposait de porter pendant la semaine des vêtements adaptés à l'effort. Mais le dimanche, le corps était libéré des travaux serviles et honoré par une tenue plus soignée, en particulier pour se rendre à l'église.

Certes, aujourd'hui, les conditions de vie ont changé et la pratique religieuse a reculé. Cependant, le dimanche reste un jour à part, le jour habituel de repos pour la majorité des personnes qui ont une activité professionnelle, à l'exception de certains secteurs spécifiques (santé, loisirs, transport...). La France a récemment connu des débats sur la question du travail dominical. Les évêques ont plaidé pour que soit sauvegardé le caractère propre de ce jour, comme un point de repère nécessaire pour l'ensemble de la société, et pas seulement les chrétiens. Or justement, cette position est partagée par de nombreuses personnes qui ne sont pas croyantes.

Le statut du dimanche pose la question du style de vie que nous souhaitons. Si chacun a ses propres jours et heures de travail, on en arrive à une société de plus en plus atomisée où il devient difficile de se rencontrer et de partager des moments communs. Si les magasins peuvent ouvrir tous les jours, priorité est donnée à la consommation. Sommes-nous devenus « une brigade de pousseurs de caddie » (Pierre Rahbi) ? En libérant un espace pour les activités non marchandes comme les relations familiales et amicales, le bénévolat, le sport, le contact avec la nature, les activités culturelles et de détente..., le dimanche est signe de gratuité, au bénéfice de tous.

Ch. J.

24e dimanche 17 septembre 2017

REMISES DE DETTES

Si l'Église a reçu de Dieu le pouvoir de pardonner en son nom (*évangile de dimanche dernier*), qu'en est-il pour chacun de ses membres ? Le pardon est-il possible ? Nous connaissons bien dans nos existences les ravages des rancœurs ressassées qui ne font qu'accroître le mal dont il devient de plus en plus difficile de sortir !

Deux siècles avant Jésus Christ, Ben Sira le Sage renverse l'escalade de la vengeance en invitant au pardon : « Pardonne à ton prochain le tort qu'il t'a fait : alors à ta prière tes péchés seront remis ». Pardonner à son semblable et se reconnaître pécheur devant Dieu sont deux attitudes indissociables (*première lecture*). Sans doute, est-ce cette sagesse qui imprègne les esprits à l'époque de Jésus et pousse Pierre, selon sa spontanéité habituelle, à envisager le pardon « jusqu'à sept fois », le nombre sept évoquant la perfection. Mais, pour Jésus, le pardon est sans mesure : « Je ne te dis pas sept fois, mais jusqu'à soixante-dix fois sept fois » (*évangile*). La parabole qui suit nous permet de comprendre cette exigence car Jésus connaît le cœur de l'homme et sait bien qu'il est parfois difficile, même impossible, de pardonner. En effet, ne sommes-nous pas à l'image du serviteur impitoyable ? Celui-ci refuse de remettre à son compagnon une somme dérisoire, alors que son maître « saisi de compassion » lui a remis la totalité de sa dette dont la somme, « soixante millions de pièces d'argent », dépasse l'entendement. Pour pardonner à son frère « du fond de son cœur », il faut avoir accueilli sans réserve le pardon de Dieu devant qui nous sommes tous des débiteurs insolvables : Dieu nous a aimés jusqu'à nous donner son Fils. Le Christ, en effet, nous dit saint Paul, « a connu la mort, puis la vie » ; c'est en entrant dans le mystère de la croix que nous pouvons « avec lui, par lui et en lui » vaincre le mal et ainsi pardonner à ceux qui nous ont offensés.

Au cours de l'eucharistie que nous célébrons ce dimanche, nous pouvons redire en toute humilité : « Seigneur, je ne suis pas digne de te recevoir mais dis seulement une parole, et je serai guéri ».

Suggestions pour la célébration

• **CHANTER** • Aux chants déjà proposés pour le 23e dimanche, on peut préférer pour la procession d'ouverture, ***Peuple de Dieu, marche joyeux*** **K 80 CNA 574** (couplets 1, 3, 6, 13 et 15), ***Pour avancer ensemble*** **K 20-38-1 CNA 524**.

Pendant la communion, ***Seigneur, rassemble-nous*** **D 87 CNA 702**, ***T'approcher, Seigneur*** **GP 80 CNA 590**.

Après la communion, ***À l'image de ton amour*** **D 218 CNA 529**, ***Tu es la vraie lumière*** **D 86 CNA 595**.

• **PRIER** •

Pour la préparation pénitentielle

Seigneur Jésus, amour infini du Père,
Kyrie eleison.
Ô Christ, Seigneur des morts et des vivants,
Christe eleison.
Seigneur, témoin fidèle de la bonté de Dieu,
Kyrie eleison.

Pour la prière universelle

Nous pouvons prier :
- pour l'Église qui a reçu la mission de remettre les péchés ;
- pour les personnes qui œuvrent à la réconciliation entre les peuples ;
- pour les victimes des mauvais traitements et du trafic des êtres humains ;
- pour nos communautés appelées à vivre le pardon.

Prière d'ouverture

Dieu créateur et maître de toutes choses, regarde-nous, et pour que nous ressentions l'effet de ton amour, accorde-nous de te servir avec un cœur sans partage. Par Jésus Christ.

1re LECTURE *« Pardonne à ton prochain »*

Lecture du livre de Ben Sira le Sage 27, 30 – 28, 7

R**ancune et colère,** voilà des choses abominables où le pécheur est passé maître. Celui qui se venge éprouvera la vengeance du Seigneur ; celui-ci tiendra un compte rigoureux de ses péchés. Pardonne à ton prochain le tort qu'il t'a fait ; alors, à ta prière, tes péchés seront remis. Si un homme nourrit de la colère contre un autre homme, comment peut-il demander à Dieu la guérison ? S'il n'a pas de pitié pour un homme, son semblable, comment peut-il supplier pour ses péchés à lui ? Lui qui est un pauvre mortel, il garde rancune ; qui donc lui pardonnera ses péchés ? Pense à ton sort final et renonce à toute haine, pense à ton déclin et à ta mort, et demeure fidèle aux commandements. Pense aux commandements et ne garde pas de rancune envers le prochain, pense à l'Alliance du Très-Haut et sois indulgent pour qui ne sait pas.

PSAUME 102

R/ **Le Seigneur est tendresse et pitié,**
lent à la colère et plein d'amour.

Bénis le Seigneur, ô mon âme,
bénis son nom très saint, tout mon être !
Bénis le Seigneur, ô mon âme,
n'oublie aucun de ses bienfaits !

Car il pardonne toutes tes offenses
et te guérit de toute maladie ;
il réclame ta vie à la tombe
et te couronne d'amour et de tendresse.

Il n'est pas pour toujours en procès,
ne maintient pas sans fin ses reproches ;
il n'agit pas envers nous selon nos fautes,
ne nous rend pas selon nos offenses.

Comme le ciel domine la terre,
fort est son amour pour qui le craint ;
aussi loin qu'est l'orient de l'occident,
il met loin de nous nos péchés.

2e LECTURE

« Si nous vivons, si nous mourons, c'est pour le Seigneur »

Lecture de la lettre de saint Paul apôtre aux Romains 14, 7-9

Frères, aucun d'entre nous ne vit pour soi-même, et aucun ne meurt pour soi-même : si nous vivons, nous vivons pour le Seigneur ; si nous mourons, nous mourons pour le Seigneur. Ainsi, dans notre vie comme dans notre mort, nous appartenons au Seigneur. Car, si le Christ a connu la mort, puis la vie, c'est pour devenir le Seigneur et des morts et des vivants.

Alléluia. Alléluia. Je vous donne un commandement nouveau, dit le Seigneur : « Aimez-vous les uns les autres, comme je vous ai aimés. » **Alléluia.**

ÉVANGILE

« Pardonner jusqu'à 70 fois sept fois »

Évangile de Jésus Christ selon saint Matthieu 18, 21-35

En ce temps-là, Pierre s'approcha de Jésus pour lui demander : « Seigneur, lorsque mon frère commettra des fautes contre moi, combien de fois dois-je lui pardonner ? Jusqu'à sept fois ? » Jésus lui répondit : « Je ne te dis pas jusqu'à sept fois, mais jusqu'à 70 fois sept fois.

Ainsi, le royaume des Cieux est comparable à un roi qui voulut régler ses comptes avec ses serviteurs. Il commençait, quand on lui amena quelqu'un qui lui devait dix mille talents (c'est-à-dire soixante millions de pièces d'argent). Comme cet homme n'avait pas de quoi rembourser, le maître ordonna de le vendre, avec sa femme, ses enfants et tous ses biens, en remboursement de sa dette. Alors, tombant à ses pieds, le serviteur demeurait prosterné et disait : "Prends patience envers moi, et je te rembourserai tout."

Saisi de compassion, le maître de ce serviteur le laissa partir et lui remit sa dette.

Mais, en sortant, ce serviteur trouva un de ses compagnons qui lui devait cent pièces d'argent. Il se jeta sur lui pour l'étrangler, en disant : "Rembourse ta dette !" Alors, tombant à ses pieds, son compagnon le suppliait : "Prends patience envers moi, et je te rembourserai." Mais l'autre refusa et le fit jeter en prison jusqu'à ce qu'il ait remboursé ce qu'il devait. Ses compagnons, voyant cela, furent profondément attristés et allèrent raconter à leur maître tout ce qui s'était passé.

Alors celui-ci le fit appeler et lui dit : "Serviteur mauvais ! je t'avais remis toute cette dette parce que tu m'avais supplié. Ne devais-tu pas, à ton tour, avoir pitié de ton compagnon, comme moi-même j'avais eu pitié de toi ?" Dans sa colère, son maître le livra aux bourreaux jusqu'à ce qu'il eût remboursé tout ce qu'il devait.

C'est ainsi que mon Père du ciel vous traitera, si chacun de vous ne pardonne pas à son frère du fond du cœur. »

Prière sur les offrandes

Sois favorable à nos prières, Seigneur, et reçois avec bonté nos offrandes : que les dons apportés par chacun à la gloire de ton nom servent au salut de tous. Par Jésus.

Prière après la communion

Que la grâce de cette communion, Seigneur, saisisse nos esprits et nos corps, afin que son influence, et non pas notre sentiment, domine toujours en nous. Par Jésus.

Pardonner comme Dieu éternellement pardonne en son Fils

« Quand on résume le contenu du christianisme dans l'amour du prochain, on oublie souvent que le prochain n'est pas seulement l'homme dans le besoin, l'inférieur, mais l'homme dans sa force, celui qui nous est supérieur ou dont nous sommes débiteurs. On oublie surtout que le prochain désigné par Jésus, c'est non seulement l'ami, l'homme qui spontanément nous indiffère, mais aussi l'ennemi. Enfin on ne remarque pas la plupart du temps la transformation radicale qu'opère le Christ en substituant au second commandement – "Tu aimeras ton prochain comme toi-même" – le "commandement nouveau" : "Aimez-vous les uns les autres comme moi je vous ai aimés." L'amour du prochain ne peut plus être assimilé à un simple principe humaniste ou humanitaire, si vrai et si universel soit-il : il est une réalité d'ordre divino-humain. Le commandement chrétien de l'amour requiert de l'homme qu'il aime l'homme de l'amour pur, miséricordieux, rédempteur, dont le Fils unique de Dieu fait preuve à l'égard de tous les hommes et de chacun en particulier. Et cet amour est en substance l'amour même de Dieu, l'amour dont le Père aime son Fils unique et qu'Il a confié au Fils pour le répandre, par l'effusion de l'Esprit dans le cœur de tous les hommes. »

Michel Sales, *Le corps de l'Église*,
Communio Fayard, 1989, p. 246-247.

Calendrier liturgique

Di 17	**24e dimanche A.** *Liturgie des Heures : Psautier semaine IV.* *[S. Robert Bellarmin, évêque et cardinal, jésuite, docteur de l'Église, † 1621 à Rome.* *En Belgique, S. Lambert, évêque de Maastricht, martyr à Liège, † 705].*
Lu 18	*Au Luxembourg, S. Lambert (voir au 17 septembre).*
Ma 19	*S. Janvier, évêque de Bénévent (Italie), martyr, † 304.*
Me 20	S. André Kim Tae-gon, prêtre, S. Paul Chong Ha-sang, et leurs compagnons, martyrs en Corée, de 1839 à 1864.
Je 21	S. MATTHIEU, Apôtre et évangéliste. Lectures propres : Ep 4,1-7.11-13 ; Mt 9,9-13.
Ve 22	En Suisse, S. Maurice et ses compagnons, martyrs, † vers 303-305 à Agaune (Saint-Maurice-en-Valais).
Sa 23	*S. Pio de Pietrelcina (Padre Pio), prêtre, capucin, † 1968 à San Giovanni Rotondo (Italie).*

Bonne fête ! 17 : Lambert, Robert, Renaud, Romuald, Réginald. 18 : Nadège, Sonia, Océan. 19 : Janvier, Émilie, Amélie. 20 : Davy. 21 : Matthieu, Déborah. 22 : Maurice, Morvan. 23 : Constant.

Pour mémoire : le 21 septembre, le nouvel an juif (Roch Hachana) et le nouvel an musulman (Raas Assana).

Pour prier avec l'Évangile : Seigneur notre Dieu, nous t'en prions : ta miséricorde est inépuisable, prends patience envers nous. Au souffle de ton Esprit d'amour, que s'effacent nos rancunes et nos colères, afin que nous soyons fidèles à celui qui nous a réconciliés avec toi et entre nous par le sang de sa croix.

25e dimanche 24 septembre 2017

JUSTE ET BON

Qu'elles sont élevées les pensées du Seigneur et imprévisibles ses chemins ! Le prophète Isaïe engage celui qui oublie le Seigneur à se défaire de ses pensées perfides et à se tourner vers le Seigneur plein de miséricorde et « riche en pardon » (*première lecture*).

En écho à ces paroles prophétiques, la parabole des ouvriers de la vigne vient révéler les pensées de Dieu qui transcendent tous nos calculs humains (*évangile*). Dans cette parabole, le maître de la vigne, c'est-à-dire Dieu, « sort » à maintes reprises au cours de la journée à la recherche d'ouvriers pour travailler dans son domaine ; ainsi Dieu dans son amour vient inlassablement chercher l'homme pour l'embaucher dans son Royaume. Tous ceux qui lui répondent recevront « ce qui est juste », quelle que soit l'heure de l'embauche. La justice de Dieu ne fonctionne pas selon la logique humaine fondée sur le principe : à chacun selon son dû. Dieu n'accorde pas son amour selon notre mérite ; sa justice est l'expression de sa miséricorde infinie. Mais nos mentalités, trop habituées au « donnant-donnant » qui régit nos échanges, aimeraient bien dicter à Dieu leurs propres règles de justice.

Aussi, à ceux qui « récriminent » parce qu'ils s'estiment lésés au regard des « derniers » arrivés à la vigne, Dieu rappelle sa liberté souveraine et sa fidélité à sa parole : « N'as-tu pas été d'accord avec moi pour un denier ? » Dans le Royaume, « ce qui est juste » est inséparable d'un cœur miséricordieux. Dieu, infiniment bon, donne sa grâce à tout homme qui ressent le besoin d'être sauvé et cherche à faire sa volonté. Gare à l'homme jaloux, c'est là l'œuvre du Mauvais !

« Vraiment, il est juste et bon de te rendre gloire, de t'offrir notre action de grâce, toujours et en tout lieu, à Toi, Père très saint, Dieu éternel et tout puissant » : avec ces mots, prononcés par le prêtre lorsque nous entrons dans la grande prière eucharistique, nous acclamons le Seigneur trois fois saint qui fait miséricorde et nous invite à la pratiquer. C'est ainsi que nous aurons « un comportement digne de l'Évangile du Christ » *(deuxième lecture).*

Suggestions pour la célébration

• **CHANTER** • En écho aux textes de ce jour, on pourra retenir pour la procession d'ouverture : *Écoute la voix du Seigneur A* 548 CNA 761, *Dieu nous éveille à la foi A* 20-70-1 CNA 546, *Pour avancer ensemble* K 20-38-1 CNA 524.

Après la Parole, *Les mots que tu nous dis* E 164, *Tu nous parles aujourd'hui par ton Fils* X 54-03.

Pendant la procession de communion, *Les pauvres mangeront* B 512, *le psaume* 33 *Goûtez et voyez comme est bon le Seigneur.*

Après la communion, *Tenons en éveil* Y 243-1 CNA 591, *Dieu très haut qui fais merveille* C 127 CNA 548, *Qu'exulte tout l'univers* DEV 44-72.

• **PRIER** • **POUR LA PRÉPARATION PÉNITENTIELLE**

Seigneur Jésus, tu te fais proche de l'homme,
Kyrie eleison.
Ô Christ, tu viens manifester la miséricorde de Dieu,
Christe eleison.
Seigneur, tu sièges à la droite du Père,
Kyrie eleison.

POUR LA PRIÈRE UNIVERSELLE

Nous pouvons prier :
- pour les membres de l'Église appelés à annoncer à tous les hommes la Bonne Nouvelle du Royaume ;
- pour les personnes engagées dans la construction d'un monde de justice et de paix ;
- pour ceux qui vivent douloureusement l'épreuve du chômage ;
- pour nos communautés invitées à être des signes de la bonté du Seigneur.

• **CÉLÉBRER** • Si ce dimanche est un dimanche de rentrée paroissiale, on peut prévoir de mettre à l'honneur les membres de la communauté qui reçoivent une mission de service ecclésial, par exemple en les invitant à participer à la procession d'entrée, en donnant une bénédiction spéciale à la fin de la célébration (en s'appuyant sur le *Livre des bénédictions*, p. 93 et suivantes).

Prière d'ouverture

Seigneur, tu as voulu que toute la loi consiste à t'aimer et à a
son prochain : donne-nous de garder tes commandements, et d
parvenir ainsi à la vie éternelle. Par Jésus Christ.

1re lecture *« Mes pensées ne sont pas vos pensées »*

Lecture du livre du prophète Isaïe 55, 6-9

Cherchez le Seigneur tant qu'il se laisse trouver ; invoquez-le tant qu'il est proche. Que le méchant abandonne son chemin, et l'homme perfide, ses pensées ! Qu'il revienne vers le Seigneur qui lui montrera sa miséricorde, vers notre Dieu qui est riche en pardon. Car mes pensées ne sont pas vos pensées, et vos chemins ne sont pas mes chemins, – oracle du Seigneur. Autant le ciel est élevé au-dessus de la terre, autant mes chemins sont élevés au-dessus de vos chemins, et mes pensées, au-dessus de vos pensées.

Psaume 144

R/ **Proche est le Seigneur**
de ceux qui l'invoquent.

Chaque jour je te bénirai,
je louerai ton nom toujours et à jamais.
Il est grand, le Seigneur, hautement loué ;
à sa grandeur, il n'est pas de limite.

Le Seigneur est tendresse et pitié,
lent à la colère et plein d'amour ;
la bonté du Seigneur est pour tous,
sa tendresse, pour toutes ses œuvres.

Le Seigneur est juste en toutes ses voies,
fidèle en tout ce qu'il fait.
Il est proche de tous ceux qui l'invoquent,
de tous ceux qui l'invoquent en vérité.

« Pour moi, vivre c'est le Christ »

de saint Paul apôtre aux Philippiens 1, 20c-24.27a

je vive, soit que je meure, le Christ sera glorifié ps. En effet, pour moi, vivre c'est le Christ, et mourir est un avantage. Mais si, en vivant en ce monde, j'arrive à faire un travail utile, je ne sais plus comment choisir. Je me sens pris entre les deux : je désire partir pour être avec le Christ, car c'est bien préférable ; mais, à cause de vous, demeurer en ce monde est encore plus nécessaire.

Quant à vous, ayez un comportement digne de l'Évangile du Christ.

Alléluia. Alléluia. La bonté du Seigneur est pour tous, sa tendresse, pour toutes ses œuvres : tous acclameront sa justice. **Alléluia.**

ÉVANGILE ***« Ton regard est-il mauvais parce que moi, je suis bon ? »***

Évangile de Jésus Christ selon saint Matthieu 20, 1-16

En ce temps-là, Jésus disait cette parabole à ses disciples : « Le royaume des Cieux est comparable au maître d'un domaine qui sortit dès le matin afin d'embaucher des ouvriers pour sa vigne. Il se mit d'accord avec eux sur le salaire de la journée : un denier, c'est-à-dire une pièce d'argent, et il les envoya à sa vigne. Sorti vers neuf heures, il en vit d'autres qui étaient là, sur la place, sans rien faire. Et à ceux-là, il dit : "Allez à ma vigne, vous aussi, et je vous donnerai ce qui est juste." Ils y allèrent. Il sortit de nouveau vers midi, puis vers trois heures, et fit de même. Vers cinq heures, il sortit encore, en trouva d'autres qui étaient là et leur dit : "Pourquoi êtes-vous restés là, toute la journée, sans rien faire ?" Ils lui répondirent : "Parce que personne ne nous a embauchés." Il leur dit : "Allez à ma vigne, vous aussi."

Le soir venu, le maître de la vigne dit à son intendant : "Appelle les ouvriers et distribue le salaire, en commençant par les derniers pour finir par les premiers." Ceux qui avaient commencé à cinq heures s'avancèrent et reçurent chacun une pièce d'un denier.

Quand vint le tour des premiers, ils pensaient recevoir davantage, mais ils reçurent, eux aussi, chacun une pièce d'un denier. En la recevant, ils récriminaient contre le maître du domaine : "Ceux-là, les derniers venus, n'ont fait qu'une heure, et tu les traites à l'égal de nous, qui avons enduré le poids du jour et la chaleur !" Mais le maître répondit à l'un d'entre eux : "Mon ami, je ne suis pas injuste envers toi. N'as-tu pas été d'accord avec moi pour un denier ? Prends ce qui te revient, et va-t'en. Je veux donner au dernier venu autant qu'à toi : n'ai-je pas le droit de faire ce que je veux de mes biens ? Ou alors ton regard est-il mauvais parce que moi, je suis bon ?"

C'est ainsi que les derniers seront premiers, et les premiers seront derniers. »

Prière sur les offrandes

Reçois favorablement, Seigneur, les offrandes de ton peuple, pour qu'il obtienne dans le mystère eucharistique les biens auxquels il croit de tout son cœur. Par Jésus.

Prière après la communion

Seigneur, que ton aide accompagne toujours ceux que tu as nourris de tes sacrements, afin qu'ils puissent, dans ces mystères et par toute leur vie, recueillir les fruits de la rédemption. Par Jésus.

Calendrier liturgique

Di 24	**25e dimanche A.** *Liturgie des Heures : Psautier semaine I.*
Lu 25	En Suisse, S. Nicolas de Flüe, ermite, patron principal de la Confédération helvétique, † 1487 au Ranft (Sachseln, Suisse), solennité.
Ma 26	*S. Côme et S. Damien, martyrs, 3e ou 4e siècle.*
Me 27	S. Vincent de Paul, prêtre, fondateur des Prêtres de la Mission (Lazaristes), † 1660 à Paris.
Je 28	*S. Venceslas, duc de Bohême, martyr, † 929 ou 935.* *S. Laurent Ruiz et ses compagnons, martyrs à Nagasaki (Japon) de 1633 à 1637.*

Ve 29	SAINTS MICHEL, GABRIEL ET RAPHAËL, archanges. Lectures propres : Dn 7,9-10.13-14 ou Ap 12,7-12 ; Jn 1,47-51.
Sa 30	S. Jérôme, prêtre, docteur de l'Église, † 420 à Bethléem.

Bonne fête ! 24 : Thècle. 25 : Herman, Firmin. 26 : Côme, Damien. 27 : Vincent. 28 : Venceslas. 29 : Michel, Michaël, Gabriel, Gaby, Raphaël. 30 : Jérôme, Géronimo.

Pour mémoire : le 30 septembre, dans la communauté juive, Yom Kippour (jour du pardon).
IL Y A 400 ANS, le 25 septembre 1617, Francisco Suarez décédait à Lisbonne. Ce jésuite d'origine espagnole est considéré comme le plus grand philosophe et théologien de son temps, ce qui lui a valu le surnom de « Docteur exceptionnel » (*doctor eximius*). Ses écrits continuèrent d'exercer une influence considérable après sa mort, notamment auprès de philosophes comme Descartes.

Pour prier avec l'Évangile : Dieu, Père de miséricorde, en Jésus, ta Parole, tu appelles les hommes à te servir. Que l'Esprit Saint nous éveille à tes pensées et convertisse notre regard. Nous saurons alors découvrir ta présence en nos vies et les fruits de ta grâce chez nos frères.

26e dimanche

1er octobre 2017

FAIRE OU NE PAS FAIRE

L'*évangile* de ce dimanche, comme celui des deux prochains dimanches, révèle le climat polémique qui ne cesse de se développer autour de Jésus. Grands prêtres et anciens du peuple veulent pousser Jésus à justifier son autorité : de quel droit Jésus agit-il ainsi ? (Mt 21, 23-27). Mais Jésus ne cherche plus à convaincre ses adversaires ; il utilise une parabole pour mettre face à leurs contradictions ceux-là mêmes qui veulent le perdre. « Un homme avait deux fils ... » : l'un refuse d'obéir à son père, mais ensuite, s'étant repenti, il accomplit la mission qui lui avait été confiée ; l'autre acquiesce à la demande du père et cependant n'agit pas en conséquence. Qui fait la volonté du père ? La conclusion est évidente. Les adversaires de Jésus le savent très bien : « Il ne suffit pas de dire "Seigneur, Seigneur" ! » Les publicains et les prostituées, autrement dit ceux qui avaient transgressé la loi, se sont reconnus pécheurs à l'annonce de la Parole, tandis que ceux qui ont toujours défendu scrupuleusement la loi n'ont pas entendu la prédication de Jean le Baptiste, l'Envoyé de Dieu venu appeler à la conversion. Déjà six siècles avant lui, le prophète Ézékiel invitait « à ouvrir les yeux » sur le mal et à changer très concrètement sa manière de vivre (*première lecture*).

« Aujourd'hui », l'appel à travailler à la vigne du Seigneur c'est-à-dire à s'engager pour Dieu dans la construction de son Royaume, retentit en nous. « Aujourd'hui » comme hier, les bonnes paroles seules ne suffisent pas ; il nous faut mettre en pratique notre foi en la Parole : c'est ainsi que nous cheminons humblement avec le Christ. L'Apôtre Paul nous exhorte à avoir en nous « les dispositions qui sont dans le Christ Jésus », lui qui pour faire la volonté de son Père est devenu « obéissant jusqu'à la mort, et la mort de la croix » (*deuxième lecture*).

Lorsque nous célébrons l'eucharistie, nous sommes invités à entrer dans ce mouvement de conversion par lequel nous sommes associés à la mort et à la résurrection du Christ : c'est là l'œuvre de Dieu qui va bien au-delà de ce que nous pouvons faire par nous-mêmes.

Suggestions pour la célébration

• CHANTER • Pour la procession d'ouverture, *Peuples, criez de joie* M 27 CNA 579, *Dieu nous a tous appelés* A 14-56-1 CNA 571 (couplets 1, 2 et 4), *Venez, Dieu vous appelle* A 46-49.

Après la Parole, *Les mots que tu nous dis* E 164, *Changez vos cœurs* G 162 CNA 415, *Pour que l'homme soit un fils* GP 297-1 CNA 428.

Pour la procession de communion, *Les pauvres mangeront* YD 92 CNA 333, *De la table du Seigneur* D 80 CNA 324.

Après la communion, *Pour que nos cœurs* D 308 CNA 344, *Celui qui a mangé de ce pain* D 140-2 CNA 321, *Chantons à Dieu* L 30-79 CNA 538, *Que vienne ton règne* EDIT 16-03.

• PRIER • POUR LA PRÉPARATION PÉNITENTIELLE

Seigneur Jésus, devenu semblable aux hommes,
prends pitié de nous.
Ô Christ, obéissant jusqu'à la mort,
prends pitié de nous.
Seigneur, élevé dans la gloire du Père,
prends pitié de nous.

POUR LA PRIÈRE UNIVERSELLE

Nous pouvons prier :
- pour que le Seigneur garde son Église de la tentation de parler sans agir ;
- pour qu'il mette au cœur des chrétiens le désir d'unité ;
- pour qu'il envoie son Esprit sur ceux qui prennent des chemins de violence et de haine ;
- pour qu'il accompagne ceux qui s'engagent aujourd'hui à travailler à sa vigne.

• CÉLÉBRER • L'hymne de saint Paul aux Philippiens (*deuxième lecture*) nous invite à contempler le mystère de la Croix : aussi le prêtre pourra-t-il, au début de la célébration, encenser la Croix située dans le chœur et souligner durant son homélie (ou à un autre moment) la signification de son geste.

Prière d'ouverture

Dieu qui donnes la preuve suprême de ta puissance, lorsque tu patientes et prends pitié, sans te lasser, accorde-nous ta grâce : en nous hâtant vers les biens que tu promets, nous parviendrons au bonheur du ciel. Par Jésus Christ.

1re LECTURE

« Si le méchant se détourne de sa méchanceté, il sauvera sa vie »

Lecture du livre du prophète Ézékiel — 18, 25-28

Ainsi parle le Seigneur : « Vous dites : "La conduite du Seigneur n'est pas la bonne". Écoutez donc, fils d'Israël : est-ce ma conduite qui n'est pas la bonne ? N'est-ce pas plutôt la vôtre ? Si le juste se détourne de sa justice, commet le mal, et meurt dans cet état, c'est à cause de son mal qu'il mourra. Si le méchant se détourne de sa méchanceté pour pratiquer le droit et la justice, il sauvera sa vie. Il a ouvert les yeux et s'est détourné de ses crimes. C'est certain, il vivra, il ne mourra pas. »

Psaume 24

R/ Rappelle-toi, Seigneur, ta tendresse.

Seigneur, enseigne-moi tes voies,
fais-moi connaître ta route.
Dirige-moi par ta vérité, enseigne-moi,
car tu es le Dieu qui me sauve.

Rappelle-toi, Seigneur, ta tendresse,
ton amour qui est de toujours.
Oublie les révoltes, les péchés de ma jeunesse ;
dans ton amour, ne m'oublie pas.

Il est droit, il est bon, le Seigneur,
lui qui montre aux pécheurs le chemin.
Sa justice dirige les humbles,
il enseigne aux humbles son chemin.

2e LECTURE

« Ayez en vous les dispositions qui sont dans le Christ Jésus »

Lecture de la lettre de saint Paul apôtre aux Philippiens 2, 1-11

La lecture du texte entre crochets est facultative.

Frères, s'il est vrai que, dans le Christ, on se réconforte les uns les autres, si l'on s'encourage avec amour, si l'on est en communion dans l'Esprit, si l'on a de la tendresse et de la compassion, alors, pour que ma joie soit complète, ayez les mêmes dispositions, le même amour, les mêmes sentiments ; recherchez l'unité. Ne soyez jamais intrigants ni vaniteux, mais ayez assez d'humilité pour estimer les autres supérieurs à vous-mêmes. Que chacun de vous ne soit pas préoccupé de ses propres intérêts ; pensez aussi à ceux des autres.

Ayez en vous les dispositions
qui sont dans le Christ Jésus :
[ayant la condition de Dieu,
il ne retint pas jalousement
le rang qui l'égalait à Dieu.
Mais il s'est anéanti,
prenant la condition de serviteur,
devenant semblable aux hommes.
Reconnu homme à son aspect,
il s'est abaissé,
devenant obéissant jusqu'à la mort,
et la mort de la croix.
C'est pourquoi Dieu l'a exalté :
il l'a doté du Nom
qui est au-dessus de tout nom,
afin qu'au nom de Jésus
tout genou fléchisse
au ciel, sur terre et aux enfers,
et que toute langue proclame :
« Jésus Christ est Seigneur »
à la gloire de Dieu le Père.]

Alléluia. Alléluia. Mes brebis écoutent ma voix, dit le
moi, je les connais, et elles me suivent. **Alléluia.**

ÉVANGILE

« S'étant repenti, il y alla

Évangile de Jésus Christ selon saint Matthieu 21, 28-32

En ce temps-là, Jésus disait aux grands prêtres et aux anciens du peuple : « Quel est votre avis ? Un homme avait deux fils. Il vint trouver le premier et lui dit : "Mon enfant, va travailler aujourd'hui à la vigne." Celui-ci répondit : "Je ne veux pas." Mais ensuite, s'étant repenti, il y alla. Puis le père alla trouver le second et lui parla de la même manière. Celui-ci répondit : "Oui, Seigneur !" et il n'y alla pas. Lequel des deux a fait la volonté du père ? » Ils lui répondent : « Le premier. »

Jésus leur dit : « Amen, je vous le déclare : les publicains et les prostituées vous précèdent dans le royaume de Dieu. Car Jean le Baptiste est venu à vous sur le chemin de la justice, et vous n'avez pas cru à sa parole ; mais les publicains et les prostituées y ont cru. Tandis que vous, après avoir vu cela, vous ne vous êtes même pas repentis plus tard pour croire à sa parole.

PRIÈRE SUR LES OFFRANDES

Dieu de miséricorde, accepte notre offrande : qu'elle ouvre largement pour nous la source de toute bénédiction. Par Jésus.

PRIÈRE APRÈS LA COMMUNION

Que cette eucharistie, Seigneur, renouvelle nos esprits et nos corps, et nous donne part à l'héritage glorieux de celui qui nous unit à son sacrifice lorsque nous proclamons sa mort. Lui qui règne.

La miséricorde n'est pas contraire à la justice

« Si Dieu s'arrêtait à la justice, il cesserait d'être Dieu ; il serait comme tous les hommes qui invoquent le respect de la loi. La justice seule ne suffit pas et l'expérience montre que faire uniquement appel à elle risque de l'anéantir. C'est ainsi que Dieu va au-delà de la justice avec la miséricorde et le pardon.

igneur ;

aluer la justice ou la rendre superflue, au contraire. Qui se peine, mais ce n'est pas là le dernier mot, mais le début aisant l'expérience de l'amour, fondement d'une vraie

Pape François, *Misericordiæ vultus,*
tion du jubilé extraordinaire de la miséricorde, § 21,
11 avril 2015.

Calendrier liturgique

Di 1er **26e dimanche A.**
Liturgie des Heures : Psautier semaine II.
[Ste Thérèse de l'Enfant Jésus et de la Sainte Face, vierge, carmélite, docteur de l'Église, patronne des missions, patronne secondaire de la France, † 1897 à Lisieux].

Lu 2 Saints Anges gardiens.

Ma 4 S. François, fondateur des Frères mineurs, † 1226 à Assise.

Je 6 *S. Bruno, prêtre, fondateur de la Grande Chartreuse, † 1101 en Calabre.*

Ve 7 Notre-Dame du Rosaire.

Bonne fête ! 1er : Thérèse, Arielle. 2 : Léger. 3 : Blanche, Candide. 4 : François, Francis, Frank, Aure, Orianne. 5 : Fleur, Flore, Capucine, Hortense, Violaine, Placide. 6 : Bruno, Foy. 7 : Rosario, Gustave, Serge.

Pour prier avec l'Évangile : Dieu, notre Père, tu mets ta joie en ceux qui écoutent ta Parole avec foi et obéissance. Fais-nous revenir à toi pour accomplir ta volonté, celle que nous a révélée Jésus, le parfait serviteur.

27e dimanche

8 octobre 2017

« ILS RESPECTERONT MON FILS »

La parabole des vignerons homicides que nous entendons ce dimanche démasque ceux qui refusent Dieu pour s'approprier « le produit de la vigne » (*évangile*). Les interlocuteurs auxquels Jésus s'adresse dans cette parabole connaissent bien l'image de la vigne, « maison d'Israël » chérie par le Seigneur mais qui n'a pas répondu à son espérance (*première lecture*). Responsables du peuple de Dieu, ils n'ont pas reconnu Dieu à travers ses envoyés, les prophètes, qu'ils ont « frappés, tués et lapidés ». Mais cette histoire devient encore plus tragique lorsque Dieu leur envoie son fils, « en se disant : "Ils respecteront mon fils" ». Leur violence atteint son paroxysme et aboutit au meurtre du fils.

Ainsi Jésus, face à ses adversaires dont l'hostilité ne cesse de s'accroître, affirme de plus en plus clairement sa condition de « Fils » et en même temps prophétise sa mort et sa résurrection. « La pierre qu'ont rejetée les bâtisseurs est devenue la pierre d'angle » : cette pierre d'angle sans laquelle la construction ne tient pas, c'est lui, le Fils rejeté par ceux à qui Dieu avait confié sa vigne. Ainsi dans l'échec apparent de la mort du Fils se laisse entrevoir la victoire de l'amour, l'amour du Fils qui obéit à son Père, l'amour du Père qui dans un acte souverain relèvera son Fils de la mort et fera produire du fruit à un nouveau peuple.

Rendons grâce à Dieu pour son amour inépuisable et confions-lui particulièrement tous les hommes que nos sociétés rejettent : c'est là une forme du rejet de Dieu. Mais Dieu écoute ceux qui invoquent son nom, il donne sa paix, « une paix qui dépasse tout ce qu'on peut concevoir » (*deuxième lecture*).

Suggestions pour la célébration

• CHANTER • Pour la procession d'ouverture, *Chantons avec toute l'Église* M 26-03, *Venez, Dieu nous appelle* A 46-49, *Peuples de baptisés* K 106 CNA 573 (dont les couplets sont inspirés par les textes de ce dimanche), *Église aux mille visages* A 55-92.

Après la Parole, *Seigneur et maître de la vigne* XT 48-49, *Pour que l'homme soit un fils* G 297-1 CNA 426.

Pendant la procession de communion, *Corps livré, sang versé* D 54-19, *Nous formons un même corps* D 105 CNA 570.

Après la communion, *En mémoire du Seigneur* D 304-1 CNA 327, *Pour que nos cœurs* D 308 CNA 344, *Nous te rendons grâce* X 50.

• PRIER •

Pour la préparation pénitentielle

Seigneur Jésus, Fils unique du Père,
Kyrie eleison.
Ô Christ, vie offerte sur la croix,
Christe eleison.
Seigneur, paix véritable donnée aux hommes,
Kyrie eleison.

Pour la prière universelle

Nous pouvons prier :
- pour les chrétiens qui subissent les persécutions et qui ont tout quitté pour continuer à vivre leur foi au Christ ;
- pour nos frères juifs héritiers de la promesse de Dieu ;
- pour ceux qui dans notre monde se laissent aveugler par toutes sortes d'idoles et refusent Dieu ;
- pour nos communautés invitées à être témoins de la paix que Dieu donne.

• CÉLÉBRER • En lien avec la première lecture et l'évangile, on peut soigner tout particulièrement la procession des offrandes en accompagnant le pain et le vin par exemple de fleurs et de raisins, signes de la joie du don de toute notre activité humaine.

Prière d'ouverture

Dans ton amour inépuisable, Dieu éternel et tout-puissant, tu combles ceux qui t'implorent, bien au-delà de leurs mérites et de leurs désirs ; répands sur nous ta miséricorde en délivrant notre conscience de ce qui l'inquiète et en donnant plus que nous n'osons demander. Par Jésus Christ.

1re lecture

« La vigne du Seigneur de l'univers,
c'est la maison d'Israël »

Lecture du livre du prophète Isaïe — 5, 1-7

Je veux chanter pour mon ami le chant du bien-aimé à sa vigne. Mon ami avait une vigne sur un coteau fertile. Il en retourna la terre, en retira les pierres, pour y mettre un plant de qualité. Au milieu, il bâtit une tour de garde et creusa aussi un pressoir. Il en attendait de beaux raisins, mais elle en donna de mauvais.

Et maintenant, habitants de Jérusalem, hommes de Juda, soyez donc juges entre moi et ma vigne ! Pouvais-je faire pour ma vigne plus que je n'ai fait ? J'attendais de beaux raisins, pourquoi en a-t-elle donné de mauvais ? Eh bien, je vais vous apprendre ce que je ferai de ma vigne : enlever sa clôture pour qu'elle soit dévorée par les animaux, ouvrir une brèche dans son mur pour qu'elle soit piétinée. J'en ferai une pente désolée ; elle ne sera ni taillée ni sarclée, il y poussera des épines et des ronces ; j'interdirai aux nuages d'y faire tomber la pluie.

La vigne du Seigneur de l'univers, c'est la maison d'Israël. Le plant qu'il chérissait, ce sont les hommes de Juda. Il en attendait le droit, et voici le crime ; il en attendait la justice, et voici les cris.

Psaume 79

R/ La vigne du Seigneur de l'univers,
c'est la maison d'Israël.

La vigne que tu as prise à l'Égypte,
tu la replantes en chassant des nations.

Elle étendait ses sarments jusqu'à la mer,
et ses rejets, jusqu'au Fleuve.

Pourquoi as-tu percé sa clôture ?
Tous les passants y grappillent en chemin ;
le sanglier des forêts la ravage
et les bêtes des champs la broutent.

Dieu de l'univers, reviens !
Du haut des cieux, regarde et vois :
visite cette vigne, protège-la,
celle qu'a plantée ta main puissante.

Jamais plus nous n'irons loin de toi :
fais-nous vivre et invoquer ton nom !
Seigneur, Dieu de l'univers, fais-nous revenir ;
que ton visage s'éclaire, et nous serons sauvés.

2e LECTURE

« Mettez cela en pratique. Et le Dieu de la paix sera avec vous »

Lecture de la lettre de saint Paul apôtre aux Philippiens 4, 6-9

Frères, ne soyez inquiets de rien, mais, en toute circonstance, priez et suppliez, tout en rendant grâce, pour faire connaître à Dieu vos demandes. Et la paix de Dieu, qui dépasse tout ce qu'on peut concevoir, gardera vos cœurs et vos pensées dans le Christ Jésus. Enfin, mes frères, tout ce qui est vrai et noble, tout ce qui est juste et pur, tout ce qui est digne d'être aimé et honoré, tout ce qui s'appelle vertu et qui mérite des éloges, tout cela, prenez-le en compte. Ce que vous avez appris et reçu, ce que vous avez vu et entendu de moi, mettez-le en pratique. Et le Dieu de la paix sera avec vous.

Alléluia. Alléluia. C'est moi qui vous ai choisis, afin que vous alliez, que vous portiez du fruit, et que votre fruit demeure, dit le Seigneur. **Alléluia.**

ÉVANGILE *« Il louera la vigne*

Évangile de Jésus Christ selon saint Matthieu

En ce temps-là, Jésus disait aux grands prêtre peuple : « Écoutez cette parabole : Un homm d'un domaine ; il planta une vigne, l'entoura d'un un pressoir et bâtit une tour de garde. Puis il loua cette vigne à des vignerons, et partit en voyage. Quand arriva le temps des fruits, il envoya ses serviteurs auprès des vignerons pour se faire remettre le produit de sa vigne. Mais les vignerons se saisirent des serviteurs, frappèrent l'un, tuèrent l'autre, lapidèrent le troisième. De nouveau, le propriétaire envoya d'autres serviteurs plus nombreux que les premiers ; mais on les traita de la même façon. Finalement, il leur envoya son fils, en se disant : "Ils respecteront mon fils." Mais, voyant le fils, les vignerons se dirent entre eux : "Voici l'héritier : venez ! tuons-le, nous aurons son héritage !" Ils se saisirent de lui, le jetèrent hors de la vigne et le tuèrent. Eh bien ! quand le maître de la vigne viendra, que fera-t-il à ces vignerons ? » On lui répond : « Ces misérables, il les fera périr misérablement. Il louera la vigne à d'autres vignerons, qui lui en remettront le produit en temps voulu. »

Jésus leur dit : « N'avez-vous jamais lu dans les Écritures : *La pierre qu'ont rejetée les bâtisseurs est devenue la pierre d'angle : c'est là l'œuvre du Seigneur, la merveille devant nos yeux !* Aussi, je vous le dis : Le royaume de Dieu vous sera enlevé pour être donné à une nation qui lui fera produire ses fruits. »

PRIÈRE SUR LES OFFRANDES

Accepte, Seigneur, le sacrifice que tu nous as donné : dans les mystères que nous célébrons pour te rendre grâce, sanctifie les hommes que tu as sauvés par ton Fils. Lui qui règne.

…PRÈS LA COMMUNION

…de-nous, Seigneur notre Dieu, de trouver dans cette commu-…n notre force et notre joie ; afin que nous puissions devenir ce que nous avons reçu : le corps du Christ. Lui qui règne.

Le sort du juste persécuté

« Il n'a pas été facile de surmonter le traumatisme causé par la mort ignominieuse de Jésus sur la croix. Cependant les disciples ont trouvé dans l'Ancien Testament et dans la tradition juive tardive une figure qui leur a permis d'entrevoir une lueur d'espérance et de comprendre le sens de la passion de Jésus. Il s'agit de la figure du "juste souffrant", persécuté injustement et que Dieu, à la fin, "venge" en le rétablissant dans ses droits face à ses adversaires. »

Jean-Louis Ska, *De l'ancien et du nouveau*,
Lumen Vitæ, Bruxelles, 2008.

Calendrier liturgique

Di 8	**27e dimanche A.** *Liturgie des Heures : Psautier semaine III.*
Lu 9	*S. Denis, évêque de Paris, et ses compagnons, martyrs, 3e siècle.* *S. Jean Leonardi, prêtre, fondateur des Clercs de la Mère de Dieu, † 1609 à Rome.*
Me 11	*S. Jean XXIII, pape, † 1963 à Rome.*
Sa 14	*S. Calliste Ier, pape, martyr, † 222 à Rome.*

Bonne fête ! 8 : Pélagie. 9 : Denis, Sara, Sybille. 10 : Ghislain, Ghislaine, Virgile. 11 : Firmin, Soledad. 12 : Séraphin. 13 : Gérard. 14 : Calliste, Gwendoline.

Pour prier avec l'Évangile : Dieu bon, ami des hommes, tu nous confies ton Royaume, et ta Parole nous redit inlassablement ta confiance. Par ton Esprit, mets en nous la force d'aimer et garde-nous fidèles à ton Alliance : nous produirons ainsi le fruit que tu attends.

28e dimanche

15 octobre 2017

UN BANQUET OUVERT À TOUS

Quelle étrange conduite que celle de ces gens qui ont reçu une invitation au banquet du roi et qui n'y portent aucune attention ! L'*évangile* d'aujourd'hui nous présente à nouveau une parabole destinée à révéler à ceux qui ne répondent pas à l'invitation au Royaume les conséquences de leur refus. Ce Royaume « est comparable à un roi qui célébra les noces de son fils ». Dans la tradition de la Bible, les noces figurent l'alliance conclue entre Dieu et son peuple. Jésus vient sceller cette alliance. Pourtant les invités restent indifférents à l'invitation. Ainsi en est-il pour l'homme qui, trop préoccupé par les affaires de ce monde, ne sait pas reconnaître le moment décisif où Dieu vient le visiter. Mais Dieu reste fidèle à son alliance, et la promesse dont le prophète Isaïe s'est fait l'écho se réalisera : « Le Seigneur de l'univers préparera pour tous les peuples » un festin extraordinaire (*première lecture*). Alors seront rassemblés pour participer au festin des noces tous ceux qui seront trouvés « aux croisées des chemins », tous ceux qui, si l'on reprend les mots du pape François, vivent « à la périphérie ». Car telle est la responsabilité de l'Église chargée d'évangéliser tous les hommes et de les rassembler pour participer au banquet du Royaume. Si le banquet est ouvert à tous, il faut cependant que les invités se montrent dignes de celui qui les reçoit. Pour cela, il faut du temps, un temps de conversion pour revêtir « le vêtement de noces ».

Lorsque nous avons été baptisés, nous avons « revêtu le Christ ». Lui seul peut nous conduire au festin du Royaume, c'est-à-dire nous donner la force de vivre selon l'évangile : « Je peux tout, dit saint Paul, en celui qui me donne la force » (*deuxième lecture*). C'est pourquoi, au commencement de chaque eucharistie, nous sommes invités à nous tourner vers le Christ : en lui nous recevons la grâce dont nous avons besoin pour prendre part dignement à la table que le Père a préparée pour nous (*psaume*).

Suggestions pour la célébration

• CHANTER • Pour la procession d'ouverture, *Dieu nous accueille* A 174 CNA 545, *Peuple rassemblé, ton Église en fête* A 58-10, *Dieu nous éveille à la foi* A 20-70-1 CNA 546.

Après la Parole, *Écoute la voix du Seigneur* A 548 CNA 761, *Aux noces de ton Fils* XA 48-29.

Pendant la procession de communion, *Le voici le don de Dieu* D 38-81-3, *Devenez ce que vous recevez, Voici le corps et le sang du Seigneur* D 44-80, le psaume 22.

Après la communion, *Les pauvres mangeront* D 92 CNA 333, *En accueillant l'amour* DLH 126 CNA 325, *Appelés pour bâtir le Royaume* TK 51-32.

• PRIER •

Pour la préparation pénitentielle

Seigneur Jésus, tu viens combler notre faim,
prends pitié de nous.
Ô Christ, tu te fais nourriture pour une alliance éternelle,
prends pitié de nous.
Seigneur, tu nous invites au banquet du Royaume,
prends pitié de nous.

Pour la prière universelle

Nous pouvons prier :

- pour l'Église chargée d'inviter tous les hommes à partager la joie du Royaume ;
- pour les hommes de notre monde qui refusent le don de Dieu ;
- pour les catéchumènes qui se préparent au baptême et pour ceux qui cherchent Dieu ;
- pour nos communautés appelées chaque dimanche à participer au banquet eucharistique.

• **CÉLÉBRER** • En ce dimanche, on n'hésitera pas à encenser l'autel qui aura été mis en valeur par une belle nappe, des lumières et des fleurs disposées à ses pieds : « L'autel représente le Corps du Christ et le Corps du Christ est sur l'autel » (*Saint Ambroise*).

On pourra faire un lien entre l'évangile et la formule d'envoi des personnes qui vont porter l'eucharistie à celles qui ne peuvent participer à la célébration.

Prière d'ouverture

Nous t'en prions, Seigneur, que ta grâce nous devance et qu'elle nous accompagne toujours, pour nous rendre attentifs à faire le bien sans relâche. Par Jésus Christ.

1re lecture — *« Le Seigneur préparera un festin »*

Lecture du livre du prophète Isaïe — 25, 6-10a

Le Seigneur de l'univers préparera pour tous les peuples, sur sa montagne, un festin de viandes grasses et de vins capiteux, un festin de viandes succulentes et de vins décantés. Sur cette montagne, il fera disparaître le voile de deuil qui enveloppe tous les peuples et le linceul qui couvre toutes les nations. Il fera disparaître la mort pour toujours. Le Seigneur Dieu essuiera les larmes sur tous les visages, et par toute la terre il effacera l'humiliation de son peuple. Le Seigneur a parlé.

Et ce jour-là, on dira : « Voici notre Dieu, en lui nous espérions, et il nous a sauvés ; c'est lui le Seigneur, en lui nous espérions ; exultons, réjouissons-nous : il nous a sauvés ! » Car la main du Seigneur reposera sur cette montagne.

Psaume 22

R/ **J'habiterai la maison du Seigneur**
pour la durée de mes jours.

Le Seigneur est mon berger :
je ne manque de rien.
Sur des prés d'herbe fraîche,
il me fait reposer.

Il me mène vers les eaux tranquilles
et me fait revivre ;
il me conduit par le juste chemin
pour l'honneur de son nom.

Si je traverse les ravins de la mort,
je ne crains aucun mal,
car tu es avec moi,
ton bâton me guide et me rassure.

Tu prépares la table pour moi
devant mes ennemis ;
tu répands le parfum sur ma tête,
ma coupe est débordante.

Grâce et bonheur m'accompagnent
tous les jours de ma vie ;
j'habiterai la maison du Seigneur
pour la durée de mes jours.

2e lecture — *« Je peux tout en celui qui me donne la force »*

Lecture de la lettre de saint Paul apôtre aux Philippiens — 4, 12-14.19-20

Frères, je sais vivre de peu, je sais aussi être dans l'abondance. J'ai été formé à tout et pour tout : à être rassasié et à souffrir la faim, à être dans l'abondance et dans les privations. Je peux tout en celui qui me donne la force. Cependant, vous avez bien fait de vous montrer solidaires quand j'étais dans la gêne. Et mon Dieu comblera tous vos besoins selon sa richesse, magnifiquement, dans le Christ Jésus.

Gloire à Dieu notre Père pour les siècles des siècles. Amen.

Alléluia. Alléluia. Que le Père de notre Seigneur Jésus Christ ouvre à sa lumière les yeux de notre cœur, pour que nous percevions l'espérance que donne son appel. **Alléluia.**

ÉVANGILE *« Tous ceux que vous trouverez, invitez-les à la noce »*

Évangile de Jésus Christ selon saint Matthieu 22, 1-14

La lecture du texte entre crochets est facultative.

En ce temps-là, Jésus se mit de nouveau à parler aux grands prêtres et aux pharisiens, et il leur dit en paraboles : « Le royaume des Cieux est comparable à un roi qui célébra les noces de son fils. Il envoya ses serviteurs appeler à la noce les invités, mais ceux-ci ne voulaient pas venir. Il envoya encore d'autres serviteurs dire aux invités : "Voilà : j'ai préparé mon banquet, mes bœufs et mes bêtes grasses sont égorgés ; tout est prêt : venez à la noce." Mais ils n'en tinrent aucun compte et s'en allèrent, l'un à son champ, l'autre à son commerce ; les autres empoignèrent les serviteurs, les maltraitèrent et les tuèrent. Le roi se mit en colère, il envoya ses troupes, fit périr les meurtriers et incendia leur ville. Alors il dit à ses serviteurs : "Le repas de noce est prêt, mais les invités n'en étaient pas dignes. Allez donc aux croisées des chemins : tous ceux que vous trouverez, invitez-les à la noce." Les serviteurs allèrent sur les chemins, rassemblèrent tous ceux qu'ils trouvèrent, les mauvais comme les bons, et la salle de noce fut remplie de convives.

[Le roi entra pour examiner les convives, et là il vit un homme qui ne portait pas le vêtement de noce. Il lui dit : "Mon ami, comment es-tu entré ici, sans avoir le vêtement de noce ?" L'autre garda le silence. Alors le roi dit aux serviteurs : "Jetez-le, pieds et poings liés, dans les ténèbres du dehors ; là, il y aura des pleurs et des grincements de dents."

Car beaucoup sont appelés, mais peu sont élus. »]

Prière sur les offrandes

Avec ces offrandes, Seigneur, reçois les prières de tes fidèles ; que cette liturgie célébrée avec amour nous fasse passer à la gloire du ciel. Par Jésus.

Prière après la communion

Dieu souverain, nous te le demandons humblement : rends-nous participants de la nature divine, puisque tu nous as fait communier au corps et au sang du Christ. Lui qui règne.

Une Église « en sortie »

« L'intimité de l'Église avec Jésus est une intimité itinérante, et la communion "se présente essentiellement comme communion missionnaire". Fidèle au modèle du maître, il est vital que l'Église sorte pour annoncer l'Évangile à tous, en tous lieux, en toutes occasions, sans hésitation, sans répulsion et sans peur. La joie de l'Évangile est pour tout le peuple, personne ne peut être exclu. C'est ainsi que l'ange l'annonce aux pasteurs de Bethléem : "Soyez sans crainte, car voici que je vous annonce une grande joie qui sera celle de *tout le peuple*" (Lc 2, 10). L'Apocalypse parle d'une Bonne Nouvelle éternelle à annoncer à ceux qui demeurent sur la terre, "à toute nation, race, langue et peuple" (Ap 14, 6). »

Pape François, *La Joie de l'Évangile*, § 23,
Bayard, Cerf, Fleurus-Mame, 2013.

Calendrier liturgique

Di 15 **28e dimanche A.**
Liturgie des Heures : Psautier semaine IV.
[Ste Thérèse d'Avila, vierge, réformatrice du Carmel, docteur de l'Église, † 1582].

Lu 16 *Ste Edwige, mère de famille puis religieuse, † 1243 en Silésie.*
Ste Marguerite-Marie Alacoque, vierge, visitandine, † 1690 à Paray-le-Monial.

Ma 17 S. Ignace, évêque d'Antioche, martyr, † vers 107 à Rome.

Me 18 S. LUC, évangéliste. Lectures propres : 2 Tm 4,9-17 ; Lc 10,1-9.

Je 19 *S. Jean de Brébeuf, S. Isaac Jogues, prêtres, et leurs compagnons jésuites, martyrs † entre 1642 et 1649 au Canada et aux États-Unis (Au Canada :* le 26 septembre).

S. Paul de la Croix, prêtre, fondateur des Passionistes, † 1775 à Rome

Bonne fête ! 15 : Thérèse, Térésa, Aurèle, Aurélie. 16 : Edwige, Marguerite-Marie, Bertrand. 17 : Ignace, Baudouin. 18 : Luc, Aimable, Gwenn (Guewen). 19 : René. 20 : Line, Adeline, Aline. 21 : Ursule, Céline.

Pour prier avec l'Évangile : Béni sois-tu, Dieu notre Père : tu nous invites à célébrer les noces de ton Fils. Rends-nous dignes de participer à la fête et capables de répondre dans l'action de grâce à la joie que tu nous offres.

29e dimanche

22 octobre 2017

DIEU ET CÉSAR

« **Rendez au Seigneur** la gloire et la puissance… Adorez le Seigneur », dit le psaume. Alors que les puissants de ce monde prétendent avoir tout pouvoir sur les peuples de la terre, Dieu est le seul qui règne sur l'univers. Isaïe rappelle que, si le peuple d'Israël a souvent été malmené par des rois ennemis – et la plus grande épreuve fut celle de l'exil à Babylone – Dieu s'est servi d'un roi païen, Cyrus, pour ramener son peuple à Jérusalem (*première lecture*). Au temps de Jésus le contexte est différent mais c'est encore une puissance étrangère, Rome, qui occupe la Palestine. À quelle autorité faut-il se soumettre : la Loi de Moïse que respectent scrupuleusement les pharisiens et leurs disciples ? Ou bien la loi dictée par Rome, à laquelle se rallient les partisans d'Hérode ? Dieu ou César ? La question du paiement de l'impôt, adressée à Jésus, est un piège. Lui qui est « toujours vrai » et qui « enseigne le chemin de Dieu en vérité » (*évangile*) va être obligé de prendre parti. Frappées à l'effigie de César, les pièces en circulation dans l'empire étaient considérées par les juifs comme des idoles, donc impures. Les pharisiens ne voulaient pas les voir entrer dans le Temple. Jésus répond à la question : cet argent, rendons-le à César ! Il aura son impôt. Quant à Dieu, rendons-lui ce qui lui revient : le véritable hommage, par une vie conforme à sa parole. Séparant Dieu et César, Jésus se fait connaître davantage : lui qui est le Christ, il ne l'est pas dans le sens temporel. Il ne vient pas opposer de résistance à César afin de conquérir le pouvoir. Il est Christ selon le projet de Dieu, revêtu de la force de Dieu pour sauver, non pas la Palestine, mais l'univers entier, l'humanité entière.

Jésus nous invite à distinguer ce qui revint à Dieu de ce qui revient à César. Nous vivons dans une société organisée autour d'un pouvoir temporel et par des lois. Ne la méprisons pas, au contraire prenons-y notre place, car c'est là que Jésus nous envoie témoigner de Celui à qui revient la vraie louange, par une vie conforme à l'Évangile, par une foi active, une charité qui se donne de la peine et une espérance qui tient bon en Jésus Christ (*deuxième lecture*).

Suggestions pour la célébration

• **CHANTER** • Pour accompagner la procession d'ouverture, ***Écoute la voix du Seigneur*** **X 548 CNA 761**, ***Au cœur de ce monde*** **A 238**, ***Par la musique et par nos voix*** **Y 43-38 CNA 572**, ***Peuple de Dieu, marche joyeux*** **K 180 CNA 574** (couplets 1, 2, 8, 13 et 16).

Après la Parole, ***Les mots que tu nous dis*** **EP 164**, ***Maître toujours vrai*** **XP 48-42.**

Pour la procession de communion, ***Pain de Dieu, pain rompu*** **D 284 CNA 338**, ***Le voici le don de Dieu*** **D 36-81-3.**

Après la communion, ***Tenons en éveil*** **C 243-1 CNA 591**, ***Que soit béni le nom de Dieu*** **Y 245.**

Le chant d'envoi sera en lien avec la semaine missionnaire : ***Appelés pour bâtir le Royaume*** **TK 51-32**, ***Messagers de l'Évangile*** **XT 48-94**, ***Allez par toute la terre*** **T 20-76 CNA 533.**

• **PRIER** •

Pour la préparation pénitentielle

Seigneur Jésus, tu nous rassembles pour louer Dieu, ton Père et notre Père,
béni sois-tu, prends pitié de nous.
Ô Christ, tu nous enseignes le véritable amour,
béni sois-tu, prends pitié de nous.
Seigneur, tu t'offres en nourriture pour notre vie,
béni sois-tu, prends pitié de nous.

Pour la prière universelle

Nous pouvons prier :
- pour les dirigeants, chargés de la répartition juste des ressources ;
- pour les peuples soumis à des régimes totalitaires ;
- pour les communautés chrétiennes persécutées ;
- pour les exilés ;
- pour les témoins de l'Évangile à travers le monde.

• **CÉLÉBRER** • Cet avant-dernier dimanche d'octobre est la Journée Missionnaire Mondiale. Des documents sont disponibles auprès de différents services : le Service National de la Mission Universelle de l'Église, les Œuvres Pontificales Missionnaires ou les services diocésains... Ils font des propositions pour la célébration. Mais il n'y a pas à proprement parler de « dimanches à thèmes », le dimanche est avant tout le jour du Seigneur. Suivant les lieux, on peut cependant mettre en valeur la diversité de la communauté chrétienne ou la dimension universelle de l'annonce de l'Évangile et, bien sûr, prier pour l'Église répandue à travers le monde.

PRIÈRE D'OUVERTURE

• Dieu éternel et tout-puissant, fais-nous toujours vouloir ce que tu veux et servir ta gloire d'un cœur sans partage. Par Jésus Christ.

Ou bien pour la mission :

• Dieu qui veux te faire connaître de tous les hommes et les recueillir dans ton Royaume, regarde l'étendue des champs à moissonner ; envoie des ouvriers en grand nombre qui annonceront l'Évangile à toute créature, afin que de tous les peuples de la terre naisse et grandisse un peuple nouveau que ta Parole assemble et que tes sacrements soutiennent. Par Jésus Christ.

1re LECTURE

« J'ai pris Cyrus par la main pour lui soumettre les nations »

Lecture du livre du prophète Isaïe 45, 1.4-6

Ainsi **parle le Seigneur** à son messie, à Cyrus, qu'il a pris par la main pour lui soumettre les nations et désarmer les rois, pour lui ouvrir les portes à deux battants, car aucune porte ne restera fermée :

« À cause de mon serviteur Jacob, d'Israël mon élu, je t'ai appelé par ton nom, je t'ai donné un titre, alors que tu ne me connaissais pas. Je suis le Seigneur, il n'en est pas d'autre : hors moi, pas de Dieu. Je t'ai rendu puissant, alors que tu ne me connaissais pas, pour que l'on sache, de l'orient à l'occident, qu'il n'y a rien en dehors de moi. Je suis le Seigneur, il n'en est pas d'autre. »

PSAUME 95

R/ Rendez au Seigneur
la gloire et la puissance.

Chantez au Seigneur un chant nouveau,
chantez au Seigneur, terre entière,
racontez à tous les peuples sa gloire,
à toutes les nations ses merveilles !

Il est grand, le Seigneur, hautement loué,
redoutable au-dessus de tous les dieux :
néant, tous les dieux des nations !
Lui, le Seigneur, a fait les cieux.

Rendez au Seigneur, familles des peuples,
rendez au Seigneur la gloire et la puissance,
rendez au Seigneur la gloire de son nom.
Apportez votre offrande, entrez dans ses parvis.

Adorez le Seigneur, éblouissant de sainteté :
tremblez devant lui, terre entière.
Allez dire aux nations : « Le Seigneur est roi ! »
Il gouverne les peuples avec droiture.

2e LECTURE

« Nous nous souvenons de votre foi, de votre charité, de votre espérance »

Lecture de la première lettre de saint Paul apôtre aux Thessaloniciens — 1, 1-5b

Paul, Silvain et Timothée, à l'Église de Thessalonique qui est en Dieu le Père et dans le Seigneur Jésus Christ. À vous, la grâce et la paix.

À tout moment, nous rendons grâce à Dieu au sujet de vous tous, en faisant mémoire de vous dans nos prières. Sans cesse, nous nous souvenons que votre foi est active, que votre charité se donne de la peine, que votre espérance tient bon en notre Seigneur Jésus Christ, en présence de Dieu notre Père. Nous le savons, frères bien-aimés de Dieu, vous avez été choisis par lui. En effet, notre annonce de l'Évangile n'a pas été, chez vous, simple parole, mais puissance, action de l'Esprit Saint, pleine certitude.

Alléluia. Alléluia. Vous brillez comme des astres dans l'univers en tenant ferme la parole de vie. **Alléluia.**

ÉVANGILE

« Rendez à César ce qui est à César, et à Dieu ce qui est à Dieu »

Évangile de Jésus Christ selon saint Matthieu 22, 15-21

En ce temps-là, les pharisiens allèrent tenir conseil pour prendre Jésus au piège en le faisant parler. Ils lui envoient leurs disciples, accompagnés des partisans d'Hérode : « Maître, lui disent-ils, nous le savons : tu es toujours vrai et tu enseignes le chemin de Dieu en vérité ; tu ne te laisses influencer par personne, car ce n'est pas selon l'apparence que tu considères les gens. Alors, donne-nous ton avis : Est-il permis, oui ou non, de payer l'impôt à César, l'empereur ? » Connaissant leur perversité, Jésus dit : « Hypocrites ! pourquoi voulez-vous me mettre à l'épreuve ? Montrez-moi la monnaie de l'impôt. » Ils lui présentèrent une pièce d'un denier. Il leur dit : « Cette effigie et cette inscription, de qui sont-elles ? » Ils répondirent : « De César. » Alors il leur dit : « Rendez donc à César ce qui est à César, et à Dieu ce qui est à Dieu. »

PRIÈRE SUR LES OFFRANDES

Accorde-nous, Seigneur, de te servir à cet autel en toute liberté d'esprit ; ainsi ta grâce pourra nous purifier dans le mystère que nous célébrons. Par Jésus.

PRIÈRE APRÈS LA COMMUNION

Seigneur, fais-nous trouver des forces neuves dans cette communion aux réalités du ciel : assure-nous tes bienfaits ici-bas et instruis-nous des richesses de ton Royaume. Par Jésus.

La mission de l'Église

« La mission propre que le Christ a confiée à son Église n'est ni d'ordre politique, ni d'ordre économique ou social : le but qu'il lui a assigné est d'ordre religieux. Mais, précisément, de cette mission religieuse découlent une fonction, des lumières et des forces qui peuvent servir à constituer et à affermir la communauté des hommes selon la loi divine. »

Concile Vatican II, *L'Église dans le monde de ce temps*, n° 42.

Calendrier liturgique

Di 22	**29e dimanche A.** *Liturgie des Heures : Psautier semaine I.* *[S. Jean-Paul II, pape, † 2005 à Rome].*
Lu 23	*S. Jean de Capistran, prêtre, franciscain, † 1456 à Vilock (Croatie).*
Ma 24	*S. Antoine-Marie Claret, évêque de Santiago de Cuba, fondateur des Fils du Cœur Immaculé de Marie, † 1870 à Fontfroide (Aude).*
Me 25	(ou le dernier dimanche d'octobre, Belgique et France) Dédicace des églises dont on ignore la date de consécration.
Sa 28	S. SIMON ET S. JUDE, Apôtres. Lectures propres : Ep 2,19-22 ; Lc 6,12-19.

Bonne fête ! 22 : Élodie, Salomé. 23 : Séverin. 24 : Florentin, Magloire. 25 : Enguerran ou Enguerrand, Doria. 26 : Dimitri. 27 : Émeline. 28 : Thaddée, Teddy, Simon, Simone.

Pour mémoire : Aujourd'hui, journée de la mission universelle.
IL Y A 300 ANS, en 1717, l'empereur de Chine Kangxi interdisait aux missionnaires de prêcher le christianisme en Chine, en réponse à la condamnation des rites chinois par le pape Clément XI. Cinq ans plus tard, les missionnaires (surtout des jésuites) seront expulsés et les chrétiens persécutés.
Le week-end prochain, passage à l'heure d'hiver.

Pour prier avec l'Évangile : Béni sois-tu, Dieu créateur du ciel et de la terre : par la résurrection de ton Fils, l'univers entier est promis à une vie nouvelle dans l'Esprit. Accorde-nous de recevoir le monde où nous vivons comme un don de ta grâce et de reconnaître déjà l'avenir que tu lui prépares auprès de toi.

ASSEMBLÉE DOMINICALE AVEC OU SANS PRÊTRE

Depuis les débuts du christianisme, l'assemblée eucharistique du dimanche constitue la forme normale de célébrer le Seigneur. Mais lorsqu'un seul prêtre, ou une équipe de prêtres, est responsable d'un secteur où il y a un grand nombre de clochers, il n'est guère possible d'assurer la messe chaque dimanche dans chaque église. En soi, il est souhaitable que les fidèles aillent participer à l'eucharistie là où elle est célébrée : cela est rendu plus aisé aujourd'hui où les moyens de transport sont bien développés. Mais cela n'est pas toujours possible, ni souhaité, parce que l'assemblée dominicale est aussi liée à une communauté locale, dans un village par exemple. Depuis 1988 existe un *Directoire pour les assemblées dominicales en l'absence de prêtres* – ou en l'attente de prêtres –, publié par Rome (Congrégation pour le Culte divin), et qui mériterait d'être mieux connu. Ces assemblées se multiplièrent à une certaine époque. Aujourd'hui, on peut avoir l'impression d'un essoufflement. Certaines dérives ont pu être observées : confusion entre ces assemblées, qui sont « supplétoires » (n° 21), et l'eucharistie elle-même (n° 22), qui reste l'idéal, car « aucune communauté chrétienne ne peut se construire sans trouver sa racine et son centre dans la célébration de l'eucharistie » (n° 25 citant Vatican II, *Décret sur les prêtres* n° 6). Ou bien confusion des rôles des laïcs et des ministres ordonnés. Ou simplement, il n'y a pas de personnes capables d'animer de telles célébrations dans une communauté locale.

Il n'empêche que le *Directoire* déclarait : « Parmi les formes attestées dans la tradition liturgique, lorsque la messe ne peut avoir lieu, la célébration de la parole de Dieu est fortement recommandée (*Constitution sur la liturgie* n° 35, 4) ; elle peut, selon l'opportunité, être complétée par la communion eucharistique » (n° 20). « De telles assemblées ne peuvent être établies qu'à l'invitation de l'évêque et sous la responsabilité pastorale du curé » (n° 24).

La place manque ici pour citer en entier les orientations données par le bienheureux Paul VI aux évêques de France (*Doc. cath.* 74, 1977, 351-353). Mais, dans la réflexion actuelle sur la manière de répondre pastoralement aux problèmes posés, il peut être utile de citer ce que le pape leur disait : « Vous abordez aussi la question des assemblées dominicales sans prêtres, dans les secteurs ruraux où le village forme une unité naturelle pour la vie comme pour la prière, qu'il serait périlleux d'abandonner ou de disperser... »

H.D.

PLANS POUR UNE CÉLÉBRATION DOMINICALE NON EUCHARISTIQUE

La revue *Feu nouveau* donne régulièrement des suggestions pour les célébrations non eucharistiques. Voici deux schémas (59/3, 2016, p. 144) : l'un s'inspire de la liturgie de la Parole de la messe, et l'autre intègre des éléments de la liturgie des Heures.

Schéma 1	**Schéma 2 (Liturgie des Heures)** *(voir MNA p. 387 et suivantes)*
	Ouverture de la célébration
Chant d'ouverture	Ouverture (« Seigneur, ouvre mes lèvres... »)
Signe de la croix	Invitatoire (Ps 94, 66, 99...)
Monition d'accueil	Hymne *(MNA p. 390)*
Litanie pénitentielle	Monition d'accueil
Geste de paix	Geste de paix
Prière d'ouverture	Prière d'ouverture
(en l'absence de ministre ordonné, dire « nous » et non pas « vous »)	
	Liturgie de la Parole
Première lecture	Psalmodie : un, deux ou trois psaumes en fonction de la journée et en relation avec le mystère du dimanche.
Psaume	Lectures dominicales
Deuxième lecture	Partage de la Parole et/ou homélie
Acclamation de l'évangile	Benedictus ou Magnificat
Évangile	Prière universelle
Partage de la Parole et/ou homélie	Prière de louange
Credo ou Cantique de la Parole	Notre Père
Prière de louange	
Communion (si elle a lieu)	*Pas de communion*
Invitation à la communion (Heureux les invités...)	
Communion	
Chant	
	Conclusion de la célébration
Annonce et quête	Annonce et quête
Prière de conclusion	Prière de conclusion
Chant d'envoi	Chant d'envoi (éventuellement)

30e dimanche 29 octobre 2017

LE COMMANDEMENT DE L'AMOUR

Aimer Dieu de tout son cœur et aimer son prochain comme soi-même (*évangile*) sont, ensemble, le seul et le plus grand de tous les commandements car ils sont la source et l'aboutissement de tous les autres. Entre Dieu et son peuple, c'est une histoire d'amour, une relation d'amour dont Dieu a l'initiative et qui se traduit dans une alliance indéfectible. Pourquoi faut-il tant de commandements pour être fidèle à l'Alliance ? Pourquoi les prophètes ont-ils pris si souvent la parole ? Parce que le cœur de l'homme s'endurcit, parce qu'il ne sait pas aimer comme il faut, parce que l'orgueil et l'égoïsme prennent le pas sur la véritable manière d'aimer.

Quel sens aurait tout commandement s'il n'était au service de l'amour de Dieu et du prochain ? L'amour est premier. Voilà ce que Jésus veut nous faire comprendre.

L'Évangile dans son ensemble est, à lui seul, le commandement de l'Amour que Jésus est venu révéler aux hommes. Encore faut-il comprendre ce qu'est un *commandement* selon Dieu. Nous n'aimons pas « sur commande », ni par décret. La loi d'amour, Dieu l'a inscrite au plus profond du cœur de l'homme depuis la création. Jésus vient nous aider à la retrouver, à la faire jaillir comme une source, à la vivre. Regarder Jésus, l'écouter, le contempler, le recevoir dans notre vie, c'est faire resurgir en nous cette loi d'amour, détournée par notre péché.

Toute vie en société ou en communauté nécessite des lois qui sont des repères. Il en est ainsi dans l'Église. L'apôtre Paul se réjouit car la Parole et l'Esprit ont été accueillis par les croyants de Thessalonique (*deuxième lecture*), si bien que le témoignage de leur foi s'est répandu. Bénissons, avec le psaume, ce Dieu qui libère ceux qui l'écoutent (*psaume*). Et joignons notre prière à celle de l'Église rassemblée : « Fais-nous aimer ce que tu commandes » (*prière d'ouverture*).

Suggestions pour la célébration

• CHANTER • Pour la procession d'ouverture, ***Jubilez, criez de joie*** **U 52-42,** ***Ouvriers de la paix*** **Y 13-92-1 CNA 522,** ***Prenons la main que Dieu nous tend*** **T 42-2 CNA 580.**

Après la Parole, ***Ubi caritas*** (Taizé), ***Je vous donne un commandement nouveau*** **DL 311-1 CNA 447,** ***À l'image de ton amour*** **D 218 CNA 529.**

Pour la procession de communion, ***Partageons le pain du Seigneur*** **D 39-31 CNA 342.**

Après la communion, ***En accueillant l'amour*** **DLH 126 CNA 325,** ***De tout ton cœur, tu aimeras*** **EDIT 43-79,** ***L'amour jamais ne passera*** **X 44-65.**

Pour l'envoi, à la fin de la semaine de prière pour les missions, ***Messagers de l'Évangile*** **XT 49-94,** ***Envoie tes messagers*** **T 1 CNA 551.**

• PRIER • **POUR LA PRÉPARATION PÉNITENTIELLE**

Jésus, ami des hommes, **prends pitié de nous.**
Jésus, force de Dieu, **prends pitié de nous.**
Christ, lumière du monde, **prends pitié de nous.**
Fils bien-aimé du Père, **prends pitié de nous.**
Seigneur, vainqueur de la mort, **prends pitié de nous.**
Seigneur, glorifié dans la vie, **prends pitié de nous.**
CNA 185 c

POUR LA PRIÈRE UNIVERSELLE

Nous pouvons prier :
- pour tous les membres de l'Église, afin qu'ils témoignent du commandement de l'amour ;
- pour tous ceux qui œuvrent par une charité active dans l'aide aux plus démunis ;
- pour ceux qui ont besoin d'attention, de dignité, de sollicitude ;
- pour les dirigeants, afin qu'ils restent attentifs à la solidarité ;
- pour les communautés chrétiennes, afin qu'elles grandissent dans l'unité.

• CÉLÉBRER • Certains rites de la messe manifestent particulièrement la charité qui nous vient du Christ. Le geste de paix en est un. Peut-être est-il bon de ne pas le faire tous les dimanches afin qu'il soit mis en valeur et bien posé lorsqu'il est mis en œuvre. Accueillir la paix du Christ et la donner au frère, près de soi, nous invite à vivre le commandement de l'amour au sein de la communauté chrétienne. Ce geste nous prépare à recevoir le corps du Christ, source du véritable amour, et à vivre plus intensément la communion.

Prière d'ouverture

Dieu éternel et tout-puissant, augmente en nous la foi, l'espérance et la charité ; et pour que nous puissions obtenir ce que tu promets, fais-nous aimer ce que tu commandes. Par Jésus Christ.

1re lecture *« Vous n'accablerez pas la veuve et l'orphelin »*

Lecture du livre de l'Exode 22, 20-26

Ainsi parle le Seigneur : « Tu n'exploiteras pas l'immigré, tu ne l'opprimeras pas, car vous étiez vous-mêmes des immigrés au pays d'Égypte. Vous n'accablerez pas la veuve et l'orphelin. Si tu les accables et qu'ils crient vers moi, j'écouterai leur cri. Ma colère s'enflammera et je vous ferai périr par l'épée : vos femmes deviendront veuves, et vos fils, orphelins.

Si tu prêtes de l'argent à quelqu'un de mon peuple, à un pauvre parmi tes frères, tu n'agiras pas envers lui comme un usurier : tu ne lui imposeras pas d'intérêts. Si tu prends en gage le manteau de ton prochain, tu le lui rendras avant le coucher du soleil. C'est tout ce qu'il a pour se couvrir ; c'est le manteau dont il s'enveloppe, la seule couverture qu'il ait pour dormir. S'il crie vers moi, je l'écouterai, car moi, je suis compatissant ! »

Psaume 17

R/ **Je t'aime, Seigneur, ma force.**

Je t'aime, Seigneur, ma force :
Seigneur, mon roc, ma forteresse,

Dieu mon libérateur, le rocher qui m'abrite,
mon bouclier, mon fort, mon arme de victoire !

Louange à Dieu ! Quand je fais appel au Seigneur,
je suis sauvé de tous mes ennemis.
Lui m'a dégagé, mis au large,
il m'a libéré, car il m'aime.

Vive le Seigneur ! Béni soit mon Rocher !
Qu'il triomphe, le Dieu de ma victoire,
Il donne à son roi de grandes victoires,
il se montre fidèle à son messie.

2e LECTURE

« Vous vous êtes convertis à Dieu en vous détournant des idoles »

Lecture de la première lettre de saint Paul apôtre
aux Thessaloniciens — 1, 5c-10

Frères, vous savez comment nous nous sommes comportés chez vous pour votre bien. Et vous-mêmes, en fait, vous nous avez imités, nous et le Seigneur, en accueillant la Parole au milieu de bien des épreuves, avec la joie de l'Esprit Saint. Ainsi vous êtes devenus un modèle pour tous les croyants de Macédoine et de Grèce. Et ce n'est pas seulement en Macédoine et en Grèce qu'à partir de chez vous la parole du Seigneur a retenti, mais la nouvelle de votre foi en Dieu s'est si bien répandue partout que nous n'avons pas besoin d'en parler. En effet, les gens racontent, à notre sujet, l'accueil que nous avons reçu chez vous ; ils disent comment vous vous êtes convertis à Dieu en vous détournant des idoles, afin de servir le Dieu vivant et véritable, et afin d'attendre des cieux son Fils qu'il a ressuscité d'entre les morts, Jésus, qui nous délivre de la colère qui vient.

Alléluia. Alléluia. Si quelqu'un m'aime, il gardera ma parole, dit le Seigneur ; mon Père l'aimera, et nous viendrons vers lui. **Alléluia.**

Évangile

« Le plus grand commandement »

Évangile de Jésus Christ selon saint Matthieu 22, 34-40

En ce temps-là, les pharisiens, apprenant que Jésus avait fermé la bouche aux sadducéens, se réunirent, et l'un d'entre eux, un docteur de la Loi, posa une question à Jésus pour le mettre à l'épreuve : « Maître, dans la Loi, quel est le grand commandement ? »

Jésus lui répondit : « *Tu aimeras le Seigneur ton Dieu de tout ton cœur, de toute ton âme et de tout* ton esprit. Voilà le grand, le premier commandement.

Et le second lui est semblable : *Tu aimeras ton prochain comme toi-même.*

De ces deux commandements dépend toute la Loi, ainsi que les Prophètes. »

Prière sur les offrandes

Regarde les présents déposés devant toi, Seigneur notre Dieu : permets que notre célébration contribue d'abord à ta gloire. Par Jésus.

Prière après la communion

Que tes sacrements, Seigneur, achèvent de produire en nous ce qu'ils signifient, afin que nous entrions un jour en pleine possession du mystère que nous célébrons dans ces rites. Par Jésus.

Témoins

« La mission première et fondamentale qui nous vient des saints Mystères que nous célébrons est de rendre témoignage par notre vie. L'émerveillement pour le don que Dieu nous a fait dans le Christ imprime à notre existence un dynamisme nouveau qui nous engage à être témoins de son amour. Nous devenons témoins lorsque, par nos actions, nos paroles et nos comportements, un Autre transparaît et se communique. On peut dire que le témoignage est le moyen par lequel la vérité de l'amour de Dieu rejoint l'homme dans l'histoire, l'invitant à accueillir librement cette nouveauté radicale. »

Benoît XVI, *Le sacrement de l'amour,*
Exhortation apostolique sur l'Eucharistie.

Calendrier liturgique

Di 29	**30e dimanche A.** *Liturgie des Heures : Psautier semaine II.*
Me 1er	**TOUS LES SAINTS**, p. 530.
Je 2	COMMÉMORATION DE TOUS LES FIDÈLES DÉFUNTS, p. 536.
Ve 3	*S. Martin de Porrès, frère dominicain, 1639 à Lima.* *En Belgique et au Luxembourg, S. Hubert, évêque de Tongres-Maastricht, puis de Liège, † 30 mai 727.*
Sa 4	S. Charles Borromée, évêque de Milan et cardinal, † 1584.

Bonne fête ! 29 : Narcisse. 30 : Bienvenu. 31 : Quentin, Wolfgang. 1er : Mathurin. 2 : Tobie. 3 : Hubert, Gwenaël. 4 : Amance, Émeric, Charles, Carl, Charlie, Jessé, Jessy.

Pour mémoire : Il y a 500 ans, le 31 octobre 1517, Luther placardait ses 95 thèses sur les portes de l'église de Tous les saints à Wittemberg. Il y dénonçait notamment la pratique grandissante des indulgences, autorisée par le Pape pour financer la construction de la basilique Saint-Pierre de Rome. Il critiquait aussi certains points de doctrine, comme l'existence du Purgatoire. Les 95 thèses furent rapidement traduites du latin en allemand, imprimées en grande quantité et largement diffusées. Le débat, qui jusque-là était resté une affaire de théologiens, devenait public et politique. Aussi considère-t-on que cet événement marque le début de la Réforme en Allemagne. Les Protestants commémorent annuellement cet événement le 31 octobre (ou le dimanche précédent), par la Fête de la Réformation.

Pour prier avec l'Évangile : Dieu fidèle, en Jésus, ton bien-aimé, tu nous as choisis comme partenaires de ton Alliance. Par l'Esprit Saint, ranime en nous ton amour : que notre vie se tourne vers toi et t'offre une réponse d'action de grâce, car tu es digne de toute louange.

Tous les saints 1er novembre 2017

HEUREUX

Dans l'évangile de Matthieu, les « Béatitudes » (*évangile*) ouvrent le « discours sur la montagne », premier long enseignement de Jésus. Elles sont comme un condensé de tout l'Évangile. L'amour du prochain, la miséricorde, le désir de paix et de justice, le témoignage de la foi... sont autant de comportements associés à la vie et au bonheur éternel. Les paroles de Jésus sont à la fois commandements et promesses de vie : elles sont « Bonne Nouvelle ». Elles sont chemin de sainteté et c'est Jésus qui ouvre la route car, n'en doutons pas, ce qu'il commande, il l'accomplit lui-même. Jésus nous invite à le suivre sur le chemin du don de soi, de l'offrande de notre vie, pour qu'elle soit transfigurée. La sainteté est ce chemin et cette grâce qui nous configurent progressivement au Christ. Tout ce qui fait notre vie, y compris les épreuves – « Heureux ceux qui pleurent » – peut trouver sens à la lumière du Christ, lui qui a vaincu la mort et le mal sous toutes ses formes. « Venez à moi, vous tous qui peinez sous le poids du fardeau... je vous procurerai le repos », dit le verset de l'alléluia, citant un autre passage de l'évangile de Matthieu.

Les saints et les saintes ont su non seulement traduire dans leur vie le commandement de l'amour qui est au cœur de l'Évangile, mais ils ont placé toute leur espérance dans le Christ sauveur. Par toute leur vie, ils ont témoigné de Jésus, souvent au risque de la persécution. « Ils ont traversé l'épreuve », ils se sont laissé purifier par le Christ (*première lecture*). Alors ils jouissent pleinement de leur récompense dans le ciel. L'Église nous les donne en exemple (*préface*) pour nous encourager à avancer dans la foi, à vivre pleinement notre baptême qui a fait de nous les enfants bien-aimés de Dieu (*deuxième lecture*). Associés à ce peuple immense qui cherche Dieu (*psaume*), entrons dans l'action de grâce. Réjouissons-nous avec ceux qui le contemplent face à face ; ils nous appellent et nous aident à les rejoindre.

Suggestions pour la célébration

• CHANTER • Pour la procession d'ouverture, *Dieu, nous te louons* W 1 CNA 646, *Priez, priez le Seigneur* W 13-23 CNA 641, *Aujourd'hui est jour de fête* W 47-38-1 CNA 644, *Les saints et les saintes de Dieu* EDIT 15-98, *Bienheureux, le peuple des élus* W 13-22.

Après l'homélie, *Les Béatitudes* X 748 ou X 795, *Heureux les pauvres* WP 106 CNA 650 ou WP 35-07-1, *Autour du trône de l'Agneau* WP 587 CNA 645.

Pendant la procession de communion, *Nous formons un même corps* D 105 CNA 750.

Après la communion, *La sainteté est ton chemin* W 64-58, *Heureux, bienheureux* U 589, *Heureux ceux qui ont tout donné* W 32-24.

• PRIER • POUR LA PRÉPARATION PÉNITENTIELLE

Seigneur Jésus, tu es le Saint de Dieu,
prends pitié de nous.
Ô Christ, tu nous montres le chemin de la sainteté,
prends pitié de nous.
Seigneur, par ton amour, tu nous sanctifies,
prends pitié de nous.

POUR LA PRIÈRE UNIVERSELLE

Nous pouvons prier :
- pour ceux qui pleurent et ceux qui consolent ;
- pour les assoiffés de justice et ceux qui souffrent l'injustice ;
- pour les miséricordieux et ceux qui attendent le pardon ;
- pour les artisans de paix et ceux qui souffrent des conflits ;
- pour ceux qui témoignent joyeusement de leur foi et ceux qui subissent les persécutions.

• CÉLÉBRER • Lors de la fête de la Toussaint, des pratiquants occasionnels ou de passage se joignent à la communauté des habitués. Soyons attentifs à les accueillir. La célébration ne demande pas de mise en œuvre particulière. Veillons seulement à ce que l'église soit propre et accueillante, les statues des saints dépoussiérées, fleuries et éclairées.

PRIÈRE D'OUVERTURE

Dieu éternel et tout-puissant, tu nous donnes de célébrer dans une même fête la sainteté de tous les élus ; puisqu'une telle multitude intercède pour nous, réponds à nos désirs, accorde-nous largement tes grâces. Par Jésus Christ.

1re LECTURE *« Une foule immense que nul ne pouvait dénombrer »*

Lecture de l'Apocalypse de saint Jean 7, 2-4.9-14

Moi, Jean, j'ai vu un ange qui montait du côté où le soleil se lève, avec le sceau qui imprime la marque du Dieu vivant ; d'une voix forte, il cria aux quatre anges qui avaient reçu le pouvoir de faire du mal à la terre et à la mer : « Ne faites pas de mal à la terre, ni à la mer, ni aux arbres, avant que nous ayons marqué du sceau le front des serviteurs de notre Dieu. » Et j'entendis le nombre de ceux qui étaient marqués du sceau : ils étaient cent quarante-quatre mille, de toutes les tribus des fils d'Israël.

Après cela, j'ai vu : et voici une foule immense, que nul ne pouvait dénombrer, une foule de toutes nations, tribus, peuples et langues. Ils se tenaient debout devant le Trône et devant l'Agneau, vêtus de robes blanches, avec des palmes à la main. Et ils s'écriaient d'une voix forte : « Le salut appartient à notre Dieu qui siège sur le Trône et à l'Agneau ! » Tous les anges se tenaient debout autour du Trône, autour des Anciens et des quatre Vivants ; se jetant devant le Trône, face contre terre, ils se prosternèrent devant Dieu. Et ils disaient : « Amen ! Louange, gloire, sagesse et action de grâce, honneur, puissance et force à notre Dieu, pour les siècles des siècles ! Amen ! » L'un des Anciens prit alors la parole et me dit : « Ces gens vêtus de robes blanches, qui sont-ils, et d'où viennent-ils ? » Je lui répondis : « Mon seigneur, toi, tu le sais. » Il me dit : « Ceux-là viennent de la grande épreuve ; ils ont lavé leurs robes, ils les ont blanchies par le sang de l'Agneau. »

Psaume 23

R/ Voici le peuple de ceux qui cherchent ta face, Seigneur.

Au Seigneur, le monde et sa richesse,
la terre et tous ses habitants !
C'est lui qui l'a fondée sur les mers
et la garde inébranlable sur les flots.

Qui peut gravir la montagne du Seigneur
et se tenir dans le lieu saint ?
L'homme au cœur pur, aux mains innocentes,
qui ne livre pas son âme aux idoles.

Il obtient, du Seigneur, la bénédiction,
et de Dieu son Sauveur, la justice.
Voici le peuple de ceux qui le cherchent !
Voici Jacob qui recherche ta face !

2e lecture

« Nous verrons Dieu tel qu'il est »

Lecture de la première lettre de saint Jean 3, 1-3

Bien-aimés, voyez quel grand amour nous a donné le Père pour que nous soyons appelés enfants de Dieu – et nous le sommes. Voici pourquoi le monde ne nous connaît pas : c'est qu'il n'a pas connu Dieu. Bien-aimés, dès maintenant, nous sommes enfants de Dieu, mais ce que nous serons n'a pas encore été manifesté. Nous le savons : quand cela sera manifesté, nous lui serons semblables car nous le verrons tel qu'il est. Et quiconque met en lui une telle espérance se rend pur comme lui-même est pur.

Alléluia. Alléluia. Venez à moi, vous tous qui peinez sous le poids du fardeau, dit le Seigneur, et moi, je vous procurerai le repos. **Alléluia.**

ÉVANGILE

Les Béatitudes

Évangile de Jésus Christ selon saint Matthieu 5, 1-12a

En ce temps-là, voyant les foules, Jésus gravit la montagne. Il s'assit, et ses disciples s'approchèrent de lui. Alors, ouvrant la bouche, il les enseignait. Il disait :

« Heureux les pauvres de cœur,
car le royaume des Cieux est à eux.
Heureux ceux qui pleurent, car ils seront consolés.
Heureux les doux, car ils recevront la terre en héritage.
Heureux ceux qui ont faim et soif de la justice,
car ils seront rassasiés.
Heureux les miséricordieux,
car ils obtiendront miséricorde.
Heureux les cœurs purs, car ils verront Dieu.
Heureux les artisans de paix,
car ils seront appelés fils de Dieu.
Heureux ceux qui sont persécutés pour la justice,
car le royaume des Cieux est à eux.
Heureux êtes-vous si l'on vous insulte, si l'on vous persécute et si l'on dit faussement toute sorte de mal contre vous, à cause de moi. Réjouissez-vous, soyez dans l'allégresse, car votre récompense est grande dans les cieux ! »

PRIÈRE SUR LES OFFRANDES

Daigne accepter, Seigneur, l'offrande que nous te présentons en l'honneur de tous les saints ; nous croyons qu'ils vivent désormais près de toi : accorde-nous de sentir aussi qu'ils interviennent pour notre salut. Par Jésus.

PRÉFACE

Vraiment, il est juste et bon de te rendre gloire, de t'offrir notre action de grâce, toujours et en tout lieu, à toi, Père très saint, Dieu éternel et tout-puissant.

Car nous fêtons aujourd'hui la cité du ciel, notre mère la Jérusalem d'en haut ; c'est là que nos frères les saints, déjà rassemblés, chantent sans fin ta louange. Et nous qui marchons vers elle par le chemin de la foi, nous hâtons le pas, joyeux de savoir dans la lumière ces enfants de notre Église que tu nous donnes en exemple.

C'est pourquoi, avec cette foule immense que nul ne peut dénombrer, avec tous les anges du ciel, nous voulons te bénir en chantant (disant) : **Saint !...**

Dans les prières eucharistiques, il y a des textes propres à la fête de Toussaint.

Prière après la communion

Dieu qui seul es saint, toi que nous admirons et adorons en célébrant la fête de tous les saints, nous implorons ta grâce : quand tu nous auras sanctifiés dans la plénitude de ton amour, fais-nous passer de cette table, où tu nous as reçus en pèlerins, au banquet préparé dans ta maison. Par Jésus.

Seigneur de tous les vivants

« Il vient en chantant,
le peuple des sauvés :
immense fresque de joie,
amour aux cent visages
qui forment ensemble, dans la lumière,
la seule icône de gloire : Jésus Christ !
Louange à toi,
Seigneur de tous les vivants ! »

CFC, Tropaire, *Liturgie des Heures.*

Pour prier avec l'Évangile : Heureux pour toi, heureux par toi, Seigneur Dieu, les pauvres de cœur, les artisans de paix, tous les saints qui peuplent ton Royaume. Que leur fidélité éclaire notre chemin, et que ton Fils donne à notre temps de porter un fruit de sainteté.

Commémoration de tous les fidèles défunts

2 novembre 2017

PRIER POUR LES DÉFUNTS

Les textes bibliques pour la liturgie de cette messe sont les mêmes que ceux proposés pour les funérailles. (Nous pourrons nous référer aux propositions faites un peu plus loin). « Dans les célébrations pour les défunts, la liturgie de la Parole joue un rôle très important. Elle proclame le mystère pascal, nourrit l'espérance de se retrouver dans le royaume de Dieu, manifeste les liens profonds qui unissent les morts et les vivants, et exhorte au témoignage d'une vie chrétienne » (*Rituel des funérailles*). La Parole suscite notre foi et notre espérance en la vie éternelle. Elle proclame le mystère de Pâques, au cœur de la foi chrétienne : dans la mort et la résurrection de Jésus nous est révélée la promesse de notre résurrection et celle de ceux pour qui nous prions en ce jour. Au lendemain de la fête de tous les saints qui, pour avoir témoigné par toute leur vie de l'Évangile, sont déjà dans la joie du Royaume, nous prions pour ceux qui « se sont endormis dans l'espérance de la résurrection » (*prière eucharistique II*), pour ceux dont Dieu « connaît la droiture » (*prière eucharistique III*). Prier pour nos défunts manifeste que les liens d'affection que nous avons tissés avec eux ne sont pas rompus par la mort.

Suggestions pour la célébration

• **PRIER** •

Pour la préparation pénitentielle

Seigneur Jésus, par ton sang versé sur la croix, tu effaces tout péché.
Seigneur, prends pitié.
Ô Christ, par ta résurrection du tombeau, tu arraches l'humanité à la mort.
Ô Christ, prends pitié.
Seigneur Jésus, par ton entrée dans la gloire, tu ouvres les portes de la vie.
Seigneur, prends pitié.

Dans l'espérance chrétienne, n° 183.

Pour la prière universelle

Nous pouvons prier :
- pour les familles endeuillées ;
- pour ceux à qui la mort apparaît comme la fin de tout ;
- pour les personnes chargées, dans les paroisses, de l'accompagnement des familles en deuil ;
- pour les soignants et ceux qui accompagnent les personnes en fin de vie ;
- pour l'Église chargée d'annoncer au monde son espérance en la vie éternelle.

• **CÉLÉBRER** • Si les circonstances le permettent, on pourra prier pour les défunts de la paroisse, inhumés dans l'année écoulée, en les nommant. On pourra prendre à plusieurs reprises le refrain : ***Donne-leur le repos éternel, Seigneur. Fais briller sur eux la lumière sans fin.*** **CNA 734.**

Cette prière pourra venir à la suite de la prière universelle ou bien la remplacer.

Prière d'ouverture

Écoute nos prières avec bonté, Seigneur : fais grandir notre foi en ton Fils qui est ressuscité des morts, pour que soit plus vive aussi notre espérance en la résurrection de tous nos frères défunts. Par Jésus Christ.

Ou une autre prière.

Nous proposons des lectures tirées du Lectionnaire des funérailles. Pour d'autres lectures, se reporter au tome III du Lectionnaire de la messe.

1re LECTURE

« Un fort beau geste inspiré par la pensée de la résurrection »

Lecture du deuxième livre des Martyrs d'Israël 12, 43-46

En ces jours-là, Judas, chef d'Israël, organisa une collecte auprès de chacun et envoya deux mille pièces d'argent à Jérusalem afin d'offrir un sacrifice pour le péché. C'était un fort beau geste, plein de délicatesse, inspiré par la pensée de la résurrection. Car, s'il n'avait pas espéré que ceux qui avaient succombé ressusciteraient, la prière pour les morts était superflue et absurde. Mais il jugeait qu'une très belle récompense est réservée à ceux qui meurent avec piété : c'était là une pensée religieuse et sainte. Voilà pourquoi il fit ce sacrifice d'expiation, afin que les morts soient délivrés de leurs péchés.

PSAUME 114

R/ **Je marcherai en présence du Seigneur
sur la terre des vivants.**

Le Seigneur est justice et pitié,
notre Dieu est tendresse.
Le Seigneur défend les petits :
j'étais faible, il m'a sauvé.

Je crois, et je parlerai,
moi qui ai beaucoup souffert,
moi qui ai dit dans mon trouble :
« L'homme n'est que mensonge. »

Il en coûte au Seigneur
de voir mourir les siens !
Ne suis-je pas, Seigneur, ton serviteur,
moi, dont tu brisas les chaînes ?

2e LECTURE — *La création est en train d'enfanter*

Lecture de la lettre de saint Paul apôtre aux Romains 8, 18-23

Frères, j'estime qu'il n'y a pas de commune mesure entre les souffrances du temps présent et la gloire qui va être révélée pour nous. En effet la création attend avec impatience la révélation des fils de Dieu. Car la création a été soumise au pouvoir du néant, non pas de son plein gré, mais à cause de celui qui l'a livrée à ce pouvoir. Pourtant, elle a gardé l'espérance d'être, elle aussi, libérée de l'esclavage de la dégradation, pour connaître la liberté de la gloire donnée aux enfants de Dieu. Nous le savons bien, la création tout entière gémit, elle passe par les douleurs d'un enfantement qui dure encore. Et elle n'est pas seule. Nous aussi, en nous-mêmes, nous gémissons ; nous avons commencé à recevoir l'Esprit Saint, mais nous attendons notre adoption et la rédemption de notre corps.

Alléluia. Alléluia. Dieu a tellement aimé le monde qu'il a donné son Fils unique, afin que ceux qui croient en lui aient la vie éternelle. **Alléluia.**

ÉVANGILE — *« Celui qui croit le Fils a la vie éternelle »*

Évangile de Jésus Christ selon saint Jean 6, 37-40

En ce temps-là, Jésus disait aux foules : « Tous ceux que me donne le Père viendront jusqu'à moi ; et celui qui vient à moi, je ne vais pas le jeter dehors. Car je suis descendu du ciel pour faire non pas ma volonté, mais la volonté de Celui qui m'a envoyé. Or, telle est la volonté de Celui qui m'a envoyé : que je ne perde aucun de ceux qu'il m'a donnés, mais que je les ressuscite au dernier jour. Telle est la volonté de mon Père : que celui qui voit le Fils et croit en lui ait la vie éternelle ; et moi, je le ressusciterai au dernier jour. »

PRIÈRE SUR LES OFFRANDES

Sois favorable à nos offrandes, Seigneur : que tous les fidèles défunts soient admis dans le Royaume avec ton Fils qui nous unit les uns aux autres par le mystère de son amour. Lui qui règne.

PRÉFACE

Vraiment, il est juste et bon de te rendre gloire, de t'offrir notre action de grâce, toujours et en tout lieu, à toi, Père très saint, Dieu éternel et tout-puissant.

Tu nous donnes de naître, tu diriges notre existence, et tu veux que dès cette vie, nous qui sommes tirés de la terre, nous soyons libérés de la puissance du mal.

Oui, nous sommes sauvés par la mort de ton Fils ; et nous attendons qu'un signe de toi nous éveille à la vraie vie, dans la gloire de la résurrection.

C'est pourquoi, avec tous les anges et tous les saints, nous proclamons ta puissance en (disant) chantant : **Saint !...**

PRIÈRE APRÈS LA COMMUNION

Ouvre, Seigneur, à nos frères défunts ta maison de lumière et de paix, car c'est pour eux que nous avons célébré le sacrement de la Pâque. Par Jésus.

31e dimanche 5 novembre 2017

UN SEUL MAÎTRE, LE CHRIST

L'évangile de ce dimanche est le début d'une longue diatribe de Jésus contre les scribes et les pharisiens (Mt 23). Jésus condamne leur hypocrisie, la distance entre ce qu'ils disent, ce qu'ils veulent laisser paraître d'eux-mêmes et la réalité de leur vie spirituelle. « Malheureux êtes-vous », leur dira Jésus. Ils commentent la Loi de Moïse, et ajoutant des commandements aux commentaires, ils les imposent aux gens, faisant peser sur eux de lourds fardeaux (*évangile*). D'autre part, leur statut dans la société leur offre une place d'honneur et ils en profitent. À l'inverse, Moïse, lui, était un vrai serviteur de Dieu et de son peuple. La Loi était, elle aussi, au service du peuple de Dieu, comme un guide, pour avancer selon le projet de Dieu et rester ainsi fidèle à son Alliance.

Scribes et pharisiens reçoivent de Jésus les mêmes reproches que recevaient autrefois les prêtres par la bouche de Malachie (*première lecture*). À cause d'eux, la loi n'est plus un appel de Dieu et un encouragement, mais une occasion de mettre à l'écart les plus petits et les plus faibles. Un seul Père, Dieu lui-même, un seul maître, le Christ. La Loi est du côté du Christ qu'il faut suivre désormais comme seul exemple : « Le plus grand parmi vous sera votre serviteur ». En Jésus, parole et actes ne font qu'un. Le seul commandement qui prévaut sur tous les autres est celui de l'amour, qui se traduit dans l'abaissement et le service.

S'adressant aux foules, Jésus les appelle à prendre de la distance par rapport à ce qu'ils entendent des scribes et des pharisiens. S'adressant aux disciples, il les met en garde afin qu'ils ne reproduisent pas ces attitudes lorsqu'ils enseigneront à leur tour. Les chrétiens de Thessalonique ont accueilli la Parole car ceux qui l'ont annoncée n'ont montré aucune supériorité, ils ont su les aimer avec « douceur » et « affection » et, « n'étant à la charge d'aucun », ils n'ont pas profité d'eux (*deuxième lecture*).

En célébrant l'eucharistie, entrons dans l'action de grâce avec l'apôtre Paul pour « la Parole qui est à œuvre dans le cœur des croyants », loi d'amour libératrice.

Suggestions pour la célébration

• CHANTER • Pour la procession d'ouverture, *Jubilez, criez de joie* U 52-42, *Dieu nous a tous appelés* KD 14-56-1 CNA 571, *Dieu nous éveille à la foi* IA 20-70-3 CNA 546.

Après la Parole, *Pour que l'homme soit un fils* GP 297-1 CNA 426.

Pour la procession de communion, *Partageons le pain du Seigneur* D 39-31 CNA 342 (couplets 4, 10, 13), *Pain de Dieu, pain rompu* D 284 CNA 338.

Après la communion, *Pour que nos cœurs* D 308 CNA 344, *Pas de plus grand bonheur* D 13-20, *Il est l'Agneau et le Pasteur* ZL 22-2 CNA 556, *Disciples de Jésus* D 290.

• PRIER •

Pour la préparation pénitentielle

Seigneur Jésus, tendresse du Père manifestée aux hommes,
prends pitié de nous.
Ô Christ, humble serviteur au milieu de nous,
prends pitié de nous.
Seigneur, seul maître que nous voulons suivre,
prends pitié de nous.

Pour la prière universelle

Nous pouvons prier :

- pour les personnes qui ont des responsabilités dans la cité : qu'elles les exercent dans un vrai esprit de service ;
- pour les pasteurs de notre Église : qu'ils se configurent toujours plus au Christ serviteur ;
- pour les enseignants : qu'ils continuent de transmettre leur savoir dans la patience ;
- pour tous les membres de notre communauté : qu'ils s'unissent toujours plus au Christ, seul Maître.

• **CÉLÉBRER** • Quelle que soit la nature de la célébration chrétienne (messe, autre sacrement, funérailles ...), c'est Dieu qui est célébré, par Jésus le Christ et dans l'Esprit. Serviteurs de la liturgie (prêtres, diacres, servants, organiste, chantres...), ne nous mettons pas en valeur, pas plus que nous mettons en valeur des personnes de l'assemblée. Veillons à ce que chacun se sente accueilli et puisse se tenir en vérité, confiance et humilité devant le seul Maître, le Christ, et puisse adorer le seul Père, « celui qui est aux cieux ».

Prière d'ouverture

Dieu de puissance et de miséricorde, c'est ta grâce qui donne à tes fidèles de pouvoir dignement te servir ; accorde-nous de progresser sans que rien nous arrête vers les biens que tu promets. Par Jésus Christ.

1re lecture *« N'avons-nous pas un seul Père »*

Lecture du livre du prophète Malachie 1, 14b – 2, 2b.8-10

Je suis un grand roi – dit le Seigneur de l'univers –, et mon nom inspire la crainte parmi les nations.

Maintenant, prêtres, à vous cet avertissement : Si vous n'écoutez pas, si vous ne prenez pas à cœur de glorifier mon nom – dit le Seigneur de l'univers –, j'enverrai sur vous la malédiction, je maudirai les bénédictions que vous prononcerez. Vous vous êtes écartés de la route, vous avez fait de la Loi une occasion de chute pour la multitude, vous avez détruit mon alliance avec mon serviteur Lévi, – dit le Seigneur de l'univers. À mon tour je vous ai méprisés, abaissés devant tout le peuple, puisque vous n'avez pas gardé mes chemins, mais agi avec partialité dans l'application de la Loi.

Et nous, n'avons-nous pas tous un seul Père ? N'est-ce pas un seul Dieu qui nous a créés ? Pourquoi nous trahir les uns les autres, profanant ainsi l'Alliance de nos pères ?

PSAUME 130

**R/ Garde mon âme dans la paix
près de toi, Seigneur.**

Seigneur, je n'ai pas le cœur fier
ni le regard ambitieux;
je ne poursuis ni grands desseins,
ni merveilles qui me dépassent.

Non, mais je tiens mon âme
égale et silencieuse;
mon âme est en moi comme un enfant,
comme un petit enfant contre sa mère.

Attends le Seigneur, Israël,
maintenant et à jamais.

2e LECTURE *« La parole de Dieu est à l'œuvre en vous »*

Lecture de la première lettre de saint Paul apôtre
aux Thessaloniciens 2, 7b-9.13

Frères, nous avons été pleins de douceur avec vous, comme une mère qui entoure de soins ses nourrissons. Ayant pour vous une telle affection, nous aurions voulu vous donner non seulement l'Évangile de Dieu, mais jusqu'à nos propres vies, car vous nous étiez devenus très chers. Vous vous rappelez, frères, nos peines et nos fatigues : c'est en travaillant nuit et jour, pour n'être à la charge d'aucun d'entre vous, que nous vous avons annoncé l'Évangile de Dieu. Et voici pourquoi nous ne cessons de rendre grâce à Dieu : quand vous avez reçu la parole de Dieu que nous vous faisions entendre, vous l'avez accueillie pour ce qu'elle est réellement, non pas une parole d'hommes, mais la parole de Dieu qui est à l'œuvre en vous, les croyants.

Alléluia. Alléluia. Vous n'avez qu'un seul Père, celui qui est aux cieux; vous n'avez qu'un seul maître, le Christ. **Alléluia.**

ÉVANGILE *« Ils disent et ne font pas »*

Évangile de Jésus Christ selon saint Matthieu 23, 1-12

En ce temps-là, Jésus s'adressa aux foules et à ses disciples, et il déclara : « Les scribes et les pharisiens enseignent dans la chaire de Moïse. Donc, tout ce qu'ils peuvent vous dire, faites-le et observez-le. Mais n'agissez pas d'après leurs actes, car ils disent et ne font pas. Ils attachent de pesants fardeaux, difficiles à porter, et ils en chargent les épaules des gens ; mais eux-mêmes ne veulent pas les remuer du doigt. Toutes leurs actions, ils les font pour être remarqués des gens : ils élargissent leurs phylactères et rallongent leurs franges ; ils aiment les places d'honneur dans les dîners, les sièges d'honneur dans les synagogues et les salutations sur les places publiques ; ils aiment recevoir des gens le titre de Rabbi. Pour vous, ne vous faites pas donner le titre de Rabbi, car vous n'avez qu'un seul maître pour vous enseigner, et vous êtes tous frères. Ne donnez à personne sur terre le nom de père, car vous n'avez qu'un seul Père, celui qui est aux cieux. Ne vous faites pas non plus donner le titre de maîtres, car vous n'avez qu'un seul maître, le Christ. Le plus grand parmi vous sera votre serviteur. Qui s'élèvera sera abaissé, qui s'abaissera sera élevé. »

PRIÈRE SUR LES OFFRANDES

Seigneur, que cette eucharistie soit pour toi une offrande pure, et pour nous, le don généreux de ta miséricorde. Par Jésus.

PRIÈRE APRÈS LA COMMUNION

De plus en plus, Seigneur, exerce en nous ta puissance : afin que, fortifiés par tes sacrements, nous devenions capables, avec ta grâce, d'entrer en possession des biens qu'ils promettent. Par Jésus.

La mondanité spirituelle

« Cette obscure mondanité se manifeste par de nombreuses attitudes [...]. Dans certaines d'entre elles, on note un soin ostentatoire de la liturgie, de la doctrine ou du prestige de l'Église, mais sans que la réelle insertion de l'Évangile dans le

Peuple de Dieu et dans les besoins concrets de l'histoire ne les préoccupe. De cette façon, la vie de l'Église se transforme en une pièce de musée ou devient la propriété d'un petit nombre [...]. Dans tous les cas, elle est privée du sceau du Christ incarné, crucifié et ressuscité, elle se renferme en groupes d'élite, elle ne va pas réellement à la recherche de ceux qui sont loin, ni des immenses multitudes assoiffées du Christ. Il n'y a plus de ferveur évangélique, mais la fausse jouissance d'une autosatisfaction égocentrique. »

François, *La joie de l'Évangile, Exhortation apostolique.*

Calendrier liturgique

Di 5	**31e dimanche A.** *Liturgie des Heures : Psautier semaine III.*
Ma 7	Au Luxembourg, S. Willibrord, évêque d'Utrecht, fondateur de l'abbaye d'Echternach, patron secondaire du Luxembourg, † 739.
Je 9	DÉDICACE DE LA BASILIQUE DU LATRAN, cathédrale de Rome. Lectures propres : Ez 47,1-2.8-9.12 ; ou 1 Co 3,9b-11.16-17 ; Jn 2,13-22.
Ve 10	S. Léon le Grand, pape, docteur de l'Église, † 461, à Rome.
Sa 11	S. Martin, évêque de Tours, † 397.

Bonne fête ! 5 : Sylvie, Zacharie. 6 : Bertille, Léonard, Winnoc. 7 : Carine, Ernest, Willibrord. 8 : Godefroy. 9 : Théodore, Théodora, Dora, Dorine. 10 : Léon, Lionel, Noé. 11 : Martin, Véran.

Pour mémoire : Le 11 novembre, anniversaire de l'armistice de 1918, et journée de prière pour les morts des guerres.

IL Y A 600 ANS, le 11 novembre 1417, le Concile de Constance élisait le pape Martin V, mettant ainsi fin au Grand schisme d'Occident qui, pendant quarante ans, divisa la chrétienté catholique entre partisans du pape de Rome et du pape d'Avignon. Par une bulle de 1425, il autorisa le duc Jean de Brabant à fonder l'Université de Louvain.

IL Y A 500 ANS, le 8 novembre 1517, le cardinal Francisco Jiménez de Cisneros mourait à l'âge de 81 ans. Archevêque de Tolède, il s'efforça de réformer l'Église en Espagne. Son action comme Grand Inquisiteur d'Espagne fut modératrice : il

surveillait de près les procédures des inquisiteurs et, au besoin, refrénait leurs actions. C'est lui qui fonda et finança sur ses propres deniers la prestigieuse université d'Alcalá de Henares, aujourd'hui transférée à Madrid. En 1522, il fit paraître la Bible polyglotte d'Alcalá – première édition d'une Bible polyglotte complète – qui permettait de confronter texte hébreu de la Bible avec ses traductions grecque (la Septante) et latine (la Vulgate de saint Jérôme).
Il y a 100 ans, dans la nuit du 6 au 7 novembre (= 24-25 octobre selon le calendrier julien) 1917, éclatait à Moscou la « Révolution d'Octobre » qui porta les bolcheviks au pouvoir en Russie. Ceux-ci adoptèrent une position clairement anticléricale, cherchant à étouffer le christianisme par une persécution de plus en plus violente : nationalisation forcée des biens ecclésiastiques, fermeture d'églises et de monastères, exécutions de prêtres et de moines (on cite le chiffre de 20.000 victimes pour les années 1918-1920).

Pour prier avec l'Évangile : Pour la louange de ton nom, Dieu notre Père, tu nous fais l'honneur d'attendre de chacun le témoignage de sa vie. Dans la puissance de l'Esprit, viens à notre aide : que nos actes s'accordent avec nos paroles et la profession de notre foi.

32e dimanche 12 novembre 2017

ESPÉRER LA RENCONTRE

La vie chrétienne serait-elle une vie de quiétude et d'insouciance ? Je suis baptisé : me suffit-il d'attendre tranquillement le jour où je serai appelé à entrer dans le royaume des Cieux ? La rencontre avec le Christ est-elle seulement au terme du chemin, dans le royaume des Cieux, ou peut-elle se vivre dès à présent dans le quotidien de nos vies ? Un jour, s'adressant à des milliers de jeunes rassemblés à Lourdes, un évêque leur posait cette question : « Avez-vous soif, avez-vous faim de rencontrer Jésus le Christ ? » Dans la parabole, la porte s'est refermée devant les cinq jeunes filles insouciantes et retardataires. De l'intérieur de la salle des noces, le Seigneur leur dit : « Amen, je vous le dis, je ne vous connais pas » (*évangile*). La parole semble dure, tranchante. En réalité, peut-on prétendre connaître quelqu'un avec qui on n'est jamais entré en relation, en conversation, quelqu'un avec qui on n'a jamais vécu ? Les dix jeunes filles s'étaient toutes assoupies, lasses d'attendre l'arrivée de l'époux – tout comme il nous arrive parfois de nous décourager, de nous endormir et de tomber dans la tiédeur – mais cinq avaient fait une grande provision d'huile, et ce sont elles que Jésus nous invite à imiter. Sa parole ne condamne pas, ne décourage pas ; elle invite à désirer la rencontre et à tenir bon dans l'espérance.

Dans l'eucharistie, faisons ensemble provision de nourriture pour la route, d'huile pour nos lampes, et suivons celui qui nous « emmènera avec lui » (*deuxième lecture*) dans la joie du Royaume. Nous entendrons : « Heureux les invités au repas du Seigneur ». Il s'agit à la fois du repas de l'Eucharistie et de celui du Royaume. Entrons dans la joie du festin et demandons, avec l'Église : « Que l'Esprit Saint fasse persévérer dans la droiture ceux qui ont reçu la force d'en haut » (*prière après la communion*).

Suggestions pour la célébration

• CHANTER • Pour la procession d'ouverture, *Le temps du Seigneur* M 538, *Veillons jusqu'au jour* X 516 ou X 61-47-2, *Peuple où s'avance le Seigneur* K 82 CNA 578 (strophes 1, 2 et 4).

Après la Parole, *Comme un ami* M 534 ou EDIT 429.

Pour la procession de communion, *Les pauvres mangeront à la table* B 512, *Les pauvres mangeront* YD 92 CNA 333, *Corps livré, sang versé* D 54-18.

Après la communion, *Dieu est l'œuvre en cet âge* EP 50 CNA 541, *Encore un peu de temps* EP 168 CNA 367, *Tu es la vraie lumière* D 86 CNA 595, *Tenons en éveil* Y 243-1 CNA 591.

• PRIER •

POUR LA PRÉPARATION PÉNITENTIELLE

Seigneur Jésus, tu es notre espérance,
prends pitié de nous.
Ô Christ, tu es notre lumière,
prends pitié de nous.
Seigneur, tu es notre vie,
prends pitié de nous.

POUR LA PRIÈRE UNIVERSELLE

Nous pouvons prier :
- pour les communautés monastiques qui veillent dans la prière ;
- pour les personnes en quête de sens ou de spiritualité ;
- pour les chrétiens qui espèrent en la vie éternelle et ceux qui doutent ;
- pour les personnes qui veillent par une charité active.

• CÉLÉBRER • « Heureux les invités... » Nous entendons cette parole avant la communion. Elle ne concerne pas que les personnes de l'assemblée qui communieront effectivement ce dimanche. Cette parole prend en compte les absents, les baptisés et l'humanité entière... c'est-à-dire tous ceux que le Père invite à participer au banquet du Royaume. Ce n'est donc pas : « Heureux sommes-nous... » – même si nous le sommes. Nous nous réjouissons pour tous ceux vers lesquels nous serons envoyés, afin de leur annoncer notre espérance.

Prière d'ouverture

Dieu qui es bon et tout-puissant, éloigne de nous tout ce qui nous arrête, afin que sans aucune entrave, ni d'esprit ni de corps, nous soyons libres pour accomplir ta volonté. Par Jésus Christ.

1re lecture *« La Sagesse se laisse trouver par ceux qui la cherchent »*

Lecture du livre de la Sagesse 6, 12-16

La Sagesse est resplendissante, elle ne se flétrit pas. Elle se laisse aisément contempler par ceux qui l'aiment, elle se laisse trouver par ceux qui la cherchent. Elle devance leurs désirs en se faisant connaître la première. Celui qui la cherche dès l'aurore ne se fatiguera pas : il la trouvera assise à sa porte. Penser à elle est la perfection du discernement, et celui qui veille à cause d'elle sera bientôt délivré du souci. Elle va et vient à la recherche de ceux qui sont dignes d'elle ; au détour des sentiers, elle leur apparaît avec un visage souriant ; dans chacune de leurs pensées, elle vient à leur rencontre.

Psaume 62

R/ **Mon âme a soif de toi,**
Seigneur, mon Dieu !

Dieu, tu es mon Dieu, je te cherche dès l'aube :
mon âme a soif de toi ;
après toi languit ma chair,
terre aride, altérée, sans eau.

Je t'ai contemplé au sanctuaire,
j'ai vu ta force et ta gloire.
Ton amour vaut mieux que la vie :
tu seras la louange de mes lèvres !

Toute ma vie je vais te bénir,
lever les mains en invoquant ton nom.
Comme par un festin je serai rassasié ;
la joie sur les lèvres, je dirai ta louange.

Dans la nuit, je me souviens de toi
et je reste des heures à te parler.
Oui, tu es venu à mon secours :
je crie de joie à l'ombre de tes ailes.

2e LECTURE *« Nous serons pour toujours avec le Seigneur »*

Lecture de la première lettre de saint Paul apôtre
aux Thessaloniciens 4, 13-18

La lecture du texte entre crochets est facultative.

Frères, nous ne voulons pas vous laisser dans l'ignorance au sujet de ceux qui se sont endormis dans la mort ; il ne faut pas que vous soyez abattus comme les autres, qui n'ont pas d'espérance. Jésus, nous le croyons, est mort et ressuscité ; de même, nous le croyons aussi, ceux qui se sont endormis, Dieu, par Jésus, les emmènera avec lui.

[Car, sur la parole du Seigneur, nous vous déclarons ceci : nous les vivants, nous qui sommes encore là pour la venue du Seigneur, nous ne devancerons pas ceux qui se sont endormis. Au signal donné par la voix de l'archange, et par la trompette divine, le Seigneur lui-même descendra du ciel, et ceux qui sont morts dans le Christ ressusciteront d'abord. Ensuite, nous les vivants, nous qui sommes encore là, nous serons emportés sur les nuées du ciel, en même temps qu'eux, à la rencontre du Seigneur. Ainsi, nous serons pour toujours avec le Seigneur. Réconfortez-vous donc les uns les autres avec ce que je viens de dire.]

Alléluia. Alléluia. Veillez, tenez-vous prêts : c'est à l'heure où vous n'y pensez pas que le Fils de l'homme viendra. **Alléluia.**

ÉVANGILE *« Voici l'époux, sortez à sa rencontre »*

Évangile de Jésus Christ selon saint Matthieu 25, 1-13

En ce temps-là, Jésus disait à ses disciples cette parabole : « Le royaume des Cieux sera comparable à dix jeunes filles invitées à des noces, qui prirent leur lampe pour sortir à la rencontre de l'époux. Cinq d'entre elles étaient insouciantes, et cinq étaient prévoyantes : les insouciantes avaient pris leur lampe sans emporter d'huile, tandis que les prévoyantes avaient pris, avec leurs lampes, des flacons d'huile. Comme l'époux tardait, elles s'assoupirent toutes et s'endormirent. Au milieu de la nuit, il y eut un cri : "Voici l'époux ! Sortez à sa rencontre." Alors toutes ces jeunes filles se réveillèrent et se mirent à préparer leur lampe. Les insouciantes demandèrent aux prévoyantes : "Donnez-nous de votre huile, car nos lampes s'éteignent." Les prévoyantes leur répondirent : "Jamais cela ne suffira pour nous et pour vous, allez plutôt chez les marchands vous en acheter."

Pendant qu'elles allaient en acheter, l'époux arriva. Celles qui étaient prêtes entrèrent avec lui dans la salle des noces, et la porte fut fermée.

Plus tard, les autres jeunes filles arrivèrent à leur tour et dirent : "Seigneur, Seigneur, ouvre-nous !" Il leur répondit : "Amen, je vous le dis : je ne vous connais pas."

Veillez donc, car vous ne savez ni le jour ni l'heure. »

PRIÈRE SUR LES OFFRANDES

Sur les offrandes que nous présentons, Seigneur, jette un regard de pardon et de paix : qu'en célébrant la passion de ton Fils, nous entrions de tout cœur dans son mystère. Lui qui règne.

PRIÈRE APRÈS LA COMMUNION

Fortifiés par cette nourriture sainte, nous t'adressons, Seigneur, nos actions de grâce et nous implorons ta miséricorde : que l'Esprit Saint fasse persévérer dans la droiture ceux qui ont reçu la force d'en haut. Par Jésus.

La lumière de la foi

« Il est urgent de récupérer le caractère particulier de la lumière de la foi parce que, lorsque sa flamme s'éteint, toutes les autres lumières finissent par perdre leur vigueur. La lumière de la foi possède, en effet, un caractère singulier, étant capable d'éclairer toute l'existence de l'homme. Pour qu'une lumière soit aussi puissante, elle ne peut provenir de nous-mêmes, elle doit venir, en définitive, de

Dieu. La foi naît de la rencontre avec le Dieu vivant, qui nous appelle et nous révèle son amour, un amour qui nous précède et sur lequel nous pouvons nous appuyer pour être solides et construire notre vie. »

François, *La Lumière de la foi, lettre encyclique*, nº 4.

Calendrier liturgique

Di 12 **32e dimanche A.**
Liturgie des Heures : Psautier semaine IV.
[S. Josaphat, évêque de Polock (Lituanie), martyr, † 1623 à Vitebsk (Biélorussie)].

Me 15 *S. Albert le Grand, évêque de Ratisbonne, dominicain, docteur de l'Église, † 1280 à Cologne.*

Je 16 *Ste Marguerite, reine d'Écosse, † 1093 à Édimbourg.*
Ste Gertrude, vierge, moniale, † v. 1302 à Helfta (Allemagne).

Ve 17 Ste Élisabeth de Hongrie, duchesse de Thuringe, † 1231 à Marburg (Allemagne).

Sa 18 *Dédicace des basiliques romaines de S. Pierre et S. Paul, Apôtres (1626 et 1854).*

Bonne fête ! 12 : Christian, Émilien. 13 : Brice, Diégo. 14 : Sidoine, Sidonie. 15 : Albert, Albéric, Léopold, Malo, Victoire. 16 : Gertrude, Marguerite, Daisy. 17 : Élisabeth, Élise, Bettina, Babette, Hilda. 18 : Aude.

Pour mémoire : Il y a 200 ans, le 17 novembre 1817, le Pape Pie VII approuvait la Congrégation des Pères des Sacrés-Cœurs de Jésus et de Marie, dite « de Picpus » (parce que la congrégation a une maison dans la rue du même nom à Paris). La vocation de ses membres est « de contempler, vivre et rendre présent l'Amour sauveur du Père incarné dans le cœur du Christ » (*Document fondamental* de la Congrégation). Ils vivent en communautés centrées sur l'eucharistie ; leur activité missionnaire prend des visages divers suivant les époques et les lieux avec une préférence pour l'évangélisation des pauvres et de la jeunesse.

Pour prier avec l'Évangile : Dieu d'amour et de sainteté, si proche et si grand, tu ne cesses de nous surprendre par tes initiatives de sagesse et de fidélité. Que ton Esprit Saint veille en nous, pour que nous soyons prêts à t'accueillir et à reconnaître ton visage en Jésus, ton Fils.

LE DIMANCHE DONNE SENS AU TEMPS

Lorsqu'on regarde le spectacle du monde en considérant ses réussites et ses maux, ses inquiétudes et ses espoirs, on peut avoir l'impression que l'histoire se répète. Plus de deux siècles avant notre ère, le sage Qohèleth livre déjà cette expérience : « Vanité des vanités, tout est vanité ! [...] Ce qui a existé, c'est cela qui existera ; ce qui s'est fait, c'est cela qui se fera ; rien de nouveau sous le soleil. Y a-t-il une seule chose dont on dise : "Voilà enfin du nouveau !" – Non, cela existait déjà dans les siècles passés » (Qo 1, 2. 9-10). Qohèleth est un croyant mais ses paroles résonnant encore aux oreilles de nos contemporains n'assument pas la radicale nouveauté de l'événement de la résurrection du Christ qui, dans l'histoire de la Révélation, vient donner la signification du temps.

En effet, les évangiles soulignent que le Christ ressuscité se manifeste « le premier jour de la semaine » : il apparaît aux saintes femmes, puis aux disciples d'Emmaüs et, ce soir-là, il se trouve au milieu de ses disciples réunis au Cénacle. « Huit jours plus tard », précise encore l'évangéliste Jean, « Jésus vient [...] et il était au milieu d'eux » (20, 26). C'est ainsi que dès les premiers temps de l'Église s'instaure chez les chrétiens un nouveau rythme : « Le premier jour de la semaine, ils se rassemblent pour rompre le pain » (Ac 20, 7). Ce premier jour de la semaine sera aussi appelé le huitième jour pour marquer la présence d'un monde nouveau : le Christ qui, dans sa chair, s'est montré victorieux de la mort reviendra dans la gloire pour la faire disparaître à jamais (Ap 21, 4).

Ainsi le dimanche signifie à la fois la fin d'un temps et le commencement d'un nouveau temps : par la Résurrection, la création depuis son commencement est rendue à son éternité. Au fil des semaines, des années et des siècles, chaque dimanche est le rappel de Pâques : lorsque les chrétiens sont rassemblés pour célébrer l'Eucharistie, c'est Dieu lui-même qui fait irruption dans le temps des hommes pour que ce temps passe dans l'éternité de son Royaume où il les appelle à servir en sa présence.

Chaque dimanche, les chrétiens sont invités à rendre grâce à Dieu en reconnaissant que c'est non seulement l'Église mais tout l'univers et son histoire qui avancent vers ce jour final, celui de la Parousie, où retentira la voix de celui qui siège sur le Trône :

« Voici que je fais toutes choses nouvelles. [...]
Moi, je suis l'alpha et l'oméga, le commencement et la fin. » (Ap 21, 5-6).

É. G.

33e dimanche 19 novembre 2017

FIDÉLITÉ ET CONFIANCE

Souvent on confond talents et capacités. La parabole de Jésus (*évangile*) fait la différence. Si les talents, c'est-à-dire la somme confiée, est une chose, la capacité à les gérer en est une autre. « Il leur confia ses biens... à chacun selon ses capacités. » Le maître, dans cette histoire, est bon et respectueux envers ses serviteurs, ne leur confiant pas plus que ce qu'ils peuvent faire fructifier. Ne les écrasant pas de responsabilités, il leur fait seulement confiance. Et l'on voit bien dans cette parabole qu'il est question d'autre chose encore que des talents et de la capacité : c'est la confiance ! Reviennent avec insistance les mots « confier, fidèle... » Le maître a confiance en ses serviteurs et les serviteurs ont confiance en lui, et en eux-mêmes aussi. Sauf un, qui a peur.

N'est-ce pas là le contraire de la foi ? De plus, il se fait une mauvaise image de son maître qu'il croit être dur. Nous avons tous en nous des capacités, n'en doutons pas, et Dieu nous confie des talents, un trésor à faire fructifier : le don de sa grâce et l'Évangile à annoncer. Nous manque souvent la confiance, la foi. Non, notre Maître et Seigneur n'est pas « dur », même si la parabole de Jésus peut nous le faire craindre. Il nous prend seulement au sérieux. Dieu bénit ceux qui œuvrent à l'annonce de son Royaume, comme il bénit le travail de la femme dont « les doigts s'ouvrent en faveur du pauvre » (*première lecture*).

Ne soyons pas comme le serviteur paresseux de la parabole mais des baptisés dont la foi est active. « Ne restons pas endormis... mais soyons vigilants » (*deuxième lecture*). « Celui qui demeure en moi porte beaucoup de fruits », dit le verset de l'alléluia, éclairant par là même le contenu de la parabole. Restons fermement attachés au Christ qui nous donne, dans l'eucharistie, la force de travailler à l'annonce du Royaume. Au début de la messe, nous demanderons au Seigneur de nous garder dans la fidélité « car c'est un bonheur durable et profond de servir le créateur de tout bien » (*prière d'ouverture*).

Suggestions pour la célébration

• **CHANTER** • Pour la procession d'ouverture, ***Veillons jusqu'au jour*** **X 516,** ***Fais paraître ton jour*** **HY 53 CNA 552,** ***Dieu est à l'œuvre en cet âge*** **EP 50 CNA 541,** ***À ce monde que tu fais*** **RT 146-1 CNA 526.**

Après la Parole, ***Encore un peu de temps*** **EP 168 CNA 367,** ***Terre qui vit passer*** **XP 49-97.**

Pour la procession de communion, ***La Sagesse a dressé une table*** **D 580 CNA 332,** ***C'est toi, Seigneur, le pain rompu*** **D 293 CNA 322** (strophes 1, 4, 7 et 11).

Après la communion, ***Celui qui a mangé de ce pain*** **D 140-2 CNA 321,** ***Dieu nous invite à l'aventure*** **E 163,** ***Dieu est à l'œuvre en cet âge*** **EP 50 CNA 541.**

• **PRIER** •

Pour la préparation pénitentielle

Seigneur Jésus, tu nous confies ton Évangile, parole de vie,
prends pitié de nous.
Ô Christ, tu nous donnes ton pain, nourriture pour la vie éternelle,
prends pitié de nous.
Seigneur, tu nous appelles à bâtir avec toi le Royaume,
prends pitié de nous.

Pour la prière universelle

Nous pouvons prier :
- pour les jeunes : qu'ils découvrent leurs talents et leurs capacités ;
- pour ceux qui n'ont plus confiance en eux : qu'ils reprennent force et courage ;
- pour les chrétiens : qu'ils fassent fructifier le trésor de l'Évangile ;
- pour les bénévoles du Secours catholique et des autres associations d'entraide ;
- pour tous les hommes : qu'ils découvrent la bonté de Dieu.

Prière d'ouverture

Accorde-nous, Seigneur, de trouver notre joie dans notre fidélité : car c'est un bonheur durable et profond de servir constamment le créateur de tout bien. Par Jésus Christ.

1re LECTURE *« Ses mains travaillent volontiers »*

Lecture du livre des Proverbes 31, 10-13.19-20.30-31

Une femme parfaite, qui la trouvera ?
Elle est précieuse plus que les perles !
Son mari peut lui faire confiance :
il ne manquera pas de ressources.
Elle fait son bonheur, et non pas sa ruine,
tous les jours de sa vie.
Elle sait choisir la laine et le lin,
et ses mains travaillent volontiers.
Elle tend la main vers la quenouille,
ses doigts dirigent le fuseau.
Ses doigts s'ouvrent en faveur du pauvre,
elle tend la main au malheureux.
Le charme est trompeur et la beauté s'évanouit ;
seule, la femme qui craint le Seigneur mérite la louange.
Célébrez-la pour les fruits de son travail :
et qu'aux portes de la ville, ses œuvres disent sa louange !

PSAUME 127

R/ Heureux qui craint le Seigneur !

Heureux qui craint le Seigneur
et marche selon ses voies !
Tu te nourriras du travail de tes mains :
Heureux es-tu ! À toi, le bonheur !

Ta femme sera dans ta maison
comme une vigne généreuse,
et tes fils, autour de la table,
comme des plants d'olivier.

Voilà comment sera béni
l'homme qui craint le Seigneur.
De Sion, que le Seigneur te bénisse !
Tu verras le bonheur de Jérusalem tous les jours de ta vie.

2e LECTURE *« Vous êtes tous des fils de la lumière »*

Lecture de la première lettre de saint Paul apôtre
aux Thessaloniciens 5, 1-6

Pour ce qui est des temps et des moments de la venue du Seigneur, vous n'avez pas besoin, frères, que je vous en parle dans ma lettre. Vous savez très bien que le jour du Seigneur vient comme un voleur dans la nuit. Quand les gens diront : « Quelle paix ! quelle tranquillité ! », c'est alors que, tout à coup, la catastrophe s'abattra sur eux, comme les douleurs sur la femme enceinte : ils ne pourront pas y échapper. Mais vous, frères, comme vous n'êtes pas dans les ténèbres, ce jour ne vous surprendra pas comme un voleur. En effet, vous êtes tous des fils de la lumière, des fils du jour ; nous n'appartenons pas à la nuit et aux ténèbres. Alors, ne restons pas endormis comme les autres, mais soyons vigilants et restons sobres.

Alléluia. Alléluia. Demeurez en moi, comme moi en vous, dit le Seigneur ; celui qui demeure en moi porte beaucoup de fruit. **Alléluia.**

ÉVANGILE *Parabole des talents*

Évangile de Jésus Christ selon saint Matthieu 25, 14-30

La lecture du texte entre crochets est facultative.

En ce temps-là, Jésus disait à ses disciples cette parabole : « C'est comme un homme qui partait en voyage : il appela ses serviteurs et leur confia ses biens. À l'un il remit une somme de cinq talents, à un autre deux talents, au troisième un seul talent, à chacun selon ses capacités. Puis il partit.

[Aussitôt, celui qui avait reçu les cinq talents s'en alla pour les faire valoir et en gagna cinq autres. De même, celui qui avait reçu deux talents en gagna deux autres. Mais celui qui n'en avait reçu qu'un alla creuser la terre et cacha l'argent de son maître.]

Longtemps après, le maître de ces serviteurs revint et il leur demanda des comptes. Celui qui avait reçu cinq talents s'approcha, présenta cinq autres talents et dit : "Seigneur, tu m'as confié cinq talents ; voilà, j'en ai gagné cinq autres." Son maître lui déclara : "Très bien, serviteur bon et fidèle, tu as été fidèle pour peu de choses, je t'en confierai beaucoup ; entre dans la joie de ton seigneur."

[Celui qui avait reçu deux talents s'approcha aussi et dit : "Seigneur, tu m'as confié deux talents ; voilà, j'en ai gagné deux autres." Son maître lui déclara : "Très bien, serviteur bon et fidèle, tu as été fidèle pour peu de choses, je t'en confierai beaucoup ; entre dans la joie de ton seigneur."

Celui qui avait reçu un seul talent s'approcha aussi et dit : "Seigneur, je savais que tu es un homme dur : tu moissonnes là où tu n'as pas semé, tu ramasses là où tu n'as pas répandu le grain. J'ai eu peur, et je suis allé cacher ton talent dans la terre. Le voici. Tu as ce qui t'appartient."

Son maître lui répliqua : "Serviteur mauvais et paresseux, tu savais que je moissonne là où je n'ai pas semé, que je ramasse le grain là où je ne l'ai pas répandu. Alors, il fallait placer mon argent à la banque ; et, à mon retour, je l'aurais retrouvé avec les intérêts. Enlevez-lui donc son talent et donnez-le à celui qui en a dix. À celui qui a, on donnera encore, et il sera dans l'abondance ; mais celui qui n'a rien se verra enlever même ce qu'il a. Quant à ce serviteur bon à rien, jetez-le dans les ténèbres extérieures ; là, il y aura des pleurs et des grincements de dents !" »]

Prière sur les offrandes

Permets, Seigneur notre Dieu, que l'offrande placée sous ton regard, nous obtienne la grâce de vivre pour toi, et nous donne l'éternité bienheureuse. Par Jésus.

Prière après la communion

Nous venons de communier, Seigneur, au don sacré du corps et du sang de ton Fils, et nous te prions humblement : que cette eucharistie offerte en mémoire de lui, comme il nous a dit de le faire, augmente en nous la charité. Par Jésus.

Calendrier liturgique

Di 19	**33e dimanche A.** *Liturgie des Heures : Psautier semaine I.*
Ma 21	Présentation de la Vierge Marie.
Me 22	Ste Cécile, vierge martyre à Rome (premiers siècles).
Je 23	*S. Clément Ier, pape et martyr, † vers 97 à Rome.* *S. Colomban, abbé de Luxeuil (Haute Saône), † 615 à Bobbio (Italie).*
Ve 24	S. André Dung-Lac, prêtre, et ses compagnons, martyrs au Vietnam, † 1845 à 1862.
Sa 25	*Ste Catherine d'Alexandrie, vierge et martyre.*

Bonne fête ! 19 : Mechtilde, Tanguy. 20 : Edmond, Edma, Octave. 21 : Maur. 22 : Cécile, Sheila, Célia. 23 : Clément, Rachilde, Clémentine, Colomban. 24 : Flora. 25 : Catherine, Katia, Ketty, Katel.

Pour mémoire : aujourd'hui, troisième dimanche de novembre, journée du Secours Catholique.

Pour prier avec l'Évangile : À toi notre louange, Seigneur Dieu ! Sans cesse, tu nous renouvelles ta confiance : c'est de toi que nous tenons la vie, et tu nous remets la terre et tous ses habitants. Jusque dans nos actes les plus humbles, garde-nous émerveillés de participer à ton dessein d'amour et à l'œuvre créatrice de l'Esprit.

34e dimanche
Le Christ, Roi de l'univers 26 novembre 2017

ROI, SERVITEUR DE DIEU ET DES HOMMES

Tout au long de l'année liturgique s'est déployée, autour de la célébration de Pâques et au fil des dimanches, la célébration des mystères du Christ : de l'Incarnation à l'avènement dans la gloire, en passant par la Croix et la Résurrection. Ce jour, nous fêtons le Christ Roi. Roi de quel royaume ? La *préface* de la prière eucharistique de ce dimanche nous rappelle que le Père a envoyé son Fils dans le monde pour établir un « règne de vie et de vérité, règne de grâce et de sainteté, règne de justice, d'amour et de paix ». La royauté de Jésus s'inscrit dans le projet éternel de Dieu de sauver tous les hommes.

Cette année, nous avons écouté l'évangile de Matthieu et nous entendons aujourd'hui : « Venez, les bénis de mon Père, recevez en héritage le Royaume préparé pour vous depuis la fondation du monde » (*évangile*). Nous sommes donc appelés à faire partie de ce Royaume et nous y entrerons en suivant l'exemple de Jésus qui s'est fait le serviteur de tous ; en étant, comme lui, attentifs aux plus petits de nos frères ; en mettant en pratique, comme lui, le commandement de l'amour.

Ce que l'on attend d'un roi, c'est qu'il soit entièrement au service du peuple qui lui est confié. Dieu lui-même s'attribue la figure du berger (*première lecture et psaume*). Jésus est venu la réaliser au milieu des hommes, ne laissant jamais se perdre la brebis égarée, mais allant la chercher et conduisant son troupeau sur le chemin de la vie. En prenant tout de la condition des hommes, jusqu'à la mort, Jésus leur a ouvert les portes de la vie (*deuxième lecture*). La royauté de Jésus, souffrant avec l'homme souffrant, est humilité, service et abaissement : « Ce que vous avez fait à l'un de ces petits qui sont mes frères, c'est à moi que vous l'avez fait. » Le baptême, qui nous a configurés à Jésus, nous appelle à être serviteurs comme lui. Entrons dans l'Eucharistie avec le désir de nous offrir avec le Christ. Ayant « partagé le pain de l'immortalité », mettons nos pas dans ses pas, pour « vivre avec lui, éternellement » (*prière après la communion*).

Suggestions pour la célébration

• **CHANTER** • Pour la procession d'ouverture, ***Christ hier, Christ aujourd'hui*** **M 27-36, *Christ, Roi du monde* M 35 CNA 539, *Ô Christ, Roi de l'univers* K 519, *Hymne au Christ* M 42-66-4.**

Les litanies pénitentielles, ***Jésus, berger de toute humanité*** **R 310-1** ou ***Jésus, Verbe de Dieu*** **CNA 696** conviendraient bien pour cette fête.

Après la Parole, ***Qui donc est Dieu ?*** **MP 82 CNA 582** ou **583**, ***Christ, Roi du monde*** **M 35 CNA 539.**

Pour la procession de communion, ***Les pauvres mangeront*** **B 512** ou **D 92 CNA 333, *De la table du Seigneur* D 80 CNA 324, *Pain véritable* D 103 CNA 340.**

Après la communion, ***Il est l'Agneau et le Pasteur*** **ZL 22-2 CNA 556, *Roi du Ciel* MA 35, *Qu'il soit béni, qu'il vienne* MP 44-22-2, *Que vienne ton règne* EDIT 16-03, *Nous chanterons pour toi, Seigneur* K 38** (strophes 8, 9 10 et 11).

• **PRIER** •

Pour la préparation pénitentielle

Voir les propositions de chants ci-dessus, ou bien encore :

Seigneur Jésus, notre berger, envoyé par le Père pour nous conduire à lui,
prends pitié de nous.
Ô Christ, Agneau qui s'offre pour notre vie,
prends pitié de nous.
Seigneur, Roi humble et serviteur des hommes,
prends pitié de nous.

Pour la prière universelle

Nous pouvons prier :
- pour les responsables politiques : qu'ils exercent leur pouvoir au service de tous ;
- pour les personnes les plus pauvres et ceux qui leur viennent en aide ;
- pour les malades et ceux qui les soignent ou les accompagnent ;
- pour les prisonniers et ceux qui les visitent ;
- pour les chrétiens : qu'ils reconnaissent en toute personne le visage du Christ.

• **CÉLÉBRER** • La fête du Christ Roi de l'univers clôture l'année liturgique. On pourra, en tenant compte de la disposition du lieu de la célébration, mettre la croix en évidence, par son fleurissement et son éclairage. On pourra se tourner vers le Christ en croix pendant les invocations de la préparation pénitentielle.

Prière d'ouverture

Dieu éternel, tu as voulu fonder toutes choses en ton Fils bien-aimé, le Roi de l'univers ; fais que toute la création, libérée de la servitude, reconnaisse ta puissance et te glorifie sans fin. Par Jésus Christ.

1re LECTURE *« Je m'occuperai de mes brebis et je veillerai sur elles »*

Lecture du livre du prophète Ézékiel 34, 11-12.15-17

Ainsi parle le Seigneur Dieu : Voici que moi-même, je m'occuperai de mes brebis, et je veillerai sur elles. Comme un berger veille sur les brebis de son troupeau quand elles sont dispersées, ainsi je veillerai sur mes brebis, et j'irai les délivrer dans tous les endroits où elles ont été dispersées un jour de nuages et de sombres nuées. C'est moi qui ferai paître mon troupeau, et c'est moi qui le ferai reposer, – oracle du Seigneur Dieu. La brebis perdue, je la chercherai ; l'égarée, je la ramènerai. Celle qui est blessée, je la panserai. Celle qui est malade, je lui rendrai des forces. Celle qui est grasse et vigoureuse, je la garderai, je la ferai paître selon le droit. Et toi, mon troupeau – ainsi parle le Seigneur Dieu –, voici que je vais juger entre brebis et brebis, entre les béliers et les boucs.

Psaume 22

R/ **Le Seigneur est mon berger :**
rien ne saurait me manquer.

Le Seigneur est mon berger :
je ne manque de rien.
Sur des prés d'herbe fraîche,
il me fait reposer.

Il me mène vers les eaux tranquilles
et me fait revivre ;
il me conduit par le juste chemin
pour l'honneur de son nom.

Si je traverse les ravins de la mort,
je ne crains aucun mal,
car tu es avec moi :
ton bâton me guide et me rassure.

Tu prépares la table pour moi
devant mes ennemis ;
tu répands le parfum sur ma tête,
ma coupe est débordante.

Grâce et bonheur m'accompagnent
tous les jours de ma vie ;
j'habiterai la maison du Seigneur
pour la durée de mes jours.

2e LECTURE *« C'est dans le Christ que tous recevront la vie »*

Lecture de la première lettre de saint Paul apôtre
aux Corinthiens 15, 20-26.28

Frères, le Christ est ressuscité d'entre les morts, lui, premier ressuscité parmi ceux qui se sont endormis. Car, la mort étant venue par un homme, c'est par un homme aussi que vient la résurrection des morts. En effet, de même que tous les hommes meurent en Adam, de même c'est dans le Christ que tous recevront la vie, mais chacun à son rang : en premier, le Christ, et ensuite, lors du retour du Christ, ceux qui lui appartiennent. Alors, tout sera achevé, quand le Christ remettra le pouvoir royal à Dieu son Père, après avoir anéanti, parmi les êtres célestes, toute Principauté, toute Souveraineté et Puissance. Car c'est lui qui doit régner jusqu'au jour où Dieu *aura mis sous ses pieds tous ses ennemis.* Et le dernier ennemi qui sera anéanti, c'est la mort. Et, quand tout sera mis sous le pouvoir du Fils, lui-même se mettra alors sous le pouvoir du Père qui lui aura tout soumis, et ainsi, Dieu sera tout en tous.

Alléluia. Alléluia. Béni soit celui qui vient au nom du Seigneur. Béni soit le Règne qui vient, celui de David notre père. **Alléluia.**

ÉVANGILE *« Il siégera sur son trône de gloire »*

Évangile de Jésus Christ selon saint Matthieu 25, 31-46

En ce temps-là, Jésus disait à ses disciples : « Quand le Fils de l'homme viendra dans sa gloire, et tous les anges avec lui, alors il siégera sur son trône de gloire. Toutes les nations seront rassemblées devant lui ; il séparera les hommes les uns des autres, comme le berger sépare les brebis des boucs : il placera les brebis à sa droite, et les boucs à gauche.

Alors le Roi dira à ceux qui seront à sa droite : "Venez, les bénis de mon Père, recevez en héritage le Royaume préparé pour vous depuis la fondation du monde. Car j'avais faim, et vous m'avez donné à manger ; j'avais soif, et vous m'avez donné à boire ; j'étais un étranger, et vous m'avez accueilli ; j'étais nu, et vous m'avez habillé ; j'étais malade, et vous m'avez visité ; j'étais en prison, et vous êtes venus jusqu'à moi !"

Alors les justes lui répondront : "Seigneur, quand est-ce que nous t'avons vu... ? tu avais donc faim, et nous t'avons nourri ? tu avais soif, et nous t'avons donné à boire ? tu étais un étranger, et nous t'avons accueilli ? tu étais nu, et nous t'avons habillé ? tu étais malade ou en prison... Quand sommes-nous venus jusqu'à toi ?"

Et le Roi leur répondra : "Amen, je vous le dis : chaque fois que vous l'avez fait à l'un de ces plus petits de mes frères, c'est à moi que vous l'avez fait."

Alors il dira à ceux qui seront à sa gauche : "Allez-vous-en loin de moi, vous les maudits, dans le feu éternel préparé pour le diable et ses anges. Car j'avais faim, et vous ne m'avez pas donné à manger ; j'avais soif, et vous ne m'avez pas donné à boire ; j'étais un étranger, et vous ne m'avez pas accueilli ; j'étais nu, et vous ne m'avez pas habillé ; j'étais malade et en prison, et vous ne m'avez pas visité."

Alors ils répondront, eux aussi : "Seigneur, quand t'avons-nous vu avoir faim, avoir soif, être nu, étranger, malade ou en prison, sans nous mettre à ton service ?"

Il leur répondra : "Amen, je vous le dis : chaque fois que vous ne l'avez pas fait à l'un de ces plus petits, c'est à moi que vous ne l'avez pas fait."

Et ils s'en iront, ceux-ci au châtiment éternel, et les justes, à la vie éternelle. »

Prière sur les offrandes

En offrant le sacrifice qui te réconcilie les hommes, Seigneur, nous te prions : que ton Fils lui-même accorde à tous les peuples les biens de l'unité et de la paix. Lui qui règne.

Préface

Vraiment, il est juste et bon de te rendre gloire, de t'offrir notre action de grâce, toujours et en tout lieu, à toi, Père très saint, Dieu éternel et tout-puissant.

Tu as consacré Prêtre éternel et Roi de l'univers ton Fils unique, Jésus Christ, notre Seigneur, afin qu'il s'offre lui-même sur l'autel de la Croix en victime pure et pacifique, pour accomplir les mystères de notre rédemption, et qu'après avoir soumis à son pouvoir toutes les créatures, il remette aux mains de ta souveraine puissance un règne sans limite et sans fin : règne de vie et de vérité, règne de grâce et de sainteté, règne de justice, d'amour et de paix.

C'est pourquoi, avec les anges et tous les saints, nous proclamons ta gloire, en chantant (disant) d'une seule voix : **Saint !...**

Prière après la communion

Après avoir partagé le pain de l'immortalité, nous te supplions, Seigneur : nous mettons notre gloire à obéir au Christ Roi de l'univers, fais que nous puissions vivre avec lui, éternellement, dans la demeure du ciel. Lui qui règne.

Ton Royaume n'est pas de ce monde

«Ton Royaume
N'est pas de ce monde,
Seigneur Jésus,
Puisque tu portes
Ce monde sur tes épaules,
Comme un berger
Sa brebis perdue.

Point de sceptre
Par quoi tu domines,
Sinon ta croix,
Point d'autre force,
Sinon ta miséricorde :
L'amour vainqueur,
Ton unique droit.»

CFC (Commission Francophone Cistercienne),
dans la *Liturgie des Heures.*

Calendrier liturgique

Di 26	**LE CHRIST, ROI DE L'UNIVERS.** *Liturgie des Heures : Psautier semaine II.* *[En Belgique, S. Jean Berchmans, jésuite, † 13 août 1621 à Rome].*
Je 30	S. ANDRÉ, Apôtre. Lectures propres : Rm 10,9-18 ; Mt 4,18-22.

Bonne fête ! 26 : Delphine, Conrad, Kurt. 27 : Astrid, Séverin, Séverine. 28 : Jacques. 29 : Saturnin. 30 : André, Andrée. 1er : Florence, Éloi, Loïc. 2 : Viviane.

Pour prier avec l'Évangile : Seigneur Dieu, ton Fils n'est pas venu condamner, mais sauver et délivrer. Accorde-nous de reconnaître son visage dans les plus pauvres et les plus méprisés de nos frères. Nous aurons, pour la louange de ta gloire, la joie de partager sa royauté.

PRIÈRES DES CHRÉTIENS

Prières usuelles

Signe de la croix

Au nom du Père,
et du Fils,
et du Saint-Esprit.
Amen.

Prière du Seigneur

Notre Père qui es aux cieux,
que ton nom soit sanctifié,
que ton règne vienne,
que ta volonté soit faite
sur la terre comme au ciel.
Donne-nous aujourd'hui
notre pain de ce jour.
Pardonne-nous nos offenses,
comme nous pardonnons aussi
à ceux qui nous ont offensés.
Et ne nous soumets pas à la tentation[1],
mais délivre-nous du Mal.

Car c'est à toi qu'appartiennent le règne,
la puissance et la gloire pour les siècles des siècles !

Ave Maria

Je vous salue, Marie, pleine de grâce,
le Seigneur est avec vous ;
vous êtes bénie entre toutes les femmes,
et Jésus, le fruit de vos entrailles, est béni.

---

1. Ou : « Et ne nous laisse pas entrer en tentation ».

Sainte Marie, Mère de Dieu,
priez pour nous, pauvres pécheurs,
maintenant et à l'heure de notre mort. Amen.

Gloire au Père

Gloire au Père, et au Fils, et au Saint-Esprit,
au Dieu qui est, qui était, et qui vient,
pour les siècles des siècles. Amen.

ou

Rendons gloire au Père tout-puissant,
à son Fils Jésus Christ, le Seigneur,
à l'Esprit qui habite en nos cœurs,
pour les siècles des siècles. Amen.

Credo

Je crois en Dieu, le Père tout-puissant, créateur du ciel et de la terre. Et en Jésus Christ, son Fils unique, notre Seigneur, qui a été conçu du Saint-Esprit, est né de la Vierge Marie, a souffert sous Ponce Pilate, a été crucifié, est mort et a été enseveli, est descendu aux enfers, le troisième jour est ressuscité des morts, est monté aux cieux, est assis à la droite de Dieu le Père tout-puissant, d'où il viendra juger les vivants et les morts. Je crois en l'Esprit Saint, à la sainte Église catholique, à la communion des saints, à la rémission des péchés, à la résurrection de la chair, à la vie éternelle. Amen.

Ou

Je crois en un seul Dieu, le Père tout-puissant (Symbole de Nicée-Constantinople), p. 17.

Acte de foi

Je crois en toi, Seigneur.
Tu es un seul Dieu,
mais tu t'es révélé Père,
Fils et Saint-Esprit.
Par le baptême,
tu m'as fait participer à ta vie.
Fortifie ma foi
et donne-moi d'agir
en toutes choses
comme ton Fils Jésus Christ.

Ou

Mon Dieu, je crois fermement
toutes les vérités que vous avez révélées
et que vous nous enseignez par votre Église,
parce que vous ne pouvez ni vous tromper,
ni nous tromper.

Acte d'espérance

J'espère en toi, Seigneur.
À ceux qui t'aiment tu as promis la vraie vie.
Dans les difficultés de l'existence
et à l'heure de la mort,
affermis ma confiance
en celui qui nous donne une vie nouvelle
par sa victoire sur la mort,
ton Fils Jésus Christ.

Ou

Mon Dieu, j'espère avec une ferme confiance
que vous me donnerez, par les mérites de Jésus Christ,
votre grâce en ce monde
et le bonheur éternel dans l'autre,
parce que vous l'avez promis
et que vous tenez toujours vos promesses.

Acte de charité

Je t'aime, Seigneur,
parce que tu m'as aimé le premier.
Que ton Esprit augmente en moi la charité
et me fasse aimer tous les hommes
comme celui qui les aima jusqu'au bout,
ton Fils Jésus Christ.

Ou

Mon Dieu, je vous aime
de tout mon cœur et par-dessus toutes choses,
parce que vous êtes infiniment bon,
et j'aime mon prochain comme moi-même
pour l'amour de vous.

Acte de contrition

Mon Dieu, j'ai péché
contre toi et mes frères,
mais près de toi se trouve le pardon.
Accueille mon repentir
et donne-moi la force de vivre
selon ton amour.

Ou

Mon Dieu, j'ai un très grand regret
de vous avoir offensé,
parce que vous êtes infiniment bon
et que le péché vous déplaît.
Je prends la ferme résolution,
avec le secours de votre sainte grâce,
de ne plus vous offenser et de faire pénitence.

Angélus

L'ange du Seigneur annonça à Marie qu'elle serait mère du Sauveur.
– Et elle conçut du Saint-Esprit.
Je vous salue, Marie, ...
« Voici la servante du Seigneur.
– Que tout m'advienne selon ta parole. »
Je vous salue, Marie, ...
Et le Verbe s'est fait chair.
– Et il a habité parmi nous.
Je vous salue, Marie, ...
Prie(z) pour nous, sainte Mère de Dieu.
– Afin que nous devenions dignes des promesses du Christ.

Prions le Seigneur.
Nous t'en prions, Seigneur : que ta grâce se répande en nos cœurs ; par le message de l'ange, tu nous as fait connaître l'incarnation de ton Fils bien-aimé ; conduis-nous par sa passion et par sa croix jusqu'à la gloire de la résurrection. Par le Christ, notre Seigneur. Amen.

Regina Caeli *(Au Temps pascal)*

Reine du ciel, réjouis-toi, alléluia.
– Car le Seigneur que tu as mérité de porter, alléluia,
Est ressuscité comme il l'a dit, alléluia.
– Prie Dieu pour nous, alléluia.
Réjouis-toi, Vierge Marie, alléluia.
– Car le Seigneur est vraiment ressuscité, alléluia.

Prions le Seigneur.
Seigneur Dieu, par la résurrection de ton Fils, notre Seigneur Jésus Christ, tu as fait briller la joie dans le monde ; accorde-nous, par l'intercession de la Vierge Marie, sa mère, de goûter la joie de la vie éternelle. Par le Christ, notre Seigneur. Amen.

Prières du matin et du soir

CANTIQUE ÉVANGÉLIQUE DE ZACHARIE

Béni soit le Seigneur, le Dieu d'Israël,
qui visite et rachète son peuple.

Il a fait surgir la force qui nous sauve
dans la maison de David, son serviteur,

comme il l'avait dit par la bouche des saints,
par ses prophètes, depuis les temps anciens :

salut qui nous arrache à l'ennemi,
à la main de tous nos oppresseurs,

amour qu'il montre envers nos pères,
mémoire de son alliance sainte,

serment juré à notre père Abraham
de nous rendre sans crainte,

afin que, délivrés de la main des ennemis,
nous le servions dans la justice et la sainteté,
en sa présence, tout au long de nos jours.

Toi aussi, petit enfant, tu seras appelé
prophète du Très-Haut ;
tu marcheras devant, à la face du Seigneur,
et tu prépareras ses chemins

pour donner à son peuple de connaître le salut
par la rémission de ses péchés,

grâce à la tendresse, à l'amour de notre Dieu,
quand nous visite l'astre d'en haut,

pour illuminer ceux qui habitent les ténèbres
et l'ombre de la mort,
pour conduire nos pas
au chemin de la paix.

Gloire au Père.

CANTIQUE ÉVANGÉLIQUE DE MARIE

Mon âme exalte le Seigneur,
exulte mon esprit en Dieu, mon Sauveur !

Il s'est penché sur son humble servante ;
désormais tous les âges me diront bienheureuse.
Le Puissant fit pour moi des merveilles ;
Saint est son nom !

Sa miséricorde s'étend d'âge en âge
sur ceux qui le craignent.
Déployant la force de son bras,
il disperse les superbes.

Il renverse les puissants de leurs trônes,
il élève les humbles.
Il comble de biens les affamés,
renvoie les riches les mains vides.

Il relève Israël son serviteur,
il se souvient de son amour,
de la promesse faite à nos pères,
en faveur d'Abraham et sa descendance à jamais.

Gloire au Père.

PRIÈRE DU MATIN POUR LE TEMPS DE L'AVENT

Signe de croix.

Seigneur, ouvre mes lèvres,
et ma bouche publiera ta louange.

HYMNE

Ô viens, Jésus, ô viens, Emmanuel,
Nous dévoiler le monde fraternel
Où ton amour, plus fort que la mort,
Nous régénère au sein d'un même corps.

Ô viens, Jésus, tracer notre chemin,
Visite-nous, Étoile du matin,
Du fond de nos regards fais monter
L'éclat soudain du jour d'éternité.

Psaume 91

Qu'il est bon de rendre grâce au Seigneur,
de chanter pour ton nom, Dieu Très-Haut,
d'annoncer dès le matin ton amour,
ta fidélité, au long des nuits,
sur la lyre à dix cordes et sur la harpe,
sur un murmure de cithare.

Tes œuvres me comblent de joie ;
devant l'ouvrage de tes mains, je m'écrie :
« Que tes œuvres sont grandes, Seigneur !
Combien sont profondes tes pensées ! »

La parole de Dieu

Rm 13, 11-12

C'est le moment, l'heure est déjà venue de sortir de votre sommeil. Car le salut est plus près de nous maintenant qu'à l'époque où nous sommes devenus croyants. La nuit est bientôt finie, le jour est tout proche. Rejetons les œuvres des ténèbres, revêtons-nous des armes de la lumière.

Cantique de Zacharie, p. 572.

Notre Père

Prière de conclusion

Seigneur Jésus, déploie en ma vie ton amour tout au long de ce jour, pour que je te serve en servant mes frères avec générosité et persévérance.

Signe de croix.

PRIÈRE DU SOIR POUR LE TEMPS DE L'AVENT

Signe de croix.

Dieu, viens à mon aide,
Seigneur, à notre secours.

HYMNE

Vienne la rosée sur la terre,
Naisse l'espérance en nos cœurs,
Brille dans la nuit la lumière :
Bientôt va germer le Sauveur.
Au désert un cri s'élève :
Préparez les chemins du Seigneur

Réveille, ô Seigneur, ta vaillance
Établis ton règne de paix ;
Que les peuples voient ta puissance,
Acclament ton Nom à jamais.
L'univers attend ta gloire,
Et nous préparons ton retour.

PSAUME 129

Des profondeurs je crie vers toi, Seigneur,
Seigneur, écoute mon appel !
Que ton oreille se fasse attentive
au cri de ma prière !

Si tu retiens les fautes, Seigneur,
Seigneur, qui subsistera ?
Mais près de toi se trouve le pardon
pour que l'homme te craigne.

J'espère le Seigneur de toute mon âme ;
je l'espère, et j'attends sa parole.

Mon âme attend le Seigneur
plus qu'un veilleur ne guette l'aurore.
Plus qu'un veilleur ne guette l'aurore,
attends le Seigneur, Israël.

Oui, près du Seigneur, est l'amour ;
près de lui, abonde le rachat.
C'est lui qui rachètera Israël
de toutes ses fautes.

La parole de Dieu — Ph 4, 4-5

Soyez toujours dans la joie du Seigneur ; je le redis : soyez dans la joie. Que votre bienveillance soit connue de tous les hommes. Le Seigneur est proche.

Cantique de Marie, p. 573.

Notre Père

Prière de conclusion

Seigneur Jésus, tu es venu sauver ceux qui étaient perdus ; accorde-moi d'avoir part à la joie éternelle.

Signe de croix.

PRIÈRE POUR LE TEMPS DE NOËL

Signe de croix.

Hymne : **En notre cœur s'était perdu**

Voici, la Vierge a enfanté
Et les oracles s'accomplissent.
Ton amour et ta vérité
Resplendissent.
Sous le voile de la chair
Ta lumière inaccessible
Envahit notre hiver.

Tous n'ont pas vu ! Nous qui croyons,
Illuminés par ton mystère,
En ton Verbe, nous te nommons
Notre Père.
Aujourd'hui, finis les pleurs !
Ta semence incorruptible
A germé dans nos cœurs.

CANTIQUE (Ph 2)

Le Christ Jésus,
ayant la condition de Dieu,
ne retint pas jalousement
le rang qui l'égalait à Dieu.

Mais il s'est anéanti,
prenant la condition de serviteur,
devenant semblable aux hommes.

Reconnu homme à son aspect,
Il s'est abaissé,
Devenant obéissant jusqu'à la mort,
Et la mort de la croix.

C'est pourquoi Dieu l'a exalté :
il l'a doté du Nom
qui est au-dessus de tout nom,

afin qu'au nom de jésus
tout genou fléchisse
au ciel, sur terre et aux enfers,

et que toute langue proclame :
« Jésus-Christ est Seigneur »
à la gloire de Dieu le Père.

LA PAROLE DE DIEU

1 Jn 1, 5b-7

Dieu est lumière ; en lui, il n'y a pas de ténèbres. Si nous disons que nous sommes en communion avec lui, alors que nous marchons dans les ténèbres, nous sommes des menteurs, nous ne faisons pas la vérité. Mais si nous marchons dans la lumière, comme il est lui-même dans la lumière, nous sommes en communion les uns avec les autres, et le sang de Jésus, son Fils, nous purifie de tout péché.

Matin : Cantique de Zacharie, p. 573.

Soir : Cantique de Marie, p. 573.

Notre Père

PRIÈRE DE CONCLUSION

Père, toi qui veux le salut de tous les hommes, tu as envoyé ton Fils pour porter la Bonne Nouvelle aux pauvres et libérer les captifs : que le monde accueille enfin ta paix.

Signe de croix.

PRIÈRE DU MATIN POUR LE TEMPS DE CARÊME

Signe de croix.

Seigneur, ouvre mes lèvres,
et ma bouche publiera ta louange.

Hymne

En quels pays de solitude,
Quarante jours, quarante nuits,
Irez-vous, poussés par l'Esprit ?
Qu'il vous éprouve et vous dénude !
Voyez : les temps sont accomplis,
Et Dieu vous convoque à l'oubli
De ce qui fut vos servitudes.

Ne forez plus vos puits d'eau morte :
Vous savez bien le don de Dieu
Et quelle est sa grâce, et son jeu :
Il vous immerge, il vous rénove !
La vie s'élève peu à peu,
Les champs sont dorés sous vos yeux :
Embauchez-vous où Dieu moissonne !

Psaume 22

Le Seigneur est mon berger : je ne manque de rien.
Sur des prés d'herbe fraîche, il me fait reposer.

Il me mène vers les eaux tranquilles et me fait revivre ;
il me conduit par le juste chemin pour l'honneur de son nom.

Si je traverse les ravins de la mort, je ne crains aucun mal,
car tu es avec moi : ton bâton me guide et me rassure.

Tu prépares la table pour moi devant mes ennemis ;
tu répands le parfum sur ma tête, ma coupe est débordante.

Grâce et bonheur m'accompagnent tous les jours de ma vie ;
j'habiterai la maison du Seigneur pour la durée de mes jours.

La parole de Dieu — Jl 2, 12-13

Revenez à moi de tout votre cœur, dans le jeûne, les larmes et le deuil ! Déchirez vos cœurs et non pas vos vêtements, et revenez au Seigneur votre Dieu, car il est tendre et miséricordieux, lent à la colère et plein d'amour, renonçant au châtiment.

Cantique de Zacharie, p. 572.

Notre Père

Prière de conclusion

Seigneur Dieu, tu veux que l'homme devienne créature nouvelle dans le Christ : donne-moi assez d'amour pour oublier mon intérêt et vouloir le bien de tous.

Signe de croix.

PRIÈRE DU SOIR POUR LE TEMPS DE CARÊME

Signe de croix.

Dieu, viens à mon aide,
Seigneur, à notre secours.

Hymne

En ce temps de la miséricorde
ton amour se fait proche :
Tu accueilles, Seigneur,
ceux qui comptent sur toi.

En nos regards ta lumière ;
Sur nos lèvres ta louange ;
Dans cœurs, la soif de ta justice ;
au fond de nous, le désir de ton nom.

PSAUME 26

Le Seigneur est ma lumière et mon salut ; de qui aurais-je crainte ?
Le Seigneur est le rempart de ma vie ; devant qui tremblerais-je ?

Écoute, Seigneur, je t'appelle ! Pitié ! Réponds-moi !
Mon cœur m'a redit ta parole : « Cherchez ma face. »
C'est ta face, Seigneur, que je cherche : ne me cache pas ta face.

Enseigne-moi ton chemin, Seigneur,
conduis-moi par des routes sûres, malgré ceux qui me guettent.
Ne me livre pas à la merci de l'adversaire :
contre moi se sont levés de faux témoins qui soufflent la violence.

Mais j'en suis sûr, je verrai les bontés du Seigneur sur la terre des vivants.
« Espère le Seigneur, sois fort et prends courage ; espère le Seigneur. »

LA PAROLE DE DIEU — Ep 4, 32-5, 2

Soyez entre vous pleins de générosité et de tendresse. Pardonnez-vous les uns aux autres, comme Dieu vous a pardonné dans le Christ. Oui, cherchez à imiter Dieu, puisque vous êtes ses enfants bien-aimés. Vivez dans l'amour, comme le Christ nous a aimés et s'est livré lui-même pour nous, s'offrant en sacrifice à Dieu, comme un parfum d'agréable odeur.

Cantique de Marie, p. 573.

Notre Père

PRIÈRE DE CONCLUSION

Seigneur Jésus, ta parole est la lumière de mes pas, la lampe de ma route : que mes œuvres témoignent de toi.

Signe de croix.

PRIÈRE DU MATIN POUR LE TEMPS DE PÂQUES

Signe de croix.

Seigneur, ouvre mes lèvres,
et ma bouche publiera ta louange.

HYMNE

Il s'est levé d'entre les morts,
Le Fils de Dieu, notre frère,
Il s'est levé, libre et vainqueur,
Il a saisi notre destin
Au cœur du sien,
Pour le remplir de sa lumière.

L'histoire unique est achevée :
Premier enfant du Royaume,
Christ est vivant auprès de Dieu ;
Mais son exode humble et caché,
Le Fils aîné
Le recommence pour chaque homme.

PSAUME 117

Rendez grâce au Seigneur : Il est bon !
Éternel est son amour !
Oui, que le dise Israël :
Éternel est son amour !

Ma force et mon chant, c'est le Seigneur ;
il est pour moi le salut.
Non, je ne mourrai pas, je vivrai
pour annoncer les actions du Seigneur.
Je te rends grâce car tu m'as exaucé :
tu es pour moi le salut.

La pierre qu'ont rejetée les bâtisseurs
est devenue la pierre d'angle :
c'est là l'œuvre du Seigneur,
la merveille devant nos yeux.
Voici le jour que fit le Seigneur,
qu'il soit pour nous jour de fête et de joie !

Rendez grâce au Seigneur : Il est bon !
Éternel est son amour !

La parole de Dieu 1 P 2, 4-5

Approchez-vous de lui : il est la pierre vivante rejetée par les hommes, mais choisie et précieuse devant Dieu. Vous aussi, comme pierres vivantes, entrez dans la construction de la demeure spirituelle, pour devenir le sacerdoce saint et présenter des sacrifices spirituels, agréables à Dieu, par Jésus Christ.

Cantique de Zacharie, p. 000.

Notre Père

Prière de conclusion

Alléluia ! Christ vainqueur, montre-moi la douceur de ton amour.

Signe de croix.

PRIÈRE DU SOIR POUR LE TEMPS DE PÂQUES

Signe de croix.

Dieu, viens à mon aide,
Seigneur, à notre secours.

Hymne

Ô nuit, de quel éclat
tu resplendis !
la mort n'a pu garder
dans son étreinte
le Fils unique.
Jésus repousse l'ombre
et sort vainqueur :
Christ est ressuscité !
Mais c'est en secret,
et Dieu seul connaît
l'instant où triomphe la vie.

Jésus, lumière et vie,
demeure en nous !
Pourquoi chercher encore
au tombeau vide
un autre signe ?
L'amour jaillit et chante
au fond du cœur :
Christ est ressuscité !
Mais c'est en secret,
et Dieu seul connaît
le feu qui s'éveille aujourd'hui.

Psaume 15

Garde-moi, mon Dieu :
j'ai fait de toi mon refuge.
J'ai dit au Seigneur : « Tu es mon Dieu !
Je n'ai pas d'autre bonheur que toi. »

La part qui me revient fait mes délices ;
j'ai même le plus bel héritage !
Je bénis le Seigneur qui me conseille :
même la nuit mon cœur m'avertit.

Tu ne peux m'abandonner à la mort
ni laisser ton ami voir la corruption.
Tu m'apprends le chemin de la vie :
devant ta face, débordement de joie !
À ta droite, éternité de délices !

La parole de Dieu

Rm 6, 8-11

Si nous sommes passés par la mort avec le Christ, nous croyons que nous vivrons aussi avec lui. Nous le savons en effet : ressuscité d'entre les morts, le Christ ne meurt plus ; la mort n'a plus de pouvoir sur lui. Car lui qui est mort, c'est au péché qu'il est mort une fois pour toutes ; lui qui est vivant, c'est pour Dieu qu'il est vivant. De même, vous aussi, pensez que vous êtes morts au péché, mais vivants pour Dieu en Jésus Christ.

Cantique de Marie, p. 573.

Notre Père

Prière de conclusion

Ô Christ, lumière et salut du monde, répands sur moi le feu de ton Esprit afin que je vive en communion de foi et d'amour avec tous les baptisés.

Signe de croix.

PRIÈRE À L'ESPRIT SAINT

Signe de croix.

Dieu, viens à mon aide,
Seigneur, à notre secours.

HYMNE

Viens, Esprit-Saint, en nos cœurs,
et envoie du haut du ciel
un rayon de ta lumière.

Viens en nous, père des pauvres.
Viens, dispensateur des dons.
Viens, lumière en nos cœurs.

Consolateur souverain,
hôte très doux de nos âmes,
adoucissante fraîcheur.

Dans le labeur, le repos ;
dans la fièvre, la fraîcheur ;
dans les pleurs, le réconfort.

Ô lumière bienheureuse,
viens remplir jusqu'à l'intime
le cœur de tous tes fidèles.

Sans ta puissance divine,
il n'est rien en aucun homme,
rien qui ne soit perverti.

Lave ce qui est souillé,
baigne ce qui est aride,
guéris ce qui est blessé.

Assouplis ce qui est raide,
réchauffe ce qui est froid,
rends droit ce qui est faussé.

À tous ceux qui ont la foi
et qui en toi se confient,
donne tes sept dons sacrés.

Donne mérite et vertu
donne le salut final
donne la joie éternelle.
Amen.

PSAUME 103

Bénis le Seigneur, ô mon âme ;
Seigneur mon Dieu, tu es si grand !
Revêtu de magnificence,
tu as pour manteau la lumière !

Quelle profusion dans tes œuvres, Seigneur !
Tout cela, ta sagesse l'a fait ;
la terre s'emplit de tes biens.

Je veux chanter au Seigneur tant que je vis ;
je veux jouer pour mon Dieu tant que je dure.
Que mon poème lui soit agréable ;
moi, je me réjouis dans le Seigneur.

Bénis le Seigneur, ô mon âme !

La parole de Dieu — Ep 4, 3-6

Ayez soin de garder l'unité dans l'Esprit par le lien de la paix. Comme votre vocation vous a tous appelés à une seule espérance, de même il y a un seul Corps et un seul Esprit. Il y a un seul Seigneur, une seule foi, un seul baptême, un seul Dieu et Père de tous, au-dessus de tous, par tous, et en tous.

Matin : Cantique de Zacharie, p. 572.

Soir : Cantique de Marie, p. 573.

Notre Père

Prière de conclusion

Par le don de l'Esprit, tu promets, Seigneur, la délivrance : accorde-nous de passer de la haine à l'amour, de la guerre à la paix, de la douleur à la joie.

Signe de croix.

PRIÈRE DU MATIN POUR LE TEMPS ORDINAIRE (LA LOUANGE)

Signe de croix.

Seigneur, ouvre mes lèvres,
et ma bouche publiera ta louange.

Cantique de frère soleil

Saint François d'Assise (1182-1226)

Très haut, tout-puissant, bon Seigneur, à toi sont les louanges, la gloire, l'honneur, et toute bénédiction. À toi seul, Très-Haut, ils conviennent, et nul homme n'est digne de te nommer.
Loué sois-tu, mon Seigneur, avec toutes tes créatures, spécialement messire frère soleil qui est le jour, et par lui tu nous illumines. Et il est beau et rayonnant avec grande splendeur, de toi, Très-Haut, il porte le signe.
Loué sois-tu, mon Seigneur, pour sœur lune et les étoiles, dans le ciel tu les as formées claires, précieuses et belles.
Loué sois-tu, mon Seigneur, pour frère vent, et pour l'air et le nuage et le ciel serein et tous les temps, par lesquels à tes créatures tu donnes soutien.
Loué sois-tu, mon Seigneur, pour sœur eau, qui est très utile et humble, et précieuse et chaste.
Loué sois-tu, mon Seigneur, pour frère feu, par lequel tu illumines la nuit, et il est beau et joyeux, et robuste et fort.
Loué sois-tu, mon Seigneur, pour sœur notre mère la terre, qui nous soutient et nous gouverne, et produit divers fruits avec les fleurs colorées et l'herbe.
Loué sois-tu, mon Seigneur, pour ceux qui pardonnent par amour pour toi et supportent maladies et tribulations. Heureux ceux qui les supporteront en paix, car par toi, Très-Haut, ils seront couronnés.
Loué sois-tu, mon Seigneur, pour sœur notre mort corporelle, à qui nul homme vivant ne peut échapper. Malheur à ceux qui mourront dans les péchés mortels, heureux ceux qu'elle trouvera dans tes très saintes volontés, car la seconde mort ne leur fera pas mal.
Louez et bénissez mon Seigneur, et rendez-lui grâces et servez-le avec grande humilité.

Psaume 8

Ô Seigneur, notre Dieu,
qu'il est grand ton nom
par toute la terre !

Jusqu'aux cieux, ta splendeur est chantée
par la bouche des enfants, des tout-petits :
rempart que tu opposes à l'adversaire,
où l'ennemi se brise en sa révolte.

À voir ton ciel, ouvrage de tes doigts,
la lune et les étoiles que tu fixas,
qu'est-ce que l'homme pour que tu penses à lui,
le fils d'un homme, que tu en prennes souci ?

Tu l'as voulu un peu moindre qu'un dieu,
le couronnant de gloire et d'honneur ;
tu l'établis sur les œuvres de tes mains,
tu mets toute chose à ses pieds.

La parole de Dieu

2 Tm 2, 8-9.11.13a

Souviens-toi de Jésus Christ, ressuscité d'entre les morts, le descendant de David : voilà mon évangile. C'est pour lui que j'endure la souffrance, jusqu'à être enchaîné comme un malfaiteur. Mais on n'enchaîne pas la parole de Dieu ! Voici une parole digne de foi : Si nous sommes morts avec lui, avec lui nous vivrons. Si nous manquons de foi, lui reste fidèle à sa parole.

Cantique de Zacharie, p. 572.

Notre Père

Prière de conclusion

Jésus Christ, tendresse du Père, ta présence est source de vie : qu'elle fertilise mes actions de ce jour.

Signe de croix.

PRIÈRE DU SOIR POUR LE TEMPS ORDINAIRE (LA LOUANGE)

Signe de croix.

Dieu, viens à mon aide,
Seigneur, à notre secours.

Hymne

Lumière du monde, ô Jésus,
Bien que nous n'ayons jamais vu
Ta tombe ouverte,
D'où vient en nous cette clarté,
Ce jour de fête entre les fêtes,
Sinon de toi, ressuscité ?

Nous avons le cœur tout brûlant
Lorsque son amour y descend
Et nous murmure :
L'amour venu, le jour viendra
Au cœur de toute créature,
Et le Seigneur apparaîtra.

Psaume 112

Alléluia ! Louez, serviteurs du Seigneur,
louez le nom du Seigneur !
Béni soit le nom du Seigneur,
maintenant et pour les siècles des siècles !
Du levant au couchant du soleil,
loué soit le nom du Seigneur !

De la poussière il relève le faible,
il retire le pauvre de la cendre
pour qu'il siège parmi les princes,
parmi les princes de son peuple.

La parole de Dieu

1 Jn 3, 1a.2

Voyez quel grand amour nous a donné le Père pour que nous soyons appelés enfants de Dieu - et nous le sommes. Bien-aimés, dès maintenant, nous sommes enfants de Dieu, mais ce que nous serons n'a pas encore été manifesté. Nous le savons : quand cela sera manifesté, nous lui serons semblables car nous le verrons tel qu'il est.

Cantique de Marie, p. 573.

Notre Père

PRIÈRE DE CONCLUSION

Père très bon, en ton Fils bien-aimé, nous sommes frères : accorde-nous de vivre ensemble et d'être unis.

Signe de croix.

Prières des repas

AVANT LE REPAS DE MIDI

Tous ont les yeux sur toi, Seigneur, ils espèrent,
Et tu leur donnes la nourriture en son temps ;
Toi, tu ouvres la main :
Tu rassasies tout vivant à plaisir. (Ps 144)

Prions le Père, qui toujours prend soin de ses enfants :
Notre Père qui es aux cieux... Car c'est à toi...
Fais descendre ta bénédiction sur nous, Seigneur,
et sur cette nourriture que ta bonté nous donne.
Par le Christ, notre Seigneur. *Amen.*

AVANT LE REPAS DU SOIR

Les pauvres mangeront, leur faim sera comblée ;
Ils loueront le Seigneur, ceux qui le cherchent :
que vivent leur cœur à jamais ! (Ps 21)

Prions le Père qui nous donne le pain chaque jour :
Notre Père qui es aux cieux... Car c'est à toi...
Protège-nous, Seigneur notre Dieu,
viens au secours de notre faiblesse
et accorde-nous ce qu'il faut pour vivre.
Par le Christ, notre Seigneur. *Amen.* *(Livre des bénédictions)*

Le Rosaire et le Chapelet

Mystères joyeux

1. L'annonce à Marie
« Que tout m'advienne selon ta parole. » (Lc 1, 38)

2. La visite de Marie à Élisabeth
« Heureuse celle qui a cru. » (Lc 1, 45)

3. La naissance de Jésus
« Voici le signe qui vous est donné : un nouveau-né couché dans une mangeoire. » (Lc 2, 12)

4. Jésus est présenté au Temple
« Lumière qui se révèle aux nations et donne gloire à ton peuple Israël. » (Lc 2, 32)

5. Jésus est retrouvé au Temple
« C'est chez mon Père que je dois être. » (Lc 2, 50)

Mystères lumineux

1. Le baptême de Jésus
« Alors Jean rendit ce témoignage : "J'ai vu l'Esprit descendre du ciel comme une colombe et il demeura sur lui. Celui-là baptise dans l'Esprit Saint." » (Jn 1,32.33)

2. Les noces de Cana
« Sa mère dit à ceux qui servaient : "Tout ce qu'il vous dira, faites-le." » (Jn 2,5)

3. L'annonce du Royaume
« Je suis venu apporter un feu sur la terre, et comme je voudrais qu'il soit déjà allumé ! » (Lc 12,49)

4. La transfiguration de Jésus
« Il fut transfiguré devant eux ; son visage devint brillant comme le soleil, et ses vêtements, blancs comme la lumière. » (Mt 17,2)

5. L'institution de l'Eucharistie
« Celui qui mange ma chair et boit mon sang a la vie éternelle ; et moi, je le ressusciterai au dernier jour. » (Jn 6,54)

Mystères douloureux

1. L'agonie au Jardin des Oliviers
« Veillez et priez pour ne pas entrer en tentation. » (Mc 14, 38)

2. La flagellation
« Pilate leur relâcha Barabbas ; quant à Jésus, il le fit flageller. » (Mt 27, 26)

3. Le couronnement d'épines
« Ma royauté ne vient pas de ce monde. » (Jn 18, 36)

4. Le portement de croix
« Jésus, portant lui-même sa croix, sorti en direction du lieu dit en hébreu : Golgotha » (Jn 19, 17)

5. La mort du Christ
« Quand il eut pris le vinaigre, Jésus dit : "Tout est accompli." Puis, inclinant la tête, il remit l'esprit. » (Jn 19, 30)

Mystères glorieux

1. La résurrection
« Pourquoi cherchez-vous le Vivant parmi les morts ? » (Lc 24, 5)

2. L'ascension
« Dieu l'a exalté : il l'a doté du Nom qui est au-dessus de tout nom. » (Ph 2, 9)

3. La Pentecôte
« Vous allez recevoir une force, celle du Saint-Esprit qui viendra sur vous. Alors vous serez mes témoins. » (Ac 1, 8)

4. L'assomption de la Vierge Marie
« Le Puissant fit pour moi des merveilles. » (Lc 1, 49)

5. Le couronnement de la Vierge Marie
« Une Femme, ayant sur la tête une couronne de douze étoiles. » (Ap 12, 1)

Sacrement de la réconciliation

EXAMEN DE CONSCIENCE SELON LES BÉATITUDES

La meilleure façon de prendre ou sérieux les Béatitudes de l'Évangile est de s'en servir comme d'un miroir pour un examen de conscience vraiment « évangélique ».

« Heureux les pauvres de cœur, car le royaume des Cieux est à eux ! »
Suis-je pauvre d'esprit, pauvre intérieurement, abandonné en tout à Dieu ?
Suis-je libre et détaché des biens terrestres ?
Que représente l'argent pour moi ?
Est-ce que je cherche à avoir un style de vie sobre et simple, comme il convient à ceux qui veulent témoigner de l'Évangile ?
Est-ce que je prends à cœur le problème de la pauvreté effroyable, non choisie, mais imposée à des millions de mes frères ?

« Heureux les doux, car ils recevront la terre en héritage ! »
Suis-je doux ? Il existe une violence en actes, mais également une violence en paroles et en pensée.
Est-ce que je domine la colère en moi et en dehors de moi ?
Suis-je gentil et aimable avec ceux qui me sont proches ?

« Heureux ceux qui pleurent, car ils seront consolés ! »
Est-ce que je considère l'épreuve comme une disgrâce et un châtiment, à la manière des gens du monde, ou une opportunité pour ressembler au Christ ?
Quelles sont les raisons de ma tristesse : celles même de Dieu ou celles du monde ?
Est-ce que j'essaie de consoler les autres ou seulement de trouver la consolation pour moi ?
Est-ce que je sais garder, comme un secret entre Dieu et moi, mes contrariétés, sans en parler à droite et à gauche ?

« Heureux ceux qui ont faim et soif de la justice, car ils seront rassasiés ! »
Ai-je faim et soif de la sainteté ?
Est-ce que j'aspire à la sainteté ou me suis-je depuis longtemps résigné à la médiocrité et à la tiédeur ?

La faim matérielle de millions de personnes met-elle en question ma recherche de confort, mon style de vie ?

« Heureux les miséricordieux, car ils obtiendront miséricorde ! »
Suis-je miséricordieux ?
Devant l'erreur d'un frère, d'un proche, est-ce que je réagis par le jugement ou par la miséricorde ?
Jésus ressentait de la compassion pour les foules, et moi ?
N'ai-je pas été parfois le serviteur pardonné qui ne sait pas pardonner lui-même ? rendre compte du prix que Jésus a payé pour que j'en bénéficie ?

« Heureux les cœurs purs, car ils verront Dieu ! »
Suis-je pur de cœur ?
Pur dans mes intentions ?
Dis-je : oui, oui ; non, non, comme Jésus ?
Il y a une pureté du cœur, une pureté des lèvres, une pureté des yeux, une pureté du corps..
Est-ce que je veille à cultiver toutes ces puretés qui sont si nécessaires, particulièrement aux âmes consacrées ?
L'opposé le plus direct à la pureté du cœur est l'hypocrisie. Et moi, dans mes actions, à qui est-ce que je m'efforce de plaire : à Dieu ou aux hommes ?

« Heureux les artisans de paix, car ils seront appelés fils de Dieu ! »
Suis-je moi-même artisan de Paix ?
Est-ce que je fais la paix entre tous ?
Comment est-ce que je me comporte dans les conflits d'opinion, d'intérêt ?
Est-ce que je m'efforce de rapporter toujours et seulement le bien, les paroles positives en laissant tomber dans le vide le mal, les potins, tout ce qui peut semer la discorde ?
La paix de Dieu est-elle en mon cœur et sinon, pourquoi ?

« Heureux les persécutés pour la justice, car le royaume des Cieux est à eux ! »
Suis-je prêt à souffrir un peu en silence pour l'Évangile ?
Comment est-ce que je réagis face aux choses fausses ou aux insultes que je reçois ?
Est-ce que je participe intimement aux souffrances de tant de frères qui souffrent vraiment pour leur foi, ou pour la justice sociale et la liberté ?

D'après le Père Raniero Cantalamessa
Méditations sur les Béatitudes évangéliques

RÉCONCILIATION D'UN PÉNITENT

ACCUEIL MUTUEL

Le prêtre accueille avec simplicité et respect la personne qui vient le trouver.

Le pénitent peut se présenter en quelques mots.

Prêtre et pénitent font ensemble le signe de croix.

Le pénitent peut dire :

Bénissez-moi, mon Père, parce que j'ai péché.

Le prêtre peut répondre en disant :

Que Dieu vous donne sa lumière pour confesser vos péchés en même temps que son amour pour vous.

Ou

Que Dieu vous bénisse et que son Esprit nous éclaire l'un et l'autre pour célébrer le sacrement du pardon.

LECTURE

Il est bon que le prêtre ou le fidèle lise un bref passage de l'Écriture ou que le prêtre proclame de mémoire une parole du Seigneur, par exemple :

Jésus a dit : « Je ne suis pas venu appeler des justes, mais des pécheurs. » (Mt 9, 13)
« Il y a de la joie devant les anges de Dieu pour un seul pécheur qui se convertit. » (Lc 15, 10)
« Dans le Christ, Dieu a réconcilié le monde avec lui : il a déposé en nous la parole de réconciliation. Au nom du Christ, laissez-vous réconcilier avec Dieu. » (2 Co 5, 19-20)

CONFESSION DE L'AMOUR DE DIEU ET DE NOTRE PÉCHÉ

Le pénitent peut commencer par une confession globale de son état de pécheur en disant :

Je confesse à Dieu tout-puissant, je reconnais devant vous, mon père, que j'ai péché, en pensée, en parole, par action et par omission ; oui, j'ai vraiment péché (il se frappe la poitrine). C'est pourquoi je supplie la Vierge Marie, les anges et tous les saints, et vous aussi, mon père, de prier pour moi le Seigneur notre Dieu.

Le pénitent fait ensuite l'aveu de ses fautes particulières. Le prêtre peut engager le dialogue pour aider le pénitent à voir plus clair en lui-même et à discerner les moyens de progresser.

Le prêtre propose ensuite au pénitent un signe de conversion et de pénitence : prière, partage, effort pour sortir de soi-même, de ses habitudes mauvaises, et surtout, service du prochain.

Accueillir le pardon de Dieu

Si le prêtre et le pénitent sont assis, ils se lèvent et, dans la mesure du possible, le fidèle se met à genoux ou, du moins, il s'incline profondément.

Chaque fois que c'est possible, le prêtre et le pénitent prient ensemble. Ils disent par exemple le Notre Père, ou quelques versets de psaumes.

Ou bien le pénitent s'exprime seul, et dit par exemple :

Jésus, Fils de Dieu Sauveur, prends pitié de moi, pécheur.

Ou

Mon Dieu, j'ai péché contre toi et mes frères, mais près de toi se trouve le pardon. Accueille mon repentir et donne-moi la force de vivre selon ton amour.

Ou bien l'acte de contrition (p. 570). Le pénitent peut aussi faire une prière spontanée.

Le prêtre étend les mains sur la tête du pénitent (ou du moins étend la main droite) et dit la prière d'absolution :

Que Dieu notre Père vous montre sa miséricorde ; par la mort et la résurrection de son Fils, il a réconcilié le monde avec lui et il a envoyé l'Esprit Saint pour la rémission des péchés : par le ministère de l'Église, qu'il vous donne le pardon et la paix.
Et moi, au nom du Père, + et du Fils, et du Saint-Esprit,
je vous pardonne tous vos péchés.

Le fidèle pardonné répond :

Amen.

Louange de Dieu et envoi

Le prêtre invite à l'action de grâce par une formule spontanée ou en disant par exemple :

Allez dans la paix et la joie du Christ.

Table des lectures bibliques

** Possibilité d'une lecture abrégée.*

LETTRE AUX ROMAINS

1 CORINTHIENS

LE DIMANCHE
THÈME D'ANNÉE 2017

FAIRE VIVRE l'année liturgique est le but principal du *Missel des dimanches*. Pour colorer de façon plus particulière les années qui reviennent selon le cycle trisannuel A B C, ce *Missel* présente aussi un « thème d'année ». En 2017, c'est : *Le dimanche*. On trouvera donc quelques pleines pages sur ce thème. En voici la liste, à laquelle on a ajouté diverses références, en particulier aux introductions des temps liturgiques.

Table

Le dimanche 3 décembre 2017
est le premier dimanche de l'Avent (année B).
C'est le début d'une nouvelle année liturgique.

Voir le Missel des dimanches 2018.

Mise en page : Le vent se lève...

Imprimé en France

Achevé d'imprimer en juillet 2016
dans les ateliers de Normandie Roto Impression s.a.s. – 61250 Lonrai
N° d'imprimeur : 1601808
Dépôt légal : août 2016